입당구법순례행기
入唐求法巡禮行記

엔닌(圓仁) 지음 / 신복룡 번역·주해

입당구법순례행기

초판 1쇄 발행 2007년 3월 20일
초판 4쇄 발행 2022년 10월 20일

지 음 | 엔닌
옮 김 | 신복룡
펴낸이 | 윤관백
편 집 | 김지학
표 지 | 김지학
교정·교열 | 김은혜, 이수정
펴낸곳 | 선인
제 본 | 바다제책
등 록 | 제5-77호(1998. 11. 4)
주 소 | 서울시 양천구 남부순환로48길 1, 1층
전 화 | 02)718-6252
팩 스 | 02)718-6253
E-mail | sunin72@chol.com

정가 | 18,000
ISBN 978-89-5933-077-5 93220

■저자와의 협의에 의해 인지 생략.
■잘못된 책은 바꾸어 드립니다.

화보

慈覺大師 圓仁(엔닌)의 초상

신라묘카미(新羅明神)의 초상(일본 園城寺 소장)

천태대사(天台大師) 지의(智顗)의 초상(일본 西敎寺 소장)

엔랴쿠지(延曆寺) 초대 좌주 사이쬬(最澄) 대사의 초상(일본 一乘寺 소장)

지금의 엔랴쿠지(延曆寺)

지금의 적산법화원(赤山法華院) 장보고기념관

엔랴쿠지(延曆寺, 傅益瑤 그림)

청해진대사 장보고 기념비(延曆寺 경내 소재)

지금의 적산법화원(赤山法華院)

적산법화원의 대웅보전

▶ 慈覺大師 圓仁(엔닌)의 초상

▶ 신라묘카미(新羅明神)의 초상(일본 園城寺 소장)

▶ 천태대사(天台大師) 지의(智顗)의 초상(일본 西敎寺 소장)

▶ 엔랴쿠지(延曆寺) 초대 좌주 사이쪼(最澄) 대사의 초상(일본 一乘寺 소장)

▶ 지금의 엔랴쿠지(延曆寺)

▶ 지금의 적산법화원(赤山法華院) 장보고기념관

▶ 엔랴쿠지(延曆寺, 傅益瑤 그림)

▶ 청해진대사 장보고 기념비(延曆寺 경내 소재)

▶ 지금의 적산법화원(赤山法華院)

▶ 적산법화원의 대웅보전

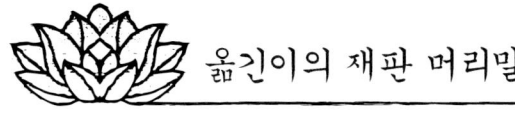 옮긴이의 재판 머리말

  2005년 5월 16일, 교토(京都)대학에서 열린 제4차 한국정치사상학회·일본정치사상학회 공동 주최의 한일학술회의 일정을 모두 마치고, 일행은 관광을 준비하고 있었다. 그들은 교토의 명물인 기요미츠테라(清水寺)와 미조성(三條城)을 가기로 결정되어 있었다. 나는 그들의 일정을 방해할 뜻이 없어서, 일행에서 빠지겠노라고 말했다. 나는 교토에 올 기회가 있으면 꼭 가보고 싶었던 곳이 있었다. 그곳은 다름 아닌 엔닌(圓仁) 스님이 3대 주지로 주석(主席)했던 히에이산(比叡山)의 엔랴쿠지(延曆寺)를 찾아보는 것이었다. 나는 이런 기회가 자주 오리라고 생각하지 않았기 때문에 이번 기회를 놓치고 싶지 않았다.
  일행과 헤어진 나는 택시를 잡았다. 츠세 마사히코(津瀨正彦)라는 기사는 영어를 백 단어쯤 아는 정도의 초보 회화를 할 수 있었다. 앞에 걸린 이름표를 보고 츠세 마사히코라고 읽느냐고 물었더니 입이 함박만큼 벌어진다. 거리가 얼마나 되느냐고 물으니 교토대학에서 엔랴쿠지의 입구까지 8km라고 한다. 내가 지도를 보고 짐작한 바에 의하면 입구에서부터 다시 7~8km를 가야 절이 나온다. 관광 지도를 보니 입구에서부터는 이륜차(편도 560엔)와 택시(편도 820엔)를 탈 수 있다고 되어 있어서 그것은 별로 걱정하지 않았으나 돌아오는 택시가 자주 있느냐고 기사에게 물었더니 전혀 없다는 것이다. 나는 아찔했다. 할 수 없이 나는 그 택시를 대절하여 왕복할 수밖에 없었다.
  일본 최고의 명산 히에이산은 참으로 아름다웠다. 차로 올라가며 정상에서 바라보는 오츠시(大津市)와 비와호(琵琶湖)의 모습이 참으로 절경이었다.

  세상에 산이라고 불리는 산은 많지만
  산이라 하면 히에이산만을 산이라 한다.

  사찰 안내문에 실린 지엔(慈圓) 스님의 싯귀가 명불허전(名不虛傳)이었다. 츠세 씨는 관광인지 아니면 누구를 만나러 가느냐고 나에게 물었다.

옮긴이의 재판 머리말

　나는 복잡한 설명을 피하고, 불교를 공부하는 한국의 대학 교수인데 스님을 만나러 가는 길이라고 했다. 경내에 들어서자마자 엔닌(圓仁) 스님이 바다에서 사투하는 모습의 그림이 나의 눈길을 끌었다. 츠세 씨가 매표소에서 스님을 만나기 위해 한국에서 온 교수라고 하니까 표를 끊을 필요도 없이 들어가라고 했다.
　종무소에 들어가 찾아온 사연을 말하니 한참 만에 부주지(副住持) 겸 총무부장인 고바야시 소죠(小林祖承) 스님이 우리를 정중하게 마중해 주었다. 그분도 영어를 조금 아는 분이었다. 내가 츠세 씨의 도움과 짧은 일본어, 영어, 한문 필담으로 엔닌 스님에 관한 흔적이 있는지를 알아보기 위해 찾아왔노라고 설명했더니, 그는 내가 한국에서 엔닌 스님의 순례기를 번역했다는 설명에 몹시 놀라는 표정을 지었다.
　고바야시 스님은 자신이 유적지를 안내하겠노라고 말하면서 앞장을 섰다. 참으로 아름다운 절이었다. 일본이 자랑하는 세계 문화 유산 중의 하나라는 평판이 명불허전(名不虛傳)이었다. 가까운 순서대로 먼저 찾아간 곳은 장보고공적비(張保皐功績碑)였다. 비석은 3m 가까이 되는 한국식 갓비였으며, 비문은 한자와 한글과 일본어로 씌어 있었다. 그들은 장보고에 대한 엔닌의 감사함을 그렇게 표현했다. 고바야시 스님은 엔닌이 주지로 있을 당시에 지은 법당을 보여준 다음 일본의 국보가 소장된 국보전(國寶殿)을 직접 안내했다. 벽에는 20여 장의 엔닌 순례 벽화가 걸려 있었다. 나는 그곳에서 촬영이 금지된 엔닌 스님의 진영(眞影)을 볼 수 있었다. 나는 나도 모르는 사이에 큰절을 올렸다. 내가 천주교 신자인 줄 아는 그들로서는 나의 행동이 의외였을 것이다. 진영 앞에 선 나는 문득 콧등이 찡해오는 것을 느꼈다. 나는 이미 절판된 이 책의 재판(再版)을 위해 스님의 음우(陰佑)를 빌었다.
　헤어질 때 코바야시 스님은 도쿄(東京)국립박물관이 주축이 되어 히에이산 개창 1,200주년을 기념하여 발행한 『比叡山と天台の美術』(1986) 한 부를 나에게 선물했다. 돌아오는 길에 화집을 열어보니, 아! 거기에는 엔닌의 초상화는 물론, 엔랴쿠지의 창건 스님인 사이쪼(最澄), 그리고 가마

쿠라(鎌倉)막부 시절인 13세기에 그린 신라묘카미(新羅明神)의 초상이 실려 있었다. 나는 이 초상화가 장보고(張保皐)의 것이라고 생각한다. 이 초상은 한국에 알려지지 않은 것으로서, 이미 소설가 최인호(崔仁浩)에 의해 발굴되어 발표된 바 있는 신라묘카미상과 얼굴의 이미지가 너무도 흡사하여 첫눈에 알아볼 수가 있었다. 도판의 설명에 따르면 이 초상화는 지금 히에이산 온죠지(園城寺, 滋賀縣)에 보관되어 있다.

산을 내려온 나는 숙소로 돌아오면서, 보람과, 이미『입당구법순례행기』가 절판된 데 대한 안타까움, 엔닌 스님에 대한 죄스러움, 이 책을 재판으로 내야겠다는 각오와 기쁨으로 마음이 착잡했다. 그리고 이 책의 재판을 거듭 다짐했다. 그런데 한국에 돌아와 사진을 현상해 보니 난감한 일이 벌어졌다. 야외에서 찍은 사진은 쓸만 했지만 실내에서 촬영한 것들은 조도(照度)가 맞지 않아 출판에 쓸 수가 없이 되었다. 마침 나의 아들 나라 부부가 교토에 갈 일이 있어 내가 필요한 사진들을 다시 촬영하여 왔기에 여기에 실을 수 있게 되어 기쁘다.

책을 출판하다 보면 많은 분들에게 신세를 지게 되는데, 이번에도 예외가 아니었다. 먼저 나와 나의 아들을 따뜻하게 맞이해 주고 귀중한 사진을 촬영할 수 있도록 배려해 준 엔랴쿠지의 고바야시 소죠 스님께 깊이 감사를 드린다. 컴퓨터 입력 과정에서 한자의 타자 일을 도와준 건국대학교 일본어과의 안길현(安吉鉉) 석사에게 많은 신세를 졌다. 사진을 구해 주신 성신여자대학교의 최민자(崔珉子) 교수님과 해상왕 장보고 기념사업회의 김성호(金成浩) 선생님께 감사를 드린다. 서생으로서의 황혼 작업을 이해하고 원고의 스캐닝 작업을 도와준 코리어 콘텐츠 랩(Korea Contents Lab)의 유대성(劉大成) 사장의 도움에 깊이 감사하며, 돈 되는 일이 아님에도 불구하고 좋은 책을 내겠다는 일념 아래 옛 인연을 박절하게 거절하지 않고 개정판을 받아 준 선인출판사의 윤관백(尹寬伯) 사장님과 편집부 김지학(金智學) 과장님께 깊이 감사한다. ❀

2006년 추석에
옮긴이 씀

옮긴이의 초판 머리말

[1] '한국사에서 과연 해양(海洋) 정신(精神)의 유산(遺産)은 없었을까?' 하는 질문은 나에게 중요한 관심거리였다. 나는 비록 아시아 대륙의 외진 곳에 있다고는 하지만 삼면이 바다인 우리로서 해양 문화가 발달하지 못한 데에는 그만한 이유가 있으리라는 생각과 함께, 어쩌면 그것은 장보고(張保皐)의 몰락과 어떤 관련이 있으리라는 생각을 가지고 있었다.

그러던 차에 조지 워싱턴 대학의 도서관 서가에서 라이샤워(Edwin O. Reischauer)가 번역한 영문판 『入唐求法巡禮行記』(Ennin's Diary : The Record of a Pilgrimage to China in Search of the Law, New York : The Ronald Press Co., 1955)를 읽으면서 나는 많은 것을 깨달았다. 우선 그 책이 1,600개의 주석(註釋)을 단 데에서 깊은 충격을 받았고, 그 내용을 읽으면서 우리에게도 어떤 해양 문화의 유산이 있으리라는 평소의 생각에 확신과 같은 것을 얻을 수가 있었다. 그리하여 미국에서 귀국한 1986년부터 틈틈이 이 책의 판본(板本)을 구입하여 번역과 주석을 마치니 어언 5년이라는 세월이 흘렀다.

[2] 이 순례기의 저자인 엔닌(圓仁)은 속성(俗姓)이 미부(壬生) 씨로서 서기 794년[日本曆 캄무(桓武) 천황 延曆 13년, 신라 元聖王 10년, 唐曆 德宗 10년]에 일본 시모스케국(下野國) 쓰가군(都賀郡 : 지금의 도치키 현(栃木縣)]에서 태어났다. 어려서부터 불심(佛心)이 깊었던 그는 15세에 교토부(京都府) 시가현(滋賀縣)에 있는 히에이산(比叡山)으로 들어가 일본 천태종(天台宗)의 창시자인 사이쪼(最澄)의 밑에서 수행을 시작했다. 사이쪼는 일찍이 조정에 상주(上奏)하여 히에이산에 대승원돈계단(大乘圓頓戒壇)을 설립할 것을 요구했었다. 그런데 서기 822년[日本曆 弘仁 13년]에 조정으로부터 윤칙(允勅)을 받았을 때, 사이쪼는 이미 입적하고 엔닌이 그 뒤를 이어 불법을 전파하고 있었다. 엔닌은 이곳에서 『근본여법경』(根本如法經)을 사경(寫經)하고 근본여법당(根本如法堂)을 건립하는 등의 활약으로 이미 이때 일본 천태종의 일인자인 고승(高僧)이 되어 있었다.

옮긴이의 초판 머리말

　이와 같은 위치임에도 불구하고 엔닌은 나이 45세가 되던 서기 838년[日本曆 仁明 천황 承和 5년]에 견당선(遣唐船)을 타고 바다를 건너 당(唐)으로 들어간다. 그는 당나라에 10년을 머물면서 본국의 엔랴쿠지(延曆寺)에 완질(完帙)이 갖추어져 있지 않은 『천태교의』(天台敎義)를 수집하고 양주(揚州)·오대산(五臺山)·장안(長安) 등의 곳에서 고승을 찾아 불법과 범어(梵語)·한문 등을 배우고 성지(聖地)를 순례한다. 이때 그는 법화현교(法華顯敎)와 밀교(密敎)에 심취하여 관정(灌頂)을 받고 수행한다. 당 무종(武宗)의 회창(會昌) 연간에 숱한 법난(法難)을 겪으면서도 불경·장소(章疏)·전기(傳記)·만다라(曼荼羅) 등 580부 794권의 자료를 모아 서기 847년에 귀국한다.

　일본으로 돌아온 엔닌은 히에이산에 관정대(灌頂臺)와 근본관음당(根本觀音堂)을 짓고(서기 850년), 오대산에서 가져온 불경을 깊이 연구하며 법화총지원(法華總持院)을 지어 전교하다가 서기 864년[日本曆 세이와(淸和) 천황 죠강(貞觀) 6년] 정월 14일에 나이 71세로 입적(入寂)하였다. 이때 세이와(淸和) 천황은 그에게 지가꾸대사(慈覺大師)라는 시호를 내리고 그의 스승인 사이쬬에게는 전교대사(傳敎大師)라는 시호를 내렸는데 이는 일본 불교사에서 대사의 칭호가 처음 쓰여진 일이었다. 당시 일본의 승려로서 당나라에 건너가 수학한 사람이 많지만 그중에서도 천태종의 사이쬬와 그의 법예(法裔)인 엔닌·엔진(圓珍), 진언종(眞言宗)의 구카이(空海)와 그의 법예인 조교(常曉)·엔교(圓行)·혜원(蘿遠)·슈에이(宗叡)를 헤이안조(平安朝 : 서기 782~1191년)의 입당팔가(入唐八家)라고 부른다.

　엔닌의 저술로는 이 순례기 이외에도 『금강정경소』(金剛頂經疏), 『소실지경략소』(蘇悉地經略疏), 『현양대계론』(顯揚大戒論), 『입당구법목록』(入唐求法目錄), 『재당송진록』(在唐送進錄), 『입당신구성교목록』(入唐新求聖敎目錄) 등 10여 편이 있다.

　[3] 이 순례기는 약 8만 자로서 모두 4권으로 되어 있으며, 서기 838년 6월 13일에 시작하여 서기 847년 12월 14일로 끝나는 9년 6개월 사이의

기록이다. 후반부의 종교 박해 기간 중 경황이 없을 때를 제외하고는 거의 빠짐이 없이 기록되었다. 이 일기의 문헌적 가치에 대해서는 부록으로 쓴 졸고(拙稿)에 담겨 있어서 여기에서는 상세하게 거론할 필요는 없으나 다만 다음과 같은 몇 가지를 지적해 두고자 한다. 이 순례기는 서기 830~840년대의 당·신라·일본 3국과, 부분적으로는 발해(渤海)의 종교[불교와 도교], 정치, 외교, 법제, 민속, 궁중비사, 천문, 지리, 언어에 관한 1차 사료(史料)이다.

특히 이 글이 한국사의 연구에서 중요한 의미를 갖는 것은, 그 시기가 장보고의 시대와 정확히 일치하고 있다는 점이다. 따라서 당시 신라·당·일본 3국의 외교 관계에 관한 이 글의 중요성은 아무리 강조해도 지나침이 없으며, 엔닌이 머물렀던 신라방(新羅坊)과 거기에 장보고가 창건한 적산신라원(赤山新羅院)에 관해서는, 내가 과문한 탓인지는 모르나, 이 글이 유일한 목격자의 문헌일 것이다.

나는 이 글을 번역하면서 엔닌의 불심에 대해 천주교 신자로서 깊은 외경을 느꼈다. 회창(會昌) 연간의 법난 중에 4,000여 명의 대소 신료(臣僚)들이 죽고, 전국의 승려가 환속하거나, 순교해야만 했고, 전국의 사찰이 파괴되는 참담한 이국(異國)의 상황에서 '내 한목숨 죽는 것은 아깝지 않지만 그 간에 구한 불경을 일본에 전하지 못할까 두렵다'고 쓴 구절을 읽을 때는 학문 이전에 한 구도자로서의 가장 숭고한 모습을 보는 것 같아 숙연한 생각이 들었다.

10년 동안 어느 하루 편안한 날이 없었고, 천재·기근·병마·인재(人災)가 끝없이 몰아치는 가운데에서도 흔들리지 않고 그 많은 불경을 일본으로 가져와 일본 불교를 흥륭시킨 그의 불심은, 그 자신은 목숨을 잃지 않았을지라도, 그의 제자로서 그와 함께 구도 중에 객사한 승려 이쇼(惟正)와 마찬가지로, 가히 순교자적이라고 말할 수 있을 것이다. 채소 한 포기라도 보시(布施)해 준 마을 주민의 성을 기록하여 감사의 뜻을 남긴 그 마음씨가 곱다. 이 글을 가리켜 마르코 폴로(Marco Polo)의 『동방견문록』(東方見聞錄), 현장(玄奘)의 『대당서역기』(大唐西域記)와 더불어 '동양

옮긴이의 초판 머리말

의 3대 여행기'라고 칭송하는 데에는 그럴 만한 근거가 있었다.

[4] 한 권의 책을 쓰다 보면 많은 분들께 폐를 끼치게 된다. 나의 학문이라면 늘 열성으로 도와주는 친구 다키자와 마코도(瀧澤誠) 선생은 이번에도 일본에서 발행된 여러 개의 판본을 구해 줌으로써 이 번역을 가능케 했고, 간다(神田)외국어대학 한국어과의 마쯔바라 다카도시(松原孝俊) 교수님은 좋은 참고 자료를 보내주심으로써 이 책이 이나마 모양을 갖추도록 도와주셨다. 엔닌의 초상화는 한혜숙(韓惠淑) 여사가 구해 주었으며, 중국본은 외무부의 정상기(丁相基) 학제(學弟)가 구해 주었다. 건국대학교 중국문학과의 김명호(金明壕) 교수는 주석에 필요한 중국 자료를 구해 주는 수고로움을 아끼지 않았다. 건국대학교 대학원 일본어과의 손상원(孫相源) 학제는 일본 관계의 주석과 연표 작성에 많은 도움을 주었고, 지리학과의 김추윤(金秋潤) 선생은 좋은 지도를 그려 주었다.

780여 개의 주를 다는 마지막 단계에까지 풀 수 없었던 난해한 문장과 주석을 일러주신 광릉(光陵) 봉선사(奉先寺) 주지 월운(月雲) 스님의 가르치심을 나는 오래도록 감사히 기억할 것이며, 스님을 모시고 보낸 3일의 추억을 나는 오래 간직하고 싶다. 아울러 그분과의 인연을 주선해 준 건국대학교 이준(李濬) 교수님께도 마음 깊이 감사한다. 어느 책보다도 벽자(僻字)가 많은 이 책의 교정을 보아 준 건국대학교 신채호(辛采鎬) 학제(學弟)의 도움은 참으로 값진 것이었다.

이 부족한 번역서를 펴내기 위해 위의 여러분들께 도움을 받았음에도 불구하고, 이 책에 잘못이 있다면 그것은 전적으로 나 혼자서 책임질 일이며 위의 분들께 누(累)가 되지 않기를 바란다. 이 글은 한국에서 초역(初譯)인 관계로 다소의 오역이 있으리라는 점에 대해 독자 여러분께 용서를 빌며, 이를 밑거름으로 하여 완전한 번역이 나올 수 있다면 나로서는 그 또한 고생한 보람이 있는 일이다.

1990년 삼일절에
광릉(光陵)봉선사(奉先社) 객방(客房)에서
시몬 申福龍 씀

옮긴이 재판 머리말
옮긴이 초판 머리말

[권 1]
서기 838년
[당 개성(開成) 3년, 신라 민애왕(閔哀王) 3년,
일본 조와(承和) 5년, 무오(戊午)]

6월┃하카다(博多) 출항, 서해에서 표류　　　　　　　　┃29┃
7월┃양자강(揚子江) 입구 표착, 해릉현·대운하를 거쳐 북상 ┃32┃
8월┃양주 도독 이덕유(李德裕)를 만남, 개원사(開元寺)에
　　　머무름　　　　　　　　　　　　　　　　　　　　┃42┃
9월┃양주에서 내지 순례 절차를 밟음　　　　　　　　　┃49┃
10월┃개원사에서 머무름, 혜성이 나타남　　　　　　　　┃52┃
11월┃구리[銅]의 매매 금지, 이덕유와 친교, 천태대사
　　　기재(忌齋)　　　　　　　　　　　　　　　　　　┃57┃
12월┃국기재(國忌齋), 조공사 귀국 차비, 그믐 풍속　　　┃66┃

서기 839년
[당 개성(開成) 4년, 신라 신무왕(神武王) 원년·문성왕(文聖王) 원년,
일본 조와(承和) 6년, 기미(己未)]

정월┃신년재(新年齋), 표류한 신라인을 만남, 42현재(賢齋)┃71┃
윤정월┃경문(敬文) 스님과 친교, 밀교 경전을 필사　　　　┃78┃
2월┃한식(寒食) 풍속, 양주를 떠나 초주(楚州)에 도착　　┃80┃
3월┃개원사에서 탱화를 그림, 스미요시 오카미(住吉大神)에
　　　제사, 회수(淮水)로 출발　　　　　　　　　　　　┃87┃

차례

[권 2]

- 4월 ▮ 신라 상인을 만남, 장보고의 정변, 당에 잔류를 궁리 ▮ 92 ▮
- 5월 ▮ 단오(端午), 일기 불순으로 허송 ▮ 109 ▮
- 6월 ▮ 적산법화원(赤山法花院)에 도착, 머무름 ▮ 114 ▮
- 7월 ▮ 적산법화원에 고의적으로 낙오됨 ▮ 119 ▮
- 8월 ▮ 신라인의 추석절(秋夕節) ▮ 123 ▮
- 9월 ▮ 적산원에 장기 체류를 준비함 ▮ 124 ▮
- 10월 ▮ 적산원에 머무름, 월식 ▮ 128 ▮
- 11월 ▮ 적산원에 불경 강의 의식·1일강의식·송경식(誦經式) ▮ 129 ▮

서기 840년
[당 개성(開成) 5년, 신라 문성왕(文聖王) 2년, 일본 조와(承和) 7년, 경신(庚申)]

- 정월 ▮ 달력 구입, 적산법화회를 마침 ▮ 135 ▮
- 2월 ▮ 장보고에게 도움을 청함, 한식, 신라방 여행 ▮ 139 ▮
- 3월 ▮ 신라관·발해관을 방문, 천자의 조서(詔書) 전달식 ▮ 148 ▮
- 4월 ▮ 청주(靑州)를 떠나 북서행, 패주(貝州)·기주(冀州)·조주(趙州)·진주(鎭州)를 지남 ▮ 165 ▮

[권 3]

- 5월 ▮ 죽림사(竹林寺)의 예불 의식, 대화엄사(大花嚴寺)에서 불경 공부, 오대산(五臺山) 순례 ▮ 178 ▮
- 6월 ▮ 대화엄사에서 천태교(天台敎) 경전 필사 ▮ 200 ▮
- 7월 ▮ 금각사(金閣寺) 참배, 라이센화상(靈仙和尙)의 유적을 순례, 남행 ▮ 202 ▮

8월 ▎ 남행 순례, 장안(長安)에 도착　　　　　　　　　　▎219▎
9월 ▎ 장안 정토원(淨土院)에 머물며 장기 체류를 모색　　▎227▎
10월 ▎ 불경 필사, 원정화상(元貞和尙)에게 불경을 배움　　▎230▎
11월 ▎ 폭설, 동지(冬至) 풍습　　　　　　　　　　　　　▎232▎
12월 ▎ 만다라를 그림, 과세(過歲) 풍습　　　　　　　　　▎233▎

서기 841년
[당 개성(開成) 6년 · 회창(會昌) 원년, 신라 문성왕(文聖王) 3년,
일본 조와(承和) 8년, 신유(辛酉)]

정월 ▎ 일곱 절에서 속강(俗講)을 열음　　　　　　　　　▎235▎
2월 ▎ 만다라를 그림, 불아회(佛牙會), 금강계 공부　　　　▎237▎
3월 ▎ 숭성사(崇聖寺) 불아회　　　　　　　　　　　　　　▎239▎
4월 ▎ 탱화를 그림, 흥선사(興善寺)에서 불경 필사　　　　▎242▎
5월 ▎ 열반경 · 금강경 · 태장계를 공부　　　　　　　　　▎243▎
6월 ▎ 덕양일(德陽日)　　　　　　　　　　　　　　　　　▎244▎
8월 ▎ 귀국 준비　　　　　　　　　　　　　　　　　　　▎244▎
9월 ▎ 속강(俗講)　　　　　　　　　　　　　　　　　　　▎244▎
11월 ▎ 동지, 살별이 나타남　　　　　　　　　　　　　　▎245▎
12월 ▎ 서원(西院)으로 옮김, 살별이 사라짐　　　　　　　▎245▎

서기 842년
[당 회창(會昌) 2년, 신라 문성왕(文聖王) 4년,
일본 조와(承和) 9년, 임술(壬戌)]

정월 ▎ 속강　　　　　　　　　　　　　　　　　　　　　▎247▎

차례

2월 ▎구사량(仇士良) 득세, 한식, 범어(梵語) 공부	▎247 ▎
3월 ▎외국승(外國僧)에 대한 규제를 시작	▎247 ▎
4월 ▎천복사(薦福寺)·흥복사(興福寺)에서 공부, 회골족(迴鶻族)의 침입	▎249 ▎
5월 ▎외국 승려의 소재 조사, 범어 공부	▎250 ▎
6월 ▎덕양일	▎252 ▎
7월 ▎닌사이화상(仁濟和尙)이 천태산으로 돌아감	▎253 ▎
8월 ▎월식	▎253 ▎
10월 ▎법난(法難)이 시작됨, 강제 환속 시행	▎253 ▎

서기 843년
[당 회창(會昌) 3년, 신라 문성왕(文聖王) 5년,
일본 조와(承和) 10년, 계해(癸亥)]

정월 ▎외국인 승려의 소재 조사	▎257 ▎
2월 ▎환속 승려의 강제 귀향, 당 화번(和蕃) 공주 귀국	▎258 ▎
4월 ▎마니교 탄압	▎258 ▎
5월 ▎외국 승려의 입국 사유 조사	▎258 ▎

[권 4]

6월 ▎도교(道敎)의 부흥, 불교 탄압, 대화재	▎259 ▎
7월 ▎이교(惟曉) 사망	▎262 ▎
8월 ▎귀국을 서두름	▎264 ▎
9월 ▎유종간(劉從諫)의 반란	▎264 ▎
11월 ▎이교(惟曉)의 백일재(百日齋)	▎265 ▎
12월 ▎신라인 유신언(劉愼言)의 도움	▎265 ▎

서기 844년
[당 회창(會昌) 4년, 신라 문성왕(文聖王) 6년, 일본 조와(承和) 11년, 갑자(甲子)]

2월 ▮ 엔사이(圓載)의 고생	267
3월 ▮ 공양 금지, 구천도량(九天道場) 건축령	267
4월 ▮ 도교의 부흥, 승려의 통금	268
7월 ▮ 사찰 및 불구(佛具) 파괴령	270
8월 ▮ 회골진압군의 반란	
9월 ▮ 유종간(劉從諫) 참살, 구사량(仇士良) 멸문(滅門)	273
10월 ▮ 선대(仙臺) 건축, 불강(佛講) 금지령	273
11월 ▮ 소의(昭義)의 반란을 진압	276

서기 845년
[당 회창(會昌) 5년, 신라 문성왕(文聖王) 7년, 일본 조와(承和) 12년, 을축(乙丑)]

정월 ▮ 천자가 선약(仙藥)을 구함, 한식(寒食)	277
3월 ▮ 사원 노비 금지령, 모든 승려의 환속	278
4월 ▮ 승려의 환속 · 귀향	281
5월 ▮ 엔닌 환속, 귀국 신청, 장안(長安)을 떠남	282
6월 ▮ 동행(東行), 정주(鄭州) · 변주(汴州) · 사주(泗州) · 양주(揚州)를 지남	288
7월 ▮ 초주(楚州) 신라방에 이르러 도움을 청함	291
8월 ▮ 내주(萊州) · 등주(登州)를 통과, 구당신라소(勾當新羅所)에 도움을 청함	297
9월 ▮ 신라방에 불교 성물(聖物)을 맡김	300

11월 ▌ 티베트가 침공해 옴, 월식, 환속승의 유랑을 금지　▌ 302 ▌

서기 846년
[당 회창(會昌) 6년, 신라 문성왕(文聖王) 8년,
일본 조와(承和) 13년, 병인(丙寅)]

정월 ▌ 전국의 모든 불구(佛具)를 태우도록 칙령　▌ 305 ▌
2월 ▌ 신라인 장영(張詠)의 도움　▌ 305 ▌
4월 ▌ 무종천자(武宗天子)의 죽음, 선종(宣宗)의 등극　▌ 306 ▌
5월 ▌ 법난(法難)이 그침　▌ 306 ▌
6월 ▌ 신라방에 맡긴 성물을 다시 찾음　▌ 306 ▌
7월 ▌ 무종(武宗)의 능역(陵役)　▌ 307 ▌
10월 ▌ 일본 천황이 보낸 황금을 받음　▌ 307 ▌
12월 ▌ 일식　▌ 307 ▌

서기 847년
[당 회창(會昌) 7년 · 대중(大中) 원년, 신라 문성왕(文聖王) 9년,
일본 조와(承和) 14년, 정묘(丁卯)]

정월 ▌ 장영(張詠)이 엔닌을 위해 배를 만듦　▌ 309 ▌
2월 ▌ 장영의 조선이 끝남　▌ 309 ▌
윤3월 ▌ 신라방을 출발　▌ 309 ▌
5월 ▌ 남행　▌ 310 ▌
6월 ▌ 초주(楚州)의 신라방에 도착, 유신언(劉愼言)의
　　　　도움을 받음　▌ 311 ▌
7월 ▌ 김진(金珍)의 배로 등주(登州)에 도착　▌ 313 ▌
8월 ▌ 머리 깎고 다시 승복을 입음　▌ 314 ▌

9월 ▮ 적산원을 출발, 신라의 고이도(高移島)·흑산도(黑山島)·
황모도(黃茅島)를 거쳐 일본의 노코노시마(能擧島)에
도착　　　　　　　　　　　　　　　　　　　▮ 314 ▮
10월 ▮ 태재부(太宰府)에 귀국 신고　　　　　　　　▮ 317 ▮
11월 ▮ 각 사찰의 묘카미(名神)·오카미(大神)에게 감사
불공을 드림　　　　　　　　　　　　　　　▮ 317 ▮
12월 ▮ 각 사찰의 묘카미·오카미에게 감사 불공을 드림　▮ 318 ▮

부록

▮ 「엔닌(圓仁)의 『입당구법순례행기』(入唐求法巡禮行記)에
나타난 한국(신라) 관계 기록과 몇 가지 문제점」　▮ 323 ▮
▮ 판본과 참고 문헌　　　　　　　　　　　　　　▮ 343 ▮
▮ 삼국의 왕세계(王世系)　　　　　　　　　　　　▮ 345 ▮
▮ 당시의 도량형　　　　　　　　　　　　　　　▮ 346 ▮
▮ 엔닌의 행로(行路)　　　　　　　　　　　　　　▮ 347 ▮

찾아보기　　　　　　　　　　　　　　　　　▮ 349 ▮

일러두기

(1) 원문에서는 연기(年記)를 당력에 따르고 있으나 이 번역서에서는 서기에 따르고 당·신라·일본 세 나라의 연기를 따로 밝혀 대조의 편의를 도모하였다. 원문에서는 일기마다 달을 밝혀 적지 않고 그 달의 첫 번째 일기에만 밝혀 적고 있으나, 이 번역서에서는 독자의 편의를 위해 매번 밝혀 적었다.

(2) 모두 4권으로 이루어져 있는 원문은 연도별 체재를 갖추고 있지 않으나 이 번역서는 연도별로 구분하여 편집하였다. 참고로 원문 각 권의 일기가 기록하고 있는 기간을 밝히면 아래와 같다.
권 1 : 서기 838년 6월 13일 ~ 서기 839년 4월 18일
권 2 : 서기 839년 4월 19일 ~ 서기 840년 5월 16일
권 3 : 서기 840년 5월 17일 ~ 서기 843년 5월 25일
권 4 : 서기 843년 6월 3일 ~ 서기 847년 12월 14일

(3) 일본의 인명과 지명은 원지음에 따라 적고, 일본의 것이라도 일부 호칭 중 의미가 중심이 되는 용어, 그리고 신라와 중국의 인명과 지명은 한자음에 따라 적고 한자를 괄호 속에 밝혀 주었다.

(4) 번역문 중〔 〕안에 묶인 부분은 원문에 그러한 내용이 없지만 번역자가 그러할 것으로 판단하는 내용이다.

입당구법순례행기

입당구법순례행기

서기 838년

[당 개성(開成)[1] 3년, 신라 민애왕(閔哀王) 3년, 일본 조와(承和)[2] 5년, 무오(戊午)]

◀ 권 1 ▶

6월 13일

정오 무렵에 사신들은 첫 번째 배와 두 번째 배를 탔다. 바람이 불지 않아 사흘을 머물렀다.

6월 17일

한밤중에 바람이 강하게 불어 돛을 올리고 뱃머리를 움직였다. 오전 10시경에 시가노시마(志賀島)[3]의 동쪽 바다에 이르렀으나 순풍이 불지 않아 닷새 동안 머물렀다.

6월 22일

오전 6시경에 동북풍이 불어 배를 띄웠으나 그 중도에는 배를 댈 만한 후미[灣]를 찾을 수가 없어 어둠을 뚫고 계속 나아갔다.

6월 23일

오전 10시경에 우쿠시마(有救島)[4]에 도착했다. 동북풍이 불다. 이곳에서 머물 사람과 떠날 사람이 서로 작별 인사를 나누었다. 오후 6시가 되어 우리는 돛을 올리고 바다를 건넜다. 동북풍이 불다. 밤이 되니 두 배는 어둠을 뚫고 가면서 불빛으로 서로 연락했다.

6월 24일

앞을 바라보니 네 번째 배가 앞서 가고 있었는데 첫 번째 배와는 거리가

---

1) 開成 : 唐 文宗 연간의 연호(836~840).
2) 承和 : 일본 54대 닌묘(仁明) 천황 연간의 연호(834~848).
3) 志賀島 : 福岡縣 粕屋郡 志珂村 博多灣에 있는 섬.
4) 有救島 : 지금의 宇久島로서 肥前 五島列島 가운데 최북단의 섬.

30리 남짓한 채 멀리 서쪽을 향하여 달리고 있었다. 대사(大使)[5]는 처음으로 관(세)음보살(觀世音菩薩)[6]을 그렸다. 청익[승](請益僧)[7]인 나 엔닌과 유학법사(留學法師)[8]인 엔사이(圓載) 스님 등은 함께 불경을 외며 기도했다. 오후 10시경에 두 배가 불빛으로 서로 연락하니 그 모습이 별빛과 같았으나 새벽이 되니 보이지 않았다. 비록 동북풍과 동남풍이 불어오기는 했지만 우리는 표류될까 두려워하지는 않았다. 커다란 대나무, 갈대 뿌리, 오징어[烏賊], 그리고 조개 등이 큰 파도를 타고 떠다니기에 갈고리로 끌어올려 보니 어느 것은 살아 있고 어느 것은 죽어 있었다. 바다의 빛깔은 엷은 녹색이었다. 이를 보고 사람들은 육지가 가깝다고 말했다. 오후 4시경이 되자 큰 물고기가 헤엄치며 배를 따라왔다.

6월 27일

평철(平鐵)[9]이 파도에 부딪혀 모두 떨어져 나갔다. 지친 갈매기들이 서너 번 (뱃전에) 머물며 떠나지 않다가 때때로 두세 마리씩 서쪽으로 날아갔다가 다시 돌아오기를 몇 차례 했다. 바닷물 빛이 희뿌연 녹색이었다. 밤새도록 사람들로 하여금 돛대 위에 올라가 산이나 섬이 있는지 찾아보도록 했지만 모두가 보이지 않는다고 대답했다.

6월 28일

이른 아침에 갈매기들이 쌍을 지어 서북쪽으로 날아갔다. 바람이 바뀌지 않아서 돛을 서남쪽으로 향하게 했다. 오전 10시경에 백수(白水)에 이르렀는데 그 색깔이 누런 황톳물과 같았다. 모든 사람들이 이르기를 이 물이 양주(揚州)의 대강(大江)[10]에서 흘러나오는 것 같다고 했다. 사람을 시켜 돛대 위

---

5) 遺唐使節 우두머리인 후지와라노 쓰네쓰구(藤原常嗣: 서기 796~840년)를 의미함. 헤이안(平安) 시대의 朝臣으로 參議從三位 遺唐大使로서 서기 834년, 836년, 838년에 入唐한 바 있음.
6) 觀(世)音菩薩 : 보살의 하나. 대자대비하여 중생이 괴로울 때 그의 이름을 정성으로 외면 그 음성을 듣고 곧 구제해 준다고 함.
7) 請益僧 : 단기간의 연구를 위해 入唐하는 승려로서 還學僧이라고도 불렀다. 엔닌 자신을 가리키므로 이 뒤로는 '나' 또는 '저'로 옮김.
8) 留學法師 : 장기 유학승. 엔닌의 동료인 엔사이를 가리키므로 이 뒤로는 '엔사이 스님'으로 옮김.
9) 平鐵 : 선체의 모서리를 보호하기 위해 덧댄 쇠붙이.
10) 揚州의 대강 : 揚子江을 의미함.

에 올라가 살펴보게 하니, 물길이 서북쪽에서 흘러 남쪽으로 곧장 흐르고 있는데, 그 폭은 20여 리이며 앞을 바라보면 물빛이 다시 엷은 녹색이라고 대답했다. 조금 더 앞으로 나아가서 보니 그가 대답한 바와 같았다. 대사는 물빛이 다시 엷은 녹색으로 바뀐 것을 몹시 놀라워했다. 신라인 통역인 김정남(金正南)이,

"양주의 굴항(掘港)[11]을 통과하는 것은 매우 어렵다고 들었는데 이제 이미 백수를 지났으니 굴항을 통과한 것이 아닌지 모르겠다."
고 했다.

오후 2시경이 되어서도 물빛은 역시 하얬다. 모든 사람들이 놀라워했다. 사람을 시켜 돛대 위에 올라가 육지나 섬이 있는지를 살펴보게 했으나 아무것도 보이지 않는다고 대답했다. 바람은 변함없이 불고 옅은 바다에 파도는 높으니 그 부딪히는 소리가 우레와 같았다. 쇠붙이를 밧줄에 묶어 밑으로 내리니 물 깊이가 거의 다섯 길(丈)[12]이나 되었다. 잠시 후 다시 쇠붙이를 내리어 물의 깊이를 재어보니 겨우 5심(尋)[13]이었다. 사신들은 두려워했다. 어떤 사람들은,

"닻을 내리고 오늘은 여기서 머물다가 날이 밝으면 떠나는 것이 좋겠다."
고 말했고, 어떤 사람들은,

"돛을 내리고 작은 배를 띄워 앞길의 물 깊이를 알아본 다음 조금씩 앞으로 나가야 하며 배를 멈추라는 말은 옳지 않은 것 같다."
고 말했다.

이러자니 저러자니 하는 사이에 오후 6~8시경이 되었다. 동풍이 세차게 불고 파도는 몹시 높았다. 배가 갑자기 모래톱 위로 올라가기에 엉겁결에 돛을 내렸더니 돛대가 두 동강으로 부러졌다. 동서 양쪽에서 파도가 몰려와 배를 쳐 기울게 하고 돛대의 날[桅葉]이 바다 밑에 닿아 배가 곧 부서질 듯 하기에 이를 잘라버리니 배는 금세 파도를 따라 표류했다. 동쪽에서 파도가 밀려오면 서쪽으로 기울고, 서쪽에서 파도가 밀려오면 동쪽으로 기울어 물이 배 위를 덮치니 모두 어찌할 바를 몰랐다.

배 위의 사람들은 부처님께 의지하여 기도하지 않을 수 없었다. 사람마다

---

11) 揚州의 掘港 : 隋나라의 煬帝가 명하여 건설한 대운하를 의미함.
12) 丈 : 열 자(尺)=약 3.03m.
13) 尋 : 여덟 자.

어찌할 바를 모르더니 대사부터 뱃사람에 이르기까지 벌거벗은 몸에 잠방이만 움켜쥐고 있었다. 배가 바야흐로 두 토막이 나려 하자 저마다 이물과 고물로 이리저리 뛰어다니며 안전한 곳을 찾았다. 배의 마디마디는 파도를 맞아 모두 부서져나가고 사람들은 좌우의 난간에 밧줄을 묶어 살 길을 찾았다. 배 밑이 갈라져 스며들어오는 물이 가득했고, 배가 모래 위에 좌초하자마자 관물(官物)과 사물(私物) 등 잡물들은 스며든 물 위로 떠다녔다.

6월 29일

새벽이 되자 조수가 밀려나가고 스며든 물도 빠졌다. 사람을 시켜 배 밑을 살펴보게 했더니 모두 부서지고 누아(樐栿)[14]는 모래에 묻혔다고 했다. 여러 사람들이 궁리해 보았다. 만약 다시 조수가 밀려오면 배가 완전히 부서지지나 않을까 두려웠다. 그리하여 우리는 돛대를 쓰러뜨려 자른 다음 좌우 노붕(艣棚)[15]의 네 모서리에 세우고 닻줄로 누아에 달아매었다. 오후 10시에 앞을 바라보니 서쪽 멀리에 불빛이 보였다. 서로 얼굴을 쳐다보며 기뻐하지 않는 사람이 없었다. 밤새도록 바라보았으나 산과 섬은 보이지 않고 불빛만 보였다.

7월 1일[16]

새벽에 조수가 빠져 앞으로 나갈 수 없게 되자 사람을 시켜 돛대 위에 올라가 산이나 마을이 있는지 알아보도록 했는데, 남쪽 멀리 세 봉우리의 산이 있으나 그 이름을 알 수 없다고 한다. 마을은 멀리 있었고 말을 나눌 사람이 없었다. 조수가 들어오기를 기다리다가는 시간이 너무 늦고 해가 지면 배를 건질 수 없을지도 모른다는 점이 두려워 그들은 배에 밧줄을 묶어 해변으로 끌어올리려 했지만 사람의 숫자가 너무 적어 배를 움직일 수도 없었다. 판

14) 樐栿 : 배 밑의 組立材를 뜻함.
15) 艣棚 : 배의 가장자리에 닿은 난간.
16) 본문에는 7월 1일자가 7월 2일자에 포함되어 있는 것을 여기에서는 앞으로 뽑아냈다. 라이샤워는 이 점을 미심쩍게 생각하며 이 중간에 7월 1일자의 기록이 누락되었다고 믿고 있다. E. O. Reischauer, *Enin's Diary*(New York: The Ronald Press Co., 1955), p. 7. 그러나 이 부분이 뒤바뀐 것은 아마도 1일에 일이 창황하여 일기를 쓰지 못했다가 하루가 지나 2일자에 포함시킨 듯하다.

관(判官)¹⁷⁾ 이하의 모든 사람들이 닻줄을 잡아당기었다.

오후 2시경이 되어 배가 뜨자 그들은 해변을 따라 올라가며 강 입구를 찾다가 마침내 어귀에 도착했다. 마주쳐 밀려오는 조수가 빨리 흘러 앞으로 나갈 수가 없던 차에 강이 점차 얕아지자 모두들 아예 배에서 내리고 뱃사람들이 배를 끌었다고 한다. 그들은 사람을 찾았으나 찾을 수 없던 중에 문득 갈대를 파는 사람을 만나 즉시 이곳이 어디냐고 물었더니 이곳은 대당(大唐) 양주 해릉현(海陵縣) 회남진(淮南鎭) 대강 어귀라고 대답했다. 그들은 즉시 그 두 상인을 불러 배에 태우고 회남진으로 향했다. 물길을 따라 그곳에 도착했으나 그 두 사람은 진가(鎭家)¹⁸⁾를 찾지 못하여 강어귀로 되돌아왔다. 해가 지자 그들은 강어귀에서 잤다고 한다. [2일 늦게 그 두 상인은 돌아갔다.]

가까운 곳에 염관(鹽官)¹⁹⁾이 있다기에 즉시 판관 나가미네노 스쿠네 다카나(長岑宿禰高名)와 준녹사(准錄事)²⁰⁾ 다카오카노 스쿠네 모모오키(高丘宿禰百興)를 진가로 보내어 몇 가지 문건(文件)을 전했더니 염관 겸 판관인 원행존(元行存)²¹⁾이 작은 배를 타고 와서 위문했다. 대사 등은 이 나라의 풍습에 관하여 필담(筆談)을 나눈 다음 일본의 토산품을 선물로 주었다. 대사 일행은 다시 회남진을 향해 길을 떠났다.

강어귀를 따라 북쪽으로 15리 남짓 올라가니 진가에 도착했다. 진군(鎭軍) 등이 말하기를 다시 굴항정(掘港庭)으로 돌아가는 것이 좋다고 하기에 즉시 진군 두 사람을 데리고 강어귀로 돌아왔다. 그들이 강어귀에 도착하기 직전에 판관 원행존이 물길[水路] 가에서 말하기를, 오늘은 이미 날이 저물었으니 그곳에서 밤을 지내라고 했다. 우리는 그의 말에 따라 그곳에서 유숙했다. 그는 대사 일행들을 극진히 보살펴 주면서 아울러 길을 안내할 사람을 붙여주었다.

7월 2일

17) 判官 : 遺唐副使 밑에 있는 役人.
18) 鎭家 : 鎭의 役所.
19) 鹽官 : 소금을 생산하는 지방에 파견하여 鹽稅를 징수하던 役人.
20) 准錄事 : 錄事의 다음 벼슬로서 遺唐使 書記次官이었음.
21) 光行存이라고 표기된 판본도 있음(足立本·續續本).

이른 아침에 조수가 밀려왔다. 수백 정(町)22) 남짓 나아가니 서쪽에 섬이 보이는데 그 모양은 두 척의 배가 나란히 정박해 있는 것 같았다. 잠시 앞으로 나아가니 거기에는 육지가 있었다. 얼마 떠내려가지 않아 양쪽에서 맞파도를 만났다. 그리하여 배가 50여 정을 밀려가다가 개펄에 좌초하니 앞으로 갈 수도 없고 뒤로 갈 수도 없는데, 조수가 세차게 밀려와 배 주변의 진흙을 씻어갔다. 곧이어 진흙이 솟구쳐 올라오니 배가 끝내 전복되어 곧 묻힐 것만 같았다. 사람들은 놀라서 저마다 다투어 배의 옆쪽에 의지하여 잠방이만 걸친 채 곳곳에 밧줄로 묶어 한 덩어리가 되어 죽기만을 기다렸다.

오래지 않아 배가 다시 왼쪽으로 엎어지니 사람들은 오른쪽으로 나동그라졌다. 배가 엎어지는 데 따라 사람들의 위치가 바뀌는데 이러기를 몇 번이나 했다. 그뿐만 아니라 배 밑의 두 번째 포재(布材)23)가 부러져 떠내려갔다. 사람들은 넋을 잃은 채 눈물을 흘리며 부처님께 빌었다. 마침 서북쪽에서 멀리 파도를 따라 떠다니는 물건이 보였다. 사람들은 저마다 그것이 우리 배를 마중하기 위해 오는 것일는지도 모른다고 말했다. 그러한 얘기를 나누고 있을 때에 맞바람이 불어 마침내 그것이 배임을 알았다. 그 배를 바라보니 사람을 태운 작은 미곡수송선[倉船]이었다.

지난날 당나라에 파견되었던 경비병[射手] 미부노 가이산(壬生開山)과 당나라 사람 여섯 명이 우리 뱃전으로 올라왔다. 그러자 비서[錄事]와 그 이하의 사람들은 대사가 어느 곳에 도착했는지를 먼저 물었다. 그들은 대사가 도착한 곳을 모른다고 대답했다. 그 말을 들은 우리는 놀랍고 슬픈 마음에 눈물을 참을 수 없었다. 우리는 즉시 그 배로 옮겨 타고 일본에서 가져온 신물(信物)24)을 옮겨 실었다. 녹사 1명, 지승선사(知乘船事)25) 2명, 학문승(學問僧)인 엔사이 등 27명도 함께 옮겨 타고 육지를 향하여 나아갔다.

정오가 되어 강 어귀에 도착했고, 오후 2시경에는 양주 해릉현 백조진(白潮鎭) 상전향(桑田鄉) 동량풍촌(東梁豊村)에 도착했는데, 이날은 일본력(日本曆) 조와(承和) 5년 7월 2일이며 대당력(大唐曆) 개성(開成) 3년[서기 838

22) 町 : 60間=360尺=109.1m.
23) 두 번째 布材 : 龍骨.
24) 信物 : 貢納物을 의미함.
25) 知乘船事 : 배의 관리인.

년] 7월 2일이었다. 비록 연호(年號)는 달랐지만 날짜는 같았다. 유학승 등은 수착(守捉)[26]의 군중(軍中)[27]인 계빈(季賓)[28]의 집에 들러 묵었다. 이곳에서 들은 바에 의하면 대사는 6월 29일 오후 2시경에 배를 떠난 이후 계속 표류했는데, 바람이 세고 파도가 심하여 배가 침몰할까 두려워 닻돌[矴]과 물품들을 버리고 관세음보살과 묘견보살(妙見菩薩)[29]을 외우면서 살 길을 찾던 중 바람이 쉬게 되어 자정 무렵에야 대강[양자강] 입구 남쪽의 갈대밭 변두리에 이르렀다고 한다.

7월 3일

오전 2시경에 조수(潮水)가 들어오기에 길을 아는 배를 앞세우고 굴항정을 향하여 나아갔다. 오전 10시경에 백호(白湖)[30]의 어귀에 도착했더니 역류가 매우 심했다. 당나라 사람 세 명과 일본인 뱃사람들이 물길을 헤치며 배를 끌어 둑에 이르러 밧줄로 묶은 다음 조류가 들어오기를 기다렸다. 그러는 중에 네 번째 배가 북해(北海)[31]에 표착했다는 말을 들었다.

정오경에 가까스로 해릉현 백조진 관내의 수착(守捉) 군중촌(軍中村)에 이르렀다. 이때 앞서 바다에서 헤어진 녹사 야마시로 우지마쓰(山代氏益) 등 30여 명이 마중 나와 다시 만났다. 기쁨과 슬픔이 엇갈려 눈물을 흘리며 정을 나누었다. 우리는 모두 이곳에서 머물렀다. 이곳에 함께 머물면서 작은 배들을 빌려 일본에서 가져온 공납물을 나르고, 아울러 물에 젖어 손상된 관물과 사물을 물에 씻고 볕에 말렸다. 비록 그곳에서 며칠을 지냈어도 주(州)와 현(縣)에서 위로하는 조치가 없기에 사람마다 편히 묵을 곳을 찾았으나 고통이 적지 않았다. 나와 유학승 엔사이 스님 등은 한곳에서 묵었다. 동량풍촌으로부터 18리 떨어진 곳에 연해촌(延海村)이 있고, 그 마을에는 국청사(國清寺)가 있었다. 대사와 그 일행은 뱃길의 피로를 풀기 위해 그곳에서 묵었다.

---

26) 守捉 : 지방을 경비하는 주둔군.
27) 軍中 : 주둔군의 要人.
28) 季賓 : 판본에 따라 季賓 · 季賞 · 季寳 등으로 기록되어 있다.
29) 妙見菩薩 : 북두칠성을 신격화한 것으로서 국토를 지켜주고 빈궁에서 구하여 주며 모든 소원을 성취시켜 주는 보살.
30) '白潮'라고 되어 있는 판본도 있다.
31) 北海 : 靑州 北海縣으로서 흔히 渤海라 부르는 곳이다.

7월 9일

오전 10시경에 해릉진 대사 유면(劉勉)³²⁾이 찾아와 우리 사신 일행을 위문하면서 술과 떡을 대접하고 아울러 음악도 베풀어 주었다. 참석한 관건(官健)³³⁾과 친사(親事)³⁴⁾는 모두 8명이었는데, 유면은 자색(紫色)의 조복(朝服)을 입었고 그 마을의 압관(押官)³⁵⁾도 역시 같은 자색 옷을 입었다. 순검(巡檢)을 마치자 그들은 현청으로 돌아갔다.

7월 12일

동량풍촌으로부터 물길로 실어온 우리의 짐을 절 안에 두었다. 같은 날 정오에 마중 나갈 배를 재촉하여 통역관인 오야케노 도시오(大宅年雄)와 사수(射手)인 오야케노 미야쓰구(大宅宮繼) 등으로 하여금 물길을 따라 현가로 향하게 했다. 오후 4시경에 천둥이 치다. 유학승들은 동량풍촌에 머물러 있었으므로 그 시간에도 이르지 못했다.

7월 13일

날씨가 몹시 더웠다. 오후 2시경에 천둥이 치다. 표류한 이래 계속 모기가 심했는데, 그 가운데 큰 것은 파리만 하여 밤중에 물리면 고통이 심했다. 오후 4시경에 유학승이 찾아와 절 안에서 함께 묵었다. 이질에 걸려 고생했다.

7월 14일

오전 8시에 현과 주에서 보내올 마중 배가 오지 않아 대사 1명, 판관 2명, 녹사 1명, 지승선사 1명, 사생(史生)³⁶⁾ 1명, 그리고 사수, 뱃사람 등 30명이 물길을 따라 현가를 향하여 내려갔다. 길을 올라가는데 개원사(開元寺)의 승려 원욱(元昱)이 찾아와 필담으로 정을 나누었다. 그는 문장이 뛰어났다. 우리는 그곳의 풍속을 묻고 아울러 일본에서 가져온 토산품을 선물했다. 저쪽

---

32) 판본에 따라 鄧勉으로 된 것도 있음.
33) 官健 : 健兒로서 軍卒을 의미함.
34) 親事 : 관리의 隨從.
35) 押官 : 주둔 부대의 간부로서 본래는 兇賊 등을 진압하기 위한 관리였으나 檢察의 역할도 했다.
36) 史生 : 기록을 맡은 役人.

스님들은 복숭아와 과일 등을 주었다. 이 암자는 본원(本院) 근처에 있었는데, 그들은 잠시 필담을 나누고 곧 돌아갔다. 해거름에 천둥이 치고 큰비가 와서 우리 모두는 크게 놀랐다.

7월 17일
정오에 사수인 오야케노 미야쓰구가 압관 등 10여 명과 더불어 여고진가(如皐鎭家)로부터 30여 척의 띠배[草船][37]를 몰고 왔는데, 그들의 말을 들은 즉 대사는 어제 진가(鎭家)에 도착했다고 한다. 오후 4시경에 지승선사(知乘船事)인 하루미치노 스쿠네 나가쿠라(春道宿禰永藏)와 녹사인 야마시로 우지마쓰(山代氏益) 등이 동량풍촌으로부터 와서 절에서 잤다.

7월 18일
아침 일찍 공사(公私) 재물을 쌍배[舫船]에 옮겨 실었다. 오전 10시경에 녹사 이하의 뱃사람들과 함께 배를 타고 물길을 따라 주(州)로 가는데, 물소 두 마리를 40여 척의 배에 묶기도 하고 세 척의 배를 밧줄로 묶어 하나로 만들기도 했다. 앞뒤에서 말하는 것이 듣기 어려웠다. 배는 몹시 빨랐다. 굴구(掘溝)의 너비는 두 길[丈]이었고 곧은 물길에 굽이침이 없었다. 이 굴구는 다름이 아니라 수(隋)나라의 양제(煬帝) 때 판 것이다. 비가 쏟아져 고생이 많았다. 30리를 흘러가다가 오후 4시경에 곽보촌(郭補村)에서 묵었다. 밤이 되니 모기가 많아 그 아픔이 바늘로 찌르는 듯하여 고통스럽기 짝이 없었다. 밤새도록 북을 치는데 이러한 풍습은 밤에 야경꾼[防援人]들이 관물(官物)[38]을 지키기 위한 것이었다.

7월 19일
오전 4시경에 물소가 끄는 배를 타고 앞으로 나아갔다. 안개는 짙었지만 비는 오지 않았다. 오전 6시경에 닭이 우는 소리를 들었다. 오늘 처음으로 대나무숲[吳竹林]과 조(粟), 그리고 팥[小角豆] 등을 보았다.

37) 草船 : 蘆荻으로 엮어 만든 작은 배.
38) 官物 : 원문에는 宮物로 되어 있음.

오전 10시경에 대사의 글이 도착했다. 그것을 읽어 보니 그의 배는 표류하다가 파손되어 편의상 담당하는 수착사(守捉司)에게서 수선을 받았는데 수박(守舶)[39]과 뱃사람 등은 몇 가지 명령에 따라 배에 올라 머물러 있지 못하게 했다. 우리는 배에 오르면서 준선사(准船師)[40]인 야마토노 이토마루(矢侯糸丸) 등을 다시 배가 머물러 있는 곳으로 보냈다. 정오경에 강가에 있는 창고에 이르렀으나 쉬지 않고 밤을 새며 나아갔다.

7월 20일

오전 7시경이 지나 적안촌(赤岸村)에 이르렀다. 주민들에게 물으니 이곳에서 120리 거리에 여고진(如皐鎭)이 있다고 대답했다. 잠시 더 가니 언굴(偃掘)[41]이 있기에 이를 헤쳐 나갔더니 여고원(如皐院)이 있었다. 주임 관리는 우리가 온 까닭을 깊이 따지지 않았다. 배의 도착이 몹시 늦었기에 물소로 하여금 끄는 일을 멈추게 하고 다시 배 세 척을 하나로 묶고 하나에 뱃사람 7명씩을 붙여 그것을 끌게 했다. 조금 가다가 뱃사람들이 지쳐 다시 긴 밧줄로 엮어 물소가 끌게 했다. 모든 사람들이 이제 더 이상 방책을 찾을 길이 없었고, 피곤이 겹쳐 아무리 많은 사람으로도 배를 끌기 어려웠다. 그러나 고삐 매인 물소는 빠르게 나아갔다. 누군가가 물소 한 마리의 힘이 사람 100명의 힘과 같다고 말했다.

정오쯤에 이르러 물길 북쪽의 버드나무가 우거진 곳을 지났다. 오후 2시경에는 여고진에 이르러 찻집에서 잠시 머물렀다. 굴구(掘溝)의 북쪽에는 가게와 집들이 이어 있었다. 사수인 하세쓰 카베노 사다나(丈部貞名) 등이 대사로부터 와서 이르기를 여기에서 반리(半里)쯤 가면 진가(鎭家)가 있는데 대사와 판관 등은 그곳에 머물러 있고 아직 현가로 떠나지 않았다고 했다. 대사와 판관들은 우리가 공납물을 가져오고 있다는 말을 듣고 다시 주(州)로 향하기 위하여 배가 떠날 채비를 하도록 했다고 한다. 또 그들의 말에 따르면, 오늘 주사(州使)가 와서 처음으로 생활용품을 충당했다고 한다.

앞서 간 사람들의 말에 따르면 신라의 사신들도 일본 사신들과 함께 머무

---

39) 守舶 : 遣唐船에 근무하는 役夫.
40) 准船師 : 遣唐船의 부선장.
41) 堰掘 : 앞을 가로막는 물길. 원문은 塌掘로 되어 있음.

는데, 올해 같은 경우에 일본의 조공사(朝貢使)들은 자기들이 신라의 사신이라고 칭함으로써 어려움을 덜 수 있었다고 한다. 이번에는 일본 대사와 그 일행들이 먼저 진가에 와서 일본과 신라는 서로 다른 나라이고 멀리 떨어져 있다는 사실을 이미 확실히 해두었기 때문에, 현과 주에서도 위에서 이미 말한 바대로 알고 있었다. 그 말을 들은 우리들은 마음이 기뻐 피로한 기분을 크게 위로받을 수 있었다.

오후 4시경에 진(鎭)의 대사인 유면(劉勉)이 7~8명 남짓한 마부와 종자를 데리고 우리가 정박한 곳으로 와서 여러 가지를 살펴보고 돌아갔으며, 녹사와 그 일행들은 배에서 내려 대사가 있는 곳을 찾아보았다. 그러나 날이 어두워 더 이상 가지 못하고 그곳에서 묵었다.

7월 21일

오전 6시경에 대사와 일행은 함께 출발했다. 물길 좌우에는 값진 집들이 끝없이 이어져 있었다. 얼마 가지 않아 인가가 드물어지고 그 앞에는 진가(鎭家)가 사방을 둘러싸고 있었다.[42] 대사[43]는 3~4리 남짓하게 우리를 전송한 다음 [여고]진으로 돌아갔다. 진가로부터 [해릉]현까지는 220리였다.

오전 10시경부터는 물소를 보내고 함께 묶었던 배를 각기 하나씩으로 나누어 삿대를 저어 나아갔다. 인가는 전혀 없었다. 오후 5시경에 마침내 연해향(延海鄉) 연해촌(延海村)에 이르러 묵었다. 모기가 많아 몹시 고통스럽다. 밤중에 길을 떠났다. 염관선(鹽官船)이 소금을 실었는데 어느 것은 3~4척이, 어느 것은 4~5척이 이어서 편대를 지었다. 수십 리를 끊이지 않고 서로 따르는 모습을 보니 무어라 쓸 수 없을 만큼 신기하기만 하다.

7월 22일

날이 밝자 여러 척의 배에 물소를 묶어 앞으로 나아갔다. 흰 거위와 흰 오리가 자주 날아다닌다. 사람이 살고 있는 집이 이어져 있었으나 오전 10시경

42) '사방을……'은 四圍(顧承甫版·Reischauer版), 四國(續績版), 回國(堀一版·足立 版)등으로 다르게 표기되어 있다. 만약 回國이 맞는다면, '이곳은 지난날 鎭의 관할 밖이었다'고 번역될 수 있다.
43) 劉勉을 가리킴.

이후부터는 혹 30리를 가야 서너 채의 집이 보일 뿐, 있고 없음이 일정하지 않았다. 밤이 되어 어둠을 타고 나아갔다. 자정 무렵에 어느 마을에 도착했으나 그 이름을 알 수 없었다. 여러 배가 이곳에서 묵었다.

7월 23일

오전 6시경에 길을 떠났다. 그곳 주민들 말에 따르면 이곳에서 20리를 가면 현(縣)이 있다고 한다. 멀리 가지 않아 보니 물길 주변에 사람들이 물새들을 키우는데 한 곳에 모아 흩어지지 못하게 했다. 어느 곳에는 8천여 마리를 기르는데 이런 식으로 물새를 키우는 곳은 강물이 굽이치는 곳마다 있었다. 대나무 숲이 보이지 않는 곳이 없었고, 그 높이는 네 길[丈]이 넘었다. 우리는 북쪽으로 올라갔다. 처음 배를 탄 날부터 주로 서쪽으로 갔고 때로는 북쪽으로 간 적도 있으며, 동북쪽이나 서북쪽으로 간 적도 있었다.

오전 8시경에 앞에 탑이 보이기에 주민에게 물으니, 이곳은 서지사(西池寺)이며 그 탑은 흙탑[土塔]으로서 9층인데 7개의 관사(官寺)[44] 가운데 하나라고 대답했다. 앞으로 나가기 얼마 되지 않아 해릉현의 동쪽 끄트머리에 도착했다. 현에 있는 관리로는 장관(長官) 1명, 판관 1명, 병마사(兵馬使) 등 모두 7명이었는데 그 직급은 알 수 없었다. 잠시 가니 현의 남강(南江)에 도착했다. 현령과 그 일행들이 서지사의 남강 다리 앞까지 마중을 나왔다. 대사·판관·녹사 등은 배에서 내려 뭍으로 나가 그 절에서 묵었다. 현사(縣司) 등이 돈을 시주했다. 나와 엔사이 스님만 배 위에 남았다. 현의 주민들은 우리를 보려고 앞을 다투어 모여들었다. 엔사이 스님이 배앓이를 했다.

7월 24일

오전 8시경에 서지사에서 『대승기신론』(大乘起信論)[45]의 강의가 있었다. 좌주(座主)[46]인 겸(謙) 스님은 전임(前任)·후임(後任)의 삼강(三綱)[47] 등과

---

44) 官寺 : 조정에서 운영하는 절.
45) 『大乘起信論』 : 강당의 교과 중에서 四敎의 두 번째 과정으로서, 불교의 근본 뜻을 말하여 正信을 일으키는 것을 목적으로 한 이론. 책을 의미할 경우에는 대승불교의 通有 근본 뜻을 설명한 것으로서 佛滅 후 600년경에 인도의 馬鳴大師가 지어 梁나라의 眞諦와 당나라의 實叉難陀가 번역했음.
46) 座主 : 수석 강사. 주로 禪家에서 經·論을 講하는 스님.

함께 배를 찾아와 멀리서 온 나와 엔사이를 위로했다. 대화는 필담으로 나누었다. 그들은 잠시 머물다가 돌아갔다. 오전 10시쯤 되어 대사와 일행은 절을 떠나 배에 올라 함께 떠났다. 현의 관리들은 우리를 배웅할 뜻이 없었는지 겨우 군인 몇 사람만을 보내어 송별했다.

오후 4시경에 의릉관(宜陵館)에 도착했다. 이곳은 공무로 오고가는 손님을 위하여 마련된 처소였다. 준판관(准判官) 후지와라노 사다토시(藤原貞敏)가 갑자기 설사를 하여 모든 배들이 관(館) 앞에 머물렀다. 두 승려는 배에서 내려 병자를 살펴본 뒤 곧 배로 돌아왔다. 듣자니 네 번째 배의 판관이 배 멀미를 견디지 못하여 배에서 내려 어부의 집에 머무른다고 한다. 공납물을 내리기 전에 배가 모두 부서졌으나 공물과 사물은 손상을 입지 않았다. 마중 나온 배가 없어 짐을 뭍에 내릴 수가 없었다.

7월 25일

오전 4시경에 떠나다. 사람마다 설사로 고생하여 배의 출발이 한결같지 않았다. 앞서 가던 배는 뒤따라오는 배를 기다리고, 뒤따라가던 사람들은 앞선 배를 따라갔다. 해릉현에서 의릉관까지는 50리가 넘었고, 거기에서 다시 주(州)까지는 65리였다. 오전 10시경에 선궁관(仙宮觀)[48]에 이르렀으나 쉬지 않고 나아가 오후 2시경에 선지교(禪智橋) 동쪽에 이르러 그곳에서 머물렀다. 다리의 북쪽 머리쯤에는 선지사(禪智寺)가 있었다. 엔랴쿠(延曆)[49] 연간에는 부사(副使)의 기제(忌祭)가 이곳에서 거행되었다.[50] 다리 서쪽으로 양주부(揚州府)가 있었다. 대사가 국정(國政)을 알리기 위하여 압관(押官)등을 부(府)로 보냈더니 늦게야 돌아왔다.

오후 4시경에 출발했다. 강에는 쌍배[大舫船], 띠배[積蘆船], 작은 배 등이 헤아릴 수 없이 많이 떠 있었다. 오후 4시경이 지나 동쪽 성곽의 수문을 지났고, 오후 6시경에는 성(城)의 북쪽에 있는 강에 이르러 그곳에서 묵었다. 대사와 몇

---

47) 三綱 : 절의 3人의 重役僧으로서 上座 · 寺主 · 都維那를 의미함.
48) 仙宮觀 : 도교의 사원을 의미함.
49) 延曆 : 일본 50대 桓武天皇의 年號(752~806).
50) 桓武天皇 延曆 20년(801) 8월에 출발한 제11회 견당사절의 부사인 從五位下 이시카와노 아손 미치마스(石川朝臣道益)의 사망 사실을 의미함.

몇 사람들은 뭍에 올라 머물렀지만 부사(府司)를 만나지 못했다. 나와 엔사이 스님은 배에서 떠나지 못했다. 밤이 되어 비가 오니 고생스럽기 짝이 없다.

7월 26일
저녁때 배에서 내려 강 남쪽의 관점(官店)에서 머물렀다. 우리 승려들은 각기 다른 방에서 묵었다.

7월 28일
재(齋)[51]를 마친 후에 작은 배를 빌려 영거사(靈居寺)로 향했으나 중도에 장애물이 있어 절로 들어가지 못하고 관점(官店)으로 돌아왔다. 오래 지나지 않아 개원사(開元寺) 승려인 전조(全操) 등 9명의 승려가 찾아와 여행의 어려움을 위로했다.

7월 30일
개원사의 정순(貞順) 스님이 위문하러 왔다. 우리는 필담으로 부(府)에서 경영하는 절의 이름과 법사(法師)[52]의 이름을 물어 알게 되었다. 그 자리에서 우리는 일본 토산품을 선물로 주었다.

8월 1일
이른 아침에 대사는 주(州)의 관아에 이르러 양주부의 도독(都督) 이상공(李相公)[53]을 만나고 일을 마친 다음 돌아갔다. 재를 마친 뒤 나와 엔사이 스님은 대사의 아문에 글을 보내어 태주(台州)의 국청사(國淸寺)에 가고자 청했으며 아울러 뱃사람인 데이 가치코마루(丁勝小麻呂)[54]로 하여금 막일을 도와줄 수 있도록 해 달라고 부탁했다. 해질 무렵 우리는 대사의 지시에 따

---

51) 齋 : 본래의 뜻은 身·口·意의 三業을 整育하여 惡業을 짓지 아니한다는 뜻이었으나 변하여 정오가 지나기 전의 식사를 의미하다가 다시 스님과 속인에게 음식을 대접하는 뜻으로 쓰임.
52) 法師 : 출가승 또는 그의 존칭. 후세에는 불법을 강설하는 이를 보통 법사라 일컫게 되었다.
53) 李相公 : 李德裕(787~849)를 가리킴. 字는 文饒. 浙西관찰사(敬宗 때)와 淮南관찰사(武宗 때)를 지냄.
54) 데이 가치코마루(丁勝小麻呂) : 아마도 이 사람은 데이유만(丁雄滿)의 다른 이름일 것이다.

라서 바다에 서원(誓願)하기 위하여 개원사로 가 정한원(定閑院)을 돌아보았다. 삼강(三綱)의 노승이 30여 명의 무리를 거느리고 와서 우리를 위문했다. 우리는 순례를 마치고 점관(店館)으로 돌아왔다.

8월 3일

나와 엔사이 스님 등이 태주로 갈 수 있도록 허락해 주기를 청하는 글을 양주부로 보냈다. 묘견보살과 사천왕상(四天王像)[55]을 그리도록 하기 위하여 화사(畫師)로 하여금 절 안으로 들어가도록 했다. 그러나 몇 가지 이유가 있어 외국인들은 함부로 절에 들어가지 못하도록 하고, 또한 삼강 등은 그림을 그리지 못하도록 하므로 상공에게 글을 보냈으나 아직 회답이 없다.

8일 4월

이른 아침 상공으로부터 회답이 왔기에 대사가 일본 토산품을 그에게 보냈으나, 그는 이를 받지 않고 되돌려 보냈다. 오늘부터 우리들의 일용품이 부족해지기 시작했다. 재를 마치니 양주부로부터 답신이 왔다. 그 글에 따르면, 환학승(還學僧)[56] 엔닌과 사미승(沙彌僧)[57]인 이쇼(惟正)와 이교(惟曉), 뱃사람 데이유만(丁雄滿) 등은 태주의 국청사에 가서 스승을 찾아보고 태주에서 머물다가 다시 태주(台州)에서 수도[長安]로 올라가며, 유학승 엔사이(圓載), 사미승 닝코(仁好)는 시만(始滿)을 데리고 태주의 국청사로 가서 스승을 찾아보고 태주에서 머물다가 다시 태주를 떠나 수도로 가도록 하라고 씌어 있었다. 그 답서에는 다음과 같이 기록되어 있다.

환학승 엔닌은 태주의 국청사로 가서 스승을 찾아보고 의심나는 바를 풀도록 하라. 그러나 만약 태주에 스승이 없다면 도성(都城)으로 올라가면서 아울러 여러 주를 거치도록 하라. 유학승 엔사이는 태주 국청사에 머물면서 스승을 따라 공부하도록 하되, 만약 태주에 스승도 없고 불경도 없으면 도성으로 올라가 불

55) 四天王 : 사방을 鎭護하며 국가를 수호하는 네 신. 須彌山의 중턱에 있는 사천왕의 主神으로 남방의 增長天王, 서방의 廣目天王, 북방의 多聞天王, 동방의 持國天王을 일컬음. 각각 두 장군을 거느리고 위로는 帝釋天을 모시고 아래로는 八部衆을 지배하면서 불법에 귀의한 촌을 수호한다.
56) 還學僧 : 단기간의 유학을 마치고 돌아갈 중.
57) 沙彌僧 : 不殺生 등의 십계를 받고 불문에 들어간 20세 미만의 어린 중.

경을 찾아보도록 하며, 여러 주를 거치면서도 이들을 찾아보도록 하라.

다시 대사의 지시가 있었는데, 그에 따르면, 그림을 그리는 일은 점괘를 보건대 꺼리는 바가 있으니 하지 말도록 하며, 다만 내년에 돌아오는 길에는 반드시 그림을 공양하라고 했다. 따라서 우리는 오후 8시경에 개원사 대문에 이르러 삼가 기도로써 그런 사정을 아뢰었다.

8월 7일

개원사 삼강에게 글을 보내어 여러 가지를 물어보면서 일본 토산품을 보냈더니 그쪽에서도 사람을 보내어 고맙다는 뜻을 전해 왔다.

8월 8일

들리는 바에 의하면 네 번째 배는 아직도 개펄에 빠져 있어 항구에 도착하지 못했고, 일본의 공물도 육지로 올리지 못했다고 한다. 그 배는 광붕(廣棚)[58]이 떨어져 나가고 물이 가득 스며들어 조수가 들어오고 나감에 따라 배 안이 젖거나 마르므로 바다를 건널 기구로는 부족하다는 것이다. 그래서 구법승들은 육지에 오르지도 못하고, 우두머리 판관만이 육지에 올라 어부의 집에 머물고 있다고 한다. 배 안의 5명은 몸에 부스럼이 생겨 죽었다.

당나라 배 10여 척이 마중 나와 하루에 한 번씩 공물을 내린다. 파도는 높은 산처럼 일고, 바람은 짐을 옮길 수 없이 불어 고생이 이루 말할 수 없다. 들리는 바에 의하면 양주부는 어제 우리를 마중하는 배가 출발하도록 허락하는 공문을 보냈고, 그에 따라서 이미 배가 떠났다고는 하지만 아직 그 자세한 내막을 알 수가 없다.

8월 9일

오전 10시경에 절도사 이상공이 개원사에 공문을 보내서 불상 그리는 것을 허락하도록 했다. 오후 2시경에 일본 사신의 접대를 맡은 관리인 왕우진(王友眞)이 관점으로 찾아와 승려들을 위로하고 태주로 일찍 떠나도록 하는

58) 廣棚 : 판본에 따라서는 艫棚(足立本)으로 되어 있다.

문제를 상의한 뒤 돌아갔다. 나는 그에게 일본의 토산품을 선물했다. 그럴 무렵에 상인(商人) 왕(王) 씨가 찾아왔다. 필담으로 국청사의 소식을 듣고 걱정을 덜었다. 그에게 칼 등의 물건을 선물했다.

8월 10일

오전 8시경에 나와 엔사이 스님 두 사람은 몸에 지닌 물건의 무게를 정확히 적어 관아에 알렸다. 그때 들건대 두 번째 배가 해주(海州)에 도착했다고 한다. 두 번째 배의 신라인 통역 박정장(朴正長)이 김정남(金正南)의 처소에 글을 보냈다. 정오에 왕우진 대사가 와서 이상공이 이미 우리를 위해 황제께 상주(上奏)했으니 모름지기 칙어가 있을 때까지 기다렸다가 태주로 가는 것이 옳다고 말했다. 왕대사는 유학승인 엔사이가 잠시 양주부에 머무르고, 청익승인 나는 황제의 허가를 기다리지 않고 태주로 갈 수 있도록 해달라는 글을 다시 이상공에게 보냈다.

8월 12~15일 경

2~3일이 지나자 상공이 글을 보내기를 '떠나는 것을 허락하지 않으므로 떠날 것인지 머물 것인지를 결정하는 하달을 기다리되, 그동안에는 승려들은 절 안에 머물도록 하라'고 했다. 선장 사에키노 가네나리(佐伯金成)가 며칠째 설사를 하고 있다.

8월 16일

[가네나리를 위해] 오전 8시경, 우리 두 승려들은 무상주원(無常呪願)[59]을 외웠으나 그의 목숨은 아직 끊어지지 않았다. 저녁 무렵에 일본 사절의 접대를 맡은 왕우진이 상공의 심부름꾼 한 명과 함께 관점으로 와서 사에키노 가네나리의 휴대품을 기록했다.

8월 17일

오후 4시경에 들으니 네 번째 배의 판관이 여고진에 도착했고 공물과 사

59) 無常呪願 : 모든 것은 生滅·轉變하여 常住함이 없음을 의미하는 주문. 諸行無常 是生滅法 生滅滅已 寂滅爲樂 .

물들도 역시 모두 진가(鎭家)로 옮겼다고 한다. 현재 그들은 작은 배들의 대오를 짜서 양주부로 떠나려 하고 있다. 밤이 깊어 새벽 2시경, 그동안 앓아온 사에키노 가네나리가 죽었다.

8월 18일
이른 아침에 압관(押官) 등이 가네나리의 죽음을 알아보기 위해 왔다. 일본 대사의 판단에 따라 가네나리의 모든 소지품은 수를 헤아려 그의 종자(從者)인 세이큐타이(井俠替)에게 넘겨주었다. 오후 2시경에 압관 등이 관(棺)을 사서 장례를 치러주었다.

8월 21일
배를 검사하는 관리와 부선장 야마토노 이토마로(楊侯糸麻呂) 등이 급히 왔는데, 들으니 뱃사람들의 우두머리인 사에키노 마다쓰구(佐伯全繼)가 굴항진에서 죽었다고 한다.

8월 22일
왕 대사가 상공의 공문을 가지고 왔다. 읽어 보니 우리 두 승려와 종자들을 개원사에 머물도록 한다는 것이었다.

8월 23일
저녁나절에 개원사에서 공문이 왔기에 담당 관리인 왕 대사에게 보냈다.

8월 24일
아침 8시경, 네 번째 배의 판관과 그 휘하의 일행들이 작은 배를 타고 왔는데, 그 수는 모두 30척이 되지 않았다. 재를 마친 뒤 사람을 개원사로 보내어 객방을 살펴보도록 했다. 오후 2시경에 우리 두 승려와 일행은 관점을 나와 개원사로 떠났다. 절에 도착해서 동쪽 탑으로부터 북쪽의 담을 두 개 지나 세 번째 회랑의 가운데 방에 묵었다. 이때 삼강(三綱)과 절의 화상 그리고 감승(監僧)[60] 등이 모여들었다. 상좌승(上座僧)인 지강(志强), 사주(寺主)인 영징(令徵), 도사(都師)[61]인 수달(修達), 감사(監寺)[62]인 방기(方起), 고사(庫司)[63]

인 영단(令端)이 위문했다. 몸에 지니고 온 물건들도 함께 절 안으로 옮겼다.

8월 25일

이른 아침, 강유(綱維)[64]의 초대가 있어 사고(寺庫)[65]에 이르러 죽을 들었다. 정오가 되자 삼론(三論)[66] 유학승인 조교(常曉) 법사가 찾아와 위로의 말을 했다. 절에서 공양이 있어 함께 재를 들었다. 조교 법사는 절을 돌아보고 숙소로 돌아갔다. 이쇼(惟正)를 보내어 그를 보살피게 했더니 진언(眞言) 청익승을 다시 보내어 감사의 뜻으로 위로의 말을 전했다. 그 무렵 네 번째 배의 우두머리 판관과 키비조(吉備椽)와 사누키조(讚岐椽) 등이 정중하게 위문했다. 그들의 말에 따르면, 네 번째 배는 높은 파도에 밀려 떠다니다가 다시 높은 모래톱에 좌초하여 배를 띄우기가 어렵게 되자, 뱃사람 등이 작은 배를 타고 그 배 위에 오르려 했다. 그러나 중간쯤 가기도 전에 파도와 마주쳐서 배에 오르지도 못한 채 어디인지도 모르게 떠다니다가 사수(射手) 한 명이 조류에 빠져 떠내려가는 것을 어부가 끌어올렸다고 한다.

8월 26일

이상공의 예하부대 유격장군(遊擊將軍)인 심변(沈弁)이 위문을 와서 말하기를, 상공은 부(府)·길(吉)·보(甫)·운(云) 넉 자를 휘(諱)[67]로 하는데 할아버지 이름자가 운(云)이며 아버지의 이름자가 길보(吉甫)이기 때문이라고 한다.

저녁 무렵에 심변이 사람을 시켜 꿀 한 단지를 보내왔다. 내가 절의 스님들을 공양하기 위하여 절의 고사승(庫司僧)[68]을 불러 승려들의 수효를 물으니 모두 백 명이라고 했다. 그리하여 사금(沙金) 작은 두 냥을 공양 비용에

---

60) 監僧 : 사원을 總監하는 장로.
61) 都師 : 三綱의 하나인 都維那 의미함.
62) 監寺 : 禪宗에서 사원의 사무를 도맡아 보는 사람, 監主.
63) 庫司 : 절의 경제를 맡은 役僧.
64) 綱維 : 三綱 중의 維那를 의미함.
65) 寺庫 : 절의 숙소.
66) 三論 : 龍樹菩薩이 지은 『中論』과 『十二門論』, 그리고 그의 제자인 提婆가 지은 『百論』을 의미하며 이에 따르는 종파를 三論宗이라고 한다. 晉·唐에 성행했다가 고구려의 慧灌大師를 거쳐 일본으로 들어감.
67) 휘(諱) : 제왕이나 父祖의 이름 字로서 후세인들이 말이나 글에서 쓰는 일을 삼감.

보태라고 내놓고, 더불어 엔사이 스님 또한 두 냥을 내놓으니, 모두 작은 넉 냥이 되었기에 이를 사아(寺衙)에 보냈다. 강유와 감사승이 한자리에 모여 무게를 달아보니 모두 큰 한 양 두 푼 반이었다. 우리는 곧 절에서 글을 받았는데, 그에 따르면 우리는 모름지기 금의 수량을 적어 다시 관가에 필요한 처분을 했음을 알리고서야 공반(空飯)[69]을 차릴 수 있다는 것이었다. 그리하여 우리는 다음과 같이 기록해 보냈다.

 사금 작은 넉 냥.
 우리 구법승들은 만 리의 어려움을 면하고 다시 살아남아 잠시 이 절에 머물게 되어 천수(泉樹)의 인연[70]을 맺게 되었기에 삼가 사금을 드려 향적(香積)[71]에 대신하고자 합니다. 엎드려 바라옵건대 이를 주선하는 노력을 맡으시어 절 안의 승려의 공반에 충당케 하여 주소서. 다만 시간은 내일이기를 바랍니다.

8월 26일
일본국 천태법화종(天台法花宗)[72] 환학전등법사(還學傳燈法師)[73]
유학전등만위승(留學傳燈滿位僧)[74]

8월 29일

절 안의 승려들을 위하여 공양했는데 온갖 음식들이 모두 모여 흡족하게 보인다. 승려의 수는 백 명이 넘었다. 이 절의 상간(常簡) 스님은 강유의 요청에 따라서 재문(齋文)[75]을 지었는데, 그 글은 따로 적어 두었다.

8월 30일

장안(長安) 천복사(千福寺)[76]의 행단(行端) 스님이 찾아와 필담으로 위로했으며, 이때 우리는 당나라의 도성인 장안의 소식을 들었다.

68) 庫司僧 : 절의 용도를 맡은 중.
69) 空飯 : 菜蔬조차 없는 白飯만의 素食을 의미함. 식사의 겸손한 표현.
70) 泉樹의 因緣 : 한 샘의 물을 함께 마시며 갈증을 풀고 한 나무의 그늘에서 함께 더위를 피한 인연.
71) 香積 : 스님의 식사.
72) 통상 法華宗으로 쓰지만 원문에 따라 法花宗으로 살려 썼다.
73) 엔닌을 가리킴.
74) 엔사이를 가리킴.
75) 齋文 : 齋를 올리는 취지와 발원하는 내용을 적은 제문.

9월 1일

별다른 일이 없었다. 개원사 서쪽으로 흐르는 강을 건너니 무량의사(無量義寺)가 있다. 그곳에는 문습(文襲)이라는 노승이 있는데 나이는 70세로서 새로이 『유마경기』(維摩經記)[77] 다섯 권을 지어 법당에서 강의하고 있다. 그는 승조(僧肇), 도생(道生), 승융(僧融), 천태(天台)[78] 등의 교의(敎義)를 자주 인용했다. 이웃의 절에서 여러 승려들이 와서 들었다. 청중은 모두 38명이었는데 한결 같이 문습 화상을 공경했다.

9월 2일

감사승인 방기(方起) 등이 고두(庫頭)[79]에서 공반을 베풀었다.

9월 9일

이상공이 본국(本國)[80]의 사신을 위하여 큰 잔치를 베풀었다. 대사는 가지 않았지만 판관 이하의 모든 사람들이 모였다.

9월 11일

듣자니 부사(副使)[81]는 중국에 오지 않고 일본에 머물고 있으며, 판관 후지와라노 도요나미(藤原豊竝)가 선장으로 왔다고 한다.

9월 13일

듣자니 상공이 황제께 올린 주장(奏狀)의 답장이 양주부(揚州府)에 왔다고 하나 자세한 것은 알지 못하겠다. 재를 마친 다음 감군원(監軍院)의 요적(要籍)[82]인 훈이십일랑(薰廿一郞)이 찾아와 양주의 사정을 말해 주었다. 양주

---

76) 千福寺 : 장안 朱雀 西街의 安定坊 동남쪽에 있는 절로서, 당 고조의 여섯 번째 왕자인 章懷太子의 저택으로 지었다.
77) 『維摩經』 : 인도 毘舍離國의 長者로서 석가여래와 같은 시대의 사람이며 집에 있으면서 보살의 行業을 닦은 維摩居士와 文殊菩薩의 大乘의 深義에 대한 문답을 기록한 불경.
78) 僧肇 · 道生 · 僧融은 僧叡와 더불어 '關中四聖'이라는 칭호를 들은 鳩摩羅什의 제자들이며 天台는 천태종의 開祖인 智顗를 의미함. 天台宗은 『法華經』을 宗義로 하는 大乘佛敎임.
79) 庫頭 : 庫裡. 절의 숙소.
80) 원문은 '大國'으로 되어 있으나 일본을 가리키는 '本國'의 誤記로 보인다.
81) 오노노 다카마루(小野篁)를 의미함.

의 절도사는 양주, 초주(楚州), 노주(盧州), 수주(壽州), 저주(滁州),[83] 화주(和州)의 일곱 주[84]를 다스리며, 양주에는 강양현(江陽縣), 천장현(天長縣), 육합현(六合縣), 고우현(高郵縣), 해릉현(海陵縣), 양자현(揚子縣) 등 일곱 현[85]이 있다. 지금 우리가 묵고 있는 개원사는 강양현의 관할 안에 있다.

양주는 남북이 11리, 동서가 7리, 그리고 둘레가 40리이다. 개원사로부터 정북쪽에 양주부가 있고 양주로부터 북쪽으로 3천 리를 가면 도성인 장안이 있다. 또 양주부로부터 남쪽으로 1,450리를 내려가면 태주(台州)가 있는데, 어떤 사람은 3천 리라고도 말하여 사람들이 말하는 '리'라는 뜻이 일정하지 않다. 오늘날 양주는 회남도(淮南道)이며, 태주는 강남서도(江南西道)이다. 양주부에는 비구승과 비구니가 사는 절이 49문(門)이 있으며, 주 안에는 2만 명의 군사가 있어 모두 7주를 다스리는데 이곳의 군사를 모두 합치면 12만 명이다.

당나라에는 모두 10개의 도(道)가 있는데, 그 가운데 회남도(14주), 관내도(關內道 : 24주), 산남도(山南道 : 31주), 농우도(隴右道 : 19주), 검남도(劍南道 : 12주) 등이 있으며 주의 총수는 311개이다. 양주는 도성으로부터 2,500리이며, 태주는 도성으로부터 4,100리이다. 태주는 영남도(嶺南道)[86]에 있다.

9월 16일

판관 나가미네노 스쿠네가 말하기를 이상공으로부터 공문이 왔는데 '청익법사[엔닌]가 태주로 가는 문제에 관하여 견당대사(遣唐大使)는 장안에 들어가 말씀을 아뢰고 그에 대한 회답을 얻은 후에야 청익승[엔닌] 등이 태주로 떠날 수 있다'는 내용이라고 한다. 그러나 아직 그 공문을 받아보지 못했다.

9월 19일

혜조사(惠照寺)의 광약법사(廣約法師)가 찾아와 서로 인사를 나누고 얘기

---

82) 要籍 : 절도사의 막료.
83) 원문에는 徐州로 오기되어 있음.
84) 원문에는 舒州가 빠진 여섯 州만이 열거되어 있다.
85) 원문에는 江都縣이 빠진 여섯 현만이 열거되어 있다.
86) 江南道의 오기임.

했다. 그 절의 승려들의 말에 따르면, 그 법사는 법화경의 좌주(座主)로서
『자은소』(慈恩疏)[87]를 강의한다고 했다.

9월 20일
이상공의 공문을 받았는데, 그에 이르기를, '일본의 조공사 가운데 엔닌 등 7명이 태주의 국청사에 머물면서 스승을 찾아보고자 한다는데, 조칙(詔勅)을 받들자면 조공사가 도성에 들어올 때까지는 승려들이 태주로 떠나는 것을 허락할 수 없으며, 따라서 모쪼록 본국의 공문이 올 때까지 기다렸다가 떠나도록 하라'는 것이었다. 자세한 내용은 첩문(牒文)에 적혀 있다.

9월 21일
탑사(塔寺)[88] 노승들의 숙소에 있는 신완화상(神玩和尙)이 찾아와 인사를 나누고 위로했다.

9월 23일
양주부에 큰 명절이 있었다. 기마군(騎馬軍) 2백 명과 보군(步軍) 6백 명 합계 1천여 명이 이에 참석했는데, 이는 5월 5일에 거행되는 일본의 '활쏘기 명절'[射的之節][89]과 같은 것이다.

9월 28일
대사가 다시마 열 줌과 해송(海松)[90]한 다발을 나에게 주었다.

9월 29일
대사께서 구법(求法)에 필요한 경비에 쓰도록 사금 큰 열 냥(大十兩)을 내

87) 『慈恩疏』 : 慈恩大師 窺基(632~682)의 『妙法蓮華經玄讚』을 의미함. 규기는 玄奘(602?~664)의 제자로서 『연화경』의 해석과 주석으로 유명했다. 자은사에서 입적했으며 법상종의 개조임.
88) 塔寺 : 楊洲 교외 宜陵鎭에 있는 白塔寺를 가리킴.
89) 射的之節 : 일본 스이코(推古) 천황 시절에 시작된 5월 5일의 명절인데 이날은 주로 활쏘기를 했다.
90) 海松 : 식용 海藻.

렸다. 이상공은 도성으로 가는 사절들을 위하여 수관(水館)에서 송별 잔치를 베풀었다. 나는 대사로부터 다음과 같은 지시를 받았다.

청익법사[엔닌]가 태주로 가는 문제와 관련하여 상공의 공문을 받았는데, 대사가 도성에 들어가면 천자의 칙첩(勅牒)을 받은 뒤에 태주에 들어갈 수 있다는 내용이었습니다. 그리하여 나는 상공에게 다시 봉한 편지를 보냈습니다. 그러나 어제 상공으로부터 답신을 받았는데, 그에 따르면 이 문제와 관련하여 이미 별도로 주문(奏文)이 올라갔으므로 내일이나 모레면 회답이 있으리라고 합니다. 만약 그가 조칙을 받게 되면 조속히 떠나도록 할 것입니다.

들리는 바에 의하면 지금의 천자는 누구인가와의 역모가 있어 황태자를 죽였다고 한다. 그 이유인즉 황태자가 부왕을 죽이고 천자가 되려 했으므로 이에 천자가 그 아들을 죽였다는 것이다.[91]

10월 3일

저녁나절에 나와 엔사이 스님 두 사람은 평교관(平橋館)을 찾아가 도성으로 들어가는 대사와 판관에게 작별 인사를 나누고 몇 가지 일을 상의했다. 판관 나가미네(長岑)가 말하기를,

"만약 내가 두 스님의 진심에서 나온 소원의 글을 얻으면 장차 도성에 들어가 상주(上奏)한 다음 속히 허락을 받도록 해 주겠다."

고 했다.

10월 4일

우리 두 사람은 각기 다른 종이에 진심에서 우러나온 소원을 아뢰는 글을 작성하여 판관의 숙소에 보냈는데 그 내용은 별도로 적은 바와 같다. 도성으로 들어가는 관리는 대사 후지와라(藤原常嗣), 판관 나가미네노 스쿠네 다카나(長岑宿禰高名), 판관 스가와라노 요시누시(菅原善主), 녹사 다카오카노 스쿠네 모모오키(高丘宿禰百興), 녹사 오미와노 무네오(大神宗雄), 통사 오야케노 도시오(大宅年雄), 별청익생(別請益生) 도모노 스가오(伴須賀雄), 진

---

91) 文宗의 皇太子 永의 급사 사실이 다소 와전된 것으로 보임.

언청익승(眞言請益僧) 엔교(圓行)와 그 밖의 잡직들 이하 35명이었다. 배는 5척이었다. 판관 나가미네는 엔랴쿠(延曆) 연간[서기 782~806년]의 입당 부사에게 위기(位記)와 아울러 제문과 무명 10둔(屯)⁹²⁾을 나에게 주었다. 판관의 공문을 받았는데 그 내용은 다음과 같다.

　엔랴쿠 연간의 입당 부사인 이시카와노 아손 미치마스(石川朝臣道益)가 명주(明州)⁹³⁾에서 죽었다. 이제 칙령으로 그에게 4품위(品位)를 주노니 이 사신에게 내려진 바를 그의 무덤 앞에 바치라. 모름지기 태주로 가는 길을 물어 명주에 이르면 제문을 읽고 위기(位記)를 태워 버려라.

삼론 유학승인 조교(常曉)는 아직 광릉관(廣陵館)에 머물고 있어 도성에 들어가지 못했다.

10월 5일
오전 7시경이 지나 대사 등은 배를 타고 도성으로 떠났다. 종일 밤낮으로 비가 왔다.

10월 6일
추위가 시작되다.

10월 7일
엷은 얼음이 얼다.

10월 9일
처음으로 이교(惟曉) 등을 위해 삼의(三衣)⁹⁴⁾를 만들도록 했다. 5조(五條)는 명주 두 길 여덟 자 다섯 치가 들고, 7조(七條)는 명주 네 길 일곱 자 다섯 치가 들고, 대의(大衣)는 명주 네 길 25조(條)가 들어 도합 열한 길 다섯 자

92) 屯 : 6兩의 무게.
93) 明州 : 지금의 浙江省 寧波.
94) 三衣 : 비구가 입는 大衣·五條·七條의 세 가지 袈裟. 대의는 9조부터 25조 가사까지로

가 들었다. 바느질값으로는 대의 25조를 짓는 데 한 관(貫)이 들고, 7조를 짓는 데 4백 문(文)이 들고, 5조를 짓는 데 3백 문이 들어 모두 한 관 7백 문이 들었다. 개원사의 정순(貞順) 스님으로 하여금 이 일을 맡게 했다.

10월 13일

정오에 나의 시자(侍者)인 이교(惟曉)와 엔사이 스님의 시자인 닝코(仁好)가 함께 머리를 깎았다.

10월 14일

사금 큰 두 냥(兩)을 시장에 나가 바꾸게 했더니, 시장에서는 그것을 큰 한 냥 7전(錢)으로 쳐주었다. 7전은 두 푼 반에 해당한다. 값은 아홉 관 4백 문이었다. 이 돈으로 다시 흰 명주 두 필을 샀는데 값이 두 관이었다. 이로써 7조와 5조의 두 가사를 짓게 했으며, 정순 스님에게 이 일을 맡겼다. 재를 마친 뒤 선종(禪宗)의 승려 열세 명이 찾아와 서로 인사를 나누었다. 장안에 있는 천복사의 천태종(天台宗)[95] 승려 혜운(惠雲), 선문종(禪門宗)[96]의 학승인 홍령(弘靈)·법단(法端)·서실(誓實)·행전(行全)·상밀(常密)·법적(法寂)·법진(法眞)·혜심(惠深)·전고(全古)·종실(從實)·중전(仲詮)·담유(曇幽)가 그들이다. 우리는 필담을 나누었는데, 그들은 이렇게 말했다.

"우리 모두는 한가롭기만 하며 걸릴 것이 없이 산과 물을 따라 구름처럼 떠돕니다. 이곳 오봉(五峯)으로 내려가면 초주(楚州)[97]와 사주(泗州)[98]에 이릅니다. 이제 이 군(郡)에 도착하여 여러분들과 정례(頂禮)[99]를 나누니 매우 기쁩니다. 참으로 기이하고 기이하며 기쁨이 큽니다. 이제 우리는 천태

보통의 외출할 때나 엄숙한 法會 때에 입으며, 7조 가사는 上衣라고도 하여 예불·독경·청강·布薩 등을 할 때에 입는다. 그리고 5조 가사는 내의로서 절 안에서 작업할 때나 침상 위에 누울 때에 입는다.

95) 天台宗 : 隋代 절강성 천태종에서 智顗가 창립한 종파로서 『법화경』과 龍樹菩薩의 사상을 기본으로 함. 지의는 불교를 조직적으로 통일하고 적극적으로 諸法實相論을 주창하여 불교철학의 심오한 체계를 세움.

96) 禪門(五)宗 : 달마대사가 중국에 전한 宗으로서 자기의 심성을 徹觀하고 自證三昧의 오묘한 경지를 체달함을 宗要로 함. 臨濟宗·潙仰宗·雲門宗·法眼宗·曹洞宗의 오종이 있음.

97) 楚州 : 江蘇省 淮安.

98) 泗州 : 安徽省 洪澤湖 서안.

[산](天台山)[100]으로 가고자 하며 이에 작별 인사를 나누고자 합니다. 아무쪼록 몸조심하기 바랍니다."

우리는 이에 필담으로 이렇게 대답했다.

"우리 일본 승려들은 지난날의 큰 인연이 있어 스님들을 만나게 되었습니다. 우리는 불법(佛法)의 원리인 적공(寂空) 속에서 살아야만 한다는 것을 잘 알고 있습니다. 만나서 참으로 반갑습니다. 만약 천태산에 도착하면 반드시 다시 만나게 될 것입니다. 아무쪼록 몸조심하기 바랍니다."

10월 19일

이쇼와 이교로 하여금 수계(受戒)토록 하기 위하여 판관과 녹사에게 편지를 보냈다. 당나라에서는 태화(太和)[101] 2년[서기 828년] 이래 여러 주(州)에서 은밀히 수계하는 일이 허다하게 되자, 여러 주에 공문을 내려 보내어 백성들이 머리 깎고 승려가 되는 것을 금지했으나, 오직 오대산(五臺山)[102]에 계단(戒壇)[103] 한 곳이 있고 낙양의 종남산(終南山)에 유리단(瑠璃壇) 한 곳이 있었다. 이 두 곳 이외에서는 모두 수계를 금지했기 때문에 관할관(管轄官)에게 [수계 문제를] 알리고 그의 처분을 받았다.

10월 22일

이른 아침에 살별[彗星]을 보았다. 그 길이는 1심(尋) 남짓했는데 동남쪽에서는 구름에 가려 오래 보지 못했다. 주지인 영징(令徵)은 다음과 같이 말했다.

"이 별은 검광(劍光)입니다. 그저께, 어제, 그리고 오늘 밤까지 세 번이나 나타났습니다. 매일 밤 상공은 이를 괴이하게 여겨 일곱 명의 승려로 하여금

---

99) 頂禮 : 五體投地의 禮라고도 하는 인사법. 고대 인도로부터 유래한 절하는 법으로서 상대자 앞에 나아가 머리가 상대방 발에 닿도록 하는 절을 가리키나 보통은 부처님께 배례할 때 하는 절을 일컫는다.
100) 天台(山) : 중국 절강성 태주부 천태현에 있는 산. 陳나라 泰建 7년(575)에 智顗가 이 산에 들어가 한 宗을 세움으로써 천태종의 근본 도량으로 세상에 알려졌다. 수나라의 양제가 이 산에 지의를 위하여 세운 절이 國淸寺이다.
101) 太和 : 당 文宗 연간의 연호(827~835).
102) 五臺山 : 중국 山西省 台州 五臺縣의 북동쪽에 있는 산. 여름에도 덥지 않으므로 淸凉山이라고도 한다. 後漢 永平 10년(서기 67년)에 摩騰·竺法蘭 등이 이 산에 올라 암자를 지었다.
103) 戒壇 : 戒를 일러주는 장소. 이 계를 받는 장소에는 따로 흙을 모아 단을 만든다.

7일 동안 『열반경』(涅槃經)¹⁰⁴⁾과 『반야경』(般若經)¹⁰⁵⁾을 외우도록 했습니다. 다른 절에서도 그렇게 했습니다. 작년 3월에도 이 별이 나타났었는데, 그 빛이 지극히 밝고 꼬리가 아주 길었습니다. 천자께서 괴이하게 생각하여 대전(大殿)에 머무르지 않고 따로 비좌(卑座)¹⁰⁶⁾에 머물며, 삼베옷을 입고 오랫동안 재계[長齋]¹⁰⁷⁾를 지키면서 죄수들을 풀어주었는데, 생각건대 금년에도 그럴 것 같습니다."

그 말을 듣고 보니 내가 [작년에] 일본에 있었을 때 본 것과 주지승이 말하던 것이 꼭 들어 맞다는 것을 알 수가 있었다.¹⁰⁸⁾

10월 23일

심변(沈弁)이 와서 다음과 같이 말했다.

"살별이 나타나면 국가가 크게 쇠퇴하거나 병란이 일어납니다. 동해의 왕인 곤(鯤)¹⁰⁹⁾과 고래 두 마리가 죽었다고 하고, 점괘가 크게 괴이하여 피가 흘러 나루[津]를 이룰 것이라 하니 이는 난리가 나서 천하를 정복하게 될 것이라는 뜻입니다. 그곳은 양주가 아니면 도성이 될 것입니다. 지난 원화(元和)¹¹⁰⁾ 9년[서기 814년] 3월 23일 밤에도 동쪽에서 살별이 나타나더니 10월에 재상(宰相)의 반란이 일어났고, 상공인 왕씨(王氏) 이상¹¹¹⁾ 많은 사람들이 음모를 꾸며 재상과 대관 등 모두 20명이 죽은 것을 비롯하여 이 난리에 모두 1만명 이상이 죽었습니다."¹¹²⁾

승려들이 살고 있는 절간에서야 비록 자세히 알지 못하는 일이지만 뒷날을 위하여 적어둔다.

밤이 되고 나서 동이 틀 때까지 방을 나와 동남쪽에 있는 그 별을 바라보

104) 『열반경』: 석가모니가 입적할 때의 설법을 기록한 경전. 法身常住 · 一切衆生은 누구나 다 法性을 가지고 성불할 수 있다는 내용.
105) 『반야경』: 萬有는 우리가 보는 것과 같은 實有가 아니고 皆空無常이라는 대승불교의 근본 사상을 담고 있음. 玄奘이 번역함.
106) 卑座 : 화사하지 않고 겸손한 좌석.
107) 長齋 : 오랫동안 齋戒함. 또는 오랫동안 육식을 끊음.
108) 서기 837년은 핼리(Halley) 살별이 나타난 해였다.
109) 鯤 : 『莊子』逍遙遊篇에 나오는 상상 속의 큰 물고기(北冥有魚其名爲鯤).
110) 元和 : 당 憲宗 연간의 년호(806~820).
111) '이하'의 誤記로 보임.
112) 安史의 亂 이후 환관의 발호가 심하자 서기 835년(文宗 太和 9년)에 王涯 · 李訓 · 鄭注

니, 꼬리는 서쪽을 향했고 빛은 몹시 밝아 멀리서도 바라보였다. 빛의 길이는 모두 열 길(丈)이 넘었다. 모든 사람들이 입을 모아 "이는 병란이 일어날 조짐이다"라고 말했다.

10월 24일

사람을 고용하여 이쇼(惟正) 등의 방석을 두 개 만들도록 하고 이 절의 정순(貞順) 스님에게 그 일을 맡겼다. 방석 하나를 만드는 데 드는 감은 비단이 두 길 한 자, 껍데기가 여덟 자 네 치, 안감이 여덟 자 네 치, 모서리가 넉 자 두 치여서 두 개의 자리를 만드는 감이 모두 네 길 두 자가 들었고, 수공은 한 개당 250문(文)이어서 합계가 500문이었다.

10월 30일

재를 들기 전에 싸락눈이 왔다.

11월 2일

『유마관중소』(維摩關中疏)[113] 네 권을 샀는데, 값은 450문이었다. 구리의 사용을 금하는 칙령이 내려와 전국적으로 매매할 수 없게 되어 있다. 들리는 바에 따르면, 6년에 한 번씩 이런 금법이 실시된다고 하는데, 그 이유인즉 전국의 백성들이 구리그릇을 사용하면 돈을 주조할 구리가 없을 것을 두려워하는 까닭이라고 한다.

11월 7일

개원사의 정순 스님이 깨어진 솥을 사사로이 장사꾼에게 팔았는데, 그 무게는 열 근(斤)이었다. 장사꾼이 그 쇠붙이를 들고 나가다가 절의 문간에서 순검을 만나 붙잡혀 되돌아왔다. 다섯 명의 순검이 찾아와,

등이 환관을 거세하려다가 仇士良 등의 무리에 발각되어 왕애 등 11문족이 주살된 사건을 의미함. 왕애의 字는 廣津으로 진사시에 합격한 후 중서시랑, 중서문하평장사를 거쳐 염철사로서 茶法을 개정했다.

113) 『慈覺大師歸朝進官錄入唐新求聖敎目錄』에 『淨名經集解關中疏』 4권이 포함되어 있는 것으로 보아 후자를 의미하는 것으로 보임. 이 책은 後秦 僧肇의 『註維摩詰經』을 删補한 것으로서 상권에는 승조의 『維摩詰經序·自序』와 불국품에서 보살품까지의 사품을 해석했으며, 하권은 文殊師利 問疾品이하 십품을 해석한 것임.

"최근에 상공께서 쇠붙이 사용을 금하고 사고팔지 못하도록 했는데 그대는 어찌하여 이를 팔았는가?"
하고 물었다. 이에 정순 스님은,
"매매 금지의 영(令)이 있는지 몰라 팔았다."
고 대답했다. 그리하여 담당 순검과 정순 스님이 문서를 만들어 처분을 청하니, 관(官)에서는 이를 용서해 주었다. 그제서야 우리는 양주의 관내에서 쇠[鐵]의 매매를 금지한다는 사실을 알았다.

재를 마친 뒤 상공의 관아에서 근무하는 우후(虞侯)[114] 세 명이 특별히 찾아와 서로 인사를 나누고 필담을 나누었다. 그들의 말에 따르면, 상공은 이 달 3일부터 개원사의 서상비각(瑞像飛閣)에 백단(白檀)나무로 높이 석 자의 석가모니 불상을 조각하고 있다고 한다. 그 서상비각에 관해서 들어본즉 수나라 양제(煬帝) 시대에 전단(栴檀)나무로 조각된 석가모니 불상 네 구(軀)가 서천(西天)[115]으로부터 이 누각에 날아왔기에 양재는 스스로 '瑞像飛閣'이라는 네 글자를 써 누각 앞에 걸었다는 것이다.

11월 8일

재를 들기 전에 상공이 절에 왔다. 예불을 마친 뒤 법당 앞의 섬돌에 나와 엔사이 스님을 불러 안부를 물었다. 그의 전후좌우에는 보군 2백 명이 따르고 있었다. 우후는 40여 명이었으며, 문 앞에는 기마병이 80명 남짓했는데, 모두가 자주색 옷을 입고 있었다. 그에게는 또한 문관들이 따라왔는데, 모두 물빛(水色) 옷을 입고 말을 타고 있었다. 그 모습을 모두 기록할 수 없다. 상공은 승려들이 하는 일을 돌아본 뒤 절 뒤쪽에서 커다란 의자에 웅크리고 앉은 채 가마를 타고 돌아갔다. 그는 또한 1백 곡(斛)[116][의 쌀]을 특별히 내려 절을 수리하는 데 쓰도록 했다.

11월 16일

상공께서 절을 찾아와 우리를 위문한 것을 사례하는 글과 함께 수정으로

114) 虞侯 : 절도사 휘하에서 일하는 軍校.
115) 인도를 가리킴. 중국의 서쪽에 있으므로 이렇게 이름.
116) 斛=10말(斗).

된 염주 두 꿰미, 은장도 여섯 자루, 구색을 갖춘 붓 스무 자루, 소라 세 개 등 작은 선물을 보냈다. 우리는 따로 선물 대장을 만들어 편지를 함께 넣어 상공의 수군(隨軍)인 심변 대부(大夫)에게 보냈다.

11월 17일

오전 10시경에 심변이 찾아와 상공의 말을 전하면서 우리가 보낸 편지에 대해 사례했다. 그는 오직 꼬리가 잘리지 않은 소라 한 개만을 갖고 싶어 할 뿐이라며, 꼬리가 잘린 소라 두 개와 염주, 칼, 붓 등은 인편에 되돌려 보내주었다. 그는 오히려 우후에게 흰 명주 두 필과 무늬 있는 흰 비단 세 필을 보내주었다. 우리는 곧 감사의 편지를 써 돌아가는 사람 편에 보냈다.

지금 당나라 황제의 휘(諱), 곧 이름자는 묘(昴)[名과 소리가 같다]이며, 선조(先祖)의 휘는 순(純 : 11대 憲宗, 淳과 소리가 같다), 송(訟 : 10대 順宗, 誦과 소리가 같다), 괄(括 : 9대 德宗), 예(豫 : 8대 代宗, 豫·預와 소리가 같다), 융기(隆基 : 6대 玄宗), 항(恒 : 12대 穆宗), 담(湛 : 13대 敬宗), 연(淵 : 初代 高祖), 호(虎 : 高祖의 할아버지, 戒와 소리가 같다), 세민(世民 : 高祖의 할아버지)[117] 등이었다. [괄호 안에 적은 것과] 음이 같은 글자도 모두 휘이다. 이 나라에서는 이 글자들이 [황제의 이름이라 하여] 사용하기를 꺼리며,[118] 여러 가지 책이나 문서에서도 이러한 글자를 쓰지 않는다. 이는 서명사(西明寺)의 스님 종예법사(宗叡法師)에게서 들은 것이다.

11월 18일

상공이 절을 방문하여 서상비각에 참배한 다음 새로이 세우는 불상을 살펴보았다. 그때 수군(隨軍) 대부인 심변이 달려와, 상공께서 스님들을 뵙자고 한다고 말했다. 이를 들은 우리가 함께 누각에 올라갔더니 상공은 감군(監軍)[119]과 양주의 낭중(郎中)·낭관(郎官)[120]·판관 등과 함께 의자에 앉아 차를 마시고 있다가 승려들이 오는 것을 보고서는 모두 자리에서 일어나 손을 잡아주었다. 어울려 예가 끝나자 다시 자리에 앉았다. 우리는 의자에 앉

117) 世民 : 2대 太宗. 이상의 왕세계는 이 책 뒤의 부록을 참조.
118) 避諱라고 하여 왕의 이름자를 쓰는 것을 꺼리었다.
119) 監軍 : 軍의 監察官.

아 차를 마셨다. 상공 한 사람이 낭중 이하 판관 이상의 벼슬아치 8명을 데리고 와 있었다. 상공은 자주색 옷을 입고 있었고 낭중과 낭관 등 세 사람은 붉은 옷[緋衣]을 입고 있었고, 네 명의 판관은 섶(袿)이 달린 녹색 옷을 입고 있었으며, 우후·보(步)·기병(騎兵)·대인(大人)들도 앞의 사람들과 다르지 않았다.

상공은 우리 맞은편으로 가까이 다가와 물었다.
"그대 나라는 춥지 아니 합니까?"
"여름에는 덥고, 겨울에는 춥습니다."
엔사이가 대답했다.
"그것은 이곳이나 마찬가지군요."
상공은 그렇게 말하고 물어온다.
"절은 있습니까?"
"많이 있습니다."
"몇 개나 됩니까?"
"3,700여 개쯤 됩니다."
"일본에도 비구니의 절이 있습니까?"
"많이 있습니다."
"도사(道士)[121]도 있습니까?"
"도사는 없습니다."
"일본의 도성(都城) 규모는 얼마나 됩니까?"
"동서로 15리, 남북으로 15리입니다."
"그대 나라에도 좌하(坐夏)[122]가 있습니까?"
"있습니다."

상공은 우리와 조금 더 대화를 나누면서 위로해 주었다. 얘기를 마치고 우리는 서로 머리를 조아린 다음 누각을 내려왔다. 그는 관음원(觀音院)에 이르러 절을 중수(重修)하는 모습을 살펴보았다.

120) 郎中·郎官 : 낭중은 州의 태수를 도와 參政하는 차관급의 役人. 낭관은 낭중 밑의 員外郎.
121) 道士 : 도교를 믿는 수행자.
122) 坐夏 : 안거와 같은 뜻. 여름철 우기 승려들이 탁발하지 않고 절에 머물며 불도에 몰두하는 규율을 의미함.

11월 19일

24일에 있을 천태대사(天台大師)[123]의 기일(忌日)에 재를 준비하는 데 쓰도록 하기 위하여 우리는 명주 네 필과 무늬 있는 비단 세 필을 절로 보냈다. 엔사이 스님이 명주 두 필, 내가 무늬 있는 비단 세 필과 명주 두 필을 내어놓은 것이다. 우리는 별도의 종이에 편지를 적어 절로 보냈다. 그들은 이것들을 팔아 여섯 관의 돈을 마련했다.

11월 24일

당두(堂頭)가 재를 마련하니 승려는 모두 60명이 넘었다. 환군법사(幻輩法師)가 재난구식(齋難久食)의 의식을 치렀다.[124] 승려들은 함께 법당 안으로 들어가 차례대로 앉았다. 한 사람이 물을 돌렸다. 시주승이 법당 앞에 서 있고 무리 가운데 하나가 퇴(槌)[125]를 쳤다. 다시 한 승려가 범패(梵唄)[126]를 외우는데 그 내용은 이러했다.

> 어찌하면 이 경(經)을 통하여
> 피안에 이를 수 있겠는가?
> 바라건대 부처님께서는 미묘함과 비밀스러움을 열으시어
> 중생에게 널리 말씀하소서
> (云何於此經 究竟到彼岸 願佛開微密 廣爲衆生說)."

듣기에 그 음운(音韻)이 절묘했다. 범패를 하는 동안 한 사람이 불경을 나누어 주었다. 범패를 마친 뒤 무리들은 각기 두 매(枚) 남짓하게 불경을 외우고 퇴를 쳤다. 돌아가면서 염경(念經)을 마치자, 한 승려가 상주삼보(常住三寶)[127]께 경례하자고 외쳤다. 모든 승려가 상을 내려와 서자 으뜸 되는 범음사(梵音師)가 여래색무진(如來色無盡)의 문장 한 줄을 외웠다.

---

123) 天台大師 : 천태종의 開祖인 智顗(538~597)를 가리킴. 後周의 世宗이 내린 시호는 法空寶覺尊者요 송의 憲宗이 내린 시호는 靈慧太師이나 보통은 천태대사라는 별호로 불린다.
124) 원문의 '作齋難久食儀式也'는 그 뜻을 알 수 없다. 顧承甫본과 足立본은 이를 '作齋難文食儀式也'로 고쳤는데, 이때의 뜻은 '齋難文을 짓고 食儀式을 치렀다'가 된다.
125) 槌 : 망치라는 뜻이지만 불문에서는 잠을 깨우거나 정숙하게 하기 위하여 砧을 두들겨 소리를 내는 기구임.
126) 梵唄 : 여래의 공덕을 찬미하는 노래. 법회를 시작할 때 먼저 '如來妙色身'을 읊는다. 梵土人(印度人)들이 불렀던 노래이므로 梵唄라 부른다.

범패를 하는 동안 강유(綱維)는 나를 비롯한 무리를 법당 안으로 들어오게
하여 행향(行香)[128]하니, 뭇 승려들이 이어서 그렇게 했다. 행향하는 의식은
일본과 같았다. 다른 사람들을 위해 재를 짓는 진인(晋人)의 법사는 무리들
보다 먼저 일어나 불상의 왼편에 이르러 남쪽을 향하여 섰다. 행향을 마치고
다음으로 탄불(歎佛)을 외우는데, 그 순서나 양식은 일본의 중들이 주원(呪
願)[129]을 하는 첫머리에 탄불을 하는 글과 다름이 없었다. 탄불을 마친 뒤 그
들은 단월(檀越)[130]이 먼저 재를 처리하도록 권했다.

그다음에 재탄(齋歎)의 글을 읽었다. 이를 마치고 석가모니불을 외웠다.
대중이 같은 음성으로 부처님의 이름을 부르기를 마치고 다음으로 예(禮)를
외우는데, 그 양식은 일본에서 천룡팔부(天龍八部)[131]나 여러 선신왕(善神
王)[132]들을 외우는 것과 같았다. 일어서서 예불을 마친 다음 모두 마루에 올
라앉았다. 재문(齋文)을 읽고 난 승려와 감사(監寺), 강유, 시주승 등 10여 명
은 식당을 나와 고두(庫頭)에 이르러 재를 들었다. 그 밖의 승려와 사미들은
모두 식당에서 재를 들었으며, 고두에서는 남악(南岳)[133]과 천태 등 화상을
위해 별도의 공양을 마련했다. 뭇 승려들이 재를 들고 있는 동안 고사승(庫
司僧) 두 명이 여러 가지 일들을 처리했다.

당나라의 풍습에 따르면 재를 마련할 때는 식사를 마련하는 외에 따로 돈
을 마련했다. 재를 마치고 돈이 좀 생기게 되면, 승려들은 숫자에 따라 돈을
나누어 갖는데 단 재문을 쓴 사람에게는 따로 돈을 더 주었다. 일반 승려들
에게 30문을 줄 경우라면 재문을 쓴 승려에게는 400문을 준다. 이렇게 주는
돈을 친전(儭錢)이라고 부르는데 생각해보면 일본에서 말하는 보시[布施]와
같은 의미이다.

---

127) 常住三寶 : 常住는 시방삼세(十方三世)에 항상 계신다는 뜻이며, 三寶는 佛寶(부처님의
깨달음), 法寶(부처님이 말씀하신 敎法), 僧寶(敎法대로 수행함)를 의미함.
128) 行香 : 齋食할 때에 시주가 먼저 스님에게 향을 나누어주는 의식.
129) 呪願 : 법회 때 인도하는 스님이 법어를 불러 시주나 죽은 이를 위하여 복리를 기원하는 것.
130) 檀越 : 보시를 행하는 사람, 곧 시주.
131) 天龍八部 : 불법을 수호하는 신장들, 곧 天・龍・夜叉・阿修羅・迦樓羅・乾闥婆・緊那
羅・摩睺羅伽의 8神. 이 가운데서 天과 龍이 으뜸이 되므로 천룡팔부라 하고 때로는 龍
神八部라고도 한다.
132) 善神王 : 천룡팔부의 악신들 중에서 불법의 감화를 입어 善하게 살기를 맹세한 諸神.
133) 南岳 : 慧恩禪師(515년~577)를 가리킴. 北齊 慧文禪師(初祖)의 제자이며 3조 천태대사
智顗의 스승임.

재를 마친 뒤 우리는 한곳에서 양치질을 하고 방으로 돌아왔다. 절에서 지키는 통상적인 예에 따르면, 만약 어떤 시주가 다음날 승려들에게 아침 식사를 보시할 뜻이 있다면, 그 전날 저녁에 사람을 시켜, '내일 아침에 죽을 대접한다.'고 알린다. 그러나 통상적으로 재를 마련할 때는 저녁에 알리지 않고, 다만 그날 아침에 사람을 시켜, '식당에서 식사가 있다.'고 알린다. 만약 어떤 사람이 절에 도착하여 전경(轉經)[134]을 듣고자 청하면, 역시 사람을 시켜, '법당에서 염경(念經)이 있다.'고 알린다.

양주부에는 40여 곳의 절이 있는데, 만약 이 절에서 재가 있을 때에는 다른 절의 승려가 오도록 청하여 재를 들도록 한다. 이와 같은 방법으로 그들은 돌아가면서 때에 따라 재를 마련한다. 이때 그들은 다음 차례의 절 이름을 기록했다가 다른 절에 알린다. 이리하여 다음의 재를 마련하기로 정해진 절은 이를 맡을 승려를 뽑는다. 한 절에서 이렇게 하면 다음 절에서도 또 그렇게 한다. 서로가 다른 절과 그 절의 중을 차례로 초대한다. 재가 얼마나 푸짐하냐에 따라서 초대하는 중의 수효가 결정된다. 어느 날 어느 절에서 재를 마련하면 초대하는 쪽 승려의 수효와 초대받는 쪽 승려의 수효를 계산한다.

또 당나라에는 화속법사(化俗法師)[135]의 풍습이 있는데, 이는 일본의 비교법사(飛敎法師)[136]와 같다. 세상살이에서의 무상함, 괴로움, 헛됨과 같은 것의 이치를 설명함으로써 남녀 불제자를 교화하여 이끄는 사람을 화속법사라고 부른다. 경·논·율·기·소(經論律記疏)[137] 등을 강론하는 사람을 좌주, 화상, 대덕(大德)이라고 부른다. 만약 납의(納衣)[138]를 입고, 마음을 정돈한 사람이라면 그를 선사(禪師)라고 부르기도 하고 도자(道者)[139]라고 부르기도 한다. 특히 계율을 지키면서 남다른 바가 있는 사람을 율대덕(律大德)이라 부르고 계율을 강의하는 사람을 율좌주(律座主)라 부르며 그 밖의 사람들도

---

134) 轉經 : 기원 등을 할 때에 많은 경전을 빠르게 읽어 넘기는 것.
135) 化俗法師 : 평이한 표현으로 교리를 설명함으로써 민중을 교화하는 승려.
136) 飛敎法師 : 절의 취지문을 전하면서 탁발하는 승려.
137) 經은 부처님의 교법을 적은 불경, 論은 부처님의 제자나 馬鳴·龍樹·世親 등 論師들이 불경을 해석하고 조직적으로 설명한 글, 律은 부처님이 가르친 일상생활과 불교 교단에 관한 규율을 적은 글(이상이 三藏임), 記는 經·論에 대한 주석서, 疏는 經·論의 문구를 해석하여 알기 쉽게 풀이한 글.
138) 納衣 : 法衣의 일종. 보통은 衲衣라고 하는데 衲이란 기웠다는 말로 세상 사람들이 내버린 여러 가지 낡은 천을 모아서 기워 만들었다는 뜻이다. 같은 뜻으로 納衣라고도 쓴다.
139) 道者 : 출가하여 불도를 수행하는 사람.

또한 이에 준하여 부른다.

지난 10월 이래 장마가 심하자 상공이 일곱 군데의 절에 글을 보내어 각 절마다 일곱 명의 승려로 하여금 날씨가 맑아지도록 염경을 하게 했더니 7일이 되자 마침내 날씨가 맑아졌다. 당나라 풍속에 따르면, 날씨가 맑아지기를 빌려면 북쪽의 문을 닫고, 비가 오기를 빌려면 남쪽의 문을 닫는다. 전해오는 말에 따르면, 날씨가 밝기를 바라는 마음으로 북쪽 문을 닫음은 음(陰)을 막아 양(陽)을 통하게 하는 것이므로 당연히 하늘이 맑아지며, 비가 오기를 바라는 마음으로 남쪽 문을 닫음은 양을 막아 음을 통하게 하는 것이므로 당연히 비가 내린다.

11월 26일

밤에 모든 사람들이 잠을 자지 않았는데, 이는 일본에서 정월 경신일(庚申日)의 밤에 그러는 것과 같다.

11월 27일

오늘은 동지(冬至)이다. 승려와 속인이 서로 하례를 나누었다. 속인들은 관리에게 절하며 동지를 축하했다. 상공을 보는 사람들은,

"운(運)이 변하여 해를 옮겨 남쪽으로 향함이 지극한 이때에 바라건대 상공께서는 존체 만복하옵소서."

라고 말했다. 높거나 낮은 관리들도 백성들과 마찬가지로 모두 서로 인사를 나누었고, 승려들도 서로 절하고 동지를 축하하는 말을 하면서 인사했다. 속인들도 절에 들어와 역시 그와 같은 인사를 했다. 중국의 승려가 외국의 승려를 만나면,

"오늘은 동지입니다. 스님께서도 만복을 받으시고 전등(傳燈)140)이 끊이지 않으며 하루 빨리 본국으로 돌아가 오랫동안 국사(國師)가 되시기를 바랍니다."

라고 말했다.

140) 傳燈 : 부처님의 교법을 어둠을 밝히는 등에 비유하여 이 교법을 스승과 제자가 서로 친해 가는 것을 전등이라 한다.

서로의 인사가 끝나면 다시 추위를 걱정하는 인사를 나눈다. 어떤 승려는 다가와,

"오늘은 동지입니다. 스님의 학문이 삼학(三學)[141]을 밝히시고 하루 빨리 본국으로 돌아가 오랫동안 국사가 되시기를 바랍니다."

라고 말한다. 이런 식의 인사말에는 종류가 많다. 이 명절은 모두가 일본의 정월 초하루의 명절과 같다. 속가(俗家)와 사가(寺家)가 각기 흔치 않은 음식을 장만하는데, 온갖 맛의 음식을 모두 모아 옛날 사람들이 즐기던 바를 따르면서 모두 명절을 축하하는 말을 나눈다. 절이든 속가이든 모두 사흘 동안 동지의 명절을 보낸다. 우리가 머물고 있는 절에서도 사흘 동안 공양을 드리는데 온갖 음식이 모두 모였다.

11월 28일
눈이 내리다.

11월 29일
날씨가 맑다.

양주에는 40여 개의 절이 있는데, 그중에서도 바다를 건너온 감진화상(鑒眞和尙)[142]은 본래 용흥사(龍興寺)에 있던 승려로서 아직도 그의 초상화가 걸려있다. 법진승도(法進僧都)[143]는 본래 백탑사(白塔寺)에 있던 승려였고, 신선(臣善)[144]은 이 백탑사에서 『문선』(文選)을 지었으며, 혜운법사(惠雲法師)[145] 역시 백탑사의 승려였다. 중국의 각 주에는 개원사와 용흥사가 있는데, 여기에서 말하는 것은 양주의 용흥사를 뜻한다.

오후 4시경에 장안에서 『백론』(百論)[146]을 강의하는 가사화상(可思和尙)이 찾아와 서로 인사를 나누었다. 첫 번째 배의 판관인 후지와라노 아손 사

141) 三學 : 불자가 배워서 學을 통하는 세 가지의 길로서 戒(계율), 定(명상), 慧(지혜)이다.
142) 鑒眞和尙(688~763): 양주 江陽縣 출신의 승려로서 天平 勝寶 6년(754)에 도일하여 東大寺 戒壇院을 세우고 쇼무(聖武) 천황 등 400여 명에게 수계함. 일본 律宗의 시조.
143) 法進(708~188): 鑒眞과 함께 도일, 율종의 제2의 시조가 됨.
144) 臣善 : 李善(?~649). 江都 양주 사람으로 宗賢館直學士로 당 태종 順慶 3년(658)에 『文選』을 지음.
145) 惠雲法師 : 鑒眞과 함께 도일한 율종의 第5祖.

다토시(藤原朝臣貞敏)는 지난날 병고(病苦)로 고생하더니 특별히 불심이 일어나 묘견보살과 사천왕의 초상을 그리고자 하기에 오늘 대사의 겸인(傔人)[147]인 아와다노 이에쓰구(粟田家繼)로 하여금 이 절에 도착하여 불화(佛畵)를 그릴 장소를 정하도록 했다.

11월 30일
이른 아침부터 가비라(迦毗羅)[148]의 신당 안에서 묘견보살과 사천왕의 초상을 그리기 시작했다.

12월 2일
양주에 남아 있던 일본의 관리[藤原貞敏]는 이쇼(惟正) 등으로 하여금 수계하도록 하기 위해 상공에게 다시 공문을 보냈다. 지난번에 이미 공문을 보낸 바 있었으나, 담당 관리인 왕우진(王友眞)이 길에서 그것을 잃었기 때문에 다시 공문을 보낸 것인데, 그 내용은 별지에 기록된 바와 같다.

12월 5일
불상을 그리는 작업이 끝나다.

12월 8일
오늘은 나라의 제삿날[國忌]이다.[149] 따라서 돈 50관을 개원사에 보내어 재를 마련하여 5백 명의 승려에게 공양했다. 이른 아침에 절의 승려들이 이 절에 모여 동·북·서쪽의 곁채에 줄을 지어 맞았다.

오전 8시경에 상공과 장군이 대문을 통하여 절로 들어왔다. 상공과 장군이 나란히 서서 천천히 걸어 들어오니 진병(陣兵)들이 전후좌우에서 모두 호위했고, 양주부의 여러 관리들은 모두 그 뒤를 따랐다. 강당 앞의 전체(塼砌)[150]

146) 『百論』: 三論의 하나. 龍樹菩薩의 제자인 提婆가 지은 책. 外道의 좋지 못함을 논하고 대승불교와 소승불교의 옳은 점을 설파했음.
147) 傔人 : 지방 관청이나 관리에 딸린 小吏. 承差.
148) 迦毗羅(Kapila): 인도에서 석가모니가 나기 1세기쯤 전(기원전 350~250년)에 있었던 종파로서 迦毗羅仙이 창학함. 인격신을 부인하고, 사변적 知見에 의한 해탈을 중시함.
149) 先帝 敬宗(재위 825~826)의 忌日.

아래에 이르자 상공과 장군은 동서로 나뉘어 걸어갔다. 상공은 동쪽으로 걸어가 동쪽 막사로 들어갔고, 장군은 서쪽으로 걸어가 서쪽 막사로 들어갔다. 그들은 얼마 지나지 않아 신발을 고쳐 신고 손을 씻은 다음 밖으로 나왔다. 불전 앞에는 두 개의 돌다리가 있는데, 상공은 동쪽 다리로 올라가고 장군은 서쪽다리로 올라가 각기 동서로 돌아 강당의 중문에서 만나 자리에 앉았다.

예불을 마치자 곧 강당의 동서쪽 두 문에 각기 수십 명의 승려가 열을 지어 서서 각각 연꽃과 파란 깃발을 받들고, 한 승려가 경쇠[磬][151]를 치면서 읊었다.

"일체가 신·구·의(身口意)를 가다듬어 공경하는 마음으로 시방삼세(十方三世)에 계시는 삼보께 경례합시다."(一切恭敬 敬禮常住三寶)

그러자 상공과 장군은 일어서서 향기(香器)를 들었으며, 주의 모든 관리들도 뒤따라 향잔(香盞)을 들고 동서로 나뉘어 걸어갔다. 상공이 동쪽으로 향하여 걸어가고 연꽃과 깃발을 든 승려들이 앞을 인도하면서 같은 목소리로 여래묘색신(如來妙色身)[152] 등 두 줄의 범패를 읊었다. 한 노 스님[老宿][153]이 먼저 따르고 병졸들이 역시 호위하며 처마 밑의 복도를 따라 걸어갔다.

모든 승려들이 행향(行香)을 마치자, 그 길을 따라 돌아오면서 강당을 향하여 오는데 범패가 그치지 않았다. 장군은 서쪽으로 향하여 행향하는데 동쪽에서 [상공이] 하는 의식과 똑같아서 동시에 본래 출발했던 곳으로 돌아와 만났다. 이때 동서에서 들려오는 경 읽는 소리가 서로 울려 절묘하게 들렸다. 범패의 예를 읊는 한 승려는 혼자서 움직이지도 않고 경쇠를 친다. 범패가 멈추면 다시 경례상주삼보(敬禮常住三寶)를 외운다. 상공과 장군이 함께 본래의 자리에 앉았다. 행향할 때 향로 두 개를 설치했다.

노 스님 원승화상(圓乘和尙)이 주원(呪願)을 마치자, 예를 읊는 승려[唱禮師]가 천룡팔부(天龍八部) 등을 읊는데, 그 뜻은 황제의 넋을 기리는 것으로서 하나의 문장이 끝날 때마다 경례상주삼보를 외웠다. 상공과 모든 관리들이 함께

---

150) 塼砌 : 연와로 만든 섬 돌.
151) 磬 : 놋쇠로 주발과 같이 만들어 복판에 구멍을 뚫고 자루를 달아 노루 뿔 따위로 쳐서 소리를 내는 불전의 기구. 法式을 행할 때 쳐서 대중이 일어서고 앉는 것을 인도한다.
152) 如來妙色身 : 일종의 偈頌(짧은 노래)으로서 '여래의 묘한 몸'이라는 뜻. 법회를 시작할 때 부르며 부처님의 높고 큰 덕을 찬탄하는 뜻이 있다.
153) 老宿 : 耆宿이라고도 한다. 老成 宿德이란 뜻으로, 오래도록 수행하여 도덕이 높은 스님을 가리킴.

일어나 부처님께 예불하고, 서너 차례 찬불을 부른 다음 각자가 원하는 바를 기원했다. 상공 등은 병사를 이끌고 법당에 도착한 뒤 대전에서 밥을 먹었다. 그리고 500명의 승려들은 복도에서 밥을 먹었다. 절의 크기에 따라서 초대받은 승려의 수효도 다른데, 큰 절에서는 30명, 중간 크기의 절에서는 25명, 그리고 작은 절에서는 20명이 초대되어 각기 한곳에 줄을 지어 앉았다.

각 절에서는 담당자를 뽑아 그들로 하여금 공양을 맡게 했으며, 담당자는 각자가 스스로 공양했다. 재가 한곳에서 제공되지는 않았지만, 같은 시간, 같은 장소에서 밥을 먹었다. 그런 다음 승려들은 일어나 자기 절로 돌아갔다. 이날 상공은 특별히 돈을 내고 담당자를 두 절로 보내어 그들로 하여금 물을 끓여 각 절의 승려들을 목욕시키었다. 이 행사는 사흘이 걸렸다.

12월 9일

일본의 판관인 후지와라노 아손 사다토시가 개원사에 재를 마련했다. 그는 다섯 관 600전을 내어 식사를 마련하고 새로 그린 아미타불, 묘견보살, 사천왕의 초상과 아울러 60여 명의 승려들에게 공양했다. 또 그는 이날 용흥사 법화원(法花院)의 벽에 남악과 천태의 두 분 대사의 초상화를 그리게 했다.

12월 18일

오후 2시경에 신라인 통역 김정남(金正南)이 사신들의 귀국 배편을 알아보기 위해 초주(楚州)로 떠났다. 오후 4시경에 일본 사신의 접대담당자인 왕우진이 와서 말하기를, 대사는 이미 이달 3일에 장안에 도착했으며 자신도 대사를 따라 장안으로 들어간다고 하면서, 여권(旅券) 관계의 공문은 주(州)의 아문에 잘 전달되었다고 했다. 또한 사미들의 수계에 관한 문제는 상공의 허락을 받지 못했는데, 그 이유인즉 근래에 수계를 금지하는 칙령이 있어서 다시 칙령으로 허락되지 않는 한 수계는 불가능하기 때문이라고 했다.

12월 20일

새해의 달력을 샀다. 밤에 눈이 내리다.

12월 21일

눈은 멈추었으나 하늘은 어두웠다.

12월 23일
날씨가 맑다.
첫 번째 배의 장인(匠人 : 船工), 운조(運助 : 水夫), 사수(射手) 등 50여 명이 절로 찾아와 재를 올리고 아울러 불경을 외웠다. 재를 마친 뒤 무량의사(無量義寺)의 승려 도오(道悟)가 찾아와 서로 인사를 나누었는데, 자신은 진언(眞言)[154]을 이해한다고 말했다. 또한 서령사(棲靈寺)의 문침법사(文琛法師)가 진언을 터득했다는 말을 들었다. 최근에 이르러서 삼론(三論) 유학승인 조교(常曉)가 그 절에 머물면서 문침법사의 방에서 진언을 배우고, 양부(兩部)의 만다라(曼荼羅)[155]를 그리고자 한다고 한다.

12월 29일
해가 지니 중과 속인들은 함께 지전(紙錢)을 태웠다. 여염에서는 자정이 지나자 폭죽을 터뜨리면서 만세를 불렀고, 거리의 가게에는 온갖 음식이 이상하리만큼 푸짐했다. 일본에서는 오늘밤 정원이나 집안이나 대문 등 온갖 곳에 등(燈)을 밝히는데, 당나라에서는 단지 평상시의 등만 밝히는 것이 일본과 다르다. 절에서는 자정이 지나면 종을 치고 승려들이 식당에 모여 예불을 드리는데, 그때 대중들은 모두 상(床)[156]에서 일어나 땅바닥에 좌구(座具)를 깔고 앉았다가 예불을 마치고서야 다시 상에 앉는다.
이때 고사(庫司)와 전좌(典座)[157]가 대중들 앞에 나와 한 해 동안에 있었던 살림살이의 갖가지 씀씀이와 비용을 적은 장부를 읽어서 대중들에게 알려준다. 날이 밝기 전에 등 앞에서 죽을 들고 밥을 먹은 뒤에 저마다 방으로 돌아

---

154) 眞言 : 梵語 mantra의 번역. 密呪·陀羅尼, 혹은 密敎인 眞言宗을 뜻한다고 볼 수도 있다.
155) 曼荼羅 : 梵語 mandala의 음역. 法界 온갖 덕을 갖추었다는 뜻으로 밀교에서 부처가 證驗한 것을 그림(現圖)으로 나타내어 숭배의 대상으로 삼는 것. 金剛界와 胎藏界 曼荼羅의 兩部가 있다.
156) 床 : 스님들이 일상 생활에서 앉고 눕는 상. 나무로 틀을 짜고 위에 노끈으로 얽어 만든 繩床과 나무판자를 붙여 만든 木床이 있다.
157) 典座 : 절에서 대중의 床座·臥具·음식 등의 사무를 맡은 사람으로서 특히 귀빈을 위한 별식을 준비한다.

간다. 아침나절 늦게 저마다 자기 방에서 나와 예불에 참석하고 승려들도 서로 인사를 나눈다. 절에서는 공양을 차리고 사흘 동안 쉰다.

서기 839년

[당 개성(開成) 4년, 신라 신무왕(神武王) 원년·문성왕(文聖王) 원년,
일본 조와(承和) 6년, 기미(己未)]

정월 1일(甲寅)

오늘은 정월 초하루이다. 관가와 여염이 사흘간 쉬었다. 이 절에서도 사흘간 재를 올린다. 이른 아침에 상공이 절에 들러 예불하고 돌아갔다.

정월 3일

남악(南岳)과 천태(天台) 두 대사의 초상화를 각기 세 벌씩 그리기 시작했다.

지난날 양(梁)나라 시대에 한간(韓幹)[1]이라는 사람이 있었다. 그는 양나라에서 제일가는 화가로서, 만약 그가 새나 짐승의 그림을 그리고 마지막으로 눈을 그려 넣으면 그들이 능히 날고 뛰었다. 그가 일찍이 남악대사(南岳大師)[2]의 얼굴 그림을 찾아 양주 용흥사(龍興寺)에서 그것을 그렸는데, 황제께서 이를 법화도량(法花道場) 유리전(瑠璃殿)의 남쪽 복도 벽에 걸어놓게 했다. 이제 대사의 겸인인 아와다노 이에쓰구(粟田家繼)로 하여금 그것을 그리게 했더니 한 점의 그릇됨도 없었다. 그 뒤 개원사에서 아와다노로 하여금 명주에 그리게 했더니, 얼굴과 의복이 한간의 그림과 똑같았다.

또한 그곳 복도 벽에 『법화경』(法花經)[3]을 외우는 그림이 있는데, 볼 때마다 느낌이 다르고 화상들의 모습이 20개나 되어 능히 베껴 그릴 수가 없다. 유리전 동쪽에는 보현보살(普賢菩薩)[4]의 회풍지당(廻風之堂)이 있다. 옛날에 이곳에서 불이 나 절이 모두 탔다고 한다. 그러나 불길이 법화원(法花院)

---

1) 韓幹 : 당의 畵師. 본시 인물화를 잘 그렸으나 王維의 추천으로 入仕하여 벼슬이 太府寺丞에 이르렀다. 玄宗이 말 그림을 좋아하여 주로 말을 그려 일가를 이루었다.
2) 南岳大師 : 惠恩禪師를 의미함. 838년 11월 24일자 일기 참조.
3) 『법화경』 : 『妙法蓮花[華]經』의 준말. 대승경전의 하나로 중국의 後秦 때의 인도 승려인 鳩摩羅什이 번역한 책. 8권 28품으로 되어 있는데 迦耶城에서 道를 이룬 부처의 本道를 말한 것으로, 모든 경전 중에서 가장 존귀한 것으로 여겨짐. 천태법화종의 所依經典임.
4) 普賢菩薩 : 부처님의 理·定·行을 맡아보는 보살. 문수보살과 함께 석가모니의 脇侍로서 흰 코끼리를 타고 석가의 우측에 있음. 모든 보살 중의 上首로서 항상 불타의 교화와 濟度를 보좌한다.

에 이르렀을 때, 송경사(誦經師) 영우(靈祐)[5]가 보현당(普賢堂) 안에서 『법화경』을 외우고 있는데, 홀연히 법화원 안으로부터 큰 바람이 일어나 불길을 껐기 때문에 이곳만은 타지 않아 당시 사람들이 이곳을 보현보살의 '회풍지당'이라 불렀다고 한다.

또한 동탑원(東塔院)에는 감진화상(鑒眞和尙)의 초상화가 걸려 있는데 각제(閣題)에는 '바다를 건너온[過海] 화상의 초상화'라고 적혀 있다. 다시 중문 안의 동쪽 끝에는 과해화상(過海和尙)의 비(碑)가 서 있는데, 그 머릿글에는 감진화상이 불법을 위해 바다를 건너온 사실이 적혀 있다. 그 글에 따르면, 화상은 바다를 건너다가 모진 바람을 만났으며, 처음으로 도착한 곳은 사해(蛇海)로서 곧 길이가 여러 길(丈)이 넘는 뱀들이 우글거리는 바다였다고 한다. 하루 종일 간 다음에 흑해(黑海)에 이르렀는데, 물빛이 먹물과 같았다는 것이다.

내가 들으니 천자의 공문이 양주부에 도착했는데, 그 글에 이르기를 조공사의 상주(上奏)를 인준했으며, 일본국 사신을 위하여 초주(楚州)에 글을 보내어 배를 빌리도록 했으니 3월에는 바다를 건너라는 것이었으나, 그것이 무엇을 의미하는지 자세하지 않다.

정월 6일

이상공의 수군(隨軍)인 심변(沈弁)이 와서 말하기를, '상공이 말씀하시기를 이달 초닷새부터 나라를 위해 개원사의 전단서상(栴檀瑞像)[6]을 다시 손질할 돈을 모으고, 효감사(孝感寺)에서는 이제 불경을 강의하고 모연(募緣)[7]하고자 하니, 일본의 화상들께서는 특별히 이 자리에 참석하여 청강하기를 바라며 아울러 일본의 여러 관리들도 결연(結緣)하여 시주해 주기 바란다.'고 한다.

정월 7일

심변이 찾아와 '양주부의 여러 관리들이 내일 효감사에 모이고자 하니 일

5) 靈祐(771~853) : 중국 潙仰宗의 初祖. 趙氏. 福州人. 15세에 출가하여 法常과 懷海의 제자가 되어 大潙山에서 절을 짓고 포교하며, 제자인 慧寂과 함께 위앙종을 세웠다.
6) 栴檀瑞像 : 優塡王이 처음으로 향나무(栴檀)로 석가모니불을 만들었는데, 瑞相이 원만하므로 栴檀瑞相이라 불렀다.
7) 募緣 : 인연을 모집한다는 뜻으로 시주를 모으는 일.

본의 승려들도 와서 듣기를 청한다'는 상공의 말을 전하면서 아울러 불경을 강의할 법사(講經法師) 번(璠)의 모연문(募緣文)을 보여주었다. 그 글을 보니 '서상각(瑞像閣)을 중수(重修)하고『금강경』(金剛經)[8]을 강해하고자 하니 이에 쓸 돈 50관을 보시하기 바란다. 이 글은 상공의 재가를 거쳤으며 동연동인(同緣同因)을 맺도록 허락받았다. 효감사에서 불경을 강해하는 인연을 기다리겠다.'는 것이었다. 그 글은 따로 적어 두었다.

심변의 말에 따르면, '상공은 돈 1,000관을 보시했으며 이 강해는 1개월 동안 계속될 것이다. 달마다 불법을 듣고자 하는 사람이 많다. 총 1만 관으로 서상각을 중수할 것이다. 페르시아[波斯國]에서 1천 관을 냈으며 점파국(占婆國)[9] 사람들도 200관을 보시했다. 현재 일본 사람들은 수효가 적어 50관만 모금하는 것이다.' 모금액이 줄어들었음을 강조하는 말이었다.

정월 8일

신라인 왕청(王請)이 찾아와 서로 인사를 나누었다. 그는 일본력 고닌(弘仁)[10] 10년[서기 819년]에 데슈쿠니(出州國)[11]에 표착한 당나라 사람 장각제(張覺濟) 등과 같은 배를 탔던 사람이었다. 그에게 표류하게 된 이유를 물었더니 그의 대답인즉,

"여러 가지 물품을 교역하기 위해 이곳을 떠나 바다를 지나다가 갑자기 모진 풍랑을 만나서 남쪽으로 석 달간 떠내려가다가 출주국에 표착했다. 장각제 두 형제는 장차 떠나려고 할 때 함께 도망쳐 출주국에 머물렀다. 출주국 북쪽으로부터 북해(北海)를 향해 떠나니 순풍을 만나 15일 동안 바다 위를 떠다니다가 장문국(長門國)[12]에 표착했다."

고 한다. 그는 일본어를 잘했다.

---

8) 『금강경』: 『金剛般若波羅蜜經』을 의미함. 船若, 곧 지혜의 본체는 眞常淸淨하며 不變不移하여 번뇌나 악마도 이를 어지럽게 할 수 없음을 금강의 견실함에 비유한 경문으로서 後秦의 鳩摩羅什이 한문으로 번역함.
9) 占婆國 : 인도지나 반도의 베트남 중부(현재의 쾅남省을 중심으로 한 일대)에 있던 고대 국가.
10) 弘仁 : 일본 52대 사가(嵯峨) 천황 연간의 연호(810~823).
11) 出州國 : 出羽國의 誤記일 수 있음. 일본 本州의 서북쪽 지방.
12) 長門國 : 지금의 福建省 連江縣 일대(?). 일본 측에서는 지금의 山口縣 서북부라고 보고 있음.

정월 9일

남악[대사]와 천태[대사]의 초상화가 완성됐다.

정월 14일

오늘은 입춘(立春)이다. 사람들은 꾀꼬리 상(像)을 만들어 시장에 내다 팔고, 어떤 사람들은 이를 사서 가지고 논다.

정월 15일

밤이 되니 동쪽 거리와 서쪽 거리에서 사람들이 연등(燃燈)을 밝히는데, 이는 일본 사람들이 섣달 그믐날 밤에 하는 풍습과 다름없다. 절에서는 연등을 밝히고 부처님께 공양하며 아울러 고승들의 영정에 제사를 드리는데, 여염에서도 마찬가지였다. 이 절에서는 불전 앞에 등루(燈樓)를 세우고 댓돌 아래 뜰과 행랑 옆에는 기름등을 켰는데, 등잔의 숫자는 헤아릴 수가 없었다. 거리에 나온 남녀들은 밤이 깊어가는 것을 꺼리지 않고 절에 들어와 행사를 살펴보았다.

사람들은 연등 앞에서 형편에 따라 돈을 내었다. 그들은 절을 돌아본 다음 다시 다른 절에 이르러 예불하고 돈을 내었다. 여러 절의 법당과 원(院)[13]에서는 모두가 앞을 다투어 연등을 밝혔다. 내방객은 반드시 돈을 내고 갔다. 무량의사(無量義寺)에는 시죽등(匙竹證)[14]을 다는데 그 수효가 천 개는 되었다. 시죽등의 나무는 그 구조가 마치 탑과 같았고, 그 얽어 맨 모습이 아주 정묘(精妙)했으며, 그 높이는 예닐곱 자가 넘었다. 행사는 이날로부터 17일 밤까지 사흘 동안 계속된다.

정월 17일

심변이 찾아와서 우리들의 출발이 늦어짐을 함께 걱정했다. '우리가 특별히 상공의 문서를 받으면 태주로 갈 수 있느냐'고 물었더니, 그가 필담으로 다음과 같이 대답했다.

13) 院 : 우리 나라의 庵子에 해당함.
14) 匙竹燈 : 대나무 끝에 사기 숟가락을 달고 그 안에 기름을 담아 불을 밝히는 등.

"내가 이미 서너 차례 상공에게 상의한 바 있으며, 일본의 승려들이 태주로 가려면 공문을 얻어야 하느냐고 문의했더니, 상공이 설명하기를 '양주부의 공문이 나온다 해도 절서도(浙西道)와 절동도(浙東道)에 도착하면 양주부의 공문은 소용이 없게 되어 모름지기 천자께 상주(上奏)해야 하며, 천자의 허락을 얻게 되면 갈 수 있지만, 그렇지 않고서는 갈 수 없다'고 대답했습니다. 또한 상공이 관할하고 있는 여덟 개의 주(州)에는 상공의 공문으로써 오고 갈 수 있지만 윤주(潤州)와 태주에는 별도의 상공이 있어 각기 관할하는 영역이 다릅니다. 이들은 피차간에 서로 교류가 없으니 만약 황제의 허락을 받지 못하면 순조롭게 여행할 수 없지나 않을까 두렵습니다."

재를 마친 후 절의 법당 앞에 진기한 물품들을 벌여놓고 42현성(賢聖)[15]의 초상화를 안치하고 귀한 비단을 펴놓았는데 이루 헤아릴 수 없이 많았다. 현성의 얼굴을 보니 어떤 사람은 눈을 감고 명상에 잠겨 있었으며, 어떤 사람은 얼굴을 쳐들고 먼 곳을 바라보고 있었고, 어떤 사람은 모서리로 돌아앉아 말을 하고 있는 것 같았고, 어떤 사람은 얼굴을 숙이고 땅을 내려다보고 있었는데 42명의 모습이 제각기 달랐다. 앉아 있는 모습도 저마다 달라서 어떤 사람은 결가부좌(結跏趺坐)를 하고 앉아 있었고 어떤 사람은 반가부좌(半跏趺坐)를 하고 앉아 있었다. 42명의 현성 이외에도 별도로 보현보살(普賢菩薩), 문수보살(文殊菩薩),[16] 공명조(共命鳥),[17] 가릉빈가조(迦陵頻伽鳥)[18]의 그림도 있었다. 해가 지자 등을 밝히고 여러 현성의 초상 앞에 공양을 드렸다.

밤이 되자 그들은 예불하고 아울러 범어(梵語)로 된 찬탄(讚歎)을 외웠다. 작범[19] 법사(作梵法師)가 들어오자 어떤 사람은 금련옥번(金蓮玉幡)[20]을 들

---

15) 42賢聖 : 三賢十聖에 等覺・妙覺의 2聖을 더한 것으로서, 보살은 반드시 42현성의 명문이 결정한 多義를 諦受하여 배워야 한다.
16) 文殊菩薩 : 대승보살 가운데 하나로서 보현보살과 짝하여 석가모니불의 補處로서 왼쪽에 있어 지혜를 맡음.
17) 共命鳥 : 머리 둘에 몸뚱이가 하나인 상상의 새(耆婆).
18) 迦陵頻伽鳥 : 人頭鳥身에 용꼬리가 달린 상상의 새(美音鳥).
19) 作梵 : 法事의 시초에 범패를 지어 장내의 소란을 무마하는 방법.
20) 金蓮玉幡 : 金蓮은 금빛나는 蓮의 造花이며 幡은 旛으로서 부처님의 위엄을 나타내기 위한 깃발이며 贖命(수명 연장)・神幡・薦亡幡 등의 종류가 있었다. 대체로 세로 방향의 모양인데 여기서는 휴대용이 있었던 것으로 보임. 838년 12월 8일자 일기 참조.

고 성인의 그림 앞에 앉아 같은 목소리의 범어로 찬탄을 부르는데 밤이 새도록 그치지 않았다. 모든 성인의 그림 앞에는 완등(椀燈)[21]이 켜 있었다.

정월 18일

새벽에 약죽(藥粥)을 공양했다. 재를 올릴 때는 밥을 공양했는데 백 가지 맛이 났다. 구경하러 온 남녀들은 밤낮을 가리지 않고 다수가 모여 법당 앞에서 재를 마련하고 승려들을 공양했다. 밤이 되자 다시 등을 켜고 공양했으며 아울러 범어로 찬탄[梵讚]을 부르니 이틀 낮, 이틀 밤이 걸렸다. 또한 대관(大官), 군중(軍中), 그리고 절의 승려들은 오늘도 모두 쌀을 골랐다. 이 행사는 날짜를 기한으로 정해 놓지 않았다. 주(州)에서 쌀을 날러와 여러 절에 나누어 주는데, 무리의 많고 적음에 따라서 수량이 일정치 않아 어느 절에는 10곡(斛)을 주고 어느 절에는 20곡을 주었다. 사고(寺庫)에서는 이들을 받아 다시 승려들에게 한 말, 또는 한 말 닷 되를 나누어 주었다.

승려들은 이를 받아 그 좋고 나쁨을 가리는데, 부서진 쌀은 나쁜 것이고 부서지지 않은 것은 좋은 것이다. 가령 한 말의 쌀을 받은 사람은 이를 좋은 쌀과 나쁜 쌀 두 가지로 나누는데 그 가운데 좋은 쌀은 닷 되가 되며, 좋은 쌀과 나쁜 쌀을 각기 다른 자루에 담아 관청으로 되돌려 보낸다. 모든 절이 이와 같은 방식의 행사를 하여 저마다 좋고 나쁜 쌀을 관청으로 보내면, 관청에서는 이를 둘로 나누어 좋은 것은 천자에게 보내어 식사에 쓰게 하고, 나쁜 쌀은 그 관청에 남겨 둔다. 다만 이렇게 쌀을 고르는 사람들은 군인과 승려이며, 백성들은 이와 같은 일을 하지 않는다.

주(州)에서 징수한 양곡을 고르는 것은 더욱 어렵다. 양주에서 고른쌀은 빛깔이 매우 검은데 뉘와 부서진 쌀은 골라 버리고 오직 완전한 것만 취한다. 다른 주에서는 이런 식으로 하지 않는다. 듣자니 상공은 다섯 섬을 고르고 감군문(監軍門)에서도 다섯 섬을 고르고, 낭중(郎中)은 두 섬을 고르고, 낭관(郎官)은 한 섬을 고르고, 군민과 승려들은 한 말 닷 되, 또는 한 말을 고른다고 한다.

또한 들으니 상공은 최근 윤주 학림사(鶴林寺)의 율대덕(律大德)[22]인 광의

21) 椀燈 : 종지에 기름을 담고 심지를 돋우어 만든 등잔.
22) 律大德 : 律은 계율이며 대덕은 스님의 경칭으로서 계율의 준수를 감독하는 스님을 의미함.

(光義)를 초대하여 잠시 혜조사(惠照寺)에 머물게 했다고 한다. 상공은 이 승려를 양주의 승정(僧正)[23]으로 삼고 싶어 개원사에 머물게 했다. 이 승정은 양주도독부에 있는 여러 절의 문제와 아울러 승려들의 문제를 보살피게 된다. 무릇 당나라에는 승록(僧錄)·승정·감사(監寺) 등 세 종류의 직책이 있는데, 승록은 전국의 절을 통솔하고 불법을 정리하며, 승정은 오직 도독의 관내에만 있고, 감사는 오직 한 절에 한 명씩 있다. 이 이외에 삼강(三綱)과 고사(庫司)가 있다. 해가 지자 승정은 이 절에 머물렀다.

정월 20일

저녁에 승정이 찾아와 우리를 위로해 주었다.

정월 21일

재를 마친 뒤, 대사와 그 일행들이 지난해 12월 6일에 보낸 편지가 왔다. 그 글에 따르면, 그들은 지난해 12월 3일 상도(上都)[24]에 잘 도착해서 동경(東京)[25]의 예빈원(禮賓院)이라는 곳에 머물고 있다고 한다. 그 글의 내용은 별지와 같다.

판관 나가미네(長岑)의 시종인 무라키요(村淸)의 같은 날짜 편지에 의하면, 그들은 이달 3일 오전 8시경에 장락역(長樂驛)에 도착하여 칙사(勅使)의 영접을 받고 천자가 전하는 인사를 받았다고 한다. 사신들은 예빈원에 이르렀으며 아울러 천자에 대한 알현을 마쳤다고 하는데, 미루어 그간에 있었던 일을 간략히 알 수 있겠다.

정월 25일

연광사(延光寺)의 혜위(惠威) 스님을 통하여 『법화원경』(法花圓鏡)[26] 세 권을 얻어 보았다.

---

23) 僧正 : 僧官의 이름. 자기를 바르게 하고, 남도 올바르게 하며, 正令을 잘 선포하여 승려의 濫行을 바로 잡는 직무. 중국에서는 前秦의 僧䂮이 처음으로 취임했고, 魏에서는 僧統이라 했다.
24) 上都 : 장안.
25) 東京 : 東街.
26) 『法花圓鏡』 : 지금은 전해지지 않으며, 필자도 알 수 없다. 圓仁의 『入唐新求聖敎目錄』에는 '『法花圓鏡』七卷 (第4·6·7卷은 빠짐)'이라고 되어 있음.

윤 정월 3일

절[개원사]에서 승정이 온 것을 축하하여 여러 절로부터 노승들을 초대하여 고두(庫頭)에 관차(官茶)와 관반(官飯)[27]을 대접했는데, 온갖 음식이 나왔으며, 아울러 음악도 연주했다.

윤 정월 4일

신라의 통역인 김정남의 청에 따라서 매입한 배를 수리하기 위하여 도장(都匠), 번장(番匠), 선공(船工), 단공(鍛工)[28] 등 36명을 초주(楚州)로 보냈다. 또한 그는 이 절에서 승려들에게 기우(祈雨)를 청하여 7명을 한 무리로 하여 독경하게 했다.

윤 정월 5일

비가 내렸다. 밤이 되자 번개가 번쩍이며 천둥이 치고, 큰 비가 내리는데 마치 여름 장마와 같았다. 이때부터 이레 동안 비가 내려 보름이 되어서야 밝았다.

상공은 개원사 서상각(瑞像閣)을 수리하기 위해 시주를 구하는 강론을 가졌는데, 정월 초하루부터 시작하여 이달 8일에 마쳤다.

5백 관(貫)으로 나무를 사서 절의 뜰로 가져와 담당자로 하여금 고르게 깎도록 했다. 우리의 첫 번째 조공선에 있는 뱃사람과 사수(射手) 60여 명이 모두 병이 나 무척 고생하고 있다.

윤 정월 19일

천태산 선림사(禪林寺)의 경문(敬文) 스님이 찾아와 만나보았더니 글로써 다음과 같이 말했다.

"나는 천태산 선림사에 있는 경문입니다. 스승을 따라 21세 때 이 산에 출가(出家)하여 『사분율남산초』(四分律南山鈔)[29]와 천태종의 『법화경지관』(法

---

27) 官茶·官飯: 일부 판본에는 空茶·空飯으로 되어 있음. 838년 8월 26일자 일기 註 69) 참조, 顧承甫 本에는 官茶·官飯으로 되어 있음. 空飯·空茶가 素飯·素茶의 뜻이라면 뒤에 나오는 '온갖 음식……' 이라는 구절과는 의미가 일치하지 않는다.
28) 都匠은 工匠의 총감독, 番匠은 도장 아래의 大工, 船工은 배를 만들거나 수리하는 목공, 鍛工은 쇠붙이를 다루는 장인을 말한다.
29) 四分律南山鈔: 南山律宗의 시조인 道宣(서기 596~667년)이 撰한 『四分律刪繁補闕行事鈔』를 의미함, 사분률이란 4大 계률서 가운데 하나로 모두 60권으로 됨.

花經止觀)[30]을 공부했습니다. 지난해 10월 초사흘에 철을 떠나 절강(浙江)을 지나 소주(蘇州)에 이르렀다가 일본의 사신이 조공하러 왔다는 것과 그 일행 중에 훌륭한 스님들이 함께 따라왔다는 말을 듣고 이렇게 찾아왔습니다. 내가 어려서 행만화상(行滿和尙)을 따라다닐 적에 사이쪼(最澄)[31] 사리(闍梨)[32]가 찾아와 천태종의 교리를 받는 것을 보았습니다만, 그 뒤 30년 동안 소식이 없다가 사이쪼 대덕(大德)이 세상을 떠났다는 말을 들었습니다. 사문(寺門)의 슬퍼함을 어찌 다할 수 있었겠습니까? 이 일이 있기 전에 행만화상은 천태산으로 돌아왔습니다. 그가 이미 세상을 떠난 지도 16년이 지났습니다. 제가 홀연히 듣기에 두 분 스님[엔닌과 엔사이]이 이곳에 계시다기에 이렇게 찾아왔습니다."

내가 다음과 같이 써보였다.

"나 엔닌은 지난날 입당(入唐)했던 사이쪼 화상의 제자로서 천태[대사]가 남기신 발자취를 살펴보기 위하여 이곳에 왔으나, 황제의 허락을 받지 못하여 잠시 이 절에 머물면서 떠나지 못하고 있으니 헤아려 주시기 바랍니다."

경문 스님이 필담으로 말했다.

"사이쪼 화상은 정원(貞元) 21년[서기 805년]에 천태[산]에 들어왔다가 그 뒤 본국에 들어갔는데 잘 도착했다니 매우 기쁩니다. 그가 전래한 천태종은 일본과 다소의 기연(機緣)[33]이 있습니다. 듣건대 그대들 나라의 지금 군주(君主)[34]는 남악대사의 환생이라 하니 앞으로는 부처님의 가르침이 움츠러들지 않을 것입니다. 이제 그대들은 사이쪼 화상의 제자들이니 천자의 허락이 내리기 전에 어찌하여 천태[산]으로 가서 천자의 허락을 기다리지 않습니까? 만약 그대들이 이곳에 머물면서 천자의 허락이 내릴 때까지 오랜 시간을 보낸다면 사신들은 본국으로 돌아갈 터인데 어찌 태연할 수 있습니까?"

30) 『法花經止觀』: 현존하지 않는 불경. 짐작하건대 『法花玄義』·『法帶文句』·『四分律南山鈔』·『摩訶止觀』·『법화경』을 중심으로 하는 천태교의의 일반에 관한 교리서로 보임.
31) 最澄(서기 767~822년): 일본 천태종의 開祖. 江州 志賀 출신. 13세에 출가하여 國分寺에서 大國師 行表和尙의 가르침을 받음. 서기 804년 傳敎大師 空海와 더불어 入唐하여 修禪寺 座主 道邃禪師, 천태산 佛隴精舍 行滿大德 등에게 가르침을 받음. 2년의 수학을 마치고 귀국하여 감무(桓武) 천황의 총애를 받으며 천태종을 일으킨 뒤 比叡山 中道院에서 입적함.
32) 闍梨: 승려에게 몸소 덕행을 가르치는 스승. 阿闍梨.
33) 機緣: 중생에게 善의 마음이 있어서 부처의 교법을 받을 인연이 되는 일.
34) 당시의 일본왕 닌묘(仁明) 천황(재위 834~847)을 가리키는 것으로 보임.

내가 물었다.

"그 천태산 국청사에는 얼마나 많은 스님과 좌주(座主)가 있습니까?"

경문 스님이 대답했다.

"국청사에는 항상 150명의 승려들이 머물고 있으며, 여름철에는 300명 이상 머물고 있습니다. 선림사에는 항상 40명이 머물고 있고, 여름철에는 70여 명이 머물고 있습니다. 국청사에는 좌주인 유견(維蠲)이 늘 『법화경지관』(法花經止觀)을 강론하는데 그는 좌주인 광수(廣修)[35] 밑에서 수업을 이룬 사람입니다. 선림사는 곧 좌주인 광수가 『법화경지관현의』(法花經止觀玄義)를 오랫동안 강의한 곳으로서 겨울에나 여름에도 쉼이 없습니다. 그의 뒤를 이어 공부하는 좌주들도 여러 명 있습니다."

그 밖에도 우리는 많은 대화를 나누었다. 지금 그는 이 주(州)의 혜조사 선림원(禪林院)에 머물고 있는데 저녁이 되어 돌아갔다.

윤 정월 21일

경문 스님이 다시 찾아와 필담을 나누었다. 그 뒤부터 그는 자주 찾아와 얘기를 나누었다. 숭산원(崇山院)의 지념(持念)[36] 화상인 전아(全雅)로부터 금강계(金剛界)[47]의 여러 존위(尊位)의 의궤(儀軌)[38]에 관한 책 수십 권을 빌려 필사했다. 이 전아 화상은 태장(계)(胎藏界)[39]와 금강(계)의 만다라를 가지고 있으며 아울러 단(壇)을 짓는 법도 알고 있다.

2월 5일

전아 화상이 우리 방으로 찾아와 여의륜(如意輪)[40]의 단(壇)을 만들었다.

35) 廣修(770~843) : 入唐 大師 道邃의 제자로서 天台宗의 제8祖.
36) 持念 : 바른 법을 받아 마음에 간직하여 잊지 않음.
37) 金剛界 : 밀교에서 근본 兩部의 하나로서 大日如來의 智德을 표시한 부분. 여래의 지덕은 모든 유혹을 깨뜨리고 그 힘이 예리하기가 금강과 같다는 데서 유래함. 대일여래는 眞言宗의 본존으로서 대우주를 밝히는 大日輪을 의미하며 모든 세상의 만물을 기르는 慈母와 같은 理智의 본체임.
38) 儀軌 : 밀교의 근본 경전에 말한 佛·菩薩·諸天·神을 염송하고 공양하는 儀式軌則을 말한 것. 변하여 이러한 의식궤칙을 기록한 일부의 경전도 의궤라고 말함.
39) 胎藏界 : 大日如來의 자비한 면을 표현하는 밀교의 法門으로서 蓮華를 그 표상으로 함.
40) 如意輪(觀音) : 法輪의 공덕에 의하여 모든 중생을 쓰라림에서 건져주고 願望을 이루어주는 관세음보살.

2월 6일

주(州)의 관리가 천자의 명령에 따라 녹(祿)을 주었다. 관찰사의 공문에는 다음과 같이 기록되어 있었다.

윤 정월 초이틀의 천자의 영(令)에 따라 도성으로 가는 270명에게 1인당 다섯 필, 도합 1,350필의 비단을 준다. 정원(貞元) 21년(서기 805년) 2월 6일의 천자의 영에 따라 매 1인당 비단 다섯 필을 주는 것이다.

지난날의 법도에는 승려에게 녹을 주는 예가 없었으나 이번에는 승려들에게 녹을 주되 단 도성에 들지 않고 밖에 머물러야 한다. 판관 이하 뱃사람 이상 매 1인당 각기 다섯 필을 주되 차이가 없다.

2월 8일

판관 나가미네로부터 윤정월 13일자의 편지를 받았다. 그 글에 따르면 천자를 알현하던 날 각별히 우리의 청(請)을 아뢰었으나 허락을 받지 못했다고 한다. 참으로 걱정스럽다.

2월 14일~16일

이 사흘은 한식(寒食)이다. 이 사흘 동안에는 전국에서 연기를 피우지 않으며 모두 찬밥을 먹는다.

2월 17일~18일

초주로 떠나기 위해 관물과 사물을 모두 배 안에 실었다.

2월 18일

재를 마친 후 나와 엔사이 스님은 개원사를 떠나 평교관(平橋館)에 머물면서[41] 배를 기다렸다. 관리들은 아직도 배를 띄우지 않았다.

2월 19일

41) 판본에 따라 '머물면서'(住)와 '가서'(往)로 혼동되어 있다.

이른 아침, 여러 관리들이 양주부로 들어가 상공에게 작별 인사를 했다. 오후 4시경에 배에 오르다. 사람과 짐을 실은 배가 모두 10척이었다. 평교관 동편에서 묵었다.

2월 20일

공사(公事)가 미비하여 떠나지 못했다. 정오에 먼저 입경한 사신들 중에서 감국신(監國信)[42]인 하루미치노 스쿠네 나가쿠라(春道宿禰永藏), 잡사(雜使)인 야마시로노 요시나가(山代吉永), 사수(射手)인 가미노 노리쓰구(上敎繼), 조슈(長州) 판관의 종자인 시라토리(白鳥)·무라키요(村淸)·기요미네(淸岑) 등 10여 명이 배 한 척을 타고 왔는데, 그들 편에 들으니 대사 일행은 이달 12일에 초주에 도착하여 머물고 있다고 한다. 도성에서는 물건을 사고팔 수 없어 위에 말한 사람들은 잡물을 사기 위해 이곳에 온 것이다.

또한 들으니 대사와 그 이하의 일행들은 모두 병에 걸려 고생이 극심했으나, 이제는 병이 나아 점차 회복되고 있다고 한다. 두 번째 배의 판관인 후지와라노 도요나미(藤願豊竝)도 또한 도중에서 병을 얻어 그 고통을 이기지 못하고 죽었다. 그 밖의 사람들은 모두 건강하다. 진언(眞言)[43] 청익승인 엔교(圓行) 법사가 청룡사(靑龍寺)[44]로 들어가 20일 동안 필경사 20여 명을 고용하여 책과 소(疏)를 베꼈다. 법상[종](法相宗)[45]의 청익법사는 도성에 들어오지 못했다. 또한 그의 제자승(弟子僧) 기쬬(義澄)는 관(冠)을 쓰고[46] 판관의 종자 자격으로 들어오게 했다. 담당 관리인 군장(軍將) 왕우진(王友眞)이 그들을 데리고 초주로 떠났다. 하루미치노 스쿠네 나가쿠라(春道宿禰永藏)가 물건을 파는 것을 허락하지 않았다. 북을 치며 떠났다.

---

42) 監國信 : 國信[조공품]을 감독하는 직책.
43) 眞言(宗) : 불교 종파의 하나로서 비밀 진언의 修持를 主旨로 하므로 밀교라고도 함. 불멸 800년 후에 남천축에서 용수가 개종하여 善無畏三藏이 唐에 전교했고(616년), 惠通이 선무외삼장의 印訣을 얻어 신라에 들어옴(664년).
44) 靑龍寺 : 중국 陝西省 西安府에 있는 절. 隋 文帝가 이곳에 도읍을 옮기고, 성 안에 있는 능묘를 교외로 옮긴 뒤 그 자리에 절을 짓고 靈鑑寺라 했다가, 당나라 때인 서기 711년에 청룡사로 이름을 고침.
45) 法相宗 : 『解深密經』·『成唯識論』·『瑜伽師地論』을 所依經典으로 하는 불교의 한 종파. 만법을 窮明하신 性相의 宗이므로 법상종이라 한다. 현장이 서역에 들어가 那蘭陀寺의 戒賢에게서 받아 전하고 그 제자 窺基[慈恩]가 慈恩寺에서 대성하여 자은종이라고도 부름. 일본에는 道昭(629~700년)가 653년에 入唐하여 현장에게서 敎를 받아 전했다.
46) '冠을 쓰고' : '승려가 아닌 평민의 자격으로' 라는 뜻임.

감국신이 대사로부터 온 편지를 전해 주었는데, 그 글에 이르기를 '청익승이 태주로 떠나는 문제에 관하여 대사는 도성에 도착한 뒤 서너 번 주청(奏請)했지만 끝내 허락을 얻지 못했다'고 했다. 네 번째 배의 사수 1명과 뱃사람 2명은 당나라 사람들을 모독했다가 전날에 체포되어 장주(將州) 관아에서 칼[枷]을 쓰고 있는데 아직도 석방되지 않았다.

오후 2시경에 동쪽 성곽[47]의 수문(水門)을 나간 지 오래지 않아 감국신과 통역인이 칙령으로 금지된 물건을 산 까닭에 상공이 사람을 보내어 부르기에 그들을 따라 주의 관아로 들어갔다. 여러 배들을 선지사(禪智寺) 동쪽 변두리에 정박시키고 우리는 절로 들어가 참배했다. 새벽에 네 번째 배의 통역과 지승[선사](知乘船事) 등이 석방되어 일행과 합류했다.

장관(長官)의 종자인 시라토리, 기요미네, 나가미네, 유학승 등 4명이 향과 약 등을 사기 위해 배에서 내려 시내로 들어갔으나, 지방 관리의 추궁을 받고 200여 관의 돈을 그대로 둔 채 도망했는데, 그 가운데 3명만이 배로 돌아왔다.

2월 21일

이른 아침에 출발했다. 대사의 종자인 아와다노 이에쓰구(粟田家繼)는 어제 물건을 사기 위해 배에서 내려 시내로 들어갔다가 관리에게 체포되어 주의 관아에 억류되어 있었는데 오늘 풀려났다. 또한 네 번째 배의 사수도 풀려나 돌아왔다. 강양현(江陽縣) 회선언(廻船堰)에 도착하여 밤을 지냈다.

2월 22일

오전 8시경에 출발했다. 어제 시내에서 물건을 사다가 주의 관아에 잡혀 있던 사수 미우토베노 사다쿄(身入部貞淨)가 오늘 풀려나와 돌아왔는데 물건도 잃지 않았다. 오래지 않아 네 번째 배의 사수와 뱃사람 2명이 풀려나와 돌아왔다. 서기 오치노 사다하라(越智貞原)가 어제 시내로 들어가 물건을 샀다는 이유로 관리가 주의 관아에 처분을 알린 적이 있었는데 오늘에서야 돌아왔다. 잠시 가다가 상백언(常白堰)에 이르러 상백교(常白橋) 밑에서 머물다가, 저녁나절이 되어 다시 출발하여 밤길을 걸었다. 오후 10시경에 노건역

47) 원문은 '東廊'이지만 '東廓'의 誤記로 보인다.

(路巾驛)에 이르러 밤을 지냈다.

2월 23일

이른 아침에 길을 떠났다. 오전 8시경에 고우현(高郵縣)에 잠시 머물렀다. 이곳에서 북쪽 55리 밖에 초주 보응현(寶應縣)의 경계가 있고 남쪽으로 33리 밖에는 강양현(江陽縣)의 경계가 있다. 양주의 동쪽 성곽의 수문을 떠나 선지사 동쪽을 따라 북쪽으로 향했다. 오후 8시경에 보응현 관내의 행하교(行賀橋)를 지나 잠시 더 가다가 머물렀다. 오전 2시경에 다시 길을 떠났다.

2월 24일

아침 6시경에 보응현 백전시(白田市)에 도착했다. 시내 다리 남쪽 가에 법화원이 있다. 오전 8시경에 보응현에 이르러 머물렀다. 가까운 곳에 안락관(安樂館)이 있고, 남쪽 120리 밖에 양주 고우현이 있으며, 북쪽 80리 밖에는 초주가 있다.

정오에 산양현(山陽縣)에 이르렀는데 그곳으로부터 65리 밖에 초주가 있다. 오후 5시경이 지나 초주성에 이르렀다. 판관과 녹사 등이 배에서 내려 역관(驛館)에 들러 대사에게 인사를 드렸으며, 나와 엔사이 스님 등은 저녁 나절에 역관에 들러 대사와 판관을 만나 보았다. 대사가 이렇게 말했다.

"도성에 도착하던 날 즉시 유학승이 태주로 가는 문제와 배 9척을 빌려 수선하는 일을 주청했더니 예빈사(禮賓使)[48]가 이르기를 '황제를 알현하기 전에는 제반 일들이 이루어질 수 없습니다.'고 대답했습니다. 거듭 상주(上奏)를 재촉했더니 다만 배를 빌려 수리하는 것만 허락하고 태주로 사람을 보내는 것은 허락하지 않았습니다. 나는 황제로부터 글을 받았는데, 그 글은 이런 내용이었습니다. '사신들이 귀국할 날짜가 임박했다. 양주에서 태주까지는 길이 멀어 승려들이 그곳에 도착해도 사신들을 만날 수 없을 것으로 보인다. 사신들이 떠나고 나면 어떻게 가히 본국에 돌아갈 수 있겠는가? 이에 태주로 가는 것을 허락할 수 없다. 단 유학승 1명은 태주로 가되 5년 이내에 마땅히 그 식량의 보급을 끊을 것이다.' 우리가 황제를 알현하던 날 다시 주청

48) 禮賓使 : 禮賓院의 首長으로서 외국 사절의 접대를 맡음.

했지만 황제께서는 전혀 허락하지 않았습니다. 그 뒤에도 다시 주청했지만 끝내 허락을 얻지 못했으니 참으로 낙심천만입니다."

대화를 마친 뒤 개원사로 들어가 주고(廚庫)[49]의 서쪽 정자에서 묵었다.

2월 25일

진언종의 청익법사 엔교(圓行)를 만났더니 그가 말하기를,

"대사가 도성에 있으면서 청익승으로 하여금 절 안에 머물도록 해달라고 거듭 상주했지만 황제께서는 이 또한 허락하지 않았다. 그 뒤 다시 상주하여 가까스로 청룡사(靑龍寺)에 머물러도 좋다는 허락을 받았다. 그는 좌주인 의진(義眞)에게서 15일 동안 태장법(胎藏法)을 배웠다. 그는 100명의 스님을 공양했으나 금강계법(金剛界法)을 받지는 못했다."

는 것이다.

2월 26일

이른 아침에 전아(全雅) 스님이 찾아왔는데, 총관(摠管)이 절에 머무는 것을 허락하지 않아 5리 밖에 떨어진 용흥사(龍興寺)에 머물렀다고 한다. 그는 양주로부터 초주와 담당관인 왕우진 그리고 일본의 조공사에게 전달할 글을 가지고 왔는데, 그 내용은 다음과 같다.

조공사가 유학승 엔사이(圓載), 사미승 닝코(仁好), 그리고 종자인 시만(始滿)으로 하여금 태주로 가서 공부할 수 있도록 해달라고 주청했더니 천자께서 그 소청을 허락했습니다. 엔사이 스님과 그 일행이 소청한 내용은 초주로 가서 조공사를 작별하고 양주로 돌아왔다가 곧 태주로 갈 수 있도록 요청하는 것이었는데, 상공의 결재를 얻어 이를 허락받았습니다. 이제 조공사를 작별하며 태주로 가는 것을 생각해 보았습니다. 군장 왕우진과 담당관은 승려들을 통솔하여 작은 배를 빌려서 서둘러 떠났으며, 주의 관청은 그들이 떠나기를 기다렸다가 양식을 주고 상공의 허락을 얻게 되자 주의 관청에서는 그에 따라 해주었습니다.

자세한 내용은 첩문(牒文)에 기록되어 있다. 왕우진은 독촉하며 지체함을

49) 廚庫 : 절의 부엌. 庫裡라고도 한다.

허락하지 않았다. 일행은 일본의 지절대사(持節大使 : 정삼품), 행대정관좌대변(行大政官左大辨), 수진서부도독참의(守鎭西府都督參議 : 참의는 이곳 당에서는 平章事에 해당함),[50] 당나라의 운휘장군(雲麾將軍 : 이품), 검교태상경(檢校太常卿 : 문관으로 정삼품의 벼슬), 좌금오위장군(左金吾衛將軍 : 이는 무관으로서 제일 높으며 천자의 친척에게 제수하는데 정삼품임), 그리고 정원(正員)과 같은 급료를 받는 가외의 인원이 있었다.

2월 27일

유학승 엔사이 스님은 양주로 떠나기 위해 자기의 짐을 꾸렸다. 재를 마친 뒤 일본 대사는 엔사이 스님에게 동시(東絁)[51] 35필, 접은 무명 10첩(疊), 긴 무명 65둔(屯), 사금 25 큰 냥을 주어 학비에 보태 쓰도록 했다. 조공사는 접대 담당관인 왕우진에게 석별의 선물로 술을 주어 함께 마셨다. 재를 마친 뒤 일본의 상공[대사]은 엔사이 스님을 불러 사금을 주면서 눈물을 흘리며 작별을 위로했다. 엔쬬(圓澄)가 이렇게 말했다.

"지난달 4일 우리는 장안으로부터 돌아와 13일 전주(塡州) 감당역(甘堂驛)에 이르러 초주에 머물고자 했기 때문에 양주로 가지 못했습니다. 관리들은 도성에 들어온 날로부터 병을 얻어 몹시 고생했습니다. 그러므로 지난달 23일에 대궐에 들어간 사람은 25명이었고, 녹사는 함께 가지 못했습니다. 그 때 모인 조공국[藩國]은 모두 5개국이었습니다. 남조국(南照國)[52]이 제일 먼저 들어갔고 일본이 두 번째로 들어갔는데, 다른 나라에서 온 사신들은 모두가 왕자들임에도 불구하고 정장을 하지 않아 그 모습이 뒤틀리고 추했습니다. 그들은 가죽옷과 털옷을 입고 있었습니다. 이들은 유학승이든 속인이든 모두 당나라에 머무르는 것이 허락되지 않았으며, 오로지 엔사이 선사만이 태주에 머무르는 것이 허락되었고, 그 나머지는 모두 고향으로 돌아가야만 했습니다. 또한 엔닌 스님은 태주에 가는 것이 허락되지 않았습니다. 모든 사람들이 온갖 계획을 짜냈지만, 그곳에 가는 허락을 받지 못했으니 참으로

---

50) 일본의 벼슬 이름에서 '行'은 代理, '守'는 署理의 뜻이 있음.
51) 東絁 : 판본에 따라서는 '束絁'로도 되어 있음. '東絁'일 경우에는 '동부지방에서 생산되는 비단'이며 '束絁'일 경우에는 '묶은 비단'이란 뜻임.
52) 南照國 : 雲南省 서남방의 토후국.

애석한 일입니다."

[히에이산의] 대좌주(大座主)가 천태산에 한 통의 글을 보내면서 아울러 납가사(衲袈裟)[53]와 절의 미결 문제, 그리고 수선원(修禪院)의 미결 문제들을 아울러 엔사이 스님에게 처리하도록 분부했다.

2월 28일

재를 마친 뒤 엔사이 스님과 그의 종자는 담당자인 왕우진과 함께 배를 타고 양주로 떠났다. 이별의 슬픔이 깊다.

3월 1일

일본의 상공(대사)은 일본인 화공 세 사람으로 하여금 개원사에서 묘견보살과 사천왕의 초상을 그리게 했는데, 이는 바다에서 표류할 당시에 부처님께 약속했던 일이다.

3월 2일

저녁나절이 되어서야 그림 그리는 일이 끝났다.

3월 3일

상공[대사]은 개원사에서 재를 마련하고 60여 명의 승려들을 공양했으며, 재와 보시[儭]를 위해 7관 500문의 돈을 내어놓았다.

재를 마친 뒤 천태산 선림사의 승려 경문(敬文)이 양주로부터 와서 일본의 무교(無行) 법사가 보내는 편지 한 통을 전해 주었으며 또한 좌주인 엔쬬(圓澄)가 올리는 한 통의 편지를 전했다. 이는 경문이 양주로부터 올 때 길에서 엔사이 사리(闍利)를 만나지 못했기 때문이었다. 그는 도착하자 개원사에 들어가고 싶어 했지만, 문을 지키는 사람이 허락하지 않았기 때문에 최가선원(崔家禪院)으로 가서 머물렀다. 나는 이쇼를 보내어 위문하고, 아울러 새 순으로 만든 차를 선물했다. 밤이 되자 일본의 대사는 자신이 바다를 지날 때 부처님께 드린 약속을 지키기 위해 개원사의 천 개의 등잔에 불을 붙이고 묘

---

53) 衲袈裟 : 승려들의 法衣인 衲衣의 다른 말.

견보살과 사천왕에게 공양했다. 그는 거듭하여 이렇게 말했다.

"지난해 바다에서 표류할 때 나는 육지에 다다르면 내 몸과 같은 높이로 묘견보살 열 폭과 약사불(藥師佛)⁵⁴⁾ 한 폭과 관세음보살 한 폭 등의 초상화를 그릴 것이라고 부처님께 약속했습니다. 그러나 해안에 오른 다음에는 공사(公事)로 매우 바빴고, 아울러 여행 중 여러 가지 사정이 갖추어지지 않아 그림을 제대로 그릴 수 없었습니다. 그런즉 본국에 돌아가면 반드시 장차 앞서 말한 그림을 그려 공덕을 쌓을 것입니다."

이 주(州)에서는 삼월 삼짇날의 명절을 쇠지 않는다.

3월 4일

재를 마친 후 경문선사(敬文禪師)가 양주로 떠나면서 말하기를,

"나는 양주에 도착하면 곧 엔사이 사리(闍梨)와 함께 천태산으로 떠날 것이며, 아울러 앞서 부탁받은 무교(無行) 화상의 편지를 천태산의 좌주에게 전할 것입니다."

라고 했다.

3월 5일

재를 마친 뒤 태장[계] 만다라 다섯 폭을 먼저 그렸으나 색칠을 하지 못했다. 또한 구법(求法)에 어려움이 있기 때문에 나는 당나라에 머물러야 한다는 편지를 대사에게 올렸는데, 그 전문은 별지와 같다. 대사는 다음과 같은 편지를 보내왔다.

만약 그대가 머물고 싶다면 이는 불도를 깨닫기 위함이기에 감히 그 뜻을 거스르고 싶지 않으니 머물기를 원한다면 머무시오. 다만 이 나라의 정치는 매우 준엄하여 관가에서 이를 안다면 칙령을 어긴 죄가 될 것이니 소란이 있을까 걱정스럽소. 이를 깊이 생각하시오.

3월 17일

---

54) 藥師佛 : 약사여래. 중생의 병을 고치고, 수명을 연장하고, 재해를 막아주고, 음식과 의복을 마련해 주는 부처.

여행에 필요한 물건들을 두 번째 배에 싣고 나는 판관 나가미네와 같은 배에 탔다. 배 9척에 관리들을 나누어 태우고 배의 우두머리로 하여금 통솔케 하는 동시에, 그들의 통솔을 받는 일본의 뱃사람들 이외에 뱃길을 잘 아는 신라인 60여 명을 고용하여 각 배에 5~7명을 태웠다. 또한 신라인 통역인 김정남으로 하여금 어떻게 당나라에 머물 수 있는 방법이 없는가를 고려해 보도록 했으나 아직까지 가부를 알 수 없다.

3월 19일

주(州)의 자사(刺史)[55]가 작별의 술자리를 마련하여 대사를 초대했으나 대사는 나가지 않았고, 다만 판관 이하 붉은 옷[緋衣][56]을 입은 관리들만이 주로 들어가 대접을 받았다. 재를 마친 뒤 나는 절을 떠나 배에 올랐다.

3월 22일

이른 아침에 사금 큰 두 냥과 오사카(大坂)에서 만든 허리띠 한 개를 신라인 통역인 유신언(劉愼言)에게 보냈다. 오전 6시경에 조공사는 숙소를 나와 배가 있는 곳으로 갔다. 참군(參軍)[57] 이상의 벼슬아치는 말을 탔으며 길을 치우는 사람은 모두 8명이었다. 오전 10시경에 몸을 깨끗이 하고 배에 올라 스미요시 오카미(住吉大神)[58]에게 제사를 드렸다. 나를 비롯한 몇 사람은 두 번째 배를 탔는데, 배의 우두머리는 판관 나가미네였다. 첫 번째 배에는 절하(節下 : 대사 각하)가 탔고, 세 번째 배에는 판관 스가와라(菅原)가 탔고, 네 번째 배에는 판관 후지와라노 도요나미(藤原豊竝)가 탔고, 다섯 번째 배에는 판관 토모노 스가오(伴須賀雄)가 탔다.

중승(中丞)[59]은 군장으로 하여금 배 9척이 떠나는 것을 살피게 했다. 또한 해주(海州)·등주(登州)와 그다음으로 이어지는 길가의 주(州)와 현(縣)에는 대사에게 물품을 지급하라는 칙령이 전달되었다. 첫 번째 배의 뱃사람인 고

55) 刺史 : 중국의 지방 관리. 漢代에는 政務의 감찰관. 隋·唐 시대에는 주지사. 宋代 이후에 폐지됨.
56) 緋衣 : 838년 11월 18일자 일기 참조.
57) 參軍 : 州廳의 종칠품 무관.
58) 住吉大神 : 大坂 남쪽에 있는 神社로서 바다 여행자를 보호해 주는 신을 모신 곳.
59) 中丞 : 州 자사의 존칭.

시키노 이나마쓰(甑稻益)는 초주의 숙소에 있을 적에 사생(史生) 오치노 사다하라(越智貞原)의 종자가 갑자기 죽어 이달 안에 배를 타는 것이 금지되었다. 대사는 감송군장(監送軍將)의 배에 타기로 결정했다. 오후 6시경에 삿대를 뽑아 출발했다. 강에 나서서 대회(大淮)[60]의 남쪽에서 묵었다.

3월 23일

오후 2시경에 신라인 유신언이 새 순의 차(茶) 열 근과 잣을 가지고 나를 찾아왔다. 오후 4시경에 당나라 사람들의 말을 들으니 두 번째 배가 이 달 14일에 해주 동해현(東海縣)을 떠났다고 하는데, 그 말이 사실인지 아닌지를 알 수 없다. 이 초주의 북쪽에는 회수가 있다. 이 강은 서쪽에서 동쪽으로 흐르는데, 흔히들 말하기를 회수를 가로질러 가면 동해(東海)에 이른다고 한다. 밤이 되자 나는 대사의 종자인 [오미] 박사(近江博士) 아와다노 이에쓰구(粟田家繼)를 시켜 엔랴쿠지(延曆寺)에 편지 한 통을 보냈다.

3월 24일

오후 6시경에 북을 치며 떠났다. 강을 떠나 회수에 들어가 밤을 보냈다.

3월 25일

오전 6시경에 떠나다. 바람이 정서쪽으로부터 불어 회수를 따라 동쪽으로 갔다. 오후 2시경에 서주(徐州) 관내의 연수현(連水縣) 남쪽에 이르러 회수에서 밤을 지냈다. 바람은 바뀌지 않았다. 첫 번째 배의 신라인 뱃사람과 키잡이가 배에서 내려간 뒤 아직 돌아오지 않았기 때문에, 여러 선박들이 이로 인해 묶여 떠나지 못했다. 밤이 새도록 동북풍[信風]이 바뀌지 않았다.

3월 26일

이른 아침에 바람이 서남쪽으로 바뀌자 북을 치며 떠났다. 조수는 거슬러 흐르고 바람은 모로 불어서, 배가 잠시 멈추었다가 오후에 다시 떠났다. 오

60) 大淮 : 河南省에서 발원하여 安徽省을 지나 江蘇省을 거쳐 중국의 동해, 곧 우리 나라의 황해로 흘러드는 중국에서 세 번째로 큰 강인 淮水를 가리킴.

후 1시경에 첫 번째 배와 세 번째 배 이하 8척의 배가 회수로부터 입항하여 교롱진(橋籠鎭) 앞에 이르러 머물렀다. 두 번째 배는 입항하지 않고 회수로부터 교롱진 서남쪽으로 직행하여 회수 가운데에서 머물렀는데 다른 배와의 거리가 5~6리였다. 바람이 동남쪽에서 불더니 밤이 되자 점차 정동쪽으로 불었다. 바다 어귀에서 배가 한 척 오기에 어디에서 오느라고 물으니 뱃사람이 대답하기를,

"우리들은 해주에서 오는데, 일본의 두 번째 배는 이달 24일 해주를 떠나 동해현(東海縣)에 이르렀으며, 어제 보니 그때까지도 떠나지 않았다."
고 한다. 자정 무렵에 들으니 첫 번째 배가 북을 치며 떠났고, 곧이어 두 번째 배도 돛을 올리고 앞서 나아갔다.

3월 27일

오전 6시경에 회수의 어귀에서 70여리를 가니 역조(逆潮)가 잠시 멈추었다. 다른 배들이 뒤따라왔다. 서남풍이 부니, 여러 사람들이, '회수는 물길이 굽어 바람이 바뀌고 있다. 오늘 부는 바람은 서풍뿐'이라고 말했다. 오전 10시경에 다시 떠났다. 정오 무렵에 동북풍이 불어 바다 어귀로부터 20리도 가지 못한 채 닻을 내리고 묵었다. 저녁나절이 되자 동북풍이 불고 천둥치며 비가 내렸다.

3월 28일

날씨가 맑다. 오전 10시경에 순풍을 얻기 위해 스미요시 오카미에게 제사를 지냈다. 정오가 되자 바람이 동남쪽으로 바뀌었다. 밤이 되자 바람은 다시 서남쪽으로 바뀌었다.

3월 29일

해가 뜨자 9척의 배가 돛을 올리고 떠났다. 오전 7시경이 지나자 회수 어귀를 벗어나 바다에 이르러 북쪽을 향해 곧장 갔다. 우리를 송별하기 위해 나왔던 군장은 파도가 너무 거칠고 높아 우리를 따르지 못했다. 뱃사람인 이나마스(稻益)가 편선(便船)을 타고 해주로 떠났다. 동쪽과 남쪽을 바라보니

큰 바다가 아득히 멀다. 서북쪽에 산과 섬이 서로 닿아 있는데, 이곳은 해주 관내의 동쪽 끝이다.

오후 4시경에 해주 관내의 동해현 동해산(東海山) 동쪽에 이르러 후미[澳]로 들어가 배를 멈추고 머물렀다. 이 후미에 가까운 동쪽에 호홍도(胡洪島)가 있다. 남풍이 심하게 부니 그 요동함이 이루 말할 수 없다. 동해산은 참으로 높은 돌과 무거운 바위로 이루어졌다. 바다 쪽은 험준하고 소나무 숲이 참으로 아름다우며 참으로 애련(愛憐)하다. 이 산머리로부터 동해현에 이르는 육로가 있는데 백리 길이다.

4월 1일

하늘은 맑으며 구름은 오락가락한다. 오후 2시경에 대사 각하 이하 여러 사람들이 뭍에 올라 천지신명에게 제사를 올렸다. 오래지 않아 비가 내리고 동북풍이 세차게 불며, 파도가 거칠어져 모든 배가 춤추듯 흔들린다. 작은 후미[澳]에 많은 배가 정박하고 있으니 서로 부딪힐까 두렵다. 유학승 엔사이 스님이 히에이산에 보내기 위하여 초주에 있는 나에게 부탁한 편지 네 통과 검은 뼈로 된 여의(如意)61) 한 개를 귀국하는 기전(記傳)유학생62) 나가미네노 스쿠네에게 전달했다. 관리들은 제사를 마친 다음 바다 건널 일을 함께 상의했다.

신라의 뱃사람의 말에 따르면, '이곳으로부터 북쪽으로 하루를 더 가면 밀주(密州)의 관내 동쪽에 대주산(大珠山)이 있는데, 이제 남풍이 부니, 그 산에 이르러 배를 수리하면 곧 그 산으로부터 바다를 건너기는 매우 수월하다.'고 한다. 대사는 이 말을 수긍했지만, 다른 사람들은 따르지 않았다.

4월 2일

바람이 서남쪽으로 불었다. 대사는 여러 배의 관리들을 불러 떠나는 문제를 의논하면서 각자 의견을 말해 보도록 했다. 두 번째 배의 나가미네노 스쿠네가 말했다.

61) 如意 : 뿔이나 대나무 등으로 만든 등 긁개, 또는 講하는 스님이 혼자서 글을 기록하여 두고 참고하는 데 쓰는 것.
62) 記傳留學生 : 遣唐使에 배속된 文章生으로서 准判官의 지위임.

"생각건대 대주산은 신라의 정서쪽에 있는데 만약 우리가 그곳에 이르렀다가 일본으로 돌아가다가는 그 재난이 이루 헤아릴 수 없을 것입니다. 더구나 신라는 지금 장보고(張保皐)63)가 난을 일으켜 내란에 빠져있는데,64) 서풍이나 서북풍이나 서남풍을 만나는 날이면 우리는 반드시 적(賊)의 땅에 다다를 것입니다. 지난날의 사례로 미루어 볼 때 명주(明州)에서 떠난 배는 신라의 경내(境內)로 들어갔으며 양자강에서 떠난 배도 또한 신라로 들어갔습니다. 이번 우리 배 9척도 이미 북쪽으로 멀리 올라와 있고, 가까이 있는 적의 정황도 알고 있습니다. 이제 다시 대주산으로 향하는 것은 틀림없이 적지(賊地)로 들어가는 것입니다. 그런 까닭에 이 바다를 건너 대주산으로 갈 필요는 없습니다."65)

다섯 배의 우두머리가 이에 동의했지만, 대사는 아직 뜻을 정하지 못했으므로 논란이 심했다. 오후 8시경에 첫 번째 배가 판관과 그 이하에게 편지를 보냈는데, 그 내용은 다음과 같았다.

두 번째 배, 세 번째 배, 다섯 번째 배, 일곱 번째 배, 아홉 번째 배 등은 배의 우두머리가 바라는 바에 따라서 이 바다를 건너고자 합니다. 위의 처분과 같이 결정되었습니다.

편지의 내용에 따라 이를 각기 알렸다. 밤이 되자 바람이 부는데 남북으로 일정치 않았다.

4월 3일

첫 번째 배가 어제 밤에 결정한 문서에 대하여 판관 나가미네노 스쿠네 등 다섯 배의 우두머리들로 하여금 서명케 했다. 두 번째 배의 문서담당관은 서명을 했지만, 나머지 4척의 문서담당관은 서명하지 않았다. 신라인 김정남

63) 원문에는 張寶高로 표기되어 있음.
64) 서기 839년 張保皐가 閔哀王을 죽이고 祐徵(神武王)을 즉위시킨 정변을 말함.
65) 여기서 신라를 '賊地'라고 한 것은 당시 악화되어 있던 신라와 일본의 관계를 나타내 주는 것으로 보인다. 삼국전쟁 당시 일본은 백제를 지원하기 위하여 원병을 보냈으나 錦江에서 일본 수군이 전선 400여 척을 잃고 대패했고 백제도 결국 망했다. 이후 신라와 일본의 관계는 한때 회복되기도 했으나 8세기 중엽 발해를 사이에 두고 긴장이 높아져서, 결국 799년을 끝으로 국가 간의 교통은 끊어졌고 다만 민간인의 왕래만 있었다.

으로부터 편지가 왔는데, 그 내용에 따르면, '두 번째 배, 세 번째 배, 일곱 번째 배, 아홉 번째 배 등은 이곳을 떠나 바다를 건너고 있으니, 나는 일곱 번째 배[66]나 여덟 번째 배로 옮길까 한다.' 는 것이었다.

4월 4일

오전 6시경 나와 이쇼(惟正)·이교(惟曉)·데이유만(丁雄滿)은 상공[대사]을 따라 밀주(密州)로 가서 그곳에 머물기 위하여 두 번째 배에서 내려 여덟 번째 배로 옮겨 탔다. 서풍이 바뀌지 않았다. 여덟 번째 배의 우두머리인 도모노 스쿠네(伴宿禰)가 이를 상공에게 알리고 어찌할까를 문의했더니, 당연히 그 승려들의 원하는 바에 따르라는 상공의 답신이 왔다. 두 번째 배의 우두머리인 나가미네노 스쿠네가 상공의 배를 찾아가 다시 바다를 건너는 문제를 문의했더니, 그 뜻은 아직도 먼젓번에 결정한 바와 같았다. 상공의 말에 따르면,

"오늘밤 바람의 상태를 보고, 변함이 없으면 내일 아침 일찍 바다를 건널 것이오. 그러나 만약 바람이 변하면 밀주의 경계로 향할 것이오."

라고 했다.

4월 5일

해가 뜨자 동북풍이 부는 것에는 변함이 없다. 첫 번째 배에서 다음과 같은 편지가 왔다.

첫 번째 배, 네 번째 배, 여섯 번째 배, 여덟 번째 배는 배의 상태를 조절하기 위하여 먼저 밀주로 가서 수리를 한 다음 그곳에서 떠나고자 합니다. 그러나 지금은 동북풍이 부니 약한 부분을 보전(補塡)한 다음 이곳에서 바다를 건너고자 하오니 다른 배에도 알려주기 바랍니다.

나는 지난번 초주에 있을 적에 신라인 통역 김정남과 함께 계획하기를, 밀주에 도착하면 인가에 머물다가, 조공선이 떠나면 산 속에 숨어 있다가 천태산으로 가서 다시 장안으로 가기로 했었다. 대사도 이 계획을 반대하지 않았

66) 여섯 번째 배[第六船]의 오기로 보임.

다. 그리하여 이제 여러 배가 이곳에서 바다로 나아가매 밀주로 가자던 대사의 의견을 따르지 않았다. 더구나 동북풍이 연일 바뀜이 없었던 탓으로, 첫 번째 배는 이곳을 떠나 바다로 나아가자는 의견에 따라 닻줄을 올리고 떠나려 했다. 따라서 나는 당나라에서 얻은 경전 한 상자(籠),[67] 만다라와 단양(壇樣) 두 부(部)를 큰 가죽 상자에 담아 여덟 번째 배의 우두머리인 도모노 스쿠네에게 보냈으며, 아울러 소지품도 함께 보냈다. 나, 이쇼, 이교, 뱃사람 데이유만 등 네 사람은 배에서 내려 해안에 머물렀다. 대사는 금 스무 큰 냥을 하사했다. 여러 사람들은 헤어지며 슬픔을 금할 수 없었다.

오전 8시쯤 되어 9척의 배는 돛을 올리고 바람을 따라 동북쪽으로 직행했다. 해안에 올라 바라보니 흰 돛이 연이어 바다 위를 달리고 있었다. 우리 네 사람은 산간 해안에 머물렀다. 재를 들 시간이 되어 우리는 물을 찾아 깊은 계곡으로 들어갔다. 오래지 않아 여러 사람의 목소리가 들려 놀라 바라보니, 배 한 척이 해안에 정박해 있고 10여 명이 닻을 내리고 머물러 있었다. 그들은 우리가 어디에서 오는 사람들이며 어떻게 해서 이곳에 오게 되었는가를 물었다. 우리들은 이렇게 대답했다.

"우리들은 본시 신라 사람들인데 전에는 초주에 살았으나, 이제 밀주로 가서 상의할 일이 있어 잠시 조공선을 타고 함께 이곳에 오게 되었습니다. 조공선은 오늘 바다로 나갔기에, 우리는 배에서 내려 이렇게 여기에 머무르고 있습니다."

뱃사람들이 말했다.

"우리들은 밀주에서 오는 길인데 배 안에는 숯이 실려 있으며, 초주로 가는 길입니다. 우리들도 본시 신라인인데 일행은 10여 명입니다. 이제 이 깊은 산중에는 인가도 없고 밀주로 가는 배도 없는데, 스님들께서는 이곳에서 밤을 지내시려는지 아니면 다시 마을을 찾아 떠나시려는지요? 만약 여기에서 오래 머문다면 비바람이 칠는지도 모르는데 어디에서 몸을 피하시겠습니까?"

우리들은 이 외딴 산중에서 이런 일을 만났으니 어찌할 바를 모르다가, 우리가 산 소지품과 심지어는 음식물까지도 모두 그들에게 주고 나니 남는 것

67) 녹(簏) : 대나무로 만든 상자.

이 하나도 없었다. 더구나 우리는 그들이 우리에게 금이 있느냐고 묻거나, 우리의 금을 보게 되면 죽일는지도 몰라 몹시 두려웠다. 그리하여 우리는 마을을 찾아 가겠노라고 대답했다. 그랬더니 그들이 말하기를,

"이곳으로부터 남쪽으로 내려가다가 산등성이를 하나 넘으면 20여리 남쪽에 있는 한 마을에 도착할 것인데, 이제 우리가 사람 하나를 여러분들께 딸려 보내겠다."

고 한다. 그리하여 우리는 그들이 딸려 보내준 한 사람을 따라 앞으로 나아갔다. [길은] 바위로 험준했다. 우리는 계곡을 내려갔다가 다시 산마루를 오르는데, 같이 가는 안내자의 마음씨가 고운지 악한지를 몰라 걱정스럽기 짝이 없었다. 포구와 개펄을 지나 오후 4시경에 숙성촌(宿城村)의 신라인 집에 이르러 잠시 쉬는데, 어떤 사람이 신라의 승려들이 어쩌다가 밀주로부터 이곳에 오게 되었는지를 물었다. 우리가 대답하기를,

"우리는 신라의 승려 경원(慶元), 혜일(蕙溢), 교혜(敎蕙)로서 배편이 있어 이곳에 이르게 되어 하루 이틀 정도 머물고자 하오니, 바라건대 우리를 돌보아주시고 우리를 불쌍히 여겨 쉬게 해주십시오."

라고 했다.

그런즉 촌로(村老)인 왕량(王良)이 필담으로 이렇게 말했다.

"스님들께서는 이곳에 도착하여 스스로 신라 사람이라고 말하지만 그대들의 말을 듣건대 신라 말도 아니고 당나라 말도 아닙니다. 듣자니 일본의 조공선이 이 산 동쪽에 정박하여 바람을 기다린 적이 있다고 하던데, 내가 짐작건대 그대들은 관객(官客)으로서 일본의 배로부터 도주한 사람으로 보입니다. 이 마을은 감히 관객들을 머물게 할 수는 없습니다. 바라건대 사실대로 말하되 거짓말을 하지 마십시오. 지금 이 마을에는 주(州)로부터 공문이 내려와 있을 뿐만 아니라 아울러 압아(押衙)의 하급 관리 서너 명이 조사를 하고 있습니다. 그들이 그대들을 보면 체포하여 주(州)로 끌고 가지 않을까 염려됩니다."

우리가 이 문제를 깊이 생각하고 있는 동안, 해주 네 현의 도유장(都遊將) [68] 이하 자순군중(子巡軍中)[69]인 장량(張亮)·장무(張茂) 등 세 사람이 활과 화

68) 都遊將 : 경비 장군.

살을 메고 찾아와 어디에서 왔느냐고 물었다. 우리들은 사실대로 대답하고 싶었으나, 그들이 우리를 벌주어 체포하지나 않을까 오히려 두려워 방편으로 꾀를 내어 거짓으로 이렇게 대답했다.

"저희 중들은 본시 일본 배를 타고 온 사람들인데, 병이 들어 잠시 배에서 내려 밤을 지내다가 배가 떠나는 것을 몰랐습니다. 그래서 우리는 안내원 하나를 고용하여 이곳에 도착했는데 우리와 함께 갈 수 있는 사람 하나만 보내주시기를 바랍니다."

자순군중의 무리는 그 사유를 분명히 알게 되자 우리를 촌장 왕량의 집에 머물게 해주었다. 자순군중이 우리가 이곳에 머무르게 된 이유를 적어 압아로 보내줄 것을 요청하기에, 우리들은 그들에게 보내는 문서를 작성했는데 그 내용은 다음과 같다.

> 일본의 조공사가 타고 온 9척의 배는 동해산(東海山) 동쪽에 있는 섬에서 닻을 내리고 바람이 일기를 기다리고 있습니다. 저는 배탈이 나고 아울러 각기병이 일어나 이달 초사흘에 내렸습니다. 저를 따라온 승려 두 명과 행자 한 명도 저를 따라 배에서 내렸는데 물을 찾아 산으로 들어가 밤낮으로 몸조리를 했으나 아직도 건강이 회복되지 않았습니다. 조공선은 동북풍을 만나 어제 밤에 떠났고, 우리가 이른 아침에 바닷가에 이르렀을 때는 배를 볼 수가 없었습니다. 우리가 외로운 해안에 떨어져 슬픔에 젖어 있을 때 숯 운반선 한 척이 10명의 선원을 싣고 해안에 닿았습니다. 그들은 우리들에게 이러저러한 연유를 물은 다음 동네가 있는 곳을 가르쳐 주었습니다. 우리는 겨우 사람 하나를 고용하여 산길을 따라 숙성촌에 도착했습니다. 우리가 가진 물건이라고는 옷, 밥그릇, 동요(銅鐃),[70] 문서, 물병, 돈 700여 냥, 그리고 삿갓이 있을 뿐입니다. 이제 우리는 일본의 배가 있는 곳으로 가 그것을 타고 귀국하고자 하오니, 사람을 하나 뽑아 우리와 동행케 해주시기 바랍니다.

이에 자순군중의 무리들은 다시 별도의 편지를 써서 압아의 도유혁소(都遊奕所)[71]에 보내 주었다.

밤이 되어 오후 10시경부터 우레와 비가 퍼붓고 강풍이 몰아치는데, 번개

69) 子巡軍中 : 분견대 장교.
70) 銅鐃 : 구리로 만든 방울 종.
71) 都遊奕所 : 警備軍의 본부.

와 천둥치는 소리는 귀를 찢는 듯했고 비바람을 견딜 수가 없었다. 새벽 2시 쯤 되니 천둥 번개가 멈추고 바람이 바뀌었다. 이른 아침에 알아보니 많은 사람들이 말하기를 어제의 바람은 북풍이라고 했다.

4월 6일

날씨가 맑다.

현가(縣家)의 도사(都使)가 찾아와 문서를 요구하기에 어제 것과 같은 문서를 만들어 주었다. 자순장(子巡將) 장량이 배가 정박해 있는 곳에 두 사람을 보내어 우리 배가 떠났는지의 여부를 알아보게 했으나, 심부름 간 사람이 늦게 왔기 때문에 우리는 떠날 수가 없었다. 자순장 장량이 이렇게 말했다.

"이제 나는 한 사람을 보내어 장차 스님들의 짐과 의복을 두 번째 배가 있는 곳에 보내려 합니다. 그 사람은 산 남쪽에 이르면 짐을 싣고 갈 나귀를 찾을 터인데 이곳에서는 나귀를 구할 수 없기 때문입니다."

저녁나절이 되자 현가의 도사가 찾아와 이렇게 말했다.

"나는 오늘 떠나 내일, 산 남쪽에서 수제비[餺飥]를 만들고 아울러 나귀를 빌린 뒤 스님들이 도착하기를 기다리고 있겠습니다. 스님들께서는 모름지기 내일 아침 일찍 조반을 마치고 서둘러 출발하여 재를 올리기 전에 그곳에 도착하여 공반(空飯)을 드시기 바랍니다."

말을 마치고 그는 떠나갔다. 조금 시간이 지나자 압아가 주사(州司)의 아관(衙官)[72]인 이순(李順)에게 편지를 들려 보냈는데, 그 글에 의하면, '배 9척이 떠나 그 섬에 도착했는지의 여부를 오늘밤에 사람을 보내어 알아보게 해서 알려주기 바란다.'는 것이었다. 자순 장량은 간선사(看船使)[73]의 말에 따라서 배들이 이미 떠나 보이지 않는다는 사실과 압아소(押衙所)에 사람을 보내어 이를 알렸다는 편지를 보내 왔다.

4월 7일

오전 6시경 자순군중 장량 등 두 사람은 인부를 고용하여 우리의 짐을 지고 따르게 했다. 하늘이 어둡고 구름이 끼어 날씨가 흐렸다. 우리는 산길을

72) 衙官 : 巡檢官.
73) 看船使 : 浦口에서 선박의 출입을 통제하는 관리.

지나며 두 돌산을 넘고, 소금 굽는 곳을 지났다. 발은 개펄에 깊이 빠지고 길은 멀다.

오전 10시경에 현가(縣家)의 도사(都使)의 집에 이르렀다. 재를 마친 뒤 나는 나귀를 타고 다른 사람들은 걸어서 갔다. 조금 시간이 지나 한 군중이 우리를 맞이하며 말하기를,

"스님들의 도착이 늦어지자 압아께서 특별히 저를 보내어 재촉하도록 했다."

고 한다.

오후 2시경 흥국사(興國寺)에 도착하니 절에 있는 사람들이 말하기를,

"압아께서 이곳에 머물다가 스님들의 도착이 늦어져서 기다릴 수 없어 방금 떠났다."

고 했다. 주지승이 차를 끓여 대접하고 나귀 세 마리를 빌려주기에 이를 타고 떠났다. 한 마리를 타고 20리를 가면서 바꿔 탔다. 빌린 값은 마리 당 50문으로 모두 150문이었다. 20리를 가니 심정사(心淨寺)에 이르렀다. 이곳은 비구니들이 있는 절이었다. 압아는 이곳에 머무르고 있었다. 우리는 절로 들어가 그를 뵙고 그간의 사정을 설명했다. 그는 해주 압아 겸 좌이장군장(左二將軍將)[74] 사현도유혁사(四縣都遊奕使), 구당번객(勾當蕃客),[75] 조의랑(朝議郞), 시좌금오위(試左金吾衛)의 직책을 지닌 장실(張實)이라는 사람이었다.

차를 마신 뒤 현가(縣家)를 향하여 떠났다. 다시 나귀를 빌려 타고 심정사를 떠나 20리를 가니 저녁나절 현에 이르렀다. 우리는 압사 녹사(押司錄事)[76] 왕안(王岸)의 집에 묵었다. 나귀를 빌린 값은 20문이었고, 길 안내인에게는 하루에 100리를 가는 데 120문의 삯을 주었다.

4월 8일

이른 아침에 식사를 마치고 압아는 현가에 들어갔다가 잠시 뒤에 돌아왔

74) 판본에 따라서는 '軍將'이 '十將'으로 되어 있음.
75) 勾當蕃客 : 외국인의 왕래와 駐札을 담당하는 관리.
76) 押司錄事 : 京縣의 第四官으로서 종구품 이하의 비서직임.

다. 현령인 통직랑(通直郎)[77] 수령 이이보(李夷甫), 현승(縣丞)[78]인 등사랑(登仕郎)[79] 전(前) 시태상시봉례랑(試太常寺奉禮郎) 섭승(攝丞) 최군원(崔君原), 주부[80]인 장사랑(將仕郎), 수주부(守主簿)[81]인 이등(李登), 현위(縣尉)[82]인 문림랑(文林郎)[83] 화달(花達), 포적관문림랑위(捕賊官文林郎尉)인 육료(陸僚) 등이 압아를 따라와 우리와 함께 대화를 나누었다.

집주인과 현령이 술과 음식을 마련했다. 현령은 식사를 마치고 돌아갔다. 압아와 우리들은 재를 마치고 왕안(王岸)의 집을 나와 배가 있는 곳으로 갔다. 압아와 8명의 군인들은 작은 배에 차례로 올라타고 함께 떠났다. 현령 이이보는 밀가루 두 말을 장 압아 편에 주(州)의 자사에게 바쳤다. 두 번째 배가 앞에서 작은 바다를 지나가고 있었다. 압아가 이렇게 말했다.

"이 현은 동쪽 해안에 있고, 주는 서쪽 해안에 있습니다. 판관 요시미네노 나가마쓰(良岑長松)는 몸이 아파 배를 타지 못했습니다. 이 작은 바다로부터 서쪽 해안으로 나가면 해룡왕묘(海龍王廟)[84]가 있는데 요시미네 판관은 지금 그곳에 있습니다. 나는 스님이 지금 그곳 요시미네 판관의 처소로 가서 그를 만나보기 바랍니다."

닻을 올리고 직행하니 옆으로 일본 배가 지나간다. 우리들은 그 배에 타기를 원했지만 압아가 이를 허락하지 않았다. 오후 2시경에 해룡왕묘에 이르러 판관 요시미네, 녹사 아와다(粟田), 통역관 기(紀), 참군(參軍) 가미(神) 등을 만나 우리가 뒤에 처진 이유를 자세히 설명하고 아울러 고생한 얘기를 했다. 판관과 그 일행은 이를 듣고 혹은 측은히 여기기도 하고 혹은 이렇게 오게 된 것을 기뻐하기도 했다. 이러는 사이에 녹사 와케(和氣)가 배 위에서 병을 얻었다. 법상종(法相宗)의 청익승인 가이묘(戒明) 법사와 신라인 통역 도현(道玄) 등도 같은 배 위에 있었다. 우리는 이렇게 도착하여 서로 만났다. 압아가 말하기를,

---

77) 通直郎 : 文散官秩의 종육품 아래의 벼슬.
78) 縣丞 : 현의 행정 차관.
79) 登仕郎 : 정구품 아래의 文散官.
80) 主簿 : 縣의 제3위에 해당하는 서무 주임.
81) 守主簿 : '守'는 서리의 의미임.
82) 縣尉 : 현의 제4위에 해당하는 경찰관.
83) 文林郎 : 종구품의 文散官.
84) 海龍王廟 : 용왕의 위패를 모시고 제사를 올리는 사당.

"세 분의 스님은 주청(州廳)으로 들어가 대부(大夫)[85]를 만나보는 것이 좋을 듯하다."

고 했다. 우리들 세 승려는 압아를 따라 주청으로 들어갔다. 해룡신묘(海籠神廟)로부터 3리 남짓하게 가니 주청의 문 앞에 이르렀다. 압아와 장군들이 먼저 안으로 들어갔다. 잠시 지나 그들은 우리들을 불러들였다. 자사 앞에 이르자 그가 의자에 앉기를 권하며 이렇게 뒤늦은 이유를 묻기에 압아로 하여금 대답하게 했다. 자사의 성은 안(顔) 씨요 이름은 조(措)로서, 불교를 조금은 알고 있어 우리들에게 자기의 뜻을 설명해 주었다.

대화를 마친 뒤 우리는 신묘로 돌아왔다. 자사 안조 대부는 군장 1명을 뽑아 우리 세 명 및 행자와 함께 보내어 잠시 해룡왕묘에 머물게 했다. 동해산(東海山)의 숙성촌(宿城村)으로부터 동해현(東海縣)에 이르는 1백여리는 모두 산길이어서 때로는 말을 타고 때로는 걸어서 하루 만에 도착했다.

길을 떠난 지 엿새째가 되는 날부터 동북풍이 불더니 며칠이 지나도 바뀌지 않았다. 혹시 배 9척이 뇌우와 강풍을 만나 바다를 건너지 못할는지도 몰라 걱정스럽기 짝이 없다. 우리는 불법을 얻기 위해 여러 차례 생각을 짜냈지만, 이와 같은 우리의 뜻을 이룰 수가 없었다. 귀국할 무렵에 남아 있을 수 있는 방법을 어렵게 꾸며 보았지만, 이 일 또한 이루지 못하고 저들에게 들키고 말았다. 여러 가지로 방도를 꾸며 보았지만 남아 있을 수가 없었다. 관청에서 너무도 엄하게 감시를 하기 때문에 하나도 어길 수가 없었다.

그리하여 나는 두 번째 배를 타고 일본으로 돌아가기로 마음먹었다. 지난날 양주와 초주에 있을 적에 얻은 불경과 여러 가지 물건들을 여덟 번째 배에 남겨 두었다. 우리는 남아 있을 생각으로 가지고 있던 모든 물건들을 호홍도(胡洪島)와 주청에 이르는 사이에 남들에게 주고 빈손으로 배에 탔다. 이러고도 불법을 구하려는 우리의 꿈이 모두 이루어지지 않으니 탄식만 나온다.

4월 9일

아직도 동북풍이 분다. 밤이 되니 바람은 서풍으로 바뀌었다.

85) 大夫 : 州의 장관(刺史).

4월 10일

아직도 역시 서풍이 분다. 오후 2시경에 판관 요시미네(良岑)가 신묘를 나와 배에 오르기에 우리들도 그를 따라 배에 올라 가이묘 법사와 사리 도현(道玄)을 만났다. 녹사 아와다와 통역관 기(紀)는 달리 맡은 일이 있어 배에 오르지 못했다.

4월 11일

오전 6시경에 녹사 아와다 등은 배를 타고 떠났다. 우리도 돛을 올리고 직행했다. 서남풍이 불기에 우리는 동해현에 정박하고자 했으나, 바람에 밀리어 수심이 낮은 어느 해안에 이르렀다. 우리는 닻을 내리고 노를 저어갔다. 얕은 해안을 지날 때는 노를 내려 깊이를 재며 나아갔다. 하루 종일 고생하다가 가까스로 현에 이르렀다. 조류가 밀려나가자 배는 개펄 위에 멈추고 전혀 움직일 수 없어 그곳에서 밤을 피했다. 누구인가 배에 올라와, 오늘 숙성촌(宿城村)에서 편지가 왔다며 편지 내용을 전한다.

일본의 배 9척 중 세 번째 배가 밀주의 대주산에 표착했다. 오후 4시경에 압아와 현령 등 두 사람이 숙성촌으로 와서 스님들이 배를 타고 어디로 갔는지 물었다. 그 배는 내주(萊州)의 어느 지방에 표착했다가 다시 흘러 밀주 대주산에 도착했다. 여덟 번째 배는 바다에서 잃었는데 어디로 갔는지 알 수 없다.

오후 10시경에 우리는 닻줄을 올리고 떠나려 했지만 배를 띄울 수가 없었다.

4월 12일

해가 떴는데도 동풍과 서풍이 일정하지 않아 배를 띄우지 못했다. 현가로부터 판관 요시미네 등으로부터 편지가 왔는데 그 내용은 '일본의 조공선 중에서 세 번째 배가 이 현의 경내에 표착했다가 어제 떠났다'는 것이었으나, 나는 아직 그 원본을 보지 못했다. 바람의 방향이 일정하지 않다.

4월 13일

이른 새벽 조류가 들어오기에 떠나려 했으나, 바람이 일정하지 않아 나갔다 들어오기를 여러 번 했다. 정오가 지나자 서남풍이 불더니 다시 서풍으로 바뀌었다. 오후 2시경에 조류가 들어오니, 배들이 저절로 동쪽으로 떠내려 가기에 돛을 올리고 출발했다. 동해현 앞에서 동쪽을 향하여 떠났다. 배에 올라 몸을 깨끗이 하고 아울러 스미요시 오카미에게 제사를 드린 다음 바다를 건너기 시작했다. 바람이 점점 거세지기 시작했다. 바다로 나아간 지 오래지 않아 전부터 병들어 있던 뱃사람이 죽었다. 시신을 자리에 싸서 바다 속으로 던지니 파도를 타고 떠내려갔다. 물빛이 고르게 맑다. 밤이 되자 바람이 점점 거세어져 곧바로 나아갔다.

4월 14일

해가 뜨자 바다는 다시 희뿌옇게 흐려졌다. 바람은 여전히 변함이 없다. 서쪽을 바라보았으나 산이나 섬은 보이지 않았다. 정오쯤 되니 바람은 멈추고 바닷물이 엷은 녹색이 되었다. 오후 2시경에 남풍이 불어 돛을 북쪽으로 돌렸다. 오후 8시경에 순풍을 빌기 위해 『관정경』(灌頂經)[86]에 따라 오곡을 차려놓고 오방(五方)의 용왕에게 제사하고 『관정경』과 『다라니경』(多羅尼經)[87]을 염송했다. 바람이 서남풍으로 바뀌었다. 밤이 되어 바람이 정서풍으로 바뀌기에 바람에 따라 고물을 돌렸다.

4월 15일

해가 뜨니 바닷물이 짙푸르다. 정서풍이 불기에 해 돋는 곳을 향하여 나아갔다. 오전 10시경에 바람이 멈추고 오후 2시경에 동남풍이 불기에 돛을 돌려 북쪽으로 나아갔다. 뱃사람 한 명이 병으로 고생하다 죽어 바닷물 속으로 던졌다. 오후 4시경에 점쟁이로 하여금 바람을 점치게 했으나 큰 도움이 되지 못했다. 다만 그는 앞길에 설령 신라의 경계가 나타난다 하더라도 크게 놀라지 말라고만 말했다. 배에 타고 있던 관리는 역풍을 멈추도록 하기 위해 함께 발원(發願)하여 순풍을 빌었다.

해가 질 무렵 큰 노[大櫂][88]를 정가운데로 두었다. 밤이 되어 오곡을 차려

---

86) 灌頂 : 수계하고 불문에 들어갈 때 정수리에 향수를 끼얹는 의식이며, 『灌頂經』은 그에 관한 儀式書임. 東晋의 帛尸梨密多羅가 번역함.
87) 『陀羅尼經』: 陀羅尼는 본래 善法을 지녀 흩어지지 않게 한다는 뜻이며 法・義・呪・忍 의 네 가지가 있다. 흔히 梵文의 짧은 것을 眞言(呪)이라 하고 긴 것을 陀羅尼[大呪]라고 함.
88) 大櫂 : 櫂는 棹로서 큰 노를 의미함.

놓고 『반야경』(般若經)과 『관정경』을 외우며 신(神)이 부처님으로 하여금 순풍을 보내도록 해 달라고 빌었다. 자정이 되자 바람이 서남풍으로 바뀌고, 머지않아 다시 정서풍으로 바뀌었다. 달이 지는 곳을 보니, 그곳은 이물의 돛대가 설치되어 있는 곳[桅倉]의 뒤쪽이었다.

4월 16일

해 뜰 무렵이 되니 안개가 끼고 비가 올 것 같고 사방이 보이지 않는다. 바람의 방향에 대해서 얘기를 나누어 보았지만 한결같지 않아 누구는 서풍이라 하고, 누구는 서남풍이라 하고, 누구는 남풍이라 했다. 새벽 해가 작은 노의 고리[腋門][89]에 걸려 있는 것을 보니 바람이 동북풍임을 알겠다. 돛을 돌려 나아갔다. 어떤 사람은 이것이 남풍이 아닌가 의심했다. 머리 위의 하늘은 맑았지만, 바다 위 사방은 짙은 안개가 가득하여 앞을 볼 수가 없었다. 오늘부터 물 담당관은 배 위의 사람들에게 물을 나누어주기 시작했는데, 관리 이하는 1인당 하루에 두 되를, 종자 이하 뱃사람은 1인당 하루에 한 되 반을 나누어 주었다.

정오 오후 2시경이 지나니, 바람이 동남풍임을 알겠기에 북쪽을 향하여 비켜 나갔다. 안개가 걷히었으나 하늘에는 구름이 떠 있고 동북방, 정북방, 정남방에 구름이 요새처럼 덮여 있다. 나는 마음도 내키지 않고 기분도 좋지 않아 식사를 하지 않았다. 밤이 되자 쏟아 붓듯이 비가 내린다. 고생스럽기 짝이 없다.

4월 17일

이른 아침에 비는 멈추었으나 안개가 짙어 어디로 가고 있는지를 알 수 없다. 물빛은 엷게 푸르다. 해는 보이지 않고 알 수 없는 곳으로 떠돌았다. 누구인가, '우리는 지금 서북쪽으로 가고 있다.'고 말하고, 누구인가는, '정북쪽으로 가고 있다.'고도 말하고, 누구인가는, '앞에 섬이 보인다.'고도 말했다. 얼마를 가니 파도로 미루어 보아 깊이가 얕은 것 같았다. 끈을 내려 재어 보니 단지 8심(尋)이었다. 닻을 내리고 정박하고 싶었지만, 이곳이 뭍으로부

89) 腋門 : 노를 고정시키는 고리.

터 얼마나 떨어져 있는지를 알 수가 없다. 어떤 사람이 말하기를,

"물 깊이가 얕은 것으로 미루어 보건대 닻돌을 내리고 잠시 머무는 것만 같지 못하니, 안개가 걷히기를 기다렸다가 그때 가서 떠날지 머물지를 결정하자." 고 한다. 모든 사람들이 그의 의견을 따랐다. 닻을 내리고 머무는데 안개 밑으로 하얀 파도가 부서지는 모습이 보인다. 이어서 검은 물체가 보이는데 그것이 섬인지 아닌지 분명하지 않았다. 머지않아 안개가 조금 걷히니 섬의 모습이 분명했으나 어느 나라 땅인지를 알 수 없다.

사수 2명과 뱃사람 5명을 뽑아 뭍에 올라가 이곳이 어디인지를 알아보도록 했다 안개가 조금 걷히고 밝아지니 북쪽으로는 산과 섬이 잇닿아 있고, 동남쪽으로부터 서남쪽에 이르기까지 끝없이 이어져 있다. 어떤 사람이 이곳은 신라의 남쪽 해변이라고 말하기에 점쟁이로 하여금 점을 치게 했더니, 처음에는 '당나라'라는 점괘가 나왔다가 다음에는 '신라'라는 점괘가 나왔다. 두 나라 가운데 하나이겠으나 정확히 알지 못하고 의심했다.

그러던 차에 뭍에 보냈던 사수와 뱃사람이 당나라 사람 2명을 데리고 올라왔다. 그들의 말에 따르면, '이곳은 등주 모평현 당양도촌(登州牟平縣唐陽陶村)의 남쪽 해안인데, 이곳에서 60리를 가면 현이 있고 300리를 가면 주가 있고, 이곳에서 동쪽으로 가면 신라가 있는데 바람이 좋으면 2~3일 만에 도착할 수 있다.'고 한다. 배의 관리가 술과 무명을 주면서 이 사실을 주와 현에 알리는 편지를 써주었다. 하늘이 아직 맑지 않아 산을 바라보니 그 모습이 완연하지 않다. 동풍이 분다. 해가 지니 안개가 짙어 어둡다.

4월 18일

식사의 규정을 바꾸어 매일 1인당 한 되의 말린 밥과 한 되의 물을 지급했다. 동풍이 바뀌지 않는다. 이곳에는 조[粟]가 있는데 매우 귀하다고 한다. 나는 일본에 조속히 돌아가 가까운 시일 안에 우리의 발원(發願)을 이루기 위해 점쟁이로 하여금 신에게 기도하도록 했다. 우리는 화주(火珠)[90] 한 개를 스미요시 오카미에게 제물로 바쳤고, 수정으로 만든 염주 한 개를 해룡왕에게 제물로 바쳤으며, 머리 깎는 칼 한 개를 선신(船神)에게 바쳐 무사 귀국

90) 火珠 : 西域에서 나는 수정을 갈아서 만든 렌즈로서 불씨를 얻는 데 씀.

을 빌었다. 〈권1 끝〉

〖권 2〗

4월 19일

해가 뜨자 하늘이 밝고 북풍이 불어 닻을 올리고 남쪽으로 내려갔다. 오후 2시경에 바람이 멈추기에 노를 저어 서남쪽으로 내려갔다. 오후 4시경에 소촌포(邵村浦)에 이르러 닻을 내리고 머물렀다. 도촌(陶村)의 서남쪽에 이르러 후미로 들어가려 했으나 조류가 세차게 거슬러 흘러들어갈 수 없었다.

4월 20일

이른 아침에 신라인이 작은 배를 타고 와서 말을 전하는데, 장보고(張保皐)가 신라의 왕자와 공모하여 반란을 일으켰으며, 그 왕자가 왕위에 올랐다고 한다.[91] 남풍이 강하게 불고 조류마저 역류하여 배를 타지 못하고 동서로 왔다 갔다 하니 흔들림이 아주 심하다.

4월 21일

안개가 끼다. 정오가 지나자 남풍이 강하게 불다.

4월 22일

구름이 끼고 빗방울이 떨어지다. 오후 4시경에 키잡이 한 명이 죽어 작은 배에 태워 섬으로 옮겼다.

4월 23일

구름이 끼고 남풍이 불다.

4월 24일[92]

안개가 끼고 비가 오다. 밧줄로 배를 묶어 두었으나 밧줄이 끊어졌다. 바람

91) 신라의 우징(祐徵)이 신무왕(神武王)으로 즉위할 당시의 일을 의미함. 앞의 839년 4월 2일자 일기 註 64) 참조.
92) 24일의 날짜가 중복되어 있음.

이 불고 파도가 높다. 요즘 며칠 동안 8개의 닻줄을 내렸으나 그중 3개는 닻과 함께 끊어져 나갔다. 이제는 나머지 밧줄이 매우 부족하다. 혹시 폭풍을 만나면 배를 정박시켜 둘 수가 없을 터인데 걱정스럽고 두렵기 짝이 없다.

4월 24일

서풍이 불다. 해질 무렵 북쪽 해안에서 말 탄 사람이 오기에 배에 있던 신라인 통역 도현(道玄)으로 하여금 맞이하도록 했다. 도현이 돌아와서 말한 바에 의하면, 이번에 방문한 사람은 압아의 판관으로서, 그가 이곳 현에 있으면서 들으니 일본 사신의 배가 여기 오래 머물러 있다 하여 만나보고 싶어 온 것이라 한다. 밤이 되어 돌아가야 하기 때문에 만나볼 수 없게 되었다면서, 내일 꼭 배에서 만나보고자 한다는 것이다. 그는 다시 뭍에 머물고 있는 신라인을 보내어, 우리가 이곳에 오게 된 연유를 관가에서 묻더라고 도현에게 말을 전했다.

듣자니 일본의 조공사가 신라 배 5척을 타고 갔다가 [한 척은] 내주(萊州)의 여산(廬山) 해변에 표착했는데 다른 4척은 어디로 갔는지 알 수 없다고 한다. 비록 이러한 소식을 듣긴 했지만 어느 배가 어떻게 되었다는 것인지는 자세하지 않다. 또한 듣자니 당나라 천자가 신라 왕자에게 왕위를 내리기 위해 신라로 보낼 사신을 뽑고 배를 마련했으며 아울러 비용도 하사했다고 한다.

4월 25일

바람이 고르지 않고 안개가 끼고 흐리다. 정오에 어제 뭍으로 돌아갔던 압아의 판관이 왕교언(王敎言) 편에 배에 타고 있는 관리들에게 술과 생선을 보냈다. 왕교언 또한 스스로 술과 떡을 가지고 왔으며, 배의 관리들은 답례로 무명 등을 선물했다. 이곳 포구에는 물 밑에 잠긴 돌이 많아 배가 파도에 쓸려 다닐 때마다 닻을 내린 밧줄을 대여섯 번이나 끊어버렸다.

오후 2시경이 지나자 우리는 유산(乳山)을 향하여 노를 저어 나아갔다. 우리는 소촌포를 떠나 바다로 나아갔다. 그러나 절반도 가지 않아 짙은 안개가 끼고 사방이 어두워져 바람의 방향도 모르겠고 배가 어디로 가고 있는지도 알 수 없다. 우리는 닻을 내리고 배를 멈추었다. 바람과 파도가 서로 경쟁이라도 하듯이 일어나고 배가 요동치니 너무 고생스러워 밤새도록 시달렸다.

4월 26일

이른 아침이 되니 안개가 다소 걷히고 서쪽 가까운 곳에 유산이 보였다. 북동풍이 불자 닻을 올리고 남쪽으로 내려갔다. 오전 10시경에 유산의 서쪽 포구에 이르러 닻을 내리고 머물렀다. 산과 섬으로 둘러싸여 마치 담장 안에 있는 것과 같다. 유산의 모습은 가파르고 높아 정상이 마치 칼날과 같은데 멧부리로부터 여섯 방향[六方][93]으로 산자락이 흘러내리고 있다. 포구의 서쪽 해변에도 돌산이 있는데, 바위 봉우리가 등성이를 이루고 있고 높이는 하늘을 찌를 듯하다. 동쪽과 북쪽에도 산이 잇따라 있지만 이들은 오히려 밋밋하다.

오후 2시경에 신라인 30여 명이 나귀를 타고 와서 말하기를,

"썰물이 되면 압아가 와서 만나보고자 하기에 우리가 그들을 마중하기 위해 먼저 왔다."

고 했다. 그들 가운데 한 백성의 말에 따르면,

"나는 여산에 어제 왔는데 일본의 조공선 9척이 함께 그곳에 도착한 것을 보았습니다. 사람과 물건은 다친 데가 없었습니다. 관리와 그 밖의 무리들은 모두 뭍에 올라 천막을 치고 머물면서 바람이 일기를 기다리고 있습니다."

라고 했다. 오래지 않아 압아가 신라의 배를 타고 왔다. 배에서 내려 뭍에 오르는데 낭자(娘子)들이 많이 있다. 조공사는 신라인 통역 도현으로 하여금 통역하도록 했다.

오전 11시경이 지나 녹사인 아와다가 배에서 내려 압아가 있는 곳으로 찾아가 만나 식량을 청하는 글을 올렸는데, 그 내용은 다음과 같다.

지난번 동해현에 머물 적에 다만 바다를 건널 만큼의 식량을 받았습니다. 그러나 이 배는 바다를 지나면서 역풍을 만나 거꾸로 표류하다가 이곳에 이르렀습니다. 이곳에 있으면서 바다를 지날 때 쓸 양식을 먹는다는 것이 결코 옳은 일은 아니지만, 익지 않은 음식을 제공해 주시기 바랍니다.

압아가 글을 써주는데, 주청에 알려 처리해 주겠다는 내용이었다. 그는 저녁나절이 되어 돌아갔다. 하루 종일 동북풍이 불었다.

93) 六方: 동서남북상하의 여섯 방향.

4월 27일
날씨가 흐리더니 비가 오고 북풍이 불었다.

4월 28일
하늘이 맑다. 압아가 찾아와 관리들과 더불어 만났다.

4월 29일
북풍이 불다. 신라의 통역인 도현으로 하여금 우리가 이곳[당나라]에 머물 수 있는지를 알아보도록 했다. 그가 신라인들과 이 일을 상의하더니 돌아와서 [당나라에] 머물 수 있다고 말했다.

5월 1일
촌장인 왕훈(王訓)의 집에 사람을 보내어 바다를 건너는 데 필요한 물품을 사게 하고, 아울러 이 마을에 머무는 문제를 물어보도록 했다. 이에 대해 왕훈이 대답하기를,

"여러분들이 이곳에 머물고 싶다면 그것은 전적으로 내가 결정할 일이며, 여러분들은 다시 본국에 돌아갈 수 없다."

고 했다. 그 말이 사리에 맞지 않아 어찌할 바를 정하지 못했다. 하루 종일 서풍이 분다.

5월 2일
서풍이 불어 닻줄을 풀고 포구를 빠져나가려 했으나, 바람이 심하고 뱃길에 암초가 많아 곧장 빠져 나갈 수가 없다.

오후 6시경에 바람이 멎어 조류를 따라 해구에 이르러 배를 멈추고 사람을 보내어 물을 길어 오게 했다. 배 위에서 천지신명에게 제사를 올리고 아울러 관견(官絹)·사견(私絹)·교힐(纐纈)[94]·거울 등의 제물을 스미요시 오카미에게 바쳤다.

오전 2시경에, 전부터 병이 들어 사경을 헤매던 뱃사람 한 명을 죽기 전에 천

94) 纐纈 : 무늬를 넣고 염색한 비단.

으로 싸서 작은 배에 실어 가서 산모롱이에 버렸는데, 버리고 온 사람이 말했다.
"우리가 그를 해안에 버릴 때 그는 아직 죽지 않았으며 먹을 것과 물을 청하더니, '내가 만약 병이 나으면 마을을 찾아가겠다.' 라고 말했습니다."
배 위의 사람들이 슬퍼했다.

5월 3일

바람이 변하지 않는다. 유산의 서남쪽 해구에서부터 돛을 올리고 떠났다. 바람은 중도에서 조금씩 부드러워지더니 정오가 되자 멈추었다가 오래지 않아 동풍이 불어 배를 돌려 유산의 포구에 이르러 밤을 지냈다.

5월 4일

오전 8시경에 포구로부터 서남쪽으로 4~5리를 가다가 망해촌(望海村)의 동쪽 포구에 있는 상도(桑島)의 북쪽 해안에 배를 대었다.

5월 5일

배에서 내려 뭍에 올라 단오절(五月節)을 지내고 아울러 목욕하고 옷을 빨아 입었다. 저녁 무렵 배에서 편지가 왔는데, 그 내용은 다음과 같다.

> 순풍을 만나기 어렵고 따라서 바다를 건널 수 없습니다. 배의 우두머리 판관이 여러 사람과 상의한 결과 모든 배가 결재(潔齋)[95]를 하고, 내일부터 시작하여 사흘 동안 스님들을 모아 불경을 읽고[轉經] 염불을 함으로써 순풍을 빌고자 합니다. [부처님께서] 굽어 살피시어 광림해 주시면 다행일 것입니다. 밤이 되었기에 배로 돌아가지 못하고 해안에서 밤을 지냈다.

5월 6일

이른 아침 배로 돌아와 재를 올렸다. 신라인 통역 도현이 압아의 댁으로 갔다. 재를 마친 뒤 다시 뭍으로 올라가 천막을 치고 전경 · 염불을 위한 준비를 했다. 저녁나절이 되어 오방(五方)[96]에 있는 용왕에게 제사를 드렸는데

95) 潔齋 : 神에게 기도를 할 때 부정을 막기 위해 며칠 전부터 음식을 가리고 잡념을 버려 심신을 깨끗이 함. 齋戒.
96) 五方 : 동 · 서 · 남 · 북 · 중.

가이묘(戒明) 법사가 그 일을 맡았다.

5월 7일
비가 내리다.

5월 9일
전경하는 일을 마치다.

5월 11일
당나라의 천지신명에게 제사를 드리다. 이날로부터 13일까지 날씨가 혹은 맑고 혹은 흐리며 바람은 고르지 않았다.

5월 14일
주(州)의 압아가 배 위로 올라와서 배에 있는 사람의 숫자를 물은 다음 마을로 돌아갔다. 소촌의 촌장인 왕훈(王訓) 등이 찾아와 서로 만났는데, 그들에게 듣자니 일본의 상공[대사] 등이 탄 9척의 배는 지난번 여산(麗山)을 출발하여 바다를 지나다가 역풍을 만나 다시 여산으로 돌아와 묵었다고 한다. 밤이 되자 천둥이 치고 폭우가 내렸다.

5월 15일
아침이 되니 구름 빛이 요란하더니 비가 심하게 쏟아진다. 주의 압아가 배 위로 올라와 사람 수효를 묻고 관리가 그를 받아 적어 주가(州家)에 알렸다. 저녁에 압아가 돌아가자 조공사는 비단을 상으로 주었다.

5월 16일
하늘이 어둡다. 압아가 보낸 사람이 찾아와 조공사가 현청에 보낼 편지를 요구했다. 나는 우리가 뒤에 남게 된 이유를 적어 상인(商人)인 손청(孫淸) 편에 임(林) 대사 댁으로 보냈다. 배에 있던 관리는 사수 2명과 뱃사람 2명을 주가의 압아에게 함께 보내어 양곡을 청했다. 이에 대해 압아는 일본 사람들이 주·현에 토산물을 바치지 않는 한 거래가 이루어질 수 없다고 대답했다. 앞서 말한 사람들이 뭍으로부터 돌아왔다.

5월 17일~18일
바람이 북서풍과 서풍으로 왔다 갔다 한다. 사람들은 떠날지 머물지에 대해 말이 같지 않았다.

5월 19일
밤이 되어 오전 2시경에 이르기까지 천둥 번개가 치고 비바람이 불어 견딜 수가 없다. 배를 매어둔 밧줄이 모두 끊어져 떠내려가기에 놀라 닻을 내려 멈출 수 있었다. 고물에 있는 신전(神殿)의 덮개가 폭풍으로 날아가 어디에 있는지 보이지 않는다. 모든 사람들이 두려움에 떨며 스스로 억제하지 못한다.

5월 20일
서풍이 불기에 바다를 건널 생각에 돛폭을 가지런히 하여 해안으로 올라갔다. 정오가 되어 바람은 서남쪽으로 불어 떠날 수 없다는 생각에 출항하지 않았다. 밤이 되자 다시 천둥 번개가 심하게 쳤다.

5월 21일
오전 10시경에 서풍이 불기에 닻줄을 풀고 떠났다. 바람이 멎어 잠시 배를 멈추고 바람을 기다렸다. 남풍이 가볍게 불어 돛을 올릴 수 없기에 포구로 돌아와 밧줄로 배를 묶어두었다. 배의 점쟁이가 오래 전부터 병에 걸려 저녁나절에 배에서 내려갔다.

5월 22일
이른 아침에 들으니 점쟁이가 해안에서 죽었다고 한다. 하루 종일 날씨가 어둡고 비가 오다. 동풍이 불다.

5월 23일
구름 낀 하늘이 다소 맑다. 밤이 되자 비와 바람이 다투듯 심하다.

5월 24일

서풍이 세차게 분다. 비가 개이지 않아 떠나지 못했다. 저녁에 관리들과 상의하여 바람이 하루 종일 변하지 않으니 내일 아침에 떠나기로 했다.

5월 25일

이른 아침에 닻줄을 풀었으나 바람이 멎어 떠나지 못했다. 오후 4시경에 신라 배 한 척이 흰 돛을 달고 해구를 가로질러 가다가 오래지 않아 되돌아왔다. 늦게야 조류를 타고 유산을 향하여 떠났다. 만약 [우리가 떠난 뒤에라도] 조공사가 여관으로부터 오지나 않을까 모든 사람들이 걱정했다. 그래서 우리는 작은 배를 보내어 물어보려 했으나 신라 배는 빠르게 달아났다. 밤이었기 때문에 우리가 보낸 배는 아무런 소식도 얻지 못한 채 돌아왔다.

5월 26일

떠나려 했지만 바람이 오히려 고르지 않다. 저녁나절이 되자 서·북 양쪽에는 번개가 치고 먹구름이 깔린다. 밤이 되니 배가 갑자기 흔들리기 시작하니 놀랍기 짝이 없다. 오후 8시경에 서북 해안 쪽으로 배를 정박시켰다. 여우의 울음소리가 멀리서 들리는데 오래도록 그치지 않는다. 오래지 않아 천둥소리에 귀가 막히고, 번개는 바로 쳐다볼 수가 없을 정도로 번쩍이며, 비는 붓듯이 쏟아진다. 두렵고 고생스럽다. 배 위의 모든 사람들은 문밖 출입도 할 수가 없다.

5월 27일

벼락이 떨어져 돛대가 부러지고 배의 바닥이 비스듬히 잘려나갔는데, 그 부서진 부분의 깊이는 네 치가 넘고, 너비는 여섯 치 남짓하며 길이도 세 길이 넘었다. 그 밖에도 다섯 군데가 조각났는데, 어떤 것은 4심(尋)이었고 어떤 것은 다섯 자가 되었다. 조각들이 여기저기에 늘어져 있기에 한데 모아 배 모서리 위에 묶어두었다. 아울러 폐백(幣帛)으로 제사를 드리고 '일본에 도착하는 날 특별히 신사(神社)를 짓고 영원히 제사를 드리겠습니다.' 하고 기도했다.

구갑(龜甲)을 태워 점을 쳐보니 그 괘에 이르기를 '제공(諸公)이 배 위의 점쟁이를 그곳의 신(神) 앞에 장사지냈기 때문에 신의 노여움을 얻어 이와 같은 재앙이 일어나는 것이다. 만약 이를 해제(解除)하면 가히 평온하리라' 했다. 그리하여 우리는 상도(桑島)에서 이를 해제하고 그곳의 신에게 제사를 드렸다.

부러진 돛에 관해서 어떤 사람은 이미 부러진 것은 약하여 쓸 수 없으니 바꿔야 한다고 말하고, 어떤 사람은 이곳에서는 돛을 만들 나무를 얻기 어려운 즉 만약 그것을 바꾸려면 생각건대 금년에는 바다를 건널 수 없으니, 모름지기 부러진 것을 엮어 일찍 떠나는 것이 옳다고 말했다. 여러 사람들이 후자의 말을 들어 떠나려는데, 서북풍이 불어 배가 조금 움직이더니 금세 바람이 멎는다. 사람들 마음이 엇갈려 위아래가 하나같지 않다. 산들바람이 불기에 닻줄을 풀고 억지로 나아갔다. 순풍이 불 기미가 보이지 않아 조금 가다가 닻을 내렸다. 밤이 되어 미풍이 불어 돛을 올리고 조금씩 나아갔으나 포구에 배를 댈 수가 없다. 바람이 멎어 나갈 수 없기에 닻을 내리고 그곳에서 묵었다.

5월 28일
오전 8시경 안개가 끼어 어둡고 천둥이 울기에 닻을 올리고 포구로 돌아왔다. 비가 쏟아져 몹시 고생스럽다. 노를 저어 상도의 동남쪽 작은 바다로 들어갔다. 그곳에 섬이 있기에 배를 대었다.

5월 30일
하늘이 맑다. 오늘이 일본 달력으로는 6월 초하루이다. 서북풍이 불지만 고르지 않다. 며칠 전부터 오늘에 이르기까지 이 고을에 머물고자 관청에 청해 보았지만 허락하지 않았다. 오늘 다시 청했지만 아직도 허락을 얻지 못했다.

6월 1일
하늘은 조금 맑다. 이곳에 머무는 문제 때문에 뭍에 내려가기 위해 잠시 작은 배를 탈 수 있도록 해달라고 부탁해 보았지만 배에서 내리지 못했다.

6월 2일
하늘이 맑다. 비록 동북풍은 불지 않았지만 사람마다 고향에 돌아가고 싶은 마음이 간절하다. 닻을 올리고 억지로 나아갔지만 하루 종일이 걸려도 포구를 빠져나가지 못했다. 저녁나절에 돛을 올리고 배를 돌리려 하는데, 갑자기 조류가 밀어닥쳐 막 바위에 부딪히려는 순간 닻을 내리고 온갖 애를 써서 겨우 어려움을 면할 수 있었다.

6월 3일

서풍이 가볍게 분다. 불다 말다 하기에 돛을 올렸다 내렸다 하기를 서너 번이나 했다. 혹은 돛을 올리고, 혹은 노를 저으며 적산(赤山)[97]을 향하여 나갔다. 소촌포(邵村浦)에서부터는 조류를 타고 나아갔다. 포구를 나서니 조류가 가로질러 흘러 배가 갑자기 암초에 걸렸다. 장대를 내려 배를 빼 보려고 했지만 되지 않았다. 배 밑이 잠겨 있는 돌에 부딪힌 것이었다. 해안의 암초에 걸려 배가 바야흐로 부서질 것 같기에 사람들이 저마다 힘을 합쳐 장대로 밀어내어 배를 끌어낼 수 있었다. 조류를 타고 나아가다가 바다 가운데에서 배를 멈추었다.

저녁이 되자 큰 비바람이 불며 천둥 번개가 치니 쳐다볼 수도 없고 들을 수도 없다. 배 위의 사람들은 창과 도끼와 큰 칼을 휘두르며 소리를 질러 벼락을 쫓아버렸다.

6월 4일

이른 아침 돛을 올리고 나아갔다. 잠시 가다가 바람이 멎기에 닻을 내리고 머물렀다.

6월 5일

해가 뜨기 전에 돛을 올리고 나아갔다. 정오가 지나 적산의 서쪽 해면에 이르렀으나 조류가 역류하여 잠시 멈추었다. 조금씩 앞으로 나아가 점차 산의 남쪽으로 들어갔다. 그때 갑자기 구름이 일고 역풍이 세게 불어 넓은 돛이 넘어진다. 돛을 내리니 검은 새가 날아와 배를 세 번 돌고서 섬으로 돌아

---

97) 赤山 : 현재 중국 山東省 榮成縣 石島鎭 西車脚河 마을. 이곳은 당시 신라인들이 모여 살던 新羅坊이 있던 마을이자, 해상왕 張保皐가 세운 신라 寺刹인 赤山法華院이 있던 곳이다.

갔다. 모든 사람들이 두려워하며 이는 신령이 우리의 입항을 허락하지 않는 것이라고 말하기에 배를 돌려 나아갔다. 그 산으로부터 가다가 바다 가운데서 닻을 내렸다. 북쪽에서 천둥이 치고 구름이 몰려왔다. 배 위의 관리가 특히 두려워하며 이는 명신(冥神)[98]이 기뻐하지 않는 모습이라고 의심했다.

우리는 몸을 청결히 하고 소원을 빌었다. 우리는 배 위에서 벽력신(霹靂神)에게 기도하고, 배 위의 스미요시 오카미에게 제사를 드리고, 일본의 하치망(八幡)[99] 등의 높은 신[大神]과 바다의 용왕에게 제사를 드리고, 아울러 등주(登州)의 여러 산과 섬에 있는 신에게 제사를 드리는 등 각기 소원을 빌었다. 천둥이 점점 멎더니 바람이 동서로 엇갈려 불기에 닻을 내리고 머물렀다. 이 배가 육지를 떠난 지 오래 되었음에도 불구하고 바다를 지나지도 못하고 포구에 입항하지도 못한 채 며칠째 밤낮으로 바다를 떠도니, 배의 요동을 감당하지 못해 심신이 몹시 피로하다.

6월 6일

북서풍이 세차게 불기에 적산에 들어가 정박하고자 했다. 풍향이 좋아 돌을 매단 닻을 올리고 돛폭을 가지런히 했더니, 다시 바람이 멎고 파도가 심하여 다시 닻돌을 내린 채 적산에 들어가는 것을 결정하지 못했다. 바람과 파도가 고르지 못하니 가는 길이 우리의 뜻대로 되지 않는다. 고생스러움이 이보다 더 심할 수가 없다.

6월 7일

정오경에 북서풍이 불기에 돛을 올리고 나아갔다. 오후 2~3시 무렵에 적산의 동쪽 해변에 배를 대니 북서풍이 몹시 분다. 적산은 순전히 바위로 되어 있으며 매우 높다. 이곳은 문등현 청녕향 적산촌(文登縣淸寧鄕赤山村)이다. 산 속에 절이 있는데, 그 이름은 적산법화원(赤山法花院)이다. 이는 장보고(張保皐)가 처음 세운 절이다. 그는 이곳에 토지를 가지고 있어서 양식을 충당할 수 있었다. 그 토지에서는 1년에 500섬의 쌀을 소출했다.

---

[98] 冥神 : 天神.
[99] 八幡 : 일본 15代 천황 오진(應神)을 모신 神社의 총칭으로서 무사들이 숭상하는 수호신임.

[적산법화원에서는] 겨울과 여름에 불법을 강의하는데, 겨울에는 『법화경』(法花經)을 외우고 『금광명경』(金光明經)[100] 8권을 강의한다. 그것을 강의한 지는 꽤 여러 해가 되었다. [절의] 남북쪽에는 깎아지른 듯한 바위가 있고 물이 정원을 관통하여 서쪽에서 동쪽으로 흐른다. 동쪽으로는 바다가 널리 열려 있고 남서북쪽으로는 산봉우리가 벽처럼 이어져 있는데, 다만 남서쪽으로 비탈이 있다. 지금은 신라의 통역관(通事)과 압아인 장영(張詠), 임(林) 대사, 그리고 왕훈(王訓) 등이 이곳의 일을 전적으로 맡아서 처리하고 있다.

6월 8일

해질녘에 나와 이쇼와 이교 등이 절로 올라가 사가(寺家)에 들렀더니 승려 30여 명이 있었다. 우리는 서로 만나 차를 마셨으며, 밤이 되어 빈 방에서 잤다.

6월 9일

재를 올리기 전에 법상종의 청익승인 가이묘 법사와 그를 따라온 승려가 절로 올라왔기에 식당에서 함께 재를 들었다. 재를 마친 뒤 녹사인 아와다와 신라인 통역인인 도현이 함께 올라와 역시 하룻밤을 지냈다.

6월 10일

재를 마친 뒤 아와다는 배로 돌아갔다. 일본의 승려 7명은 이 산사에서 7일간 머물렀다. 서남풍이 몹시 불어 잠시도 쉴 수가 없다.

6월 22일

큰 비바람이 밤새도록 멈추지 않는다.

6월 23일

이른 아침에 산사를 돌아보니 비바람에 나무의 뿌리가 모두 뽑혀 있고, 가지는 꺾였으며, 바위는 떨어져 돌멩이가 되었다. 배에서 뱃사람이 달려와 이

100) 『金光明經』: 法性中道의 이치를 설명한 經文. 이를 읽고 그대로 수행하면 여러 佛菩薩이나 하늘의 善神의 가호를 받는다고 함. 중국 北涼의 曇無識이 한문으로 번역했음.

르기를, '배가 암초에 부딪혀 모두 부서졌으며 뜰배 한 쌍도 모두 부서졌다.' 고 한다. 듣자니 괴이하기에 배가 있는 곳으로 사람을 보내어 그것이 사실인지 아닌지를 알아보도록 했다. 알아보니 그 해는 심한 바람을 만나 흘러가다가 암초에 걸려 돛대를 고정시킨 판이 떨어져 나갔고 뜰배 한 쌍도 부서졌다.

배는 암초에 서너 번 부딪혔고, 파도가 산처럼 밀려와 닻줄이 견디지 못하여 파도에 밀리다가 서쪽 해안에서 동쪽 해안으로 흘러갔다. 바람이 심해 배의 표류와 흔들림이 극심하여 돌을 달아 닻줄을 내렸다. 해안에 배를 대니 배 위의 모든 사람들이 넋을 잃고 먹지도 않은 채 반죽음이 되었다. 이들이 지난 뒤 지난번에 정박했던 곳으로 돌아와 뜰배를 수선했다.

6월 26일

사람들을 나누어 닻돌과 돛대의 재료가 될 만한 것을 찾아오게 했다. 지난 4월 이후 구름과 안개가 심하고 비바람이 끊이지 않았다. 하루 이틀 맑았다가는 다시 구름이 끼었다.

6월 27일

듣자니 장보고 대사의 교관선(交關船)[101] 두 척이 적산포에 도착했다고 한다.

6월 28일

당나라의 천자가 새로이 즉위한 신라 왕[102]을 위문하기 위해 사신으로 보냈던 청주(靑州) 병마사 오자진(吳子陳)과 최 부사(崔副使), 그리고 왕 판관(王判官) 등 30여 명이 절로 올라와 함께 만나보았다. 밤이 되어 장보고가 매물사(賣物使)로 당나라에 파견한 최 병마사가 절로 찾아와 위문했다.

6월 29일

새벽녘에 사리(闍梨)인 도현과 함께 객방에 들러 당나라에 머무는 문제를 상의한 뒤 배가 있는 곳으로 돌아왔다. 적산포의 동남쪽 작은 바다에 섬이

101) 交關船 : 청해진 대사인 장보고는 중국과 교역 활동을 활발히 벌여 遣唐賣物使라는 교역사 절을 중국에 파견했는데, 그때의 무역선을 교관선이라 했다.
102) 神武王을 의미함.

있어 동쪽 해안에 잇닿아 있는데 이는 오나라의 간장(干將)이 칼을 만들던 곳으로서 당시 사람들은 이 섬을 막야도(莫耶島)라고 불렀다. 여기에서 막야라 함은 섬의 이름이며 간장은 대장장이의 이름이다.

7월 10일~11일

바다에 바람이 없는데도 파도는 거칠어 배 밑에 부딪혀 끓어오르는 듯하다. 파도소리는 천둥치듯 하고 배가 몹시 흔들려 놀랍고 두렵기 짝이 없다.

7월 14일

오전 8시경에 적산원을 떠나 배로 돌아오면서 해안에서 가이묘 법사, 녹사인 아와다, 역시 녹사인 와케(和氣)와 작별했다. 진장촌(眞莊村)의 천문원(天門院)을 찾아가 사리인 법공(法空)을 만났다. 그는 일찍이 일본을 방문하고 20년 전에 돌아왔다. 천문원에서 밤을 지냈다.

7월 15일

천문원에서 재를 올리고 햅쌀로 지은 밥을 먹었다.

7월 16일

이른 아침 천문원에서 내려오다가 길에서 듣자니 배가 어제 떠났다고 한다. 배를 정박해 두었던 곳에 도착하니 배가 보이지 않는다. 잠시 해안에 머물러 있으니 적산원의 여러 스님들이 함께 내려와 위문한다. 우리는 함께 적산원으로 올라가 밥을 먹었다. 살펴보니 주(州)의 관리 4명이 먼저 적산원에 와 있었다. 그들은 일본의 조공사를 위한 70섬의 쌀을 가지고 이제 이 마을에 왔으나, 조공사가 이미 떠나고 없어 넘겨줄 수가 없게 된 것이다. 그들은 이를 현가(縣家)에 알렸다. 적산원의 늙고 젊은 승려들은 모두 배가 우리를 남겨두고 떠난 사실을 매우 이상하게 생각하며 정중하게 위로해 주었다.

7월 21일

오후 4시경에 일본의 상공[대사] 이하 9척의 배가 도착하여 적산포에 정박했다. 나는 즉시 이쇼를 보내어 상공을 보살피게 하고, 아울러 판관·녹사 등과 상의하도록 했다. 상공은 오미공박사(近江權博士) 아와다노 이에쓰구(粟田家繼)와 사수좌근위(射手左近衛)인 하세쓰 카베노 사다나(丈部貞名) 등을 보내어 나를 위로하고 아울러 두 번째 배가 위해(危害)를 당한 사실을 알아보도록 했다.

7월 22일
배를 띄우지 못했다.

7월 23일
이른 아침 산마루에 올라가 배가 정박해 있는 곳을 바라보니, 9척의 배가 모두 보이지 않기에 그제야 배들이 지난밤에 모두 떠난 것을 알았다. 서풍이 분다. 적산의 동북쪽 바다 너머 100리쯤 되는 곳에 멀리 산이 하나 보인다. 청산(靑出)이라 부르는 이 산은, 세 봉우리가 이어져 있는데 너무 멀어 아물아물하다. 이곳은 진시황(秦始皇)이 바다 위에 다리를 세우던 곳이다. 진시황은 또한 이곳에서 동쪽을 향해 봉래산(蓬萊山), 영산(瀛山), 호산(胡山)[103]을 바라보다가 죽었다. 그때 그가 신던 미투리가 아직까지도 그곳에 있는 것을 볼 수 있다. 이는 그곳의 노인을 만나 그의 말을 듣고 안 것이다.

우리들 세 승려[圓仁·惟正·惟曉]는 천태산으로 가기 위해서 일본으로 돌아갈 뜻을 버리고 적산원에 머물러 앉았다. 길 떠나는 문제를 물어보니, 남쪽으로 길을 따라 내려가려면 매우 멀며, 북쪽으로 순례하려면 오대산(五臺山)이 있는데 이곳으로부터 2천여 리라 한다. 남쪽은 멀고 북쪽은 가깝다. 또한 듣자니 천태종(天台宗)의 화상으로서 법명이 지원(志遠)[104]과 문감(文鑒)이라는 좌주가 있는데 이들은 천태종의 현소(玄素) 좌주의 제자들로서 지

---

103) 이들 山은 중국 전설에서 신선이 살고 있다고 하는 삼신산, 즉 方丈山·蓬萊山·瀛州山을 가리키는 것으로 보인다. 전설에 따르면 진시황은 方士 徐市[福]에게 장생불사 약을 구해 오라는 命을 내리고 동남동여 3천 명을 거느리고 동해(우리 나라의 황해)의 봉래산으로 가게 했으나 그들은 돌아오지 않았다고 한다.
104) 志遠 : 중국 河南省 汝寧府 汝陽縣 사람. 속성은 宋씨. 어려서 부친을 잃고, 어머니는 항상 『法華經』을 念하여 이에 통했다. 28세에 河澤의 宗風에 귀의하여 幽旨를 깨달았고, 오대산의 大華嚴寺에서 천태교를 배웠다. 戒行이 淸高하여 六時禮懺하기를 한 번도 거르지 않았으며 항상 법화삼매를 닦았다.

금은 오대산에서 법화삼매(法花三昧)[105]를 닦고 있으며 [오대산의] 북쪽 봉우리[北臺]에 천태종의 가르침을 전하고 있다 한다. 그들은 일찍이 송곡(宋谷)의 난야(蘭若)[106]에 있으면서 법화삼매를 닦아 득도(得道)한 바 있다.

근래에 와서 성이 진(進) 씨인 선사(禪師)가 있는데, 그는 초주 용흥사의 승려로서 『열반경』(涅槃經)[107] 1천 부를 가지고 오대산의 지원선사에게로 와서 법화삼매를 받았다. 그는 도량(道場)에 들어와 보현(普賢)[108]을 구하고 산원(山院)에 있을 적에는 도(道)를 행하여 대성(大聖)[109]을 뵐 수 있게 된 지 이제 20년이 되었다. 이는 신라인 승려 성림화상(聖林和尚)이 말로 들려준 것을 적은 것이다. 이 스님은 오대산과 장안을 떠돈 지 20년 만에 이 산원에 들어왔다. 이러한 얘기를 나누는데 듣자니 오대산의 성스러운 자취가 매우 훌륭하다고 한다. 또한 그 성경(聖境)이 이곳으로부터 가깝다니 무척 기쁘다. 나는 잠시 천태산으로 가려던 뜻을 버리고 다시 오대산으로 들어가기로 결심했다. 나는 먼저 작정한 마음을 고쳐 이곳 산원에서 겨울을 보내고 봄이 되면 오대산으로 순례를 떠나기로 했다.

7월 28일

오후 4시경에 현의 관리인 두문지(竇文至) 등 두 사람이 현의 공문을 가지고 왔는데 그 내용은 다음과 같다.

현에서 청녕향(靑寧鄕)에 알림
촌장 두문지의 보고에 따르면 일본의 조공선에서 세 명이 낙오되었다고 한다. 위의 보고를 검토해 본 결과 앞서 말한 촌장의 보고에서 다음과 같은 사실을 알 수 있다. 곧 그 배는 이달 15일에 떠나면서 세 명을 남겨 두었는데 이들은 적산에서 신라의 절을 보았다고 하니, 이는 앞서 지적한 것과 같다. 위에서 말

105) 法花三昧 : 하루에 여섯 번(아침, 낮, 해질녘, 초저녁, 밤중, 새벽)에 걸쳐 五悔(懺悔, 勸請, 隨喜, 廻向, 發願)를 닦는다.
106) 蘭若 : 阿蘭若의 준말. 空閑處로서 한가롭고 고요하여 비구의 수행에 적당한 곳.
107) 『涅槃經』: 『大乘涅槃經』의 약칭. 석가의 입멸에 관해 말한 경전. 『소승열반경』은 주로 역사적인 것을 기록한 것으로서 입멸 전후의 遊行·發病·純陀의 공양, 최후의 遺訓, 滅後의 비탄, 사리팔분 등을 기록하고, 『대승열반경』은 교리에 치중하여 佛陀論의 종극과 불교의 이상을 묘사했다.
108) 普賢 : 普賢境界의 준말. 널리 圓融한 敎를 信仰하는 이가 깨닫는 경지.
109) 大聖 : 성인 중의 성인이란 뜻으로 곧 석가여래를 말함.

한 사람들을 조사해 본 결과 그 배가 이들을 두고 떠났을 때 마을의 촌장은 그 날로 보고를 올렸어야 했다. 그런데 어찌하여 보름이 지나서야 보고를 했는가? 또한 우리는 그 뒤떨어진 사람들의 성명과 그들이 가지고 있던 여행 물품이나 옷가지에 대해서도 아는 바가 없다.

또한 적산사원의 강유(綱維)와 지사승(知事僧)[110] 등은 그곳에 외국인이 있었다는 사실도 모두 보고하지 않았다. 이 일은 모름지기 그 마을의 장로에게 알려 그 사유를 알아보도록 하고, 이 편지가 도착한 바로 그날로 사실의 내막을 소상히 알리도록 하라. 만약 하나라도 사실과 다르거나 거짓이 있다면 그대들은 소환되어 문책을 받을 것이며, 기한을 어기거나 조사가 자세하지 못하면 원래 이를 조사했던 사람이 중벌을 받을 것이다.

개성(開成) 4년 7월 24일
전(典)[111] 왕좌(王佐) 부침
주부(主簿) 부위(副尉)[112] 호군직(胡君直)
섭령(攝令)[113] 척(戚) 선원(宣員)

이에 우리 구법승들은 글을 지어 우리가 뒤떨어져 남게 된 이유를 보고했는데, 그 내용은 다음과 같다.

일본국의 승려 1명, 종소사(從小師)[114] 2명, 행자 1명이 산원에 머물게 된 이유를 아룁니다. 위의 승려들은 불법을 구하기 위하여 바다를 건너 멀리 와 비록 당나라 변경에 이르렀으나 그 뜻을 이루지 못했습니다. 고향을 떠난 본래의 뜻은 성스러운 나라를 순례하면서 스승을 만나 불법을 배우는 것이었습니다. 그러나 조공사가 일찍 떠났으므로 그들을 따라 귀국하지 못하고 끝내 이 사원에 머무르게 되었습니다. 그 뒤 우리는 명산을 돌아보고 도(道)를 찾으며 수행하려 했습니다. 우리들이 가진 것이라고는 쇠로 만든 그릇[鉢] 한 개, 구리로 만든 작은 징 두 개, 구리 병 한 개, 문서 20여 권, 방한복 등 외에는 별도로 가진 것이 없습니다. 이제 현사(縣司)의 조사를 받으면서 우리는 위와 같이 남은 이유를 적어 아룁니다. 삼가 보고합니다.

개성 4년 7월 20일
일본국 승려 엔닌 글을 쓰고
수행한 승려 이쇼·이교, 행자 데이유만 받들어 올립니다.

110) 知事僧 : 중들의 언행·거취를 調察하는 일을 맡은 승려.
111) 典 : 縣의 총무주임.
112) 副尉 : 都尉의 다음 자리. 정륙품 이하의 武散官.
113) 攝令 : 知事의 代理.
114) 從小師 : 隨從하는 사미승.

청녕향의 적산원은 일본국의 승려가 배를 타고 돌아가지 못한 사유를 조사하여 보고합니다. 위의 일본국 승려 엔닌, 수행 사미승 이쇼·이교, 행자 등 네 명의 말에 의하면 이들은 중화(重華)[115]에 불교가 매우 성하다는 말을 멀리서 듣고, 이에 이곳으로 와 성교(聖敎)를 배우는 데 몸을 던졌습니다. 이들은 명산과 성스러운 자취를 차례로 찾아보고, 여러 곳을 순례하고자 했으나, 날씨가 무더워 산원에 있으면서 더위를 피하다가 서늘해지면 즉시 떠나려고 했다 합니다. 그러다가 끝내 순례를 [허락하는] 현사(縣司)의 문서를 얻지 못했습니다. 그들을 조사한 결과 옷과 그릇 이외에는 별다른 물건이 없음을 알았습니다. 만약 위의 글에 자세함이 없다면 법청(法淸) 등은 거짓말을 한 죄를 지을 것입니다. 삼가 위와 같이 사유를 적어 아룁니다.

개성 4년 7월 일
적산원 주지승 법청(法淸) 올림

8월 13일

듣자니 상공[대사] 이하 아홉 척의 배가 청산포(靑山浦)에 머물고 있으며, 또한 발해(渤海)의 교관선도 그곳에 정박해 있다고 한다. 그곳에서 사람이 와서 그 사실을 현가(縣家)에 알리고 갔으나, 그것이 사실인지 아닌지 또 어떻게 해서 그렇게 되었는지는 알 수 없다. 아홉 척의 배는 이곳 적산포를 출발한 뒤 서풍이 계속하여 불고 지금도 또한 그러한데 어찌하여 떠나지 못하고 있을까? 모름지기 이 말을 전한 사람의 말이 거짓일 것이다.

8월 15일

절에서 수제비와 떡을 장만하고 8월 보름 명절을 지냈다. 다른 나라에는 이 명절이 없지만, 유독 신라(新羅)에는 이 명절이 있다. 노승들의 말에 의하면, 신라가 옛날 발해와 더불어 전쟁을 할 때 이날 승리했으므로, 이날을 명절로 정하고 음악과 즐거운 춤을 즐기던 것이 오래도록 이어져 끊이지 않았다. 우리는 이날 온갖 음식을 마련하고, 노래하고 춤추고 음악을 즐기며 밤낮으로 사흘을 쉰다. 이제 이곳 산원은 고국을 그리워하며 오늘 이렇게 명절을 차렸다. 발해가 신라의 토벌을 당했을 때 겨우겨우 1천 명이 북쪽으로 도망을 했다가 그 후에 돌아와 옛날대로 한 나라를 세웠는데, 오늘날 발해라고

115) 重華 : 舜임금의 號. 따라서 '순임금의 땅' 이라는 뜻이며, 여기에서는 中華(중국)를 의미함.

부르는 나라가 바로 그것이다.[116]

8월 16일

이쇼와 이교를 위하여 『인명론소』(因明論疏)[117]를 읽기 시작했다.

청주 도독부(靑州都督府) 관내에는 내주(萊州)·등주(登州)·치주(淄州)·청주(靑州)의 4개 주와 산동도(山東道)가 있다. 등주에는 모평현(牟平縣)·문등현(文登縣)·봉래현(蓬萊縣)·황현(黃縣) 등의 4개 현이 있고, 봉래현은 등주의 직접 관할을 받는다. 오늘날 이 적산원은 문등현 청녕향 적산촌에 있다. 청녕향 남쪽 끝 바다에는 막야도(莫耶島)가 있는데 이는 오나라의 간장(干將)이 칼을 만들던 곳이다. 적산의 동남쪽으로는 작은 바다가 사이를 두고 있고 적산으로부터 북쪽으로 가다가 동쪽으로 꺾어지면 육로에 다다를 수 있다.

9월(大) 1일(己卯)

오대산으로 가는 한 여행객에게 주의 이름과 이수(里數)를 물어 적어본다. 이곳으로부터 여덟 개의 주를 지나면 오대산에 이르는데, 거리가 모두 2,990리이다. 적산촌으로부터 문등현에 이르기까지는 130리이며, 문등현을 지나 등주에 이르기까지는 500리이고, 등주로부터 220리를 가면 내주에 이르고, 내주로부터 500리를 가면 청주에 이르고, 청주로부터 180리를 가면 치주에 이르고, 치주로부터 제주(齊州)에 이르려면 108리를 가야 하며, 제주를 지나 운주(鄆州)까지는 300리요, 운주를 떠나 황하를 지나면 위부(魏府)에 이르는데 그 거리가 180리요, 위부를 지나 진주(鎭州)까지는 약 500리요, 진주로부터 산길로 닷새 동안 약 300리를 가면 드디어 오대산에 이른다. 신라의 승려인 양현(諒賢)이 말한 것을 적어 놓는다.

9월 3일

정오 무렵에 현의 관리가 공문을 들고 찾아왔는데, 그 내용은 다음과 같다.

116) 이 책의 부록으로 첨가된 拙稿(331~332쪽) 참조.
117) 『因明論疏』: 인도의 商羯羅主가 짓고 玄奘이 번역한 因明[인도의 논리학]에 관한 책. 『因明入正理論』의 축약판.

현이 청녕향에 알림

지난번에 적산사원에는 일본의 배에서 낙오된 세 명의 승려와 행자 한 명이 머물고 있다는 보고를 받았다. 위의 보고를 보면 위의 승려들은 이미 자신들이 적산원에 남게 된 사유를 갖춰서 제출했음을 알 수 있다. 그러나 두렵건대, 이후에 주의 관리들이 포구의 소유(所由)[118]와 그 마을의 촌장 및 적산원의 강유 등에게 더 이상의 조사를 요구할 것이니, 모름지기 그대들은 일본의 승려가 있고 없음을 알아 처분하기를 바란다. 상부로부터 허락이 있기에 이를 소유에게 알린다. 이 사람들 문제를 조사해 본 바에 의하여, 모름지기 포구의 소유는 이를 보고하고 적산원의 강유는 모름지기 그들의 있고 없음을 늘 알고 있어야 한다. 만약 이후에 주사(州司)의 관리가 추가로 조사할 때 그들이 어디로 갔는지 모른다고 대답한다면 그대들은 중벌을 면할 수 없을 것이다. 이 공문이 도착하는 날 그대들은 이를 알리기 바란다.

개성 4년 8월 13일
전(典) 왕좌(王佐) 씀
주부(主簿) 부위(副尉) 호군직(胡君直)
섭령(攝令) 척(戚) 선원(宣員)

사공(司功)[119]에게

지난날 있는 일본 배에서 낙오되어 청녕향 적산에 머물고 승려 세 명과 행자 한 명에 관하여 :

주사(州司)와 주사(州使)는 위의 승려들에 관한 보고를 받았다. 그러나 그들이 어디로 갈지도 모르기에 8월 14일에 적산사원과 마을의 촌장, 포구의 소유 등에게 그들의 있고 없음을 모름지기 알고 있도록 일렀다. 청녕향의 이장에게 알아본 결과 촌정(村正)인 담단(譚亶)이 그 공문을 분실하여 지금까지 아무런 응답이 없다고 한다. 담단이 이제 다시 그 처분을 청하며 위와 같은 글을 보내왔다. 삼가 씀.

개성 4년 9월 일
전 왕좌 씀
청녕향 촌정이 편지를 올림

일본국 승려 엔닌 등이 올리는 글
적산원에 머물고 있는 일본인 승려 세 명과 행자 한 명의 행방과 있고 없음을

118) 所由 : 포구의 役人. 본래는 唐代에 출납을 맡아 보는 관리, 또는 지방의 속관의 뜻이 있음.
119) 司功 : 州廳에는 功·倉·戶·兵·法·士의 六司가 있었는데, 그 가운데 司功은 役人들의 근무 評定과 제사·교육의 일을 맡음.

조사하는 공문을 잘 받았습니다. 위의 승려들은 불법을 흠모하여 잠시 산원에 들러 편안하게 머물고 있습니다. 저희들은 이곳을 떠나 여러 곳을 순례하고자 하나, 이제 날씨가 추워지게 되어 갈 곳이 없기에 이곳에서 겨울을 지내고자 합니다. 봄이 되면 명산을 순례하고 성스러운 자취를 찾아보고자 하여 저희들은 이를 청원하는 글을 올린 바 있습니다. 이제 저희들의 행방과 있고 없음을 묻는 공문을 받고 삼가 그 사유를 적어 위와 같이 아뢰오니 사실의 내용인즉 그와 같습니다. 삼가 올립니다.

개성 4년 9월 3일
일본국 승려 엔닌 등 아룀

9월 12일

정오경에 구름이 끼고 천둥이 치더니 우박이 쏟아진다. 오전 3~5시경이 지나자 용(龍)이 서로 싸우는 소리가 들리더니 우박이 쏟아지고 번개가 치기를 얼마 동안 계속하여 새벽이 되어서야 멈추었다. 아침에 나가 살펴보니 우박이 3~4치나 넘게 쌓여 있어 마치 눈이 온 것과 같다. 노승이 말하기를, '예로부터 전해오는 바에 따르면 이 산에는 용궁(龍宮)이 많다.' 고 했다.

사부(祠部)120)가 장안(長安) 장경사(章敬寺)의 신라 승려 법청(法淸)에게 보내는 글
위의 사람들은 법에 따라서 이곳에 머물면서 두타(頭陀)121)를 행할 수 있도록 요청했습니다. 이에 대해 다음과 같이 아룁니다. 앞서 말한 스님들의 편지를 접수했는데 그 내용은 이러했습니다.
"저는 저의 본심으로 불문(佛門)에 입도하여 두타에 즐거움을 두었습니다. 그리하여 명산에서 불심으로 돌아가 예알(禮謁)하고, 임하(林下)122)에서 수행하면서 스승을 찾아 가섭(迦葉)123)의 행문(行門)124)을 공부했습니다. 나아가 부처님의 이치를 닦았습니다. 저는 삼장승(三藏僧)125)의 반야(般若)126)가 자기 제자

---

120) 祠部 : 상서성 예부에 속해 있는 4部의 하나로서, 제사·享祭·천문·漏刻·國忌·廟諱·卜筮·의약·도교·불교의 일을 맡아 봄.
121) 頭陀 : 번뇌의 티끌을 털어 없애고 의식주를 탐하지 않으며 청정하게 불도를 수행하는 것. 여기에 12가지의 行이 있다.
122) 林下 : 幽僻의 경지 또는 세속에서 물러나 사는 곳. 李白의 詩『安陸寄劉綰』에 '獨此林下意 杳无區中緣' 이라 함.
123) 迦葉 : 摩阿迦葉 또는 大迦葉이라 함. 석가모니의 10대 제자 중의 하나로서 석가모니께서 득도한 지 3년 뒤에 귀의하여 부처님의 心印을 전수받고 佛滅 뒤 5백 나한을 거느리고 불교를 포교함.
124) 行門 : 행위의 方向로서 身·口·意의 戒行을 수련하는 일.
125) 三藏僧(三藏法師) : 經·律·論 정통한 스님.
126) 船若 : 唐 貞元 14년(서기 798년)에『華嚴經』40권을 번역한 인도 출신의 승려 반야

대념(大念) 등이 두타행을 할 수 있도록 힘써 상주(上奏)하자, 부처님의 가르침에 따르면서 칙령을 지켜 수행하고 두타행을 하면서 성전(聖典)을 훼손함이 없었던 원화(元和)[127] 원년(元年) 4월 12일자의 칙령을 저의에게도 선례로 적용해 주시기 바랍니다. 저는 지금 불법을 배우겠다는 생각에 몰두하다가 마음을 상했을 뿐만 아니라 풍질(風疾)[128]까지 겹쳐 때때로 엄습해 오고 있기에 약을 들며 모름지기 저자를 떠나 장차 휴식해야 합니다. 저는 이제 여러 산을 순례하며 의원을 만나 병을 고치고자 하나 두렵건대 변경의 요새, 성문, 거리와 가게, 시골 마을, 불당, 산간의 한가하고 고요한 수행처, 주(州)와 현(縣)의 승려들의 거처가 저의 통행을 분간(分揀)하지 않을 것인즉 공문증[公驗]을 발급해주시기 바랍니다."

우리는 문고(文庫)에서 위에서 언급된 칙령을 찾았습니다. 그 칙령을 삼가 검토해 본 결과, 그 승려들은 두타행을 할 수 있었고 주와 현의 승려들의 거처에서 머물 수도 있었으니, 이번 일을 처리하면서 [그들에게 원하는 바를 허락하지 않았다가는] 그럴 만한 이유를 찾지 못하게 될까 두렵습니다. 법청(法淸) 스님이 두타행을 청한 사실과 관련하여 이를 검토하여 그 청을 받아들여 이에 보고합니다.

원화 2년 2월 일
영리(令吏)[129] 반륜(潘倫) 씀
주사(主事)[130] 조참(趙參)
원외랑(員外郞)[131] 주중손(周仲孫)

일본국 구법승 등이 당사(當寺)[132]에 드림

승려 엔닌, 수행 승려 이쇼·이교, 행자 데이유만은 당사(當寺)에서 공문을 있도록 해주시기를 청합니다. 이에 대해 아래와 같이 아룁니다.

저희들은 본래 부처님의 가르침을 흠모하여 멀리로부터 이곳 어진 땅에 들어와 성적(聖跡)에 마음을 쏟고 순례에 기쁨을 두었습니다. 보고 들은 바에 따르면 오대산 등 여러 곳은 불교의 근원이자 대성(大聖)의 교화가 끼친 곳으로서 인도의 고승들이 험한 산을 넘으면서 찾아온 곳이며, 한(漢)의 유명한 스님 명

(Prajna) 三藏 가리키는 것으로 보임. 그가 번역한 『華嚴經』은 보통 四十華嚴 또는 貞元譯『華嚴經』이라고 부름.
127) 元和 : 唐 憲宗 연호(806~820년).
128) 風疾 : 風病. 신경계질환.
129) 令吏 : 無品의 祠部 役人.
130) 主事 : 종구품의 祠部 役人.
131) 員外郞 : 종육품의 祠部 役人.
132) 當寺 : 堂司. 禪寺에서 維那가 僧堂의 사무를 맡았으므로 그가 있는 곳을 가리켜 堂司라 하며, 또는 그를 부르는 데 쓰기도 한다.

덕(名德)은 이곳에서 득도했습니다. 저희들은 이곳의 꽃다운 모습을 앙모하던 차에 우연히 좋은 인연을 맺어 다행히 성국(聖國)에 이르게 되었습니다. 이제 저희들은 여러 곳을 돌아다니며 옛날에 품었던 뜻을 이루고자 하나 가는 길목에서 관리들이 저희들의 여행의 이유를 분간하지 못할까 두렵습니다.

들리는 바에 따르면 반야 삼장(般若三藏)은 두타승들을 위해 공문증을 청한 바 있고 칙령을 준수하며 수행한 예가 그때로부터 지금까지 이어져 내려오고 있다고 합니다. 바라옵건대 당사에서는 이 나라의 선례에 따라 주와 현에 공문증을 발급해 주도록 공문을 보내주시옵소서. 그리하여 강유께서 홍법(弘法)[133] 하시는 아름다운 명성이 멀리 해외까지 떨치며 불법을 권면하는 그 은혜로움이 부처님을 태양처럼 떠받들게 하옵소서. 당사의 성의(誠誼)가 얼마나 지극한지 헤아릴 수 없습니다. 우리가 드리고자 하는 바를 갖추어 이와 같이 아뢰나이다. 삼가 올립니다.

개성 4년 9월 26일
일본국 엔랴쿠지(延曆寺) 구법승 엔닌

9월 23일

당나라의 당력에 따르면 오늘은 입동(立冬)이다. 오늘 이후부터는 찬바람이 심하게 불 것이다.

9월 27일

눈이 내리다. 9월 중순 이래 찬바람이 점점 불어 산과 들에는 푸른 잎이 없어지고 냇물과 샘에는 얼음이 언다.

9월 28일

이 절에서는 순무[蔓菁]와 무[蘿蔔]를 모으기 시작했다. 절의 상좌승들이 낙엽을 모으기 위해 모두 나왔다. 곳간에 땔감이 없을 때에는 절 안의 승려들이 노소를 가리지 않고 모두 나아가 땔나무를 해온다.

10월 1일

서리가 내리기 시작했다.

133) 弘法 : 교법을 넓힘. 포교.

10월 5일
샘이 얼다.

10월 10일
밤이 되니 기러기 무리가 남쪽으로 날아가는 소리가 들린다.

10월 15일
밤중에 월식(月蝕)이 벌어지니 절 안의 중들이 모두 밖으로 나아가 판자를 때려 소리를 냈다.[134] 오전 3~5시경이 되니 달빛이 점점 밝아졌다.

11월 1일
신라인 왕장문(王長文)의 초청을 받아 그의 집에 이르러 재를 들었다. 재를 마친 뒤 절의 사원장(寺院莊)[135]에 이르러 하룻밤을 지냈다.

11월 2일
저녁나절에 산원으로 돌아왔다.

11월 9일
오늘은 동지여서 여러 승들이 서로 예(禮)를 나누었다. 법당에서 예불했다.

11월 16일
적산원에서 『법화경』 강의를 시작했는데 내년 정월 보름까지가 기한이다. 주위의 여러 곳에서 온 승려들과 인연이 있는 시주들이 와서 참관하는데, 그 중 성림화상(聖林和尚)이 불경을 강의하는 좌주이다. 그 외에 두 사람이 더 강론을 하는데 돈증(頓證)과 상적(常寂)[136]이 그들이다. 남녀와 승려와 속인

134) 월식은 개가 달을 삼킴으로써 생긴다고 생각했기 때문에 그 개를 쫓기 위해서 소리를 낸다.
135) 寺院莊 : 寺莊. 당 중엽부터 균역법의 붕괴와 함께 盛하게 된 사원 소유의 장원. 당대에는 특히 조정 이하 왕공·귀족의 布施를 비롯해서 각 사원이 적극적으로 전원과 산림의 점유에 나서서 한 절이 수천 頃에 이르는 토지를 갖고 있기도 했다.
136) 常寂 : 적산법화원 근처의 劉村에 있던 신라 승.

이 함께 절에 모여, 낮에는 강의를 듣고 밤에는 예불·참회(懺悔)¹³⁷⁾를 하며, 불경과 차제(次第)¹³⁸⁾를 들었다. 승려들이 모이는 숫자는 40명이다. 불경의 강의나 예불·참회는 신라의 풍속에 따른다. 다만 황혼과 새벽에 있는 두 차례의 예불·참회는 당나라의 풍속을 따르지만, 그 밖의 의식은 신라어로 한다. 그 집회에 참석하는 사람들은 승려든 속인이든, 노인이든 젊은이든, 귀족이든 평민이든 모두가 신라인이며, 다만 승려 3명과 행자 1명 등 우리들만이 일본인이다.

11월 17일

재를 들기 전에 강의가 시작되기 때문에 산원을 나와 남산(南山)의 법공사리원(法空闍梨院)¹³⁹⁾으로 갔더니 적산원의 강유가 나에게 급히 편지를 보내어 돌아오기를 청했는데, 이는 남원(南院)에 가는 것이 나에게는 금지되어 있었기 때문이었다. 다시 15일 동안의 출입을 청했더니 강유는 가까스로 허락해 주었다.

11월 22일

일이 잘 풀리지 않아 적산원으로 돌아왔다.

적산원 불경 강의 의식

오전 8시경에 강의를 알리는 종을 쳐 대중들에게 알리면, 얼마의 시간이 흐른 다음 대중이 강당으로 들어온다. 다시 대중에게 자리를 잡도록 알리는 종을 치면 강사가 법당으로 올라와 고좌(高座)¹⁴⁰⁾에 앉고 대중은 같은 목소리로 탄불(嘆佛)하는데, 그 음곡(音曲)은 모두가 신라의 것이지 당음(唐音)이 아니다. 강사가 자리에 오르기를 마치면 탄불을 멈춘다. 이때 아랫자리에 있는 한

137) 懺悔 : 스스로 범한 죄를 뉘우쳐 용서를 비는 일. 불교 도덕을 실천하는 데 중요한 한 행사. 참회는 그 방법과 성질에 따라서 布薩·自恣·三種懺法·三品懺悔 등의 종류가 있다.
138) 次第 : 천태대사 智顗가 지은 『釋禪波羅密次第法門』 10권을 가리키는 것으로 보인다.
139) 法空闍梨院 : 적산법화원의 근처인 眞莊村에 있던 新羅僧院인 天門院(南院)을 가리킴. 法空 스님이 이 절에 있었다.
140) 高座 : 講師·導師 또는 戒師 등을 위하여 한층 높게 마련한 자리. 또는 그들에 대한 존칭.

승려가 범패(梵唄)를 외는데, 이는 전적으로 당나라 풍속이다. 그가 외는 구절은 '이 불경을 어찌할 것인가'(云何於此經) 등 한 행이다. '바라옵건대 부처께서는 미묘함과 비밀스러움을 열어 주소서'(願佛開微密)라는 구절에 이르면 대중은 계향(戒香)[141]과 해탈향(解脫香)[142] 등을 합창한다. 범패 읊기를 마치면 강사가 불경의 제목을 읊으면서 그 제목을 삼문(三門)[143]으로 나눈다.

제목의 풀이를 마치면, 유나사(維那師)[144]가 앞으로 나와 고좌에서 먼저 오늘 모임의 이유를 설명하고 시주의 이름과 그가 바친 물건을 밝힌 뒤에 그 문서를 강사에게 넘겨준다. 강사는 주미(麈尾)[145]를 잡고 시주한 사람의 이름을 일일이 들면서 스스로 발원한다. 발원을 마치면 논의자(論義者)들이 질문을 제기한다. 질문을 하는 동안 강사는 주미를 들어 질문자의 말을 듣는다. 질문을 마치면 주미를 들었다 놓으면서 질문해 준 것을 사례한 뒤 대답한다. 질문을 하고 그에 대답하는 방법은 일본과 같지만, 다만 교리의 어려움을 지적하는 방식은 다소 다르다. 강사가 손을 옆으로 하여 세 번 오르내린 뒤 질문에 대답하기 전에 어떤 논의자가 갑자기 어려움을 제기하는데, 그 목소리는 마치 화가 난 사람과 같아 한껏 외치며 논박한다. 강사가 그 어려움을 지적받고서 그에 대하여 대답하면 다시 어려움을 제기하지는 않는다.

논의를 마치면 독경에 들어간다. 강의를 마치면 대중들은 한목소리로 길게 찬불하는데 그 가운데에는 회향사(廻向詞)[146]가 들어 있다. 강사가 자리에서 내려가면 한 승려가 '한 세상 삶이여, 허공과 같도다'(處世界如虛空偈)하고 외치는데, 그 음세(音勢)는 일본과 매우 비슷하다. 강사가 예반(禮盤)[147]에 올라가면 한 승려가 삼례(三禮)[148]를 외고 다시 대중과 강사가 한

141) 戒香 : 戒를 잘 지키면 덕이 저절로 갖춰져, 향기가 사방에 퍼지는 것과 같이 남의 마음에 공경심을 일으키게 함.
142) 解脫香 : 마음에 속박이 없고, 선악의 구별을 생각하지 않으며 자유자재함.
143) 三門 : 본시 해탈에 이르는 세 가지 길, 곧 智·慈悲·方便을 의미했으나 여기에서는 佛講을 셋으로 나눈 序分·正宗分·流通分을 의미함.
144) 維那師 : 都維那, 곧 綱維를 가리킴.
145) 麈尾 : 선승이 강설이나 담화할 때 손에 들고 흔드는 물건. 가늘고 긴 나무 끝에 큰 사슴의 꼬리털을 달아 부채 비슷하게 만든 것. 처음에는 먼지떨이나 파리채 등으로 썼으나 뒤에는 威儀를 정돈하는 도구가 되었다.
146) 廻向詞 : 공덕을 온갖 중생에게 베푸는 기원문.
147) 禮盤 : 부처님께 예배하기 위하여 오르는 높은 자리.
148) 三禮 : 身·口·意의 三業으로써 경의를 표하여 세 번 예배함.

목소리로 상례를 따라 외운 뒤 법당을 나서 방으로 돌아간다.

[다음 날] 다시 복강사(覆講師)[149] 한 명이 고좌의 남쪽 아래에 앉아 그 전날 강사가 강의한 문장에 관하여 대화를 나눈다. 어떤 뜻이 있다고 여겨지는 구절에 이르면, 강사는 그 대목을 문장으로 만들어 그 뜻을 풀이하고 복강사가 또한 그것을 읽는다. 그 전날 강의한 문장의 읽기를 마치면, 강사는 즉시 다음 문장을 읽는다. 매일 하는 일이 이와 같다.

신라 산원의 1일 강의 의식

오전 8시경에 종을 친다. 긴 종소리가 나면 강사와 도강(都講)[150] 두 명이 법당으로 들어온다. 대중들은 먼저 들어와 줄을 지어 앉아 있다. 강사와 독사(讀師)[151]가 법당에 들어올 때면 대중들은 한목소리로 길게 찬불한다. 그러면 강사가 올라와 북좌(北座)에 앉고 도강이 남좌(南座)에 앉으면서 찬불을 멈춘다. 이때 아랫자리의 한 승려가 범패로 '이 불경을 어찌할 것인가' 하고 읊조린다. 범패가 끝나면 남좌에 앉은 독사가 오늘의 강의할 불경의 제목을 발표하고 그 불경을 길게 읊는데, 그 음의 굴곡이 많다. 불경을 읊는 동안 대중들은 세 번 꽃을 뿌리는데[散花],[152] 꽃을 뿌릴 때마다 저마다 외는 것이 있다.

불경을 읊는 것이 끝나면 다시 짧게 그 제목을 부른다. 강사는 불경의 제목을 펴들고 삼문(三門)으로 나누어 그 대강의 뜻을 설명한다. 불경 제목의 풀이를 마치면 유나사가 오늘의 행사가 있게 된 이유를 읽는다. 그 글에는 무상(無常)의 도리(道理), 죽은 사람의 공덕, 그리고 죽은 날짜가 함께 기록되어 있다. 알고 본즉 등주 자사(登州刺史)는 성이 오(烏)이고 이름은 각(角)이어서 당시 사람들이 오사군(烏使君)이라고 불렀다. 휘(諱)가 셋 있으니 명

---

149) 覆講師 : 강의를 반복하여 들려주는 사람.
150) 都講 : 으뜸 강사 또는 강학을 맡은 사람이라고 풀이할 수 있으니 다음에 나오는 讀師를 가리키는 것으로 보임.
151) 讀師 : 經·論을 강설하는 법회에 강사와 상대하여 높은 자리에 올라 經의 제목을 읽는 등의 일을 맡은 직책.
152) 散花(華) : 法要 중에서 꽃을 뿌려 부처님께 공양하는 일. 꽃이 피면 부처님이 와서 앉으므로 下界에서는 꽃으로써 淨土함. 또 귀신은 이 향내를 맡고, 빛 보기를 싫어하므로 악귀를 쫓고 부처님을 청하는 뜻으로 쓴다.

(明) · 기(綺) · 합(給)이었다. 명일(明日)이라 함은 내일을 뜻한다. 청주 절도사(青州節度使)의 성은 위(韋)로서 당시 사람들은 위상서(韋尚書)라고 불렀는데, 휘는 없다.

신라인들의 송경(誦經) 의식

이를 일컬어 당나라에서는 염경(念經)이라 한다. 종이 울리고 대중들이 자리를 잡으면, 아랫자리의 한 승려가 일어나 북(槌)을 치며, '만물의 일체를 공경하고 상주 삼보께 경례하라'(一切恭敬 敬禮常住三寶)고 읊조린다. 이때 한 승려가 '여래묘색신'(如來妙色身) 등 두 행의 범패를 읊는데 그 음이 대체로 당나라 것과 같다. 범패를 읊는 동안 한 사람이 향로를 들고 대중들 앞으로 걸어 다니는데 발걸음을 빨리 했다가 멈추었다 한다. 대중들은 한 목소리로 『마하반야』(摩訶般若)[153]의 제목을 몇십 번 외운다. 이때 한 승려가 이렇게 송경하는 이유를 설명한다. 대중들은 같은 목소리로 송경하는데, 어떤 때는 책을 보고 어떤 때는 책을 보지 않는다. 송경을 마치고 도사(導師)[154]가 혼자서 '부처님께 귀의하리로다. 불법에 귀의하리로다. 스님들께 귀의하리로다'(歸依佛 歸依法 歸依僧) 하고 읊은 다음 부처님과 보살의 이름을 외운다.

도사가 '나무십이대원'(南無十二大願)[155]을 읊으면 대중들은 '약사유리광불'(藥師留璃光佛)[156]을 외우고, 도사가 '나무약사야'(南無藥師也)를 읊으면

153) 『摩訶般若』: 『摩訶般若波羅蜜多經』을 가리키는 것으로 보임. 서기 404년 後秦의 인도 승려 鳩摩羅什(서기 343~413년)이 『大般若波羅蜜多經』(600권)의 제2분(401~478권)을 따로 27권으로 번역한 것임. 모든 법이 다 空하다는 이치를 밝히고, 大智度는 또는 大慧度라 번역한다. 『大智度論』(100권)은 이 經을 해석한 것이며, 10권 本의 『般若經』을 『小品般若經』이라 하는데 반해서 이를 『大品般若經』이라 한다.
154) 導師: 법회 때에 그 모임을 주장하는 직책. 儀式을 지도하는 승려.
155) 南無十二大願: 藥師如來佛이 수행하던 때 세운 12가지의 祈願. (1) 자기와 남의 몸에 광명이 끝없고 相好가 원만하기를 빎. (2) 몸은 유리와 같고 치성한 광명은 마음이 암흑을 비춰 모든 일이 뜻대로 되기를 빎. (3) 중생의 소원이 이루어지기를 빎. (4) 다른 종교를 믿는 이는 불교를 믿게 하고 小乘은 大乘이 되기를 빎. (5) 청정한 수행을 하는 이에게 三聚[正定取 · 邪定取 · 不定取] 정계를 갖추기를 빎. (6) 불구자들이 완치되기를 빎. (7) 병이 없이 안락하기를 빎. (8) 여자가 남자로 변하여 성불하기를 빎. (9) 邪思와 邪見을 버리고 正見에 安立하기를 빎. (10) 중생이 재난에서 벗어나기를 빎. (11) 음식이 넉넉하여 안락을 얻기를 빎. (12) 가난하여 의복이 없는 이에게 아름다운 옷을 얻게 하기를 빎.
156) 藥師瑠璃光佛: 東方淨瑠璃國의 敎主로서 十二誓願을 發하여 중생의 病源을 구하고 無明의 痼疾을 치료했다.

대중들은 한목소리로 '유리광불'(瑠璃光佛)을 외우고 도사가 '나무대자대비'(南無大慈大悲)를 읊으면 대중들은 한목소리로 '관세음보살'(觀世音菩薩)을 외우는데, 그 나머지도 모두 이와 같다.

예불이 끝나면 도사가 회향사(廻向詞)로 발원(發願)[157]을 마치는데, 이 대목은 다소 길다. 회향사를 마친 뒤 도사가 '발심'(發心)[158]이라고 말하면, 대중들도 역시 같은 목소리로 발심이라고 읊는다. 그런 다음 도사가 '발원'을 읊고 이를 마치면, 삼보(三寶)께 정례(頂禮)를 드린다. 그 뒤 시주는 시주물을 들고 앉아 있고 도사가 주원(呪願)[159]을 한 다음 흩어져 돌아간다.

12월 29일[160]

저녁나절 우리는 신라 산원의 불당과 경장(經藏)[161]에 등을 밝히고 공양했으며, 다른 곳에는 등을 밝히지 않았다. 각 방의 아궁이에서 댓닢과 풀을 태우니 굴뚝에서 연기가 피어올랐다. 해저물녘과 초저녁과 밤중과 오전 4시경의 아침에 예불을 드린다. 자정이 지나자 여러 사미승과 소사(小師) 등이 각 방을 돌아다니며 새해 인사를 하는데, 그 인사말은 당나라의 풍습에 따른 것이었다.

157) 發願 : 넓게는 수행에 게으르지 않고 반드시 證果에 이르려고 하는 誓願을 세움을 의미하고, 좁게는 극락세계를 건설하여 중생을 구제하려는 서원을 세움.
158) 發心 : 發菩提心의 약어. 보리를 얻고자 구하는 마음을 일으킴.
159) 呪願 : 법회 때 인도하는 스님이 법어를 불러 시주나 죽은 이를 위하여 복리를 기원하는 것.
160) 원문에는 12월의 표시가 없으나 전후의 문맥으로 볼 때 12월 29일의 일기로 보임.
161) 經藏 : 부처님이 말씀하신 경전. 經中에 모든 사리가 含藏되어 있기 때문에 藏이라고 함. 여기에서는 경전을 넣어두는 府庫[經堂·藏殿·輪藏]를 뜻함.

서기 840년

[당 개성(開成) 5년, 신라 문성왕(文聖王) 2년, 일본 조와(承和) 7년, 경신(庚申)]

정월 1일(戊寅)

아침 예불을 마친 뒤 서로 인사를 나누지도 않은 채 바로 방으로 돌아왔다. 죽을 먹은 다음 법당 앞에서 예불과 행도(行道)[1]를 했다. 예불을 마친 다음 법당 앞에서 뭇 승려들이 함께 어울려 인사를 나누었다. 행사의 절차는 없었다.

정월 15일

금년 달력 초본(抄本)을 얻었는데 다음과 같다.

개성 5년 역일(曆日)은 간지(干支)로 납음본(納音本)[2]과 같으며 355일이다. 을사(乙巳)에 흙을 구하여 집을 짓거나 수리할 수 있다. 금년의 태세(太歲)[3]는 원숭이 띠[申]이며, 대장군(大將軍)[4]은 남방[午]에 있고, 태음(太陰)[5]은 오(午)에 있고, 세덕(歲德)[6]은 동동북방[甲寅]에 있고, 세형(歲刑)[7]은 동북방[寅]에 있고, 세파(歲破)[8]는 동북방[寅]에 있고, 세살(歲煞)[9]은 미(未)[10]에 있고, 황번(黃

---

1) 行道 : 여러 스님이 불경을 외우며 탑의 오른쪽으로부터 등 뒤를 지나 왼쪽으로 돌아가는 의식.
2) 納音本 : 六十甲子를 오행으로 나타낸 것으로서 甲子·乙丑 海中金에서 비롯하여 壬戌·癸亥 大海水로 끝난다.
3) 太歲 : 간지로서의 띠. 본래는 음양가에서 모시는 八將神의 하나로서 목성에 붙인 이름이다. 해마다 간지의 방향으로 운행하는데 이의 방향으로 吉事를 행하면 복을 받되 나무를 베는 것을 꺼린다.
4) 大將軍 : 八將神의 하나로 이 방향에는 모든 것을 꺼림.
5) 太陰 : 歲星을 의미함. 대장군은 金星의 精靈으로서 3년마다 이동하는데 辰·卯·寅年에는 子(北), 丑·子·亥年에는 卯(東), 申·酉·戌年에는 午(南), 巳·午·未年에는 酉(西)에 자리 잡아 이 방향에 손(巽)이 낀 것으로 보아 凶으로 간주한다. 太陰은 太歲의 皇后이다.
6) 歲德 : 한 해 가운데 有德한 방위에 있는 神. 甲·己年에는 寅卯(동북), 庚·乙年에는 申酉(서남서), 丙·戊·辛·癸年에는 巳午(남동남), 壬·丁年에는 亥子(북서북)에 자리 잡아 吉하다.
7) 歲刑 : 水星의 精靈으로서 酉(西)의 방향에서 일 년 내내 재앙을 받는다.
8) 歲破 : 물을 다스리는 神靈으로 이 방위로 배를 타고 가거나 이사함을 꺼림. 토성의 정령이므로 물을 움직이는 것이 길함.
9) 歲煞 : 三煞方의 하나로서 金星의 精靈. 寅·午·戌年에는 丑方(북동), 巳·酉·丑年에는 未方(正南으로부터 서쪽으로 30°), 亥·卯·未年에는 戌方(서쪽에서 조금 북쪽)에 속한 陰氣의 煞이 있음.
10) 未 : 正南에서 서쪽 30°의 지점을 중심으로 좌우 15°.

旛)[11]은 동동남방[辰]에 있고, 표미(豹尾)[12]는 서서북[戌]에 있고, 잠궁(蠶宮)[13]은 정동남방[巽]에 있다.

정월(大) 1일은 무인(戊寅)으로서 토건(土建)[14]이며, 4일은 득신(得辛)[15]이며, 11일은 우수(雨水)이며, 26일은 경칩(驚蟄)이다.

2월(小) 1일은 무신(戊申)으로서 토파(土破)[16]이며, 11일은 사(社)[17]로서 춘분(春分)이며, 26일은 청명(淸明)이다.

3월(大) 1일은 정축(丁丑)으로서 수폐(水閉)[18]이며, 2일은 천사(天赦)[19]이며, 12일은 곡우(穀雨)이며, 28일은 입하(立夏)이다.

4월(小) 1일은 정미(丁未)로서 수평(水平)[20]이며, 13일은 소만(小滿)이며, 28일은 망종(芒種)이다.

5월(小) 1일은 병자(丙子)로서 수파(水破)[21]이며, 14일은 하지(夏至)이고, 19일은 천사(天赦)이다.

6월(大) 1일은 을사(乙巳)로서 화개(火開)[22]이며, 11일은 초복(初伏)이며, 15일은 대서(大署)이며, 30일은 입추(立秋)이다.

7월(小) 1일은 을해(乙亥)로서 토평(土平)[23]이며, 2일은 제복(除伏)[24]이며, 15일은 처서(處署)이다.

8월(大) 1일은 갑진(甲辰)으로서 화성(火成)[25]이자 백로(白露)이며, 5일은 천사이며, 15일은 사(社)이며, 16일은 추분(秋分)이다.

9월(小) 1일은 갑술(甲戌)로서 화제(火除)[26]이며, 2일은 한로(寒露)이며, 17일은 상강(霜降)이다.

11) 黃旛 : 死神. 본래는 黃地로 만들어 죽은 자의 무덤이나 탑에 달던 깃발. 辰·丑·戌·未로 운행함. 羅睺星의 정령임.
12) 豹尾 : 본시는 표범의 꼬리로 만든 깃발이나, 점성에서는 黃幡의 상대로서 戌·未·辰·丑으로 운행하며 計都星의 정령임.
13) 蠶宮 : 獄刑. 본래는 누에를 치는 房을 의미하지만 宮刑(蠶刑·腐刑: 男根을 자르거나 女門을 으깨는 刑)을 치른 사람을 이곳에 가두었음.
14) 土建 : 흙에 吉함.
15) 得辛 : 음력 정월의 첫 辛日.
16) 土破 : 흙에 凶함.
17) 社 : 고대 중국의 토지 수호신. 또는 그에 대한 제사(일).
18) 水閉 : 물에 凶함.
19) 天赦 : 음력으로 1년 중에 가장 좋은 길일. 戊寅(春), 甲午(夏), 戊申(秋), 甲子(冬)의 4일임.
20) 水平 : 물이 평안함.
21) 水破 : 물이 凶함.
22) 火開 : 불이 왕성함.
23) 土平 : 흙이 평안함.
24) 除伏 : 판본에 따라 除伏·陰伏으로 다름. 더위가 가심을 의미하는 것으로 보임.
25) 火成 : 불이 왕성함.
26) 火除 : 불(熱)이 가심.

10월(大) 1일은 계묘(癸卯)로서 금집(金執)[27]이며, 2일은 입동(立冬)이며, 18일은 소설(小雪)이며, 20일은 천사이다.
11월(大) 1일은 계유(癸酉)로서 금수(金收)[28]이며, 3일은 대설(大雪)이며, 20일은 동지(冬至)이다.
12월(大) 1일은 계묘(癸卯) 금평(金平)[29]이며, 3일은 소한(小寒)이며, 18일은 대한(大寒)이며, 26일은 납형(臘亨)이다.[30]

위의 달력은 내가 구하여 내용을 살펴본 것이다.
오늘은 적산원의 법화회(法華會)가 마치는 날이다. 집회에 모인 사람이 어제는 250명이었고, 오늘은 200명이었는데, 결원(結願)[31]을 한 뒤 모인 대중들에게 보살계(菩薩戒)[32]를 주었다. 재를 마친 뒤 모두 헤어졌다. 적산법화원에 늘 머무는 승려와 사미승의 이름은 승(僧) 담표(曇表), 승 양현(諒賢), 승 성림(聖林), 승 지진(智眞), 승 월범(軏範 : 禪門),[33] 승 돈증(頓證 : 寺主), 명신(明信 : 지난해의 典座),[34] 혜각(惠覺 : 禪門), 수혜(修惠), 법청(法淸 : 지난해의 赤山院 院主),[35] 김정(金政 : 上座),[36] 진공(眞空), 법행(法行 : 禪門), 충신(忠信 : 禪門), 선범(善範), 사미 도진(道眞 : 지난해의 直歲),[37] 사교(師敎), 영현(詠賢), 신혜(信惠 : 일본에서 6년간 살았음), 융락(融洛), 사준(師俊), 소선(小善), 회량(懷亮), 지응(智應), 비구니 3명, 노파 2명이 있었다.

일본국 구법승 엔닌이 천하를 순례하며 스승을 찾아 도(道)를 구하기를 적산원에 청하는 공문
아뢰옵니다. 소승 엔닌은 다행히도 귀원(貴院)의 인덕(仁德)을 입어 이곳에

---

27) 金執 : 金을 잡음.
28) 金收 : 金이 들어옴.
29) 金平 : 金이 평안함.
30) 이상의 '土建'으로부터 '金平'까지는 12支를 12直(建·除·滿·平·定·執·破·危·咸·收·開·閉)으로 나누어 五行(金木水火土)의 吉·凶·平을 설명한 것임.
31) 結願 : 날수를 정하여 부처님께 기도하는 일이 끝남. 또는 끝나는 날.
32) 菩薩戒 : 대승불교에서 自利·利他의 菩薩道에 정진하는 중이 받아 지켜야하는 계율.
33) 禪門 : 禪定의 문에 들어간다는 뜻. 불문에 들어간 이를 말함.
34) 典座 : 6知事 가운데 하나. 禪寺에서 대중의 床座·와구·음식 등의 사무를 맡은 소임.
35) 院主 : 寺主. 禪家의 소임인 監寺의 옛 이름.
36) 上座 : 三綱 가운데 하나. 절 안의 스님들을 통솔하고 온갖 사무를 총람하는 직책.
37) 直歲 : 한 해 동안의 모든 일을 맡아보는 이.

평안히 머물 수 있었습니다. 그동안 입은 높고 넓은 후의를 갚을 길이 없기에 감사하고 부끄러운 심정을 말로 형언하기 어렵습니다. 그러나 세월이 흘러 봄 기운이 따사로워지매 이제 이곳을 나가 천하를 순례하며 불법을 구하고자 합니다. 엎드려 바라옵건대 처분하여 주시옵소서. 이에 위와 같이 글을 갖추어 올립니다. 삼가 올립니다.

개성 5년 정월 19일
일본국 구법승 엔닌 아룀

정월 20일

적산원의 강유는 다시 한 장의 공문을 지어 이쇼와 사원의 가사(家使)[38]를 시켜 이 주(州)의 군사압아(軍事押衙)인 장영(張詠)의 집으로 보냈다. 나는 별도로 한 장의 글을 써서 압아에게 보냈는데, 그 내용은 다음과 같다.

아뢰옵니다. 세월이 흘러 봄 기운이 완연하온데, 바라옵건대 압아의 존체(尊體)에 만복이 깃들길 빕니다. 이 사람 엔닌은 귀하의 추만(推輓)[39]을 입었으며, 지난날에는 인자한 보살핌을 받았고, 특별히 위로를 받았기에 그 감사함을 이길 수 없습니다. 여행자의 몸이기에 더 이상 보살핌을 받을 수 없게 되었으나 [그 간의] 큰 기쁨을 어찌 표현할 수 있겠습니까? 엔닌은 부처님의 가르침을 흠모하여 당나라에 머물다가 이제 천하를 돌아다니며 성스러운 자취를 찾아보고자 합니다. 바라옵건대 널리 어지심을 베푸시어 저의 일이 다행히도 은혜를 입게 되기 빕니다. 삼가 저의 제자 이쇼를 보내어 제 대신 글을 올립니다. 아뢸 말씀을 다 아뢰지 못합니다. 삼가 올립니다.

개성 5년 정월 20일
일본국 구법승 엔닌 올림
장 압아(張押衙) 시자(侍者) 근공(謹空)

정월 21일

장 압아로부터 글을 받았는데 그에 이르기를 '내일 문등현에 사람을 보내어 공문을 받고자 하니 이를 적산원에 알려 마음속에 기억하도록 하라'고 했다. 적산원의 승려와 압아, 그리고 마을 사람들이 입을 모아 이렇게 말했다.

"청주(青州)로부터 이곳에 이르는 여러 곳은 최근 3~4년 동안 메뚜기가

---

38) 家使 : 잡역부.
39) 推輓 : 뒤에서 밀고 앞에서 끎. 천거의 의미가 있음.

성하여 모든 곡식을 먹어버렸기 때문에 사람들이 굶고 도적이 많아 사람을 죽이고 물건을 빼앗는 일이 많습니다. 뿐만 아니라 나그네가 먹을 것을 구걸해도 누구도 보시[布施]하지 않으니 이제 네 사람이 함께 가노라면 큰 어려움이 있을 것을 마땅히 생각해야 합니다. 그런즉 이 산원에서 여름을 지내고 가을 곡식이 나기를 기다렸다가 떠나는 것이 편안할 것입니다. 만약 군이 떠나고자 한다면 양주와 초주 쪽으로 가면 그곳에서는 곡식이 익어 먹을 것을 구하기가 쉬울 것입니다. 만약 본래 뜻한 바대로 가고자 한다면 초주와 해주에서 큰 길을 따라 북쪽으로 갈 수 있습니다."

사람들의 말이 같지 않아 어찌할 바를 모르겠다. 문등현 장관(長官)의 휘는 훈(勳)이며 소부(少府)[40]의 휘는 평(平)이다.

정월 27일

저녁나절에 압아로부터 글을 받았는데, 그 내용은 다음과 같다.

어제 이미 귀하의 높은 뜻을 현(縣)에 알렸습니다. 재군(宰君)[41]이 최근에 알려온 바에 따르면 그는 이러한 내용을 주(州)에 알렸으므로 10여 일간 기다리다가 주사(州司)로부터 어떤 처분이 있으면 그때 떠날 수 있다는 내용이었습니다.

2월 1일

압아에게 보내는 공문을 다시 작성했는데, 그 내용은 다음과 같다.

봄이 한창이어서 점점 따사로워지는데 압아의 존체에 만복이 깃들기를 엎드려 빕니다. 소승 엔닌은 은혜를 입어 홀연히 서한을 받고 그 높은 뜻을 받자오니 은혜로움을 더욱 깊이 느끼오며, 이에 소승은 감격스러움을 이길 길이 없습니다. 현의 공문을 살펴보면 '주에 알린 후 10여 일간 기다렸다가 주사의 처분을 받아 길을 떠남이 마땅하다'고 되어 있습니다. 저의 어리석은 마음으로 짐작하더라도 이는 이치에 합당한 것입니다. 그러하오나 저희가 계획하고 있는 여정이 1만여 리이고, 또한 이 여행은 멀리서 온 나그네의 개인적인 바람일 뿐이

40) 少府 : 縣尉.
41) 宰君 : 縣의 知事.

지 공무(公務)가 아니온지라, 그윽이 생각건대 현사(縣司)가 주에 알리는 일이 그리 급한 것은 아닐 것입니다. 만약 시간을 지체하고 속절없이 절후를 보내다가는 당연히 한 여름을 겪게 될 것인즉, 바라옵건대 다시 한 번 더 은혜를 베풀어 주시옵소서.

엔닌의 갈 길은 험난하나 오로지 마음 쓰는 것은 불도뿐이오며, 오로지 일찍 떠나기만을 욕심내다가 역겹게 책임질 일을 한다거나 작은 일을 경솔히 함으로써 휘하(麾下)에 번거로움을 끼칠 생각은 없습니다. 송구하고 부끄러운 마음은 쌓였으나 가만히만 있을 수 없기에 이에 압아의 비음(庇蔭)[42]을 앙망하오니, 엎드려 바라옵건대 노력을 배가하시어 빠른 처분을 내려주시옵소서. 그리 하오면 압아의 넓고도 꽃다운 명성이 멀리 해외에까지 떨칠 것이며, 저희들의 구법(求法)은 훌륭히 뿌리를 내리어 금란지교(金蘭之交)[43]를 맺게 될 것입니다. 삼가 직접 찾아뵙지 못하고 저의 제자인 이쇼를 대신 보내옵니다. 아뢸 바를 다 아뢰지 못하옵니다. 삼가 올립니다.

개성 5년 2월 1일
구법승 엔닌 올림
장 압아 시자

압아로부터 답신이 왔는데, 그 내용은 다음과 같다.

다시 사람을 보내어 간곡히 사정을 아뢰었으니, 생각건대 머지않아 대답이 올 것입니다. 바라건대 스님께서는 너무 근심치 마십시오. 좌주께서 저희 관내에 머무시는 동안 몇 사람이 종일토록 그들이 할 수 있는 일을 할 것입니다.

2월 7일
상좌 제자인 사미 사경(師敬)[44]이 산원을 나가 서쪽으로 떠났다.

2월 11일
해질 무렵 사주(寺主)의 제자인 사미 영현(詠賢)이 상좌의 소사(小師)[45]인

42) 庇蔭 : 차양의 그늘로서, 보살핌의 뜻.
43) 金蘭之交 : 우정의 두터움이 쇠[金]와 같고 그 향기로움이 蘭과 같음.『주역』계사 上傳에 나옴.
44) 사경(師敬): 아마도 師教의 착오일 것이다. 840년 1월 15일자 참조.
45) 小師 : 沙門의 謙稱. 具法戒를 받고 10년이 못 된 사람, 또는 제자의 자칭.

사준(師俊)을 데리고 함께 몰래 달아났는데, 산원의 어느 누구도 그 사실을 알지 못했다.

2월 14일

신라의 승려 상적(常寂)의 청에 따라 유촌(劉村)에 갔다. 그곳에 도착하여 흰 돌로 조각한 미륵상을 보았는데, 윗몸은 흙을 입혔다. 그 이유를 물으니 그가 이렇게 대답했다.

"이곳에 왕헌(王憲)이라는 신라인이 있었는데, 어느 날 밤 꿈에 한 스님이 와서 말하기를 '나는 문수사리(文殊師利)[46]이다. 이곳의 옛 본당이 허물어진 지 여러 해가 되었건만 아무도 중수(重修)하지 않아 부처님과 보살이 땅에 묻히게 되었다. 너는 믿음이 두텁기에 내가 이렇게 와서 알린다. 만약 사실을 알고자 한다면 이 절의 동쪽에 있는 보도(寶圖)[47]의 주변을 파보아라. 그러면 알게 될 것이다.' 했답니다. 문득 놀라 잠에서 깬 그는 꿈에서 있었던 일을 스님과 속인들에게 말하고 그 옛 보도의 주변에 이르러 괭이로 땅을 파니 가슴 높이에 이르러 부처님과 보살상을 보았답니다. 계속하여 그곳을 파보니 미륵불상 한 구(軀), 문수사리보살 한 구, 보현보살 한 구, 관세음보살 두 구, 대사자보살(大師子菩薩)[48] 한 구, 나후라상(羅睺羅像)[49] 한 구, 부처님의 뼈가 담긴 철각(鐵閣)[50] 20근(斤) 이상이 나왔답니다. 모든 사람이 그것을 보고 적지 않게 놀랐답니다."

밤에 예불을 하고, 승려와 속인들이 함께 모여 밤새도록 시사(施舍)[51]했다.

2월 15일

재를 올리는데 사람이 무척 많았다. 그 가운데는 장 압아도 있었다. 그는

46) 文殊師利 : 문수보살의 본이름.
47) 寶圖 : 浮圖를 뜻하는 것으로 보임. 浮屠라고도 하며, 스님의 사리나 유골을 넣는 石鐘임.
48) 大師子菩薩 : 관세음보살과 함께 寶藏如來 밑에서 발원(發願)하여 장래의 성불을 약속받은 師子香菩薩을 의미함.
49) 羅睺羅 : 석가의 아들. 석존께서 태자로 있을 때 출가하여 道를 배우려고 마음을 먹었으나 아들을 낳고서는 장애됨을 한탄하여 나후라라 이름 지음. 석존께서 득도한 뒤 그도 출가하여 제자가 되었는데 이것이 사미의 시초였다.
50) 鐵閣 : 鐵閣, 즉 철로 만든 龕을 의미함.
51) 施舍 : 은덕을 베풀음.

나에게 이렇게 말했다.

"서쪽으로 가는 문제에 관해서는 제가 때를 보아 사람을 주로 보내어 별도로 처분을 얻도록 하겠으니 3~5일 동안 기다려 보십시오. 만약 이 일을 서두를 뜻이 있다면 지금 담당자로 하여금 글을 현으로 가져가도록 하십시오. 일이 막힘없이 처리되면 앞으로 15일 정도 시간이 걸릴 것 입니다."

듣자니 최(崔) 압아의 배가 양주로부터 와서 유산포(乳山浦)에 머물고 있다고 한다.

2월 17일

최(崔暈十二郎) 압아에게 쓴 편지 한 통을 남겨 놓고 산원에 있는 사람에게 전달을 부탁했으며, 아울러 장보고 대사에게 보내는 편지 한 통을 썼다. 그 내용들은 다음과 같다.

해가 바뀌었음에도 불구하고 소식을 자주 듣지 못했습니다. 하오나 삼가 쌓이는 정은 더욱 깊어만 갑니다. 봄 기운은 이미 따사로운데, 엎드려 바라옵건대 압아의 존체가 평안하시기를 빕니다. 이 사람 엔닌은 은혜를 입었으나 구름처럼 멀리 떨어져 있기에 뵙지는 못했지만 우러러 사모하는 마음이 날로 깊어짐을 어찌 비유할 수 있겠습니까? 저는 산원에 머물면서 다행히 한 해를 지냈으며, 여러 스님들의 인덕을 두텁게 입어 여정(旅情)을 위로받은 바 크니 이는 압아의 자애로움 덕분이었습니다. 감싸고 보살펴 주심이 넓고 머니 어찌 이 미천한 몸으로 능히 보답할 수 있겠습니까? 고마움을 마음과 뼈에 깊이 새기니 날이 갈수록 감사하고 부끄러울 뿐입니다.

지난번 압아께서 저에게 전하시기를 '봄이 되면 연수(漣水)로부터 배를 내어 회남(淮南)까지 그대를 보내 주겠노라' 고 하셨습니다. 근자에 들으니 오대산에는 신령한 유적이 있다고 하는데 그곳을 보고 싶은 마음을 가눌 길이 없습니다. 저의 본래의 뜻은 오로지 부처님의 가르침을 찾아보고자 하는 것인데, 이제 다행히도 성지(聖地)에 관한 얘기를 들은즉 어찌 그곳을 가보지 않을 수 있겠습니까? 이와 같은 바람이 일어 먼저 오대산으로 가고자 했으나, 이미 그 약속은 깨어졌고 말과 행동이 맞지 않으니 부끄러움만이 깊어질 따름입니다. 오히려 두렵건대 압아께서 보내신 사람이 별다른 노력을 하지 않을지라도 저를 책망하지 마시기 바랍니다.

구법을 마친 뒤 적산으로 돌아왔다가 청해진(清海鎭)[52]을 거쳐 일본으로 돌아가고자 하오니 바라옵건대 장 대사를 만나 자세한 사정을 아뢰고자 합니다.

제가 이곳으로 돌아오는 것은 생각건대 내년 가을이 될 것 같습니다. 만약 그곳에도 사람과 배가 왕래한다면 높으신 명[高命]을 내리사 저희들을 특별히 보살펴 주도록 해주시기를 바랍니다. 저희들이 일본에 돌아가는 것은 오로지 압아의 넓으신 보살핌에 달려 있습니다. 뵙지 못하고 삼가 글을 대신 전해드립니다. 아뢸 바를 다 아뢰지 못합니다. 삼가 올립니다.

개성 5년 2월 17일
전등법사위(傳燈法師位) 엔닌
최 압아 전자(傳者)

　남(南) 판관께 드림
　존체 만복을 빕니다. 비록 직접 뵈온 적은 없으나 일찍이 귀하에 관해 들은 바 있기에 마치 뵌 것과 마찬가지의 느낌이 듭니다. 바라옵건대 사정이 지난날과 같음을 살피시어 제가 이런 말씀을 드림을 물리치지 마시옵소서. 종이를 가진 것이 없기에 따로 글을 드리지 못하온즉 용서해 주시면 다행이겠습니다. 근공(謹空).

　생전에 귀하를 직접 뵈온 적은 없으나 높으신 이름을 오래 전에 들었기에 흠앙(欽仰)하는 마음이 더욱 깊어만 갑니다. 봄이 한창이어서 이미 따사로운데 엎드려 바라옵건대 대사의 존체에 만복이 깃드소서. 이 엔닌은 대사의 어진 덕을 입었기에 삼가 우러러 뵙지 않을 수 없습니다. 저는 이미 뜻한 바를 이루기 위해 당나라에 머물러 있습니다. 부족한 이 사람은 다행히도 대사께서 발원하신 곳[53]에 머물 수 있었던 데 대해 감경(感慶)한 마음을 달리 비교해 말씀드리기가 어렵습니다. 제가 고향을 떠날 때 지쿠젠(筑前)[54]의 대수(大守)[55]가 편지 한 통을 주면서 대사께 바치라 했습니다. 그러나 갑자기 배가 바다에서 침몰하면서 모든 물자를 유실(流失)했는데, 그때 대사께 바칠 편지도 함께 파도에 떠내려갔습니다. 이로 인한 슬픔을 하루도 느끼지 않은 적이 없습니다. 엎드려 비옵건대 심히 꾸짖지 마옵소서. 언제 뵈올지 기약할 수 없으나 다만 대사에 대한 생각만이 날로 깊어집니다. 삼가 글을 바쳐 안부를 여쭙니다. 이만 줄입니다. 삼가 올립니다.

개성 5년 2월 17일
일본국 구법전승 전등법사위 엔닌 올림
청해진 장 대사 휘하 근공

52) 淸海鎭 : 신라 興德王 3년(828년)에 張保皐가 唐에서 귀국하여 사졸 1만 명을 거느리고 전라남도 莞島에 설치한 근거지.
53) 적산원을 의미함.
54) 筑前 : 일본 北九州의 福岡 일대의 옛 지명.
55) 大守 : 고대 일본의 지방관.

일본국 구법승 엔닌은 공물(公物)을 받자옵고 부족한 이 사람으로서는 감사한 마음을 이길 수 없습니다. 이 사람은 국경 밖의 나라의 용렬한 승려로서 어찌 감히 이와 같이 무거운 은혜를 받을 수 있겠습니까? 실로 갚기 어렵고 다만 송구할 뿐입니다. 엎드려 생각건대 사군(使君)의 충정은 천심(天心)을 울리고, 영귀(榮貴)하심은 간성(干城)[56]에 벌려지고, 맑은 바람은 높이 드날리고, 인화(仁化)는 사방에 퍼져나가며, 군부(軍府)는 안연(晏然)[57]하니, 승려와 속세인이 함께 흠앙(欽仰)합니다. 저는 불법을 구하기 위해 덕을 입어 멀리로부터 와 귀하의 땅에 머물면서 다행히 어진 덕을 입었으니 무릇 미천한 몸으로서 감경함을 가눌 수 없습니다.

개성 5년 2월 17일

2월 19일

재를 마친 뒤 적산의 신라원을 나와 현으로 들어갔다. 원주승(院主僧)[58] 법청(法淸)은 우리의 여행을 맡고 있는 구당신라사(勾當新羅使) 장 압아의 집에까지 배웅해 주었다. 장 압아는 우리를 만나자 이렇게 말했다.

"마침 현으로부터 공문이 왔기에 사람을 보내어 알리려던 참이었습니다. 스님께서 스스로 이렇게 이곳에 이르렀으니 여행에 하늘이 감응하신 바가 있음을 참으로 알겠습니다. 깊이 축하드립니다."

그러면서 그는 다음과 같은 공문을 보여 주었다.

문등현이 신라의 압아에게 보내는 공문
당 현은 일찍이 일본의 선주(船主)와 객승 엔닌 등 4명에 관해 상부에 보고한 일이 있었다.
알림 : 서류를 검토해 본 결과, 그 글에는 앞서 말한 객승들이 지난날 적산원에 머물다가 날씨가 따뜻해져 여러 곳을 순례하고자 하나 관청에서 그 사유(事由)를 받아들이지 않을 것이 두렵다고 한다. 그들은 이제 자유롭게 떠나고자 하나 감히 자기들 마음대로 하지 못하고 글을 올리었다. 우리는 그들이 자유롭게 떠나도록 허락하는 공문을 받았다. 그들은 아직 공문을 받지 못했으므로 구당신라[소](勾當新羅所)의 장 압아에게 공문을 보내 처분을 청한다. 공문에 따라 장 압아에게 이를 알린다.

56) 干城 : 국가를 방위하는 창과 성, 곧 무인을 의미함.
57) 晏然 : 마음이 편안하고 침착함.
58) 院主 : 寺主. 監寺의 옛 이름.

>   삼가 알림,
>   개성 5년 2월 10일
>   전(典) 왕좌(王佐) 씀
>   주부 판위 (判尉)59) 호군직 (세 곳에 날인함)

밤이 되어 압아의 집에서 잤다.

2월 20일

압아가 우리 일행에게 편지를 써주며 현사(縣司)를 찾아가도록 했다. 그 편지는 우리에게 공문을 써주고 아울러 담당자인 이명이(李明夷)를 현에 딸려 보내라는 내용이었다. 우리는 압아와 작별 인사를 나누고, 이어 적산원 주승인 법청 등과도 작별했다. 북으로 20리를 가다가 망해촌(望海村)의 왕씨(王氏) 집에 이르러 점심을 먹기 위해 길가는 것을 멈추었다. 재를 마친 뒤 50리를 가다가 밤에 문등현에 이르러 혜해사(惠海寺)의 극락사리원(極樂闍梨院)에서 잤다.

2월 21일

이른 아침에 혜취사(惠聚寺)로 들어가 머물 곳을 찾다가 북원(北院)에 거처를 정했다. 재를 올릴 무렵 혜해사 극락사리원으로 가서 점심 식사를 위한 휴식을 가졌다. 이명이가 이른 아침에 현으로 들어가 사무 처리를 하려고 하니, 압아가 공문을 보여주는데 '장관(長官)이 아직 결정을 내리지 못하여 공문증[公驗]을 발급할 수 없다'고 대답했다. 당나라의 관례에 의하면 벼슬아치들이 등청(登廳)할 때는 하루에 두 번, 곧 아침 등청[朝衙]과 저녁 등청[晚衙]을 하는데, 모름지기 북소리를 들은 연후에야 바야흐로 자리에 앉는다. 공사간(公私間)의 손님들은 등청할 때까지 기다렸다가 벼슬아치를 만나볼 수 있다.

2월 22일

혜해사에서 죽을 들었다. 장관이 휴가를 떠나고 출근하지 않았기 때문에

---

59) 判尉 : 副尉의 誤記일 수도 있음. 839년 9월 3일자 일기 참조.

공문증을 받지 못했다. 듣자니 개성 천자(開成天子)[60]께서 금년 정월 초사흘에 붕조(崩殂)하셨으며 전국이 사흘 동안 상복(喪服)하고 애도했다고 한다. 또한 듣건대 새로운 천자[61]가 등극하여 성안에 있는 4천여 명을 죽였는데, 이들은 선제(先帝)로부터 특별한 은전을 입은 사람들이라고 한다.

2월 23일

오늘은 한식(寒食)이어서 사흘 동안 불을 쓰지 않는다. 재를 마친 뒤 현령과 호(胡) 주부와 정(鄭) 주부 등 모두 10여 명이 절을 찾아와 서로 만나 위로하고 먼 나라에서 와 머무르는 뜻이 무엇인지에 대해 얘기를 나누었다. 문등현이라는 곳은 발해(渤海)[62]의 서쪽 끝에 있고 당나라의 동쪽 국경에 있다. 진시황이 이곳에 유람하려고 행차했다가 절을 세워 이름을 혜취사라 했는데 오늘날 현의 남쪽에 있다.

2월 24일

이른 아침에 현의 공문을 받았는데 그 내용은 다음과 같다. 이명이가 공문을 발급받는 일을 맡았기 때문에 장 압아의 사무실로 왔다.

> 등주 도독부에서 일본의 객승 엔닌 등 4인에 관하여 알림
> 승 엔닌, 제자승 이쇼·이교, 행자 데이유만과 그들이 지니고 있는 옷과 밥그릇 등에 관하여 알림 :
> 내용을 검토해 본 결과 위의 승려들은 지난 개성 4년[서기 839년] 6월에 일본의 조공선을 타고 문등현 청녕향 적산 신라원에 이르러 머물다가 이제 자유로운 여행을 허락받았다. 그들은 이제 여러 곳을 순례하고자 하나 그들이 들릴 주·현, 관문과 나루, 마을 어귀와 가게, 길의 경로 등이 그들의 다니는 이유를 알아주지 않을까를 염려하여 증거가 될 만한 문서가 될 수 있는 공문을 내어줄 것을 간절히 바라며 이에 처분을 청하고 있다. 위의 객승들을 조사해 본 결과, 그들은 아직 공식적으로 발급된 증명서를 가지고 있지 않기에 처분을 바라는 것이다. 이에 앞의 편지에 따라 그들에게 공문증을 주어 증거 문서로 삼도록 한다.

60) 開成天子 : 唐 文宗을 가리킴. 827년~840년 재위.
61) 武宗을 가리킴. 841년~846년 재위.
62) 원문에는 渤澥라고 씌어 있다.

삼가 알림.
개성 5년 2월 23일
전 왕좌 씀
주부 판위 호군직

2월 25일

오전 10시경에 현으로 들어가 장관에게 작별 인사를 하고 절로 돌아왔다. 재를 마친 뒤 길을 떠나다. 강유와 전좌 등이 현의 서쪽에 있는 들판까지 나와 송별해 주었다. 현에서 서쪽으로 30리를 가 초현관(招賢館)에 이르러 묵었다. 관지기인 고서(高恕)가 그 안에 살고 있었는데 매우 정중하게 우리를 대해 주었다.

2월 26일

날이 밝자 일찍 초현관을 출발하여 30리를 가니 용천촌(龍泉材) 사산관(斜山館)에 이르러 점심을 먹기 위해 잠시 쉬었다. 관지기인 양공탁(梁公度)이 그 안에 살고 있었는데, 사람이 악하지도 않았고 착하지도 않았다. 다리가 아파 길을 떠나지 못하고 관에서 묵었다.

2월 27일

이른 아침에 출발하여 번거촌(畚車村) 송일성(宋日成)의 집에 이르러 점심을 먹기 위해 잠시 멈추었다. 된장과 식초와 소금에 절인 채소를 청했지만 아무것도 없었고 국이나 밥도 없었다. 바다를 끼고 서북쪽으로 7리를 가니 모평현(牟平縣)에 이르렀다. 성(城)의 동쪽으로 반 리(半里)를 가니 노산사(盧山寺)가 있다. 오후 2시경에 절로 들어가 하루를 묵었다. 이곳에는 단지 삼강과 전좌와 직세 5명만이 있을 뿐 그 밖의 승려는 없었다. 불당은 허물어지고 승방에는 모두 속인들이 가득 차 속가와 같았다. 현의 성은 동서쪽으로 1리 반이며 남북으로는 2리가 넘었다.

2월 28일

노산사는 등주 자사 오군(烏君)을 위해 재를 마련했다. 이 절에는 승려가

두 명 있었는데 하나는 사주인 일행(一行)이요, 다른 하나는 직세승(直歲僧)[63] 상표(常表)였다. 우리 일행 세 명이 합석하니 모두 다섯 명이었다. 마을 사람은 20여 명이었는데, 저마다 자기 집에서 능력에 따라 음식을 장만하여 가져오니 사주 일행이 감사의 뜻을 나타냈다. 마을 사람들도 법당 앞에서 함께 재를 들었다. 저마다 가져온 음식을 각자가 먹으며 남에게 나누어줌이 없었고, 저마다 자기의 음식을 나누어 승려들에게 주었다. 그 후 길을 떠나 서북쪽으로 50리를 가니 길가에 왕부군(王府君)의 묘가 있고 비석에는 묘지(墓誌)가 있었는데, 세월이 오래 흘러 지석(誌石)은 쓰러져 있었다.

북해포(北海浦)를 따라 20리를 가다가 대촌(臺村)의 법운사(法雲寺)에 이르러 하루를 묵었다. 관지기는 일을 잘 했다. 대관(臺館)은 본시 절간이었으나, 그 후 관이 되어 당시 사람들이 벌대관(伐臺館)이라고 불렀다. 관 앞에는 두 개의 탑이 있는데, 하나는 높이가 두 길[丈]의 5층탑으로서 글씨가 새겨져 있었고, 다른 하나는 높이가 한 길로서 쇠를 녹여 만든 7층탑이었다. 그 비문은 다음과 같다.

> 왕행칙(王行刑)은 칙령을 받들어 동쪽의 오랑캐[東蕃][64]를 정벌하러 갔다가 오히려 패배하고, 그 배에 타고 있던 100여 명은 그 적들에게 잡혀 왜(倭)로 납치되어 갔다. 왕행칙이 홀로 도망하여 숨어 있다가 돌아와 인덕(麟德) 2년[664년] 9월 15일에 이 보탑(寶塔)을 세우다.

2월 29일

이른 아침에 출발하여 서북쪽으로 30리를 가다가 지양관(芝陽館)에 이르러 점심을 먹기 위해 잠시 쉬었다. 재를 마친 뒤 20리를 가서 모성촌(牟城村) 고안(高安)의 집에 이르러 하루를 묵었다. 주인은 악한 사람은 아니었다.

3월 1일

날이 밝아 길을 떠났다. 10리를 가니 고현관(故縣館)에 이르렀다. 서북쪽

63) 직세승(直歲僧): 營繕·경작 등의 作務를 맡아보는 스님.
64) 東蕃: 고구려를 가리키는 것으로 보임.

으로 20리를 가 수태(竪泰)에 이르러 손화무(孫花茂)의 집에 이르러 점심을 먹기 위해 잠시 머물렀다. 아무런 전갈도 없이 불쑥 그 집으로 들어가니, 주인은 괴이하게 여기면서도 정중하게 맞아 주었다. 재를 마친 후 서북쪽으로 30리를 가다가 봉래현(蓬萊縣) 관내의 망선향(望仙鄕) 왕정촌(王庭村)에 있는 절에서 하루를 묵었다. 밤이 되니 천둥이 치며 비가 내렸다.

당나라에서는 5리를 가면 후자(候子)[65] 한 개가 있고, 10리를 가면 두 개의 후자를 만난다. 후자라 함은 네모지게 흙을 쌓아 아래는 넓고 위로 올라갈수록 좁아지는 사각뿔의 모습인데, 높이는 4자, 5자, 6자 등 일정치 않다. 이 나라 사람들은 이를 '이격주'(里隔柱)라고 부른다.

3월 2일

날이 밝자 길을 떠나 안향촌(安香村) 정언(庭彦)의 집에 이르러 재를 들었다. 20리를 가다가 등주에 이르러 개원사(開元寺)로 들어가 묵었다. 등주에서 적산포까지는 400리이다. 산과 언덕을 지나니 발바닥이 부르터 지팡이를 들고 무릎으로 기어갔다. 성의 남쪽에 이르니 담당 관리인 교개(喬改)가 찾아와 여행하는 이유를 묻기에 우리의 가는 길을 글로 적어주었는데, 그 내용은 다음과 같다.

> 우리는 일본의 구법승 엔닌, 제자 이쇼·이교 그리고 행자 데이유만입니다. 우리는 일본력 조와(承和) 5년[838년] 4월 13일, 조공사를 따라 배를 타고 일본을 떠나 당력 개성 3년[838년] 7월 2일 양주 해릉현 백호진에 이르렀고, 8월 28일에는 양주에 이르러 개원사에서 묵었습니다. 우리는 개성 4년[839년] 2월 21일 양주로부터 배에 올라 6월 7일 문등현 청녕향에 이르러 적산의 신라원에서 한 해 겨울을 지냈고, 금년 2월 19일 적산원을 떠나 이달 2일 저녁나절에 이 개원사에 이르러 묵고 있습니다. 삼가 위와 같이 아룁니다.
>
> 개성 5년 3월 2일
> 일본국 구법승 엔닌 아룀

등주 도독부의 성(城)은 동서가 1리요, 남북이 1리이다. 성의 서남쪽에는

65) 후자(候子): 간선도로 위에 5리 또는 10리마다 설치된 이정표.

개원사가 있고, 성의 동북쪽에는 법조사(法照寺)가 있으며, 동남쪽에는 용흥사(龍興寺)가 있는데, 그 밖에는 별다른 절이 없다. 성 밖 가까이에는 인가가 있고, 성 아래에는 봉래현이 있다. 개원사에는 승방이 다소 있지만, 모두 관객(官客)[66]이 차지하고 있어 빈 방이 없어 다른 곳에서 승려가 오더라도 머물 곳이 없다. 성의 북쪽에는 큰 바다가 있는데 거리는 1리 반이다.

해안에는 명왕묘(明王廟)가 바다에 잇닿아 외롭게 서 있다. 성의 정동쪽에는 시장이 있는데, 조[粟]는 한 말에 30문이며, 메벼는 한 말에 70문이다. 성의 남쪽 길가 동쪽에는 신라관(新羅館)과 발해관(渤海館)이 있다. 등주의 변두리에 있는 적산으로부터 등주에 이르기까지는 인가가 드물고 모두가 산과 들뿐이다. 모평현으로부터 등주에 이르기까지 우리는 해안을 따라 올라갔다. 최근 몇 년 동안 병충해가 심하여 백성들은 굶주리며 도토리로 연명하고 있다.

3월 3일

이른 아침에 장관의 부하가 찾아와 장관을 만나볼 수 있도록 초대했다. 주사(州司)에 들어가 녹사를 만나고, 판관의 아문에 들어가 판관을 만났다. 재문(戟門)[67]을 들어가 사군(使君)[68]을 뵙고 상청(上廳)에 올라가 차를 마셨다. 사군은 우리에게 두 섬의 쌀, 두 섬의 밀가루, 한 곡(斛)의 기름, 한 말의 식초, 한 말의 소금, 30다발[根]의 땔나무를 기부하는 문서를 써 주었다.

3월 4일

오늘은 나라의 제삿날[國忌]이다. 사군, 판관, 녹사, 현사(縣司) 등이 모두 개원사로 찾아와 분향했다. 사군과 판관은 고두(庫頭)에서 차를 마시며 우리를 불러 차를 내리고 일본의 풍속을 물었다. 재를 들 시간에 장(張) 씨 집안의 초청을 받아 우리 세 사람과 개원사의 전좌승(典座僧)은 그곳을 방문하여 점심나절에 잠시 쉬었다.

66) 官客 : 官의 일로 여행을 하는 나그네.
67) 戟門 : 戟門(창검이 늘어선 관청의 정문)의 誤記로 보임.
68) 使君 : 刺使 또는 州牧(지방장관)의 칭호.

3월 5일

이른 아침에 사군께서 양식을 보내준 데 대한 감사의 글과 함께 공문[여행증명]을 부탁하는 글을 보냈는데, 그 내용은 다음과 같다.

일본국 구법승 엔닌은 엎드려 쌀 두 섬, 밀가루 두 섬, 기름 한 말, 식초 한 곡, 소금 한 곡, 땔나무 서른 다발을 받았습니다. 오로지 부족한 이 사람은 감사함을 가눌 길이 없습니다. 저는 변방[外蕃]의 못난 승려인데 어찌 감히 이와 같이 어진 은혜를 입을 수 있을지 실로 감사할 길이 없어 다만 송구스럽고 부끄러울 뿐입니다. 엎드려 생각건대 사군의 충성심은 천심(天心)에 드리우고, 부귀와 영화는 만성(萬城)에 드날리고 청아한 풍모는 드높이 날리고, 어진 정사는 널리 퍼지고, 군대는 지극히 편안하니 승려와 세속인이 함께 흠앙(欽仰)하는 바이로소이다. 저는 불법을 얻기 위하여 멀리로부터 찾아와 귀하의 경내(境內)로 들어와 다행히 인덕을 입고, 특별히 자혜로움을 입었습니다. 이 어려운 여행을 어루만져주시니 내리신 정에 대하여 감사하고 경하스러움을 감당할 길이 없습니다. 삼가 글을 받들어 감사를 드리오며 아뢸 바를 다 아뢰지 못하나이다. 삼가 올립니다.

개성 5년 3월 5일
일본국 구법승 엔닌 올림
사군 절하(節下) 근공

일본국 구법승 엔닌이 아룁니다.

저와 저희들 제자인 이쇼·이교 그리고 행자인 데이유만은 몸에 머리 깎는 칼[剃刀]과 의발(衣鉢)[69]을 지닌 채 오대산 등 명산과 여러 곳의 성지를 순례하면서 스승을 찾아 불법을 배우고자 이에 여행을 허락하는 공문증명서를 청합니다. 저희들은 본래 부처님의 가르침을 흠모하여 불도를 수행하는 사람들입니다. 멀리서 듣건대 중화(中華)의 오대산 등 여러 곳은 불교의 근원지요 석존(釋尊)의 교화가 끼친 곳이라, 인도의 고승이 험하고 먼 길을 넘어와 당나라의 대덕들이 이토록 득도하기에 이르렀습니다. 저희 일행은 일찍부터 이를 흠모하여 바다를 건너 찾아왔으나 아직도 그 꿈을 이루지 못했습니다.

저희들은 지난해 개성 4년 6월 문등현 청녕향 적산신라원에 도착하여 태어난 인연을 검푸른 바다로 갈라놓고 고향에 대한 그리움을 해안에 묻어 버렸습니다. 다행히 천하를 떠돌다가 사군의 어진 땅에 이른 저희들은 이제 여러 곳을 찾아가

69) 衣鉢 : 스님이 입는 三衣(重衣·大衣·雜碎衣)와 밥그릇. 변하여 스승이 제자에게 법통을 전할 때도 의발을 전한다고 함.

성지를 순례하며 스승을 찾아 불법을 배우고자 합니다. 그러나 저희들이 주·현, 관문과 나루, 마을 어귀와 가게, 절 등을 지날 때 순례의 이유를 허락하지 않을까 두렵습니다. 엎드려 바라옵건대 사군께서 어지심을 베푸시어 특별히 공문증명서를 내리사 증거 문서로 삼게 하소서. 엎드려 처분을 바라오며 위와 같이 글을 올립니다. 삼가 올립니다.

개성 5년 3월 5일
일본국 구법승 엔닌 올림

사군으로부터 '본 관청이 이 문제를 검토했다'는 답을 받았다. 도성으로부터 새로이 등극한 천자의 조서(詔書)가 내려왔다. 주의 성안 책문[第門][70] 앞에 있는 뜰에 담요[毯子] 두 장을 깔고 대문 북쪽 돌계단 위에 상[几]을 차리고, 그 상 위에 자주색 천을 덮고 그 위에 조서를 두었는데 누런 종이 위에 글씨를 썼다. 주의 판관과 녹사, 현의 현령과 주부, 병마사, 군장(軍將), 군중행관(軍中行官), 백성, 비구승과 비구니, 도사(道士)들이 각기 직업에 따라서 뜰의 동쪽 가에 열을 지어 서쪽을 향하여 서 있다. 안으로부터 사군이 나오는데, 군장 20명이 좌우로 10명씩 나누어 사군의 앞을 인도한다. 녹사와 현령 등은 사군이 나오는 것을 보면서 얼굴이 땅에 닿도록 수그린다.

사군이,

"백성 여러분!"

하고 부르니 여러 사람들이 함께,

"예"

하고 대답했다. 사군이 담요 위에 서고, 판관 역시 담요 위에 서서 서쪽을 바라본다. 군장 한 명이 여러 직명을 부르니 녹사와 현사의 줄에 서있던 사람들이 함께,

"예"

하고 대답한다. 다음에 다시 여러 부대의 압아, 장군, 병마사의 줄과 군중(軍中)의 줄을 부르니 함께,

"예"

하고 대답한다. 다시,

70) 第門 : 관저의 대문.

"손님 여러분!"

하니 여러 관객(官客)과 조대(措大)[71] 등이

"예"

하고 대답한다. 다시,

"백성 여러분!"

하니 백성의 노소가 함께,

"예"

하고 대답한다. 다시,

"스님 여러분!"

하니 승니(僧尼)와 도사가 함께,

"예"

하고 대답한다. 그런 다음 2명의 군장이 산 위의 조서를 가지고 와 사군 앞에 놓는다. 사군이 절을 하고 그것을 손으로 받아 이마를 조아리며 절을 한다. 한 군장이 무릎을 꿇고 앉아 소맷자락으로 조서를 받아 받들고 뜰로 나아가 북쪽을 향해 서며,

"조칙이오."

하고 소리친다. 사군, 판관, 녹사, 그리고 여러 무관(武官)들이 함께 두 번 절한다. 한 군장이,

"백성들은 절을 하라."

하매 백성들이 두 번 절하는데 다만 승니와 도사들은 절을 하지 않는다. 두 아관(衙官)으로 하여금 조서를 펼치게 하는데, 그들은 녹색으로 된 웃옷을 입었다. 다시 그 두 아관으로 하여금 서로 그 글을 읽게 하는데, 그 목소리는 일본에서 정사를 발표할 때만큼 크다. 조서는 네댓 장이 넘는 것 같아 그것을 읽는 데는 다소 시간이 걸렸다. 그것을 읽는 동안 사람들은 서 있었다.

조서의 읽기를 마치자 사군 이하 여러 사람들은 두 번 절을 한다. 그다음 녹사 1명과 군장 1명이 뜰 가운데로 나아가 사군을 향하여 치하의 말을 하고 본래의 자리로 돌아가 선다. 사군이 여러 벼슬아치들을 향하여,

"각자 맡은 바에서 부지런히 일하라."

71) 措大 : 大士, 士人, 丈夫의 호칭.

고 말하니 판관 이상의 관리들이,

"예"

하고 함께 외친다. 다음 도사(都使)가,

"승니 · 도사 여러분!"

하고 외치니 그들 또한,

"예"

하고 응답한다. 그다음에,

"백성들이여!"

하고 외치니 그들도,

"예"

하고 대답한다. 그런 다음 조서를 가지고 온 사신이 사군 앞에서 두 번 절한다. 사군이 담요를 내려와 소매로써 그의 절을 멈추게 한다. 여러 관객 등 수십 명이 사군 앞에 이르러 몸을 땅에 엎드려 절한 다음 일어선다. 군장이,

"가도 좋소."

하니 함께

"예"

하고 대답한다. 이에 관인, 무관, 승니, 도사, 백성들이 흩어졌다.

3월 5일

사군께서 쌀과 밀가루를 주기에 고두(庫頭)에서 공양하다.

> 쌀 다섯 말, 밀가루 한 섬, 식초 · 소금 · 기름 쓸 만큼, 땔나무 30다발.
> 위 물건들은 사군께서 인혜(仁惠)롭게 내린 것인바 홀로 받아 쓸 수 없기에 이제 이들을 상주원(常住院)에서 공반(空飯)을 마련하여 내일 모든 절의 승려들에게 공양하고자 합니다. 삼가 알립니다.
>
> 3월 5일
일본국 구법승 엔닌
당사(當寺) 강유 법전(法前)

3월 6일

정오에 절의 승려 10여 명에게 공양하고 점심 시간에 잠시 쉬었다. 오후 4

시경에 이 주의 군사 압아인 왕장종(王長宗)이 나귀 한 마리를 보시하여 곡식 나르는 데 이용했다.

3월 7일

압아 왕장종의 집에서 재를 들었다. 이 개원사의 불당 서쪽 복도의 밖과 승가화상당(僧伽和尙堂)의 안쪽 북쪽 벽 위에 서방정토(西方淨土)[72] 및 보타락정토(補陀落淨土)[73]의 그림이 그려져 있는데, 일본국 대사가 발원한 것이다. 벽에는 이 그림을 그리게 된 연유가 적혀 있는데, 지금은 모두 지워지고 다만 '日本國'이라는 세 글자만 보인다. 불상 좌우에는 발원주(發願主)의 이름이 적혀 있는데, 모두가 일본인의 벼슬과 이름으로서 녹사 정육위상(正六位上) 다데하칸(建必感), 녹사 정육위상 하네호쇼(羽豊翔), 잡사 종육위하(從六位下) 하다소다쓰(秦育), 잡사 종팔위하 시로 우시가이(白牛養), 제리(諸吏) 종육위하 하다 우미우오(秦海魚), 사하(使下) 종육하행산위(從六下行散位) ○○[2字 不明]도(度), 겸인(傔人) 종칠위하 무라지 다케사다(建雄貞), 겸인 종팔위하 기노 아손사다○(紀朝臣貞○[1字 不明]) 등이다. 이에 관하여 알아보았지만 그 유래를 말해 주는 사람이 없어 어느 해의 조공사가 이 주에 도착했는지 알 수 없다.

3월 8일

자사에게 보내는 글을 써 공문증명서를 내려줄 것을 재촉했다.

봄 날씨가 따사롭습니다. 사군의 존체와 하시는 일에 만복이 깃드시길 빕니다. 이 사람 엔닌은 은혜를 입고서도 불자로서 가는 길에 한계가 있어 며칠 동안 찾아뵙지 못했으니 송구한 마음을 이길 길이 없습니다. 삼가 제자인 이쇼를 보내어 글을 올리오며 이만 줄입니다. 삼가 올립니다.

개성 5년 3월 8일
일본국 구법승 엔닌 올림
사군 취하 근공

72) 西方淨土 : 아미타불의 정토(극락세계), 『아미타경』에 '여기로부터 서쪽으로 10만 억 국토를 지나서 한 세계가 있으니 이름을 극락이라 한다'에서 유래함.
73) 補陀落淨土 : 관세음보살이 계시는 곳. 八角의 산으로서 이곳의 華樹는 광명과 芳香을 낸다고 함. 또는 관세음보살이 靈現하신 곳이나 관세음보살의 靈場에 이 이름을 씀.

일본국 구법승 엔닌

위 엔닌은 오대산으로 가 그곳에서 여름을 지낸 뒤 여러 곳을 거치면서 성지를 순례하고자 합니다. 그러나 두렵게도 사정이 뜻과 같지 않아 길을 떠날 수 없기에 지난번에는 사군께 공문증명서를 원하는 글을 올리어 머리를 어지럽게 해드렸습니다. 처분이 있으시기를 엎드려 바랍니다. 아뢸 말씀은 위와 같습니다. 삼가 올립니다.

개성 5년 3월 8일
일본국 구법승 엔닌 올림

자사가 글을 보내어 공문증명서가 곧 도착할 것 같다고 전했다. 재를 들 무렵 강(姜) 압아의 초대가 있어 개원사의 승려 4명과 함께 그 집에 도착하여 재를 들었다.

3월 9일

원장(院長)[74]으로부터 다음과 같은 글이 왔다.

주의 공문은 내일 도착할 것 같습니다. 바라건대 스님께서는 사군에게 결재를 청하십시오. 그 공문이 청주절도부(靑州節度府)에 도착하면 스님께서 몸소 그것을 받으실 수 있을 것입니다.

정오경에 유자정(劉自政)의 집에서 재를 들었다.

3월 10일

비가 내리다. 장(張) 씨 집에 이르러 재를 들었다.

3월 11일

오전 10시경에 주(州)의 공문 두 통을 받았는데, 한 통은 후관(後官)[75]에 남겨두고 다른 한 통은 사군에게 보냈다. 공문을 들고 주로 들어가 자사에게 감사의 말과 함께 작별 인사를 했다. 주에서 받은 공문의 내용은 다음과 같다.

---

74) 院長 : 刺史 王長宗을 의미함. 원장은 본래 尙書나 자사를 의미함.
75) 後官 : 청주부 등주 사무소를 의미함.

등주도독부에서 압양번사(押兩蕃使)[76]에게 올림

일본국의 승려 엔닌 등이 올린 글에 따르면, 그들은 오대산과 그 밖의 명산 및 여러 지방을 다니며 성지를 순례하고 스승을 찾아 불법을 배울 수 있도록 허락하는 공문을 요청했습니다. 승려 엔닌과 그의 제자인 이쇼·이교, 그리고 행자인 데이유만은 머리 깎는 칼과 의발을 가지고 있습니다.

알림 : 승려 엔닌이 올린 글의 내용을 살펴본 결과, 그의 본심은 부처님의 가르침을 사모하여 불도를 수행하는 데 있음을 알겠다. 그는 중화의 오대산 등 여러 곳이 불법의 근원이요, 대성(大聖)이 교화를 끼친 곳이며 인도의 고승들이 험한 길을 지나와서 이곳에 투신하고 당나라의 유명한 승려가 이곳에서 지내면서 득도하게 되었음을 알았다. 엔닌의 무리들은 일찍이 이와 같은 당나라의 불법을 흠모하고 부러워하던 차에 바다를 건너 이곳을 찾아왔으나 그의 오랜 꿈을 이루지 못했다.

그들은 지난 개성 4년[839년] 6월에 문등현 청녕향 적산신라원에 도착하여 세상에 태어난 인연을 푸른 바다로 갈라놓고 고향에 대한 그리움을 바닷가에서 잊었다. 이제 그들은 여러 곳을 다니며 부처님의 성스러운 자취를 순례하고 스승을 찾아 불법을 배우고자 하나 주와 현, 관문과 나루, 마을 어귀와 가게, 절에서 그들이 여행하는 이유를 알아주지 않을까 두려워 공문을 내려주어 이로써 문빙(文憑)을 삼고자 하고 있다.

본청에서는 일본국 승려 엔닌 무리들을 조사해 보았다. 또한 지난번 문등현에서 '지난해 6월 12일 일본에서 장안으로 들어온 조공사의 귀국선이 당현(當縣)의 변두리인 청녕향 적산의 동쪽 바다 어귀에 머물렀다가 7월 [2]5일에 이르러 떠났다'는 사실을 보고했고, 이어서 '일본의 귀국선이 엔닌과 행자 등 6인을 남겨두고 떠났다'는 현의 보고도 받았다. [등주의] 관리는 이미 그 사유를 갖추어 사람을 보내서 공문을 부탁했는데, 그 내용은 위에 기록된 바와 같이 간절히 꾸며져 있으나 그들에게 공문을 발급해야 할지의 여부를 정하지 못했다.

자사가 판단하기로는 주사(州司)의 관리로서는 공문을 발급할 만한 권한이 없다고 여겨지기에 이 기록들을 상서(尙書)에게 보내어 결정하도록 하기 위해 엔닌으로 하여금 문서를 가지고 상서를 만나보도록 보내어 처분을 받도록 하고자 한다. 위와 같이 갖추어 글을 보내며 여기에 일일이 기록하여 알리지 못한 부분에 대하여도 처분이 있기를 바란다. 글을 갖추어 사람을 시켜 보낸다.

삼가 기록하여 알림.
개성 5년 3월 9일
부사(府史) 광종제(匡從制) 씀

76) 押兩蕃使 : 押新羅使와 押渤海使를 의미함.

글을 갖추어 올림
상서(尚書) 10일 봉함
글 한 통을 발송함
전 광종제[典匡從制]
관(官) 부언(復言)(두 곳에 날인함)

3월 12일

해가 뜨자 출발했다. 서쪽으로 30리를 가다가 왕서촌(王徐村) 선경(羨慶)의 집에 이르러 점심 휴식을 취했다. 그 뒤 곧 출발하여 40리를 가다가 황현(黃縣)의 경계에 있는 구리전촌(九里戰村)의 소윤(少允)의 집에서 하루를 묵었는데 주민이 무례하기 짝이 없다. 꿈속에서 좌주인 엔쬬(圓澄)[77]를 보았다.

3월 13일

아침 일찍 출발하여 서쪽으로 20리를 가니 전재관(戰齋館)에 도착했다. 그곳의 어동환(於東桓) 집에서 재를 들었다. 주민은 매우 인색하여 채소 한 접시를 두세 번 구걸하고서야 가까스로 얻어먹을 수 있었다. 재를 든 후 서쪽으로 25리를 가다가 승부관(乘夫館)에 이르러 차를 마셨다. 다시 25리를 가다가 내주(萊州) 액현(掖縣) 서송촌(徐宋村)에 이르러 강평(姜平)의 집에서 묵었다. 주인은 마음씨가 곧았다. 꿈속에서 기신(義眞)화상[78]을 보았다.

3월 14일

길을 떠나 30리를 가다가 도구관(圖丘館)의 왕 씨 집에 이르러 점심나절의 휴식을 취했다. 주인은 처음 보는 우리를 달갑게 생각하지 않아 매사가 어려웠으나, 끝내는 소금에 절인 채소를 풍족하게 주었다. 재를 든 후 10리를 가다가 교촌(喬村)의 왕 씨 댁에 이르러 차를 마셨다.

20리를 가 중리촌(中李村)에 이르렀다. 마을에는 20여 호(戶)가 있는데 대여섯 집을 돌아보아도 머물 곳을 찾을 수가 없었다. 집집마다 병자가 많아 나그네가 머무는 것을 허락하지 않았다. 마지막으로 어느 집에 이르렀으나

---

77) 圓澄(772년~837년) : 最澄의 제자. 承和 원년에 戒和尙이 됨.
78) 義眞(781년~833년) : 最澄의 제자. 延曆 22년(803년) 3월, 사미승으로서 통역이 되어 最澄과 함께 입당, 6월에 귀국했다. 延曆寺의 초대 좌주로서『天台法華宗義集』을 찬술함.

머무는 것을 허락하지 않으면서 재삼 성을 냈다. 다시 등봉(藤峯)의 집을 찾아가 묵었다. 주인은 신심(信心)이 두터웠다.

3월 15일

길을 떠나 50리를 가다가 모서촌(牟徐村)에 이르러 정(程) 씨의 집에서 점심 휴식을 취했다. 주인의 마음씨가 정중했다. 재를 마친 후 50리를 가니 내주(萊州)에 이르렀다. 이 성은 동서가 1리요, 남북이 2리 남짓했으며 외곽의 가로와 세로가 각기 3리는 확실히 되었다. 성 안은 가옥과 각종 건물이 빽빽했다. 성 밖의 동남쪽에 있는 용흥사(龍興寺)에서 잤다. 불당 앞에는 13층의 흙벽돌로 지은 탑이 있는데, 기단(基壇)이 허물어지고 모서리가 해졌다. 절에는 승려라고는 겨우 사주와 전좌 두 명뿐이었는데 마음씨가 용렬하여 주객의 예를 몰랐다. 내주는 액현, 창양현(昌陽縣), 교수현(膠水縣), [즉묵현](卽墨縣)[79]의 네 현을 관할한다. 주의 성 밖 남쪽에 시장이 있는데 좁쌀 한 말이 50문이요, 멥쌀 한 말이 90문이었다.

3월 16일

이른 아침에 용흥사의 승려들이 죽을 끓여 주기에 먹었다. 절에는 먹을 것이 없어서 각자가 먹을 것을 구했다. 재를 마치니 비가 쏟아져 길을 떠나지 못했다.

3월 17일

해가 뜨자 길을 떠나 서남쪽으로 향했으나 길을 잘못 들어 밀주(密州)로 5리를 가다가 우연히 다른 사람들이 가르쳐 주기에 길을 바로 잡을 수 있었다. 50리를 가다가 반촌(潘村)의 반(潘) 씨 집에서 점심 휴식을 취했다. 주인은 마음씨가 고약스럽고 예의 차릴 줄을 몰랐다. 주인에게 채소와 장(醬)과 식초와 소금을 부탁했으나 모두 얻을 수 없었다. 가까스로 차(茶) 한 근(斤)을 주고서야 장과 채소를 살 수 있었으나 먹을 수가 없었다.

재를 마친 후 40리를 가다가 교수현 경내의 삼부촌(三埠村)에 이르러 유

79) 원문에는 卽墨縣이 누락되어 있음.

청(劉淸)의 집에서 묵었다. 그 집 부인이 욕설을 퍼부어 대니 그 남편은 농담하는 것이라고 해명했다. 이 마을의 동남쪽 30리 되는 곳에 교수현이 있다.

3월 18일

5리를 가다가 교하(膠河) 나루를 건넜다. 내주 경내는 인심이 고약하고 백성들은 굶주리고 있었다. 강을 따라 50리를 가다가 청주(靑州) 북해현(北海縣) 경계의 장원인 복(卜) 씨 집에서 점심 휴식을 취했다. 주인은 정중했고 재에 쓸 채소는 부족함이 없었다.

재를 마친 후 교하를 따라 30리를 가다가 부용역(芙蓉驛) 동경촌(東耿村)의 경(耿) 씨 집에서 묵었다. 경 씨 집을 나와 서쪽으로 1리를 가니 오래된 성이 있는데 요즈음 사람들은 이를 창국성(昌國城)이라고 부른다. 성의 둘레는 12리였는데 동서가 넓고 남북이 좁았다. 성 안에는 백성들의 집 30호가 보였다. 촌 늙은이에게 이 마을의 내력을 물으니 이렇게 대답한다.

"이 성이 황폐하게 된 지 벌써 1천 년이 넘어 어느 왕이 이곳에 살았는지는 알 수 없습니다. 성 안의 땅 밑에는 지금도 금·은·주옥(珠玉)과 옛날 돈·마쇄(馬鑛)[80] 등이 출토되고 있습니다. 땅 밑에는 보물이 많이 묻혀 있어 비가 내린 후에는 이들을 습득할 수 있습니다."

경 씨는 유순하고 착하다.

3월 19일

해가 뜨자 길을 떠나 20리를 가다가 왕누촌(王樐村)의 조(趙) 씨 집에 이르러 점심 휴식을 취했다. 주인은 신심이 두터웠고 야채를 주기에 배불리 먹었다. 재를 마친 후 45리를 가다가 북해현 관법사(觀法寺)에 이르러 묵었다. 불전의 승방은 허물어져 있었고, 불상은 노천에 나앉아 있었다. 절에 있는 열두어 명가량의 승려들은 속가(俗家)에서 살고 있었고 절 안에는 전좌승(典座僧) 한 명만이 살고 있었다. 현에서는 쌀 한 말이 60문이요, 팥 한 말이 35문이었다. 현의 넓이는 동서가 2리요, 남북이 1리이다. 이곳은 지난날에는 유주(濰州)였으나 지금은 북해현이다.

80) 馬鑛 : 馬鎖, 즉 馬具.

3월 20일

이른 아침에 길을 떠나 서쪽으로 20리를 가다가 장안으로부터 귀국하는 발해의 사신을 들판에서 만났다. 다시 5리를 가다가 고산촌(孤山村)에 이르러 송(宋) 씨 집에서 식사를 했다. 주인은 몹시 인색하여 돈을 주지 않으면 한 촬(撮)[81]의 소금이나 한 숟가락의 장과 식초도 주지 않았다. 재를 마친 후 30리를 가다가 만광현(萬光縣) 경내의 반성촌(半城村)에 이르러 이(李) 씨 집에서 묵었다. 주인은 욕심이 많아 머무는 손님들에게 숙박비를 받았다.

3월 21일

길을 떠나 30리를 가다가 구미점(韮味店)의 장(張) 씨 집에서 점심 휴식을 취했다. 주인은 마음씨가 온화했다. 재를 마친 후 40리를 가다가 청주부(靑州府) 용흥사에서 머물렀다. 절에서는 이곳에 온 이유를 구체적으로 적어 주에 알리었다. 이곳은 등주로부터 540리의 거리에 있다.

3월 22일

아침 등청 시간에 주(州)로 들어가 녹사와 사법(司法)[82]을 만나고 다시 상서와 압양번사의 아문을 찾아갔다. 주에 공문을 보내려 했으나, 우리가 늦어 상서가 이미 구장(毬場)[83]으로 나간지라 만날 수가 없었다. 우리는 다시 등주 지후원(知後院)에 이르러 등주의 문첩(文牒) 1통을 보냈다. 저녁 등청 시간에 주에 들어가 사군의 아문에 도착하여 유 도사(劉都使)를 만나 등주의 공문을 전달했다. 도사가 나와 말을 전하기를 사군은 부름을 받아 집으로 돌아갔으며, 상서의 말을 전하기를 다시 절로 돌아가 있으면 곧이어 처분이 있으리라고 한다. 절에 돌아오니 절도부사(節度副使) 장(張) 원외가 절로 찾아와 만났다. 또한 막부(幕府)의 판관을 만났는데, 그의 성은 소(簫) 씨이며 이름은 도중(度中)이라 했다.

3월 23일

81) 撮 : 두 손가락으로 집을 정도의 量.
82) 司法 : 법규를 다루는 관리.
83) 毬場 : 擊毬[球]를 치는 마당.

이른 아침 소(蕭) 판관의 초청을 받고 그의 집에 이르러 식사를 했는데 탕약(湯藥)과 명차(茗茶)가 풍족했다. 그는 불법을 이해했고, 신심이 있었으며, 담론을 좋아했고, 멀리서 온 승려를 만나면 정중히 위로해 주었다. 재를 들려고 하는데 절도부사가 한 행관(行官)[84]을 보내어 나더러 주청의 진주원(進奏院)[85]에 들어와 재를 들라고 한다. 관리 예닐곱 명이 법도대로 식사를 나누었다.

3월 24일

오늘은 봄철의 파진악(破陣樂)[86]을 즐기는 날이어서 주청 안의 구장(毬場)에서 잔치를 벌였다. 저녁나절에 직세(直歲)와 전좌(典座)가 우리를 신라원으로 안내하여 그곳에서 묵었다.

3월 25일

공문증명서를 청하기 위하여 다시 상서에게 글을 지어 올렸다.

> 일본국 구법승 엔닌
> 위의 엔닌 등은 성지를 돌아보고 싶은 마음에서 바다를 건너 이곳을 찾아왔습니다. 저희는 오대산으로 가 여름을 보내면서 도를 닦고, 그 뒤 여러 곳을 행유(行遊)하며 스승을 찾아 불법을 구하고자 합니다. 그러나 길은 멀고 날씨는 더워 그 바라는 바를 이루지 못할까 두렵습니다. 일찍이 주의 공문을 받고 저희들이 이곳에 온 사유를 소상히 아뢴 바 있습니다마는, 엎드려 바라옵건대 상서께서는 어지심을 베푸시어 특별히 저희들에게 공문 증명서를 내리시어 저희들의 어리석은 뜻을 이루도록 조속히 떠날 수 있게 해주시기를 바라오며, 엎드려 처분을 기다립니다.
>
> 개성 5년 3월 25일
일본국 구법승 엔닌 드림

등주 문등현으로부터 청주에 이르기까지 3~4년 동안 메뚜기 피해를 입어

84) 行官 : 사방으로 遣使하는 역을 맡은 관리.
85) 進奏院 : 藩鎭이 京師에 설치하여, 중앙 정부와 연락을 취하는 한편 중앙의 동정을 탐지하여 藩鎭에 알리게 하던 기관.
86) 破陣樂 : 당 태종이 劉武周를 격파할 당시 진중에서 지은 음악으로서 후에 魏徵 등이 가사를 붙였는데 元日, 동지, 朝會 또는 賀日에 연주했다.

오곡을 모두 먹어버려 관·사(官私)가 모두 굶주리는데 등주 지방에서는 도토리로 연명하고 있다. 우리와 같은 객승들은 이 험한 곳을 지나며 식량을 얻기가 어렵다. 좁쌀 한 말에 80문이며 멥쌀 한 말에 100문이다. 음식을 구할 수 없는 우리는 다시 절도부사 조(趙) 원외에게 글을 올리어 양식을 요청했다.

　일본국 구법승 엔닌은 양식을 청하옵니다. 우리 일행은 멀리 조국을 떠나 불법을 배우기 위해 이곳을 찾아왔습니다. 통행을 위해 공문증명서를 요청했지만 떠나지 못하여 이르는 곳을 집으로 삼아 머무르고 있으나 배고픔은 참을 길이 없습니다. 더구나 말이 통하지 않기에 음식을 청할 수도 없습니다. 엎드려 바라옵건대 어진 은혜를 베푸시어 남는 음식이 있으시면 변방의 나라[異蕃]에서 온 이 가난한 중에게 나누어 주옵소서, 지난번에도 얼마만큼 주신 것이 있사온데 이제 다시 심려를 끼쳐드리니 엎드려 깊이 송구스러움을 느낍니다. 삼가 제자 이쇼를 보내어 글을 보내오니 받아 보시옵소서.
　　　　　　　　　　　　　　　　　　　　　　개성 5년 3월 25일
　　　　　　　　　　　　　　　　　　　　　　일본국 구법승 엔닌 드림
　　　　　　　　　　　　　　　　　　　　　　원외 각하 근공

원외께서 멥쌀 서 말, 밀가루 서 말, 좁쌀 서 말을 보냈기에 다음과 같은 감사의 편지를 보냈다.

　일본국 승 엔닌은 삼가 글을 올립니다. 원외께서는 어지심을 베푸시어 곡식과 밀가루를 보내 주시니 감사함을 이길 수 없고 어떻게 인사를 드려야 할지 모르겠습니다. 내리신 정(情)을 생각하면 감사하고 부끄러운 마음을 감당할 수 없기에 삼가 글을 올려 사례합니다. 아뢸 바를 다 아뢰지 못합니다. 삼가 올립니다.
　　　　　　　　　　　　　　　　　　　　　　개성 5년 3월 25일
　　　　　　　　　　　　　　　　　　　　　　일본 구법승 엔닌 올림
　　　　　　　　　　　　　　　　　　　　　　원외 각하 근공

3월 27일
이쇼를 본전원(本典院)에 보내어 공문증명서를 받는 일을 알아보게 했더니 대답하기를,
"이 문제는 이미 공문증명서를 발급하기로 결정되었다고 합니다. 그리하여

한편으로는 공문증명서를 발급하고, 다른 한편으로는 천자에게 알리셨답니다. 며칠 지나 조정의 상서가 문서를 보내기를 기다렸다가 보내주겠다고 합니다." 라고 했다.

3월 28일
오늘은 입하(立夏)이다. 날씨가 음침하다. 등주의 유후관(留後官)[87]인 왕이무(王李武)가 절로 찾아와 만나 보았다. 들자니 지난번에 발해의 왕자(王子)가 도착하여 이제 고향으로 돌아가고자 칙사(勅使)가 다녀가기를 기다리고 있다고 한다. 이 절에서는 여름철의 공양이 있었다. 절에서 재를 마련하고 초청하기에 그곳으로 가 점심 휴식을 취했는데 우리 이외에도 50명의 승려가 왔다.

3월 29일
상서에게 양식을 요청하는 글을 지어 올렸는데, 그 내용은 다음과 같다.

　일본국 구법승 엔닌은 양식을 요청하는 글을 올립니다. 저희 일행은 멀리 푸른 파도를 건너 불교를 찾아 이곳에 왔습니다. 비록 용렬한 인물이오나 다행히 상서의 경내에 이르렀습니다. 저희들은 여행에 어려움이 많아 끼니를 굶주리고 있으나 언어가 통하지 않아 음식을 얻어먹을 수가 없습니다. 엎드려 바라옵건대 상서께서 어지심을 베푸시어 식량을 나누어 주시고 이 빈승(貧僧)들을 어루만져 주소서. 그리 하오면 은혜를 베푸신 복이 진여(陳如)[88]에 비교할 수 있고 넓으신 은덕은 박구(薄拘)[89]와 견줄 것입니다. 진심으로 기쁜 정성을 감당하지 못하오며 삼가 글을 올려 저희가 바라는 바를 아뢰오며 엎드려 송구스러운 마음만이 커져 갑니다. 아뢸 바를 다 하지 못합니다. 삼가 올립니다.

개성 5년 3월 29일
일본국 구법승 엔닌 올림
상서 각하 근공

87) 留後官 : 출장소의 役人.
88) 陳如 : 阿若憍陳如의 준 이름. 석가세존께서 雪山에서 수도하실 때 모시던 다섯 비구의 하나. 세존이 선생녀에게서 우유죽을 받으심을 보고 타락되었다 하여 녹야원에 있다가 세존이 성도하신 후 녹야원에서 四諦法을 말씀하심을 듣고 먼저 불제자가 된 사람.
89) 薄拘[羅]: 부처님의 제자로서 얼굴과 몸매가 매우 단정함. 한 번도 병을 앓은 적이 없고 항상 여러 사람을 피하여 한적한 곳에서 수도하기를 좋아했다. 어렸을 때 계모에게 다섯 번이나 죽을 뻔했으나 면했으며 160세를 살았다.

제자 이쇼를 보내어 그로 하여금 글을 올렸더니 즉시 답장이 왔는데 내일이면 처분이 있을 것이라는 내용이었다.

3월 30일
소(蕭) 처사의 초청을 받고 그의 집에 이르러 점심 휴식을 취했다. 들리는 바에 따르면 절도사가 우리 일행이 당나라에 온 사유를 적어 천자에게 올렸다고 한다.

4월 1일
아침 등청 시간에 공문증명서를 받았다. 상서는 베[布] 석 단(端)[90]과 차 여섯 근을 내렸다. 재를 들 시간이 되어 이 절에서 재를 들었다. 오늘은 상서의 아드님의 생일이어서 장명재(長命齋)[91]를 마련했다.

4월 2일
이른 아침에 소 판관 집에서 죽을 들었다. 곧 주청으로 들어가 상서께서 물건을 하사한 데 대한 감사의 글을 올리고 아울러 작별 인사를 드렸다.

    일본국 구법승 엔닌은 상서의 어지심에 따라 베 석 단과 차 여섯 근을 받았습니다. 내리신 정에 대한 감사함을 이길 길이 없기에 삼가 글을 올려 감사드립니다. 아뢸 바를 다 아뢰지 못합니다. 삼가 올립니다.

개성 5년 4월 2일
일본국 구법승 엔닌 올림

상서께서 우리를 아문으로 불러, 선물이 변변치 못했는데 감사를 받을 것이 없다고 말하고 내가 온 것을 위로하며 가도 좋다고 했다. 다음으로 절도부사 장(張) 원외의 아문으로 찾아가 작별 인사를 드렸다. 장 원외는 아문 안으로 우리를 불러 차와 떡을 주었다. 나는 차를 마시며 원외에게 작별 인사를 드렸다. 절에 돌아오니 조덕제(趙德濟)의 초청이 있어 그곳에 가 재를 들

90) 端 : 5丈.
91) 長命齋 : 귀인의 생일에 장수와 무병을 기원하기 위해 마련하는 齋.

었다. 해가 질 무렵 막부(幕府)의 판관이 쌀 두 말과 나귀 먹이로 팥 두 말을 주었다. 황혼에 막부 판관 집에 이르러 길 떠날 양식을 주신 것을 사례하고 작별 인사를 드렸다.

4월 3일
날이 밝자 길을 떠났다. 막부의 판관[蕭度中]은 행관 한 명을 뽑아 성문을 통과시켜 주었다. 그는 처음 만날 때부터 마음씨가 매우 은근했고, 절에 있을 때에는 매일 은혜로운 베풀음을 보내주어 위문이 그치지 않았다. 출발할 무렵 그는 사람을 뽑아 우리에게 수행시켜 길을 안내해 주었다. 오늘 상서와 감군(監軍)은 여러 신묘(神廟)에 기우제를 지냈다.

절을 나와 주의 성을 지나 서북쪽 성 밖 10리가 되는 곳에 요산(堯山)이 있고 산 위에는 요왕묘(堯王廟)가 있다. 요(堯)임금이 지난날 이곳을 지나다가 그곳에 묘를 세웠다고 한다. 전해 오는 바에 따르면 기우제를 지낼 때마다 고맙게도 번번이 비가 많이 내렸다고 한다.

성을 나서서 북쪽으로 20리를 올라가 익도현(益都縣)의 석양촌(石羊村) 진(陳) 씨의 집에서 식사를 했다. 주인의 마음씨가 매우 온화하다. 재를 마친 뒤 서북쪽으로 15리를 올라가 임치현(臨淄縣)의 치수역(淄水驛)에 이르렀다. 서쪽으로 25리를 가다가 금령역(金嶺驛)의 동쪽 왕(王) 씨의 집에서 묵었다. 주인의 마음씨가 곧고 고와 나그네를 맞이하는 정이 지극하다. 서쪽을 바라보니 멀리 장백산(長白山)이 보인다.

4월 4일
해가 뜨자 길을 떠났다. 서남쪽으로 16리를 가다가 소로로 접어들어 장백산을 바라보며 걸었다. 서쪽으로 5리를 가다가 치주(淄州) 치천현(淄川縣) 장조촌(張趙村)에 이르러 조(趙) 씨의 집에 들어가 식사를 했다. 주인은 몹시 가난하여 먹을 것이 없었으나 마음씨에는 악함이 없었다. 재를 마친 후 북쪽으로 30리를 가다가 장산현(長山縣) 고현촌(古縣村)의 곽(郭) 씨 집에서 묵었다. 주인은 대장장이였는데, 본시 패주(沛州) 사람으로서 마음이 곱고 믿음이 깊었다.

4월 5일

길을 떠나 서북쪽으로 10리를 가다가 장산현에 이르렀다. 현으로부터 10리를 가 장리촌(張李村)에 이르러 점심 휴식을 취했다. 주인은 매우 정중했다. 재를 마친 후 서쪽으로 15리를 가니 장백산 동쪽에 이르렀다. 해를 보니 어느덧 오후 4시경이 되였다. 선인대(仙人臺) 앞 불촌(不村)의 사(史) 씨 집에서 차를 마시고 예천사(醴泉寺)로 가는 길을 물었다. 주인의 말에 따르면 불촌에서 서쪽으로 곧바로 15리를 가면 예천사에 다다른다고 한다. 우리는 곧바로 서쪽을 향하여 산속으로 들어갔다. 길을 잘못 들어 10여리를 가니 여러 갈래의 길이 나타나는데 어느 쪽으로 가야할지는 모르겠다. 날이 저물어 다시 불촌의 사 씨 집으로 되돌아와 묵었다. 밤새도록 개가 짖는다. 두려운 마음에 잠을 이룰 수가 없다.

4월 6일

이른 아침 주민은 죽을 대접했다. 아울러 사람을 하나 뽑아 길을 안내해주었다. 곧바로 서쪽으로 향하여 계곡으로 들어가 높은 고개를 넘고 다시 서쪽을 향하여 비탈을 내려가다가 예천사의 과수원에서 차를 마셨다. 다시 남쪽으로 2리를 가니 예천사에 이르렀다. 그곳에서 점심 휴식을 취했다. 재를 마친 후 절을 순례하고 지공 화상(誌公和尙)[92]의 영정에 참배했다. 영정은 유리전(瑠璃殿) 안에 안치되어 있었다. 기둥과 계단은 모두 푸른 돌을 써서 만들었고, 귀한 깃발과 아름다운 색채 등 세상 어디에서도 볼 수 없는 것들이 전당 안에 널려 있다. 지공화상은 십일면보살(十一面菩薩)[93]의 화신인데 그가 불자가 된 연유가 비(碑)에 새겨져 있었다.

화상(和尙)은 주(朱) 씨[94]로서 금성(金城) 사람이었다. 그의 혼백이 이 장백산에 내려와 사라졌는데, 그 후 그의 육신은 어디로 사라졌는지 알 수 없고 다만 그의 영정만이 남아 있어 온 나라가 그를 경모하고 있다. 전당의 서

92) 誌公和尙 : 중국 梁나라 때의 승려인 寶誌를 가리킴. 僧儉을 섬겨 禪을 배우고, 宋·梁나라 때에는 신통한 일을 많이 나타내고 예언을 했음. 『梁僧傳』에는 保誌라 썼음. 예천사 안에는 碑의 원면에 그의 초상이 새겨진 誌公碑가 있다.
93) 十一面菩薩 : 십일면관세음보살을 가리킴. 阿修羅道에 따진 중생을 구제하는 보살로서 머리 위에 열한 개의 얼굴이 있음.
94) 원문에는 '朱代(朱나라 시대의 사람)'라고 되어 있으나 朱 氏의 誤記로 보임.

쪽 계곡가에 예천정(醴泉井)이 있다. 물이 앞으로 넘쳐흐르는데 물맛이 감미롭다. 이 물을 마시는 사람은 병이 낫고 수명이 길어져 그 후부터 이 절을 예천사라고 불렀다고 한다. 지공화상이 세상을 떠난 후 샘물은 마르고 다만 빈 우물만 남았다. 그 후 지금처럼 샘 위에 작은 건물을 짓고 다시 그 화상의 영정을 그려 넣었다. 영정 앞 법당 안에는 돌샘이 있는데 깊이는 다섯 자(尺) 남짓 하나 지금은 물을 볼 수가 없다.

절 남쪽 봉우리는 용대(龍臺)라고 하는데, 다른 봉우리에 비하여 홀로 빼어나 지도에도 기록되어 있다. 일찍이 용이 그 봉우리 위에서 춤을 춘 바 있어 이를 황제에게 알렸더니 그가 이 절을 용대사(龍臺寺)라고 고쳐 부르도록 칙령을 내렸다. 그랬더니 그 샘이 다시 흘러 이름을 예천사라고 고쳤다. 동·서·남쪽으로 높은 봉우리들이 요새처럼 둘러서 있고 북쪽만이 봉우리가 없이 열려 있다. 절의 건물은 허물어져 정결하지 않았다.[95] 성스러운 유적들은 쇠락해 가지만 고치는 사람이 없다. 절의 장원은 15개소이니 지금으로서는 적은 것이 아니다. 원래 승려는 백 명이 있었으나 지금은 뿔뿔이 흩어지고 현재 절에 남아 있는 사람은 30여 명이다. 전좌승이 우리를 이끌고 신라원으로 갔다. 그곳에서 묵었다.

4월 7일

이른 아침에 당두(堂頭)[96]에서 죽을 먹고 곧장 길을 떠났다. 전좌승 등 승려들이 우리를 잡으며,

"내일은 이 절에서 대재(大齋)[97]가 있는데 어찌하여 그리 일찍 떠나십니까?"

하고 물었다. 그러나 우리는 오대산에 일찍 도착하고 싶었기에 더 이상 머무르지 못하고 절을 나섰다. 북쪽으로 50리를 가다가 예천사의 장원에 이르러 점심 휴식을 취했다. 서쪽으로 곧바로 15리를 가니 장구현(章丘縣)에 이르렀다. 장구현을 떠나 서쪽으로 15리를 가 제하(濟河)의 나루를 건넜다. 요즘 사람들은 이를 제구(濟口)라고 부른다. 나루로부터 서북쪽으로 반 리를 가 왕씨 집에서 묵었다. 주인의 마음씨가 곱다.

95) 본문에는 淨潔이 淨喫으로 誤記되어 있음.
96) 堂頭 : 식당을 의미하는 것으로 보임.
97) 大齋 : 부처님 오신 4월 초파일을 의미함.

4월 8일

이른 아침 길을 떠났다. 서쪽으로 곧바로 25리를 가니 임제현(臨濟縣)에 이르렀다. 윤(尹) 씨 집에 들어가 점심 휴식을 취한 후 바로 떠났다. 어느 상인이 닷 되의 쌀을 보시했다. 마을을 지나 서쪽으로 곧바로 30리를 가니 오후 4시경에 임읍현(臨邑縣)의 쌍룡촌(雙龍村)에 있는 장(張) 씨 집에 이르렀다. 저녁나절에 비가 내렸다. 주인의 마음씨가 곱다.

4월 9일

아침부터 비가 내려 길을 떠나지 못했다. 재를 마치니 비가 멎어 곧장 길을 떠났다. 서쪽으로 곧바로 15리를 가니 한 옛 마을에 이르렀다. 이는 지난날의 임읍현이었다. 성곽은 허물어져가고 있고 관청이라고는 하나도 없다. 지난날의 절도 허물어지고 불상은 노천에 드러난 채 밭으로 변해 가고 있으니 참으로 안타깝다. 서쪽으로 곧바로 15리를 가니 원하(源河)의 나루에 이르렀다. 나루를 건너 10리를 가니 우성현(禹城縣) 연당촌(燕塘村)에 이르러 보(甫) 씨 집에서 묵었다. 주인의 불심이 깊었다.

4월 10일

해가 뜨자 길을 떠났다. 서쪽으로 곧장 40리를 가니 오후 2시경에 우성현에 도착했다. 현의 시장에서는 좁쌀이 한 말에 45문, 멥쌀이 한 말에 100문, 팥이 한 말에 25문, 밀가루가 70~80문이었다. 성을 지나 서쪽으로 10리를 가다가 선공촌(仙公村)의 조(趙) 씨 집에 이르러 묵었다. 밤새도록 천둥·번개가 치더니 새벽녘에 이르러서야 그쳤다. 주인은 신앙이 없는 사람이었다.

4월 11일

오전 6시경에 길을 떠나 서쪽으로 곧바로 30리를 가니 정오 무렵에 황하(黃河) 나루에 이르렀다. 요즘 사람들은 이곳을 약가구(藥家口)라 부른다. 물빛은 누런 흙탕 빛이며 물살은 화살처럼 빠르다. 강의 너비는 1정 (町)[98] 5

98) 1町=360尺=60步=109m.

단(段)[99]이 넘으며 동쪽으로 흐른다. 황하의 근원은 곤륜산(崑崙山)[100]에서 시작하여 아홉 번 굽어 도는데, 여섯 번은 티베트[土蕃國]에서 굽고 세 번은 당나라에서 굽는다. 나루는 남북으로 있어서 양쪽에서 건널 수 있다. 성의 넓이는 남북으로 4정이 넘고 동서로는 각기 1정 남짓했다. 이 약가구에는 나룻배가 많아 오고 가는 사람을 서로 태우려고 하는데, 사람은 1인당 5문이며 나귀는 한 마리당 15전이다.

황하의 남쪽은 제주(齊州) 우성현에 속해 있고 북쪽은 덕주(德州)의 남쪽에 속해 있다. 황하를 건너 북쪽 나루에서 점심 휴식을 취했다. 네 사람은 각기 네 대접의 죽을 먹었다. 주인은 찬 음식을 그토록 많이 먹는 것을 보고 놀라며 소화를 시키지 못할까 걱정했다. 서쪽으로 곧바로 35리를 가니 오후 4시경에 덕주 평원현(平原縣) 조관촌(趙館村)에 이르러 조(趙) 씨 집에서 묵었다. 주인은 신앙이 없는 사람이었다.

4월 12일

이른 아침에 출발했다. 서쪽으로 곧바로 40리를 가다가 패주(沛州) 하진현(夏津縣) 형개촌(形開村)에 이르러 조 씨 집에서 점심 휴식을 취했다. 주인은 불심이 두터워 우리에게 밥과 야채를 주어 배불리 먹었다. 재를 마친 후 서쪽으로 30리를 가다가 하진현 맹가장(孟家莊)에 이르러 손(孫) 씨 집에서 묵었다. 주인은 불심이 두터웠다.

4월 13일

길을 떠나 서쪽으로 35리를 가다가 왕엄촌(王淹村)의 왕 씨 댁에 이르러 점심 휴식을 취했다. 주인은 불심이 두터워 우리에게 밥을 주었다. 재를 마친 후 서쪽으로 35리를 가다가 오후 4시경에 당주(唐州)[101] 성안의 개원사(開元寺)에 이르러 묵었다. 들자니 중승(中丞)[102]이 절도사에게 말하여 개원사에 새로이 단장(壇場)[103]을 연 다음에 거리에 알리고 사람들로 하여금 알

99) 1段=114尺=19步.
100) 원문에는 昆侖山으로 되어 있음.
101) 唐州 : 원문에는 當州로 되어 있음.
102) 中丞 : 御史中丞의 약어. 漢代 이래로 법무 문제를 맡던 御史臺의 차관.

게 했던바 여러 주로부터 찾아와 수계(受戒)한 승려가 400여 명이었으며, 어제 단장을 파(罷)하여 새로이 수계한 승려들은 돌아갔다고 한다. 아직 돌아가지 못한 사람이 30여 명 보였다. 절의 강유는 일본 승려들이 오게 된 사유를 자세히 적어 중승에게 보고했다.

4월 14일
아침 등청 시간이 되어 주청으로 들어가 중승을 뵈었다. 중승이 10명의 승려를 위한 재를 집 안에 마련하고 청하기에 그의 사택(使宅)에서 재를 들었다. 재를 마친 후 절로 돌아왔다. 저녁나절에 수계하는 단원(壇院)에 들어가 새로이 마련한 단장을 보았다. 단은 벽돌로 2층을 쌓아 만들었는데, 아래층은 네모꼴로서 한 면이 각기 두 길 다섯 자였고, 위층은 네모꼴로서 한 면이 각기 한 길 다섯 자였으며, 높이는 아래층이 두 자 다섯 치였고, 위층도 두 자 다섯 치였다. 단의 색깔은 푸른색이었는데, 그곳 사람들은 유리의 색깔을 낸 것이라고 말했다.

4월 15일
성 안의 유(劉) 씨 집에서 점심 휴식을 취했는데 절간의 법도에 따라서 밥을 먹었다. 재를 마친 후 선광사(善光寺)에 들어가 비구니들이 수계하는 계단(戒壇)을 보았다. 법당 안에는 깃발을 달고 자리를 깔았으며 줄로 경계를 삼았다. 특별히 단을 쌓지는 않고 평지에 자리를 깔아 계단으로 삼았다. 내일 아침 일찍 행도(行道)를 한다고 한다. 저녁 등청 시간이 되어 주청으로 들어가 중승에게 작별 인사를 드렸다.

4월 16일
해가 뜨자 길을 떠났다. 서쪽으로 20리를 가다가 청하현(淸河縣) 합장류촌(合章流村)에 이르러 유(劉) 씨 집에서 점심 휴식을 취했다. 느릅나무[榆]의 잎으로 만든 국을 마셨다. 주인은 비록 불법을 모르는 사람이었지만 스스

103) 壇場 : 祭를 지내는 마당[壇墠]이나 어떤 특수한 일을 닦는 곳[壇域]을 뜻하며, 여기에서는 戒壇이 설치된 곳을 가리킴.

로 음식을 들고 나와 승려들과 함께 들었다. 재를 마친 후 서북쪽으로 40리를 가다가 기주(冀州) 남궁현(南宮縣) 조고촌(趙固忖)에 이르러 조 씨 집에서 묵었다. 주인은 마음씨가 곧았다.

4월 17일

이른 아침에 주인이 죽을 끓여 주었다. 북쪽으로 곧바로 15리를 가다가 다시 서북쪽으로 15리를 가니 남궁현에 이르렀다. 성 안으로 들어가 장(張) 씨 집에서 점심 휴식을 취했다. 성을 나와 서북쪽으로 50리를 가니 인가가 드물었다. 당양현(唐陽縣)에 이르러 성 안으로 들어가 각관사(覺觀寺)에서 묵었다. 절간은 허물어지고 승도(僧徒)는 없이 다만 지사승(知寺僧) 한 명만이 있는데 나그네를 보고도 반가운 기색이 없으며 승방의 잠자리를 마련하는 데에도 도무지 관여하지 않았다.

4월 18일

날이 밝자 길을 떠났다. 서쪽으로 곧장 30리를 가니 신하구(新河口)에 이르렀다. 성 안으로 들어가 남(南) 씨 집에서 점심 휴식을 취했다. 서문을 나와 신하교(新河橋)를 건너 서쪽으로 곧장 30리를 갔다. 들판은 요원하고 인가는 끊어졌다. 조주(趙州) 영진현(寧晉縣) 동쪽에 있는 당성사(唐城寺)에서 묵었다. 절은 매우 가난했으며 승려들의 마음씨는 용렬하고 천박하다.

4월 19일

오전 8시경에 길을 떠났다. 성 안을 지나 서북쪽으로 15리를 가다가 진구촌(秦丘村)에 이르러 유(劉) 씨 집에서 점심 휴식을 취했다. 주인은 비록 가난했지만 식사를 마련해 주었다. 정오 무렵에 길을 떠나 서북쪽으로 25리를 가니 날씨가 찌는 듯이 뜨겁다. 조주(趙州)의 개원사에 이르러 묵었다. 불당은 허물어졌으나 불상의 모습은 존엄하다. 승려의 마음씨는 몹시 비루하여 객승을 보고 두려워한다.

4월 20일

날이 밝자 죽을 먹고 서북쪽으로 40리를 가니 진주(鎭州) 난성현(鸞城縣)

에 이르러 성 밖의 손(孫) 씨 집에서 점심 휴식을 취했다. 서북쪽으로 30리를 가다가 진주 대곽현(大廓縣) 작호역(作護驛)에 이르러 유(劉) 씨의 집에서 머물렀다. 주인은 도둑 심보로 우리를 쟀다.

4월 21일

이른 아침에 길을 떠나 북쪽으로 곧장 30리를 가니 진주절도부(鎭州節度府)에 이르렀다. 성 안으로 들어가 서남쪽에 있는 금사선원(金沙禪院)에 들어갔으나 점심 휴식을 취할 곳이 없다. 그곳에는 두 명의 승려가 있는데 객승을 보자 욕설을 퍼부으며 여러 차례 우리를 몰아낸다. 우리는 억지로 선원(禪院)으로 들어가 점심을 차렸다. 주승은 마음을 고쳐먹고 몸소 수제비를 만들어 객승들과 나누어 먹었다.

재를 마친 뒤 북쪽으로 곧장 20리를 가서 사장(使莊)의 양(楊) 씨 집에 이르러 묵었다. 이곳은 전(前) 진주절도사 왕 대위(王大尉)의 장원으로서 그의 묘가 그 안에 있었다. 왕 절도사의 가인(家人)이 묘를 지키고 있었는데, 지금은 성이 유(劉) 씨인 한 군장(軍將)이 있었다. 묘는 매우 정묘(精妙)하게 관리되어 있었다. 남쪽으로 1리를 가니 비각이 있고 주변에는 높은 담장이 있는데 열고 들어갈 수가 없다. 왕 대위가 세상을 떠난 이후로 이제 3대가 지났다고 한다. 주인은 불심이 두터워 나그네를 맞이하는 태도가 매우 정중하다.

4월 22일

이른 아침에 주인이 죽을 끓여 주었다. 북쪽으로 곧장 20리를 가 남접촌(南接村)에 이르러 유(劉) 씨 집에서 점심 휴식을 취했다. 주인은 전부터 불심이 있던 사람으로서 재를 장만하여 승려를 대접한 지 오래되었고 그 횟수도 적지 않았다. 집 안으로 들어간 지 오래 지나지 않아 곧 식사가 나오고 그의 아내가 나와 나그네를 여러 차례 위로한다. 재를 마친 뒤 차를 마셨다. 북쪽으로 곧장 25리를 가니 진주 행당현(行唐縣)에 이르렀다. 성 안의 서선원(西禪院)에서 묵었다. 선원에는 20여 명의 선승(禪僧)이 있는데 마음씨가 몹시 고약스럽다.

4월 23일

이른 아침에 죽을 먹었다. 서북쪽을 향하여 25리를 가다가 황산(黃山) 팔회사(八會寺)에 이르러 휴식을 취하면서 차와 식사를 들었다. 요즘 사람들은 이 절을 가리켜 상방보통원(上房普通院)이라고 부른다. 이곳은 오래 전부터 밥과 죽을 대접하면서도 승려와 속인을 가리지 않았고, 찾아오는 승려들을 재워 주었는데, 밥이 있으면 함께 먹고, 밥이 없으면 함께 굶으면서 승려와 속인이 머무는 것을 막지 않았기에 예로부터 이 절을 보통원(普通院)[104]이라고 불렀다. 절에는 두 명의 승려가 있는데 하나는 마음이 활달하고, 다른 하나는 음울하다. 절에는 누렁이개 한 마리가 있는데, 속인을 보면 마구 짖어대며 몽둥이로 때려도 그치지 않지만 승려를 보면 그가 그 절의 중이든 객승이든 가리지 않고 꼬리를 흔들며 매우 양순하게 따른다.

재를 마친 후 서북쪽 산으로 들어가 계곡을 따라 걸었다. 요즘 사람들은 이곳을 국신산(國信山)이라고 부른다. 상방보통원으로부터 20리를 가서 유사(劉使)보통원에 이르러 그곳에서 묵었다. 그곳에서 오대산 금각사(金閣寺)의 승려인 의심(義深) 일행을 만났다. 그들은 심주(深州)로 가서 기름을 얻어 산으로 돌아왔다. 50마리의 나귀는 유마유(油麻油)[105]를 싣고 돌아갔다. 천태산의 국청사에서 온 거견(巨堅) 스님 등 4명의 승려를 만났다. 그들은 오대산으로 가는 길이었다. 그들의 말에 의하면 천태산의 국청사에는 일본의 승려 1명, 사미 1명, 행자 1명이 있다고 한다.

4월 24일

날씨가 음산한데 길을 나섰다. 산골짜기로부터 서북쪽으로 25리를 가다가 5백여 마리의 양떼를 몰고 가는 양치기를 만났다. 한 산마루를 넘으니 양령(兩嶺)보통원에 이르렀다. 절에는 주지승이 없어 우리가 손수 밥을 지어 먹었다. 절에는 오랫동안 죽과 밥이 없었다. 왜냐하면 최근 몇 년 동안 병충해가 심하여 지금은 식량이 없다. 재를 마친 후 산길을 따라 서북쪽으로 30리를 가 과완(菓菀)보통원에 이르러 묵었다. 천둥이 치고 비가 내렸다.

4월 25일

104) 普通院 : 僧俗을 가리지 않고 순례자에게 숙식을 무료로 제공하는 숙박소.
105) 油麻油 : 胡麻를 짜서 만든 기름.

비가 내린다. 이곳 보통원은 깊은 산골이어서 식량이 없다. 우리는 팥으로 끼니를 삼았다. 조주에서 이곳까지는 지난 3~4년 동안 누리[蝗]의 폐해가 심하여 오곡이 익지 않아 양식을 얻을 수가 없다. 재를 마치니 비가 멈추었다. 산길을 따라 서쪽으로 30리를 가니 해탈(解脫)보통원에 이르렀다. 오대산을 순례하는 송공인(送供人),[106] 비구승과 비구니, 아낙네 등 1백여 명이 우리와 함께 원에서 묵었다.

4월 26일

날씨가 맑다. 죽을 마신 뒤 산길을 따라 20리를 가다가 정수(淨水)보통원에 이르러 식사를 했다. 절이 몹시 가난하다. 산바람이 점점 서늘해진다. 푸른 소나무가 산마루를 덮고 있다. 험한 산마루를 두 번 넘으면서 서쪽으로 30리를 가니 당성(塘城)보통원에 이르렀다. 그곳을 지나 서쪽으로 가니 산이 높고 골이 깊어 푸른 봉우리는 구름을 토하고 계곡의 물은 푸른빛을 띠고 흐른다. 당성으로부터 서쪽으로 15리를 가니 오후 4시경에 용천(龍泉)보통원에 이르러 묵었다. 절 뒤의 언덕에 있는 용당(龍堂) 안에서 샘이 솟는데 물이 밝고 시원하다. 절이 이 샘과 가까운 곳에 있어서 이 절을 용천보통원이라고 부른다. 이 절에는 밥과 죽이 있다.

4월 27일

길을 떠나다. 산골짜기를 따라 서쪽으로 20리를 가니 장화(張花)보통원에 이르렀다. 승려 9명이 함께 점심 휴식을 취했다. 이 절에는 죽과 밥이 있다. 재를 마친 후 골짜기를 따라 10리를 가니 다포(茶鋪)보통원에 이르렀다. 이곳을 지나 서쪽으로 10리를 가다가 대복령(大復嶺)을 넘었다. 산마루 동쪽에는 계곡 물이 동쪽으로 흐르고, 산마루 서쪽에는 물이 서쪽으로 흐른다.

산마루를 넘어 점차 아래로 내려가니 어느 때는 서쪽으로 가게 되고 어느 때는 남쪽으로 가게 된다. 산봉우리 위에는 소나무가 우거져 있고 계곡에는 수목이 곧고 길게 뻗어 있으며 대나무 숲과 삼밭[麻園][107]이 말로 표현하기

106) 送供人 : 보시공양물을 산으로 운반하는 役人.
107) 麻園 : 鹿園으로 기록된 판본도 있음.

어렵다. 산과 벼랑이 험준하고 마치 하늘에 닿는 듯하며 솔의 푸르름은 푸른 하늘을 비추는 듯하다. 산마루의 서쪽에는 아직 나뭇잎이 돋지 않았고 풀도 네 치가 채 되지 않는다. 다포보통원으로부터 30리를 가니 어둠이 엷게 깔린다. 각시(角詩)보통원에 이르러 묵었다. 절에는 먹을 것이 없다.

4월 28일a[108)

평평한 계곡을 들어서 서쪽으로 30리를 가니 오전 10시경에 정점(停點)보통원에 이르렀다. 그 절에 들르기 전에 서북쪽을 바라보니 중대(中臺)가 보이기에 땅에 엎드려 예배를 드렸다. 이곳은 문수사리보살의 땅이다. 오대산(五臺山)의 정봉(頂峰)은 둥글고 높은데 나무는 보이지 않고 마치 구리 주발을 엎어놓은 것 같다. 멀리서 그곳을 바라보는 동안 나도 모르는 사이에 눈물이 흐른다. 수목과 갖가지 꽃들이 곳곳마다 다르니 기이한 모습들이 특히 심하다.

이곳은 청량산(淸凉山)의 금색 세계[109)로서 문수사리보살이 이 시간까지도 살아계시면서 중생을 이롭게 교화하신다. 문수사리보살에게 예배를 드렸다. 서쪽 정자의 벽을 보니 '일본국의 내공봉(內供奉)[110) 번경대덕(翻經大德) 라이센(靈仙)[111)이 원화(元和)[112) 15년[서기820년] 9월 19일 이 난야(蘭若)에 도착했다'고 적혀 있었다. 이 절의 승려들이 우리 일본 승려들을 보고 이상하게 여기며 벽 위에 적혀 있는 글을 보여 주기에 여기에 기록해 둔다.

정오 무렵에 식당 안에서 재를 들었다. 재를 마친 뒤 수십 명의 승려들이 남대(南臺)로 떠나는 것을 보았다. 저녁나절에 천둥이 치고 비가내리다. 23일 오후 4시경에 이 산에 들어온 이후 오늘까지 산길을 걸은 지 엿새가 지났다. 그동안 산길이 그치지 않은 채 오대산에 도착했다. 지난 2월 19일에 적

108) 4월 28일자~5월 16일자 일기는 내용이 약간 다른 채로 중복 기록되어 있다. 이하 a, b로 표시하여 중복된 일기의 두 가지를 모두 실었다.
109) 金色世界 : 문수보살의 淨土.
110) 內供奉 : 조정에서 불사에 종사하는 직책. 당대의 名僧 1~ 2명을 뽑아 쓰는데, 최다 10인을 두기도 하며 內供奉十禪師라 불렀다. 肅宗 연간(至德 1년, 756년)에 元皎를 선임한 것이 시초이다.
111) 靈仙 : 平安 시대의 범어학자. 南都 興福寺에서 法相(唯識學)을 배우고 渡唐하여(803년) 장안 醴泉寺에서 譯經을 하다가 오대산으로 들어가(820년) 수도했다. 本年 7월 3일 일기 참조.
112) 元和 : 당 順宗 연간의 연호(806년~820년).

산원을 떠난 이후 이곳에 이르기까지 2,300여 리를 걸었다. 허송한 날짜를 제외한다면 길을 걸은 날이 정확히 44일이다. 길에서 병을 얻지 않은 것이 참으로 다행이다.

4월 28일b

평평한 계곡을 들어서 서쪽으로 30리를 가다가 오전 10시경에 정점보통원 앞에 이르니 중대의 정상이 보이기 시작했다. 이곳은 문수보살이 머물던 청량산 오대(五臺)의 중대이다. 땅에 엎드려 예(禮)를 올리는데 나도 모르는 사이에 눈물이 흐른다. 멀리서 중대의 정상을 바라보니 그 모습은 둥글고 높은데 나무는 보이지 않는다. 이에 정점보통원에 들어가 문수보살에게 예를 올렸다. 서쪽 정자의 벽을 보니 '일본국의 내공봉 번경대덕 라이센이 원화 15년 9월 15일 이 난야에 도착했다'고 적혀 있었다.

정오 무렵에 식당 안에서 채를 들고 고승들이 안치되어 있는 곳을 보니 그곳에 문수보살이 있는데 빈두로(賓頭盧)[113]의 자리는 보이지 않는다. 이상하게 생각하여 승려들에게 물어 보니 '이 산의 화상(畵像)들은 모두가 그렇다'고 대답한다. 재를 마친 뒤 수십 명의 승려들이 남대(南臺)로 떠나는 것을 보았다. 그때까지도 밝던 하늘이 갑자기 어두워지더니 풍운이 서로 다투어 어두워지고 우박과 비가 섞여 쏟아진다.

저녁나절이 되니 남대로 떠났던 사람들이 돌아오는 것을 보았는데, 우박에 맞아 삿갓이 망가지고 온통 젖었다. 이달 23일 오후 4시경에 이 산에 들어온 이후 오늘까지 산과 계곡을 걸은 지 엿새가 지나서야 겨우 이 오대산에 이르렀다. 곧바로 이곳에 이르기까지 2,300여리를 걸었다. 허송한 날짜를 제외한다면 길을 걸은 날만 44일이다. 길에서 병을 얻지 않은 것이 참으로 다행이다.

4월 29일a

정점보통원에서 백 명의 중을 위한 재를 마련하고 우리를 초청했다. 태주

113) 賓頭盧 : 賓頭盧頗羅墮의 준말. 부처님의 제자로서 16나한의 하나. 蹉國輔相의 아들로서 출가하여 구족계를 받음. 부처님이 떠나신 뒤 남인도의 마리산에서 중생을 제도함. 대승에서는 문수를 상좌로 함에 대하여 소승에서는 빈두로를 상좌로 함.

국청사의 승려 거견(巨堅)이 본사(本寺)로 돌아간다기에 편지 두 통을 써서 엔사이(圓載) 상인(上人)[114]에게 보냈다. 재를 마친 뒤 몇 십 명의 승려가 남 대로 떠나는 것을 보았다. 1각(刻)[115]이 지나자 밝던 하늘이 갑자기 어두워지고 비구름이 짙게 싸우더니 찬비와 우박이 내린다. 저녁나절에야 그들이 돌아오는 것을 보았는데 삿갓이 우박에 맞아 찢어진 채 오고 있었다.

4월 29일b

정점보통원에서 백 명의 중을 위한 재를 마련하고 우리를 초청했다. 태주 국청사의 승려 거견이 본사로 돌아간다기에 편지 두 통을 써서 엔사이 상인이 있는 곳으로 보냈다.

5월 1일a

날씨가 밝다. 오대산을 순례하기 위해 끌고 다녔던 노새를 정점보통원에 맡기고 주지에게 꿀을 먹여 주도록 부탁했다. 정점보통원으로부터 서쪽으로 17리를 가다가 북쪽으로 향하여 높은 봉우리를 넘어 15리를 가 죽림사(竹林寺)에 이르러 점심 휴식을 취했다. 재를 마친 뒤 절을 순례했다. 이곳에는 반주도량(般舟道場)[116]이 있는데, 일찍이 법조화상(法照和尙)[117]이 법당에서 염불을 한 적이 있어서 그 뒤 칙령으로 그에게 대오화상(大悟和尙)이라는 시호를 내렸다. 그가 세상을 떠난 지 200년[118]이 지난 지금에도 그의 영정이 법당 안에 안치되어 있다. 또한 불타파리(佛陀波利)[119]의 영정도 있다. 그는 의봉(儀鳳) 원년[676년]에 오대산에 도착했는데 노인으로 보일 때의 초상화였

114) 上人 : 智慧와 德을 겸비한 스님에 대한 존칭.
115) 1刻 : 약 15분.
116) 般舟道場 : 般舟三昧를 행하는 道場. 반주삼매라 함은 7일이나 90일을 미리 작정하고 몸 · 입 · 뜻의 三業으로 마음을 가다듬어 온전히 하고 正行을 가지면서 게을리하지 않음을 뜻함. 이 三昧를 닦으면 눈앞에 모든 부처님을 뵙고 교화를 받는다고 함.
117) 法照和尙(?~772년) : 처음에는 형산에 들어가 承遠을 섬기며 般舟道場에서 淨業을 닦았다. 長安의 章敬寺 淨土院에서 '五念法事讚'을 짓고(706년), 오대산에 들어가 文殊 · 普賢을 뵙고 竹林寺를 짓다. 궁중에 들어가 五會念佛을 수행하여 조야에 이를 크게 전교했다.
118) 아마도 20년의 착오로 보인다.
119) 佛陀波利 : 계빈국 사람으로 靈跡을 참배하고 중국에 들어와 청량산에서 수도했다. 그는 佛 경의 유통을 청하고 梵本을 하사받아 西明寺의 順貞 등과 함께 번역하여 『佛頂尊勝陀羅尼經』이라 했다. 本年 5월 23일자 참조.

다. 화엄원(花嚴院)의 법당에는 금강계(金剛界)의 만다라가 한 폭 있다.

5월 1일b
날씨가 밝다. 오대산의 순례를 떠났다. 정점 보통원으로부터 서쪽으로 17리 넘게 가다가 북쪽으로 한 높은 봉우리를 넘고 다시 15리를 가 죽림사에 이르러 점심 휴식을 취했다. 여러 주(州)에서 수계하기 위하여 온 사미승 10여 명이 절에서 기다리는 것을 보았다. 재를 마친 뒤 절을 돌아보았다. 반주도량이라는 곳이 있는데, 일찍이 법조화상이 이 법당에서 불도삼매에 빠진 일이 있은 뒤 천자는 칙령으로 그에게 대오화상이라는 시호를 내렸다. 그가 세상을 떠난 지 2[0]년이 지난 지금 그의 영정을 법당 안에 안치해 두었다. 또한 불타파리의 영정도 있다. 그는 의봉 원년에 산문에 들어왔는데 노인으로 보일 때의 모습이었다. 화엄원의 법당에는 금강계의 만다라가 한 폭 있다.

5월 2일a
정원계율원(貞元戒律院)[120]에 들어갔다. 누각에 올라 나라에 공덕이 있는 72명의 현성(賢聖)[121]에 참배했다. 제존(諸尊) 만다라의 색깔이 정묘하다. 그 다음으로 만성계단(萬聖戒壇)을 열었다. 옥돌로 만든 이 단은 높이가 석 자요 팔각인데 바닥에는 향내 나는 진흙을 채웠고 단상에는 융단을 깔았는데, 넓고 좁음이 단의 크기와 같다. 대들보와 서까래의 단청이 미묘하다.

우리는 이 계단(戒壇)을 맡고 있는 노승을 찾아뵈었다. 그의 법명은 영각(靈覺)이요, 나이는 100세로서 입산한 지는 72년이라고 하는데 모습이 비범하다. 그는 단 위에 오른 대덕과 손님을 맞이함이 매우 정중하다. 들자니 지난해 6월에 중천축(中天竺)의 나란타사(那蘭陀寺)[122]에서 승려 3명이 오대산을 찾아왔을 때 오색구름이 피어오르고 원광(圓光)이 비치며 그의 몸에 빛

---

120) 貞元戒律院 : 貞元(당 順宗의 연호) 연간(785년~804년)에 창설된 죽림사 6院 중의 하나임.
121) 七十二賢聖 : 唐代의 개국·중흥에 공이 있는 72명의 성현. 중국에서는 인물의 무리를 헤아리면서 '72賢'를 단위로 하는 경우가 많은데, 이를테면 孔子의 제자 72현, 청대의 72 열사 등이 그것이다. 여말선초의 '杜門洞 72인' 도 이의 영향을 받은 것이다.
122) 那蘭陀寺 : 中印度 王舍城에 있는 절(405년에 세움). 玄奘이 유학할 무렵 인도 불교의 중심지로서 金剛智·善無畏·法賢 등이 이곳에서 수도함.

이 감도는 것을 보고 천축으로 돌아갔다고 한다. 죽림사에는 율원(律院), 고원(庫院), 화엄원(花嚴院), 법화원(法花院), 각원(閣院), 불전원(佛殿院) 등 6개의 불원이 있으며 모두 40명의 승려가 소속되어 있다. 이 절은 오대산에 소속되어 있지 않다.

5월 2일b

정원계율원에 들어갔다. 누각에 올라 나라에 공덕이 있는 72명의 현성에게 참배했다. 제존 만다라의 색깔이 정묘하다. 그다음으로는 만성계단을 열고 돌아보았다. 순전히 흰 옥돌로 만든 이 단은 높이가 석 자요 팔각인데 바닥에는 향내 나는 진흙을 채웠고 단상에는 융단을 깔았는데 역시 팔각으로 만들어졌으며, 넓고 중음이 단의 크기와 같다.

우리는 이 계단을 맡고 있는 노승을 찾아뵈었다. 그의 법명은 영각이요 나이는 100세로서 입산한 지는 72년이라고 하는데 모습이 비범하다. 그는 단 위에 오른 대덕과 손님을 맞이함이 매우 정중하다. 듣자니 지난해 6월에 중천축의 나란타사에서 승려 3명이 찾아와 오대산을 순례할 때는 오색구름이 피어오르고 원광이 비치며 그의 몸에 빛이 감도는 것을 보고 천축으로 돌아갔다고 한다. 죽림사에는 율원, 고원, 화엄원, 법화원, 각원, 불전원 등 6개의 불원이 있으며 모두 40명의 승려가 소속되어 있다. 이 절은 오대산에 소속되어 있지 않다.

5월 5일a

절 안에 750명의 승려를 위한 재를 마련하고 여러 절이 함께 참여했다. 이 모든 것들은 제주(齊州) 영암사(靈巖寺)가 공주(供主)가 되어 마련한 것이다.

죽림사 재에서 거행하는 예불 의식

정오에 종을 치면 여러 승려들이 법당 안으로 들어온다. 대승, 사미, 속인, 어린이, 여인 등이 차례에 따라 자리에 앉았다. 표탄사(表歎師)[123]가 북을 치

123) 表歎師 : 대중 집회의 소임. 表白(대중 앞에서 어떤 일이나 주제를 발표하는 일)을 맡음.

며 '일체를 공경하고 상주 삼보께 경례하며 일체를 두루 생각하라'(一切恭敬禮常住三寶 一切普念)고 읊조린다. 그다음에 절의 후생승(後生僧) 2명이 손에 금빛 연꽃[金蓮][124]을 잡고 나발(蠡鈸)[125]을 두드리며 서너 명이 같은 목소리로 범패(梵唄)를 한다. 공양주(供養主)[126]가 향을 피우고 그 뒤를 이어 승속·남녀를 가리지 않고 두루 향을 피운다. 표탄사가 먼저 시주의 설공서(設供書)[127]를 읽고 그다음에 찬불을 하고 '일체를 두루 생각하라'고 읊조린다.

모든 승려들이 마하반야바라밀(摩訶般若波羅蜜)을 읊고 이어서 불보살(佛菩薩)을 읊는다. 대중들은 함께 석가모니불, 미륵존불,[128] 문수사리보살, 대성(大聖) 보현보살, 일만 보살,[129] 지장보살(地藏菩薩)[130]등 일체의 보살마하살(摩訶薩)을 외운다. 그리고 28천(天)[131]과 제석(帝釋),[132] 범왕(梵王)[133] 등을 위해 상주삼보께 경배한다. 성화(聖化)와 무궁을 기원하며 상주삼보께 경배한다. 오늘의 공양주가 선을 베풀고 장엄한 삶을 살도록 상주삼보께 경배한다. 사승(師僧)[134]과 부모, 그리고 법계(法界)[135]의 중생을 위해 상주삼보께 경배한다. 표탄사가 북을 치며 '시식주원'(施食呪願)[136]이라고 읊는다. 상좌승이 주원을 마치면 식사를 한다. 상하와 노소, 승속과 남녀가 평등하게

---

124) 金蓮 : 金色의 蓮花. 839년 1월 17일 註 20)참조.
125) 蠡鈸 : 접시 같은 두 쇠를 마주쳐서 소리를 내는 法具(악기), 바라[鐃鈸].
126) 供養主 : 절에서 죽·밥 등을 짓는 소하는 소임. 이에 대해 채소 등 부식을 마련하는 소임을 菜頭 또는 菜供이라 함.
127) 設供書 : 공양을 베풀면서 香讚를 읽음. 향찬이라 함은 '我今一片香 遍覆三千界 奉獻三寶前 願垂哀納受'와 같은 축원문을 말함.
128) 미륵존불 : 석존의 교화를 받고 미래에 성불하리라는 授記를 받음. 56억 7천만 년이 지난 후 華林園 용화수 아래 나타나 3회의 설법[龍華三會]으로써 중생을 제도한다고 함.
129) 일만 보살 : 문수보살이 오대산에서 거느리며 설법하던 1만 명의 보살들.
130) 지장보살 : 석존의 교화를 받고 불멸 후 미륵이 출현할 때까지 몸을 6道에 나타내어 천상에서 지옥까지의 일체의 중생을 교화하는 대자대비한 보살.
131) 二十八天 : 생사유전이 쉴 새 없는 迷界인 三界諸天의 총칭. 곧 欲界의 6欲天, 色界의 18天, 無色界의 4天을 통틀어 가리킴.
132) 帝釋 : 수미산 꼭대기 忉利天의 임금. 善見城에 있으면서 사천왕과 삼십이천을 통솔하며 불법과 불법에 귀의하는 중생을 보호하며 아수라의 군대를 정벌한다는 하늘의 임금.
133) 梵王 : 梵天王. 바라문교의 교조인 조화의 신, 우주만물의 창조주로서 사바세계를 주재함. 제석과 함께 正法을 옹호하는 신으로서 석존을 좌우에서 모심.
134) 師僧 : 자기의 스승 또는 추앙하는 스님.
135) 法界 : 부처님의 세계, 또는 眞如의 세계.
136) 施食呪願 : 주원이라 함은 보시하고자 하는 의사에 따라서 공양하는 자를 위해 불러주는 기원의 語句인데, 여기에서는 식사 때의 주원을 의미한다.

공양한다. 승려 무리들은 재를 마친 뒤 입을 헹군다. 그런 다음 북을 치며 염불한다. 표탄사가 북을 치며,

"오늘의 시주가 선을 베풀고 장엄한 삶을 살기를 바라며 법계의 중생을 위해 마하반야바라밀을 외웁시다."

하고 말한다. 대중들은 같은 목소리로 석가모니불, 미륵존불, 대성문수사리보살, 일만보살 등 일체의 보살마하살을 읊는다. 다음에도 같은 구절과 같은 염불을 한다. 염불을 마치면 북을 치고 대중들은 자기들의 뜻에 따라 흩어진다.

저녁나절에 천둥이 치고 우박이 쏟아졌다. 각원(閣員)은 엄숙한 도량을 마련하여 72현성을 공양했다. 주지승 상흠(常欽)은 글을 올려 여러 사원에게 알리고 일본의 승려들도 함께 초청했다. 초청을 받아 도량에 들어가니 의식·염불 등의 법사(法事)를 볼 수 있었다. 법당 안의 벽에는 72현성의 초상화가 차례대로 배열되어 있다. 보배로운 깃발과 구슬의 색채가 세상에서 가장 아름다운 빛깔을 보이면서 걸려 있다. 여러 색깔의 융단이 바닥에 깔려 있다. 꽃등과 이름난 향, 그리고 차와 약식을 현성들에게 공양했다.

황혼이 지나자 모든 승려들이 모여들었다. 그 가운데 한 승려가 예석(禮席)에 앉아 먼저 나발을 치더니 그다음에는 법회를 갖게 된 이유를 설명한다. 공양주와 보시한 물건의 이름을 일일이 읊는다. 시주를 위하여 부처님과 보살의 이름을 외운다. 그다음으로는 72현성을 떠받들며 그 이름을 일일이 외운다. 이름 외우기를 마치자 승려들은 함께,

"오로지 바라옵기는 자비를 베푸시어 우리를 불쌍히 여기시고 이 도량에 강림하사 우리의 공양을 받으소서."(唯願慈悲 哀愍我等 降臨道場 受我供養)

하고 합창한다. 일어서서 72번 절을 하고 곧 아랫자리로 내려온다. 다시 법사가 예석에 오르더니 염불을 하면서 부처님과 보살에게 다음과 같이 청하도록 권한다.

"한마음으로 대사(大師)[137] 석가모니불께 청하옵나이다. 한마음으로 이 땅에 내려와 태어나서 미륵존불, 약사유리광불(藥師琉璃光佛), 대성(大聖) 문수사리

137) 大師 : 부처님의 존칭. 大導師라는 뜻임.

보살, 대성 보현보살, 1만 보살께 십이상원(十二上願)[138]을 청하옵나이다."

말머리에는 '한마음으로 청하옵니다'(一心奉請)라는 말을 붙인다. 그런 다음 한목소리로 산화공양(散花供養)의 글을 외는데 가락이 여러 갈래이다.

그다음으로 한 비구니 법사가 다시 탄불(歎佛)하는데 비구승 법사가 하는 것과 똑같다. 그런 다음 비구승 법사와 여러 승려들이 같은 목소리로 찬불을 마치면, 곧이어 나발을 치고 같은 음으로 아미타불(阿彌陀佛)[139]을 외우고 잠시 멈춘다. 그다음에는 비구니들이 비구승을 대신하여 똑같이 한다. 이와 같이 하여 찬·탄불(讚歎佛)을 바꿔 부르는 동안 시간은 밤중이 되어 행사가 끝나고 모두 도량을 나가 흩어진다.

그 봉청문(奉請文)과 찬문(讚文)[140]은 별도로 기록해 두었다.

5월 5일b

절 안에 750명의 승려들을 위한 재를 마련하고 여러 절이 함께 참여했다. 이 모든 것들은 제주(齊州) 영암사(靈巖寺)가 공양주가 되어 마련한 것이다. 저녁에 수희(隨喜)[141]를 거행했다.

5월 7일a

각원(閣院)의 한 시주가 승려들을 위해 이레 동안 재를 마련했다. 재를 올릴 때의 법도는 대략 어제와 같았다. 다만 향을 나누어 줄 때 도량에서 외는 가사 중에서 포탄사는 '일체를 공경합시다' 하는 등의 말을 하지 않고 다만 일어서서 탄불만 한다. 그리고 별도의 승려가 북을 치는데, 그 밖의 법도와 음식은 일상의 법도와 같다.

---

138) 十二上願 : 또는 십이상원으로서 약사여래불이 수행하던 때 세운 열두 가지 願을 말함. (1) 光明普照願 (2) 隨意成辦願 (3) 施無盡物願 (4) 安立大乘願 (5) 具戒淸淨願 (6) 諸根具足願 (7) 除病安樂願 (8) 轉女得佛願 (9) 安立正見願 (10) 諸難解脫願 (11) 飽食安樂願 (12) 美衣滿足願 등임.
139) 阿彌陀佛 : 대승불교의 중요한 부처님. 줄여서 彌陀라고 하며 無量壽佛이라고도 한다.
140) 『入唐新求聖敎目錄』에 '請賢聖儀文幷諸雜讚文 一卷'이라고 기록되어 있으나 현재 전해지지 않아 그 내용을 알 수 없다.
141) 隨喜 : 五悔의 세 번째 덕목으로서 남의 좋은 일을 보고 따라 좋아하기를 마치 자기의 좋은 일과 같이 기뻐함.

5월 14일a

밤에 이쇼와 이교가 멀리서 온 수십 명의 사미와 더불어 백옥단(白玉壇)에서 구족계(具足戒)[142]를 받았다.

5월 14일b

밤에 이교 등 수십 명이 백옥단에서 구족계를 받았다.

5월 16일a

이른 아침 죽림사를 나와 계곡을 찾아 동쪽으로 10리를 가다가 다시 동북쪽으로 10리를 가니 대화엄사(大花嚴寺)에 이르러 고원(庫院)에 들어가 묵었다. 재를 마친 후 열반원에 들어가 좌주인 법현(法賢)[143] 스님을 만났다. 그는 높은 각전(閣殿)에서 『마하지관』(摩訶止觀)[144]을 강의하고 있었는데, 40여 명의 승려가 줄을 지어 앉아 강의를 듣고 있었으며, 천태[종]의 좌주인 지원화상(志遠和尙)도 강연(講筵)에 앉아 그 강의를 듣고 있는 것을 볼 수 있었다. 법당 안은 장엄하고 정묘하여 말로 표현하기가 어려울 정도이다. 좌주가,

"제4권의 강의를 마치겠습니다."

하고 말하고 강단을 내려오더니 지원화상에게 다가가 인사를 드렸다. 화상은 정중하게 수고로움을 위로했다. 법견(法堅) 좌주는 서경(西京)에서 새로이 온 승려이며, 문감(文鑒) 좌주는 이 산에 오래 머물고 있는 승려이고, 그 밖의 청강하는 무리들은 모두 천태종에 속한 사람들이었다. 우리들은 만나 서로 위로하며 강정(講庭)에서 기쁜 마음으로 얘기를 나누었다. 지원화상이 이렇게 말했다.

"일본의 사이쬬 삼장(最澄三藏)은 정원(貞元) 20년[804년]에 천태산에 들어와 구법(求法)한 적이 있습니다. 그때 태주의 자사인 육공(陸公)[145]이 종이

---

142) 具足戒 : 大戒 또는 比丘戒·比丘尼戒라고도 한다. 비구는 250계, 비구니계 348계이다. 이 계를 받으려는 이는 젊은이로서 일을 감당할 만하고, 몸이 튼튼하여 병이 없고, 모든 罪過가 없고, 이미 사미계를 받은 이에 한한다. 나이는 만 스무 살 이상(사미계를 받은 지 3년 이상) 일흔 살 미만을 원칙으로 한다.
143) 法賢 : 法堅 등으로 전후가 같지 않다.
144) 『摩訶止觀』: 서기 594년 천태대사 智顗가 荊州 玉泉寺에서 강설한 것을 그의 제자인 灌頂이 기록한 교리로서 『法花玄義』와 『法花文句』와 더불어 天台三大部라 한다. 『法花玄義』와 『法花文句』가 모두 천태종의 敎相을 밝힌 데 비하여 이는 실천의 觀心門을 밝힌 것이다.
145) 陸公 : 陸淳(?~805년)을 의미함. 吳部[蘇州] 출신으로 字는 元沖. 春秋學의 대가로서 國子博士였으며, 만년에 台州 자사를 지냄.

와 책을 마련하여 불경 수백 권을 베껴 사이쪼 삼장에게 주었고, 삼장은 그 글을 가지고 본국으로 돌아갔습니다."

그리고는 일본에서 천태종의 포교가 융성하고 있는지를 물었다. 내가 남악대사(南岳大師)[146]가 일본의 불교를 일으킨 것을 간단히 설명하니 듣는 무리들이 적지 않게 기뻐했다. 지원 화상은 남악 대사가 일본의 불법을 일으킨 얘기를 듣고 몹시 기뻐했다. 대화엄사(大花嚴寺)[147]에 소속되어 있는 15개 암자의 승려들은 모두가 지원좌주를 자신들의 수좌승(首座僧)으로 모시고 있었다. 그는 시리(施利)[148]를 받지 않으며 하루에 오로지 한 끼만 먹고 여섯 번 예참(禮懺)하는데, 항상 '법화삼매(法花三昧)[149]를 닦기를 거르는 일이 없이 오로지 삼관(三觀)[150]을 그 마음속에 간직하고 있기 때문에 절 안의 노승들조차도 그를 공경함이 지극했다.

차를 마신 후 열반도량에 들어가 열반상(涅槃相)[151]에게 예배를 드렸다. 그 모습은 두 그루의 끈 나무 아래 오른쪽으로 누워 있는데 키는 한 길 여섯 자였다. 마야(摩耶)[152]는 슬픔에 잠겨 땅에 쓰러진 모습이었고 사천왕과 팔부용신(八部龍神)[153]을 비롯한 여러 성현들의 모습은 혹은 손을 쳐들고 슬피 우는 모습이었고, 혹은 눈을 감고 깊은 생각에 빠져 있는 모습이었는데, 그

146) 南岳大師 : 중국 천태종의 제2조인 慧恩(515~577년)를 가리키는 것으로 보인다. 15살 때 출가 입산하여 『법화경』만을 전수하여 법화삼미를 얻은 뒤에 곳곳에서 『법화경』을 강의했다. 서기 568년 南岳(嶽)에 들어가 講席을 펴고 천태종을 선양했으므로 이렇게 부른다.
147) 판본에 따라서 大花嚴寺, 大莊嚴寺 등으로 같지 않다.
148) 施利 : 자기 스스로에게 이로운 施物.
149) 法花三昧 : 죄업을 참회하는 修法. 먼저 6時 5悔라 하여 하루 여섯 때에 참회·勸請·隨喜·회향·발원의 다섯 가지 참회를 닦는다. 이 삼매의 방법에는 身開遮·口說默·意止觀의 세 가지가 있다.
150) 三觀 : 천태종에서 말하는 空觀(空諦)·假觀(假諦)·中觀(中諦)을 의미함. 空諦의 이치를 觀하여 見惑·思惑의 麤惑과 情意의 迷를 끊어서 空智를 얻고, 假諦의 이치를 觀하여 塵沙의 惑·細感을 끊어 假智를 얻고, 中諦의 이치를 觀하여 見思와 塵沙의 근본인 無明의 細感을 끊어 中智를 얻음.
151) 涅槃相 : 如來八相의 하나로서 入滅의 모양을 말한다. 부처님이 80년의 생애를 마치고 중천축(국) 구리나가라城 발디에 河畔에서 머리를 북쪽으로 하고 낯을 서쪽으로 향하고 오른쪽 옆구리를 땅에 대고 누워서 入滅(2월 15일)한 것을 말한다. 이때 부처님은 하루 낮 하룻밤 동안에 『대열반경』의 설해를 마치었다.
152) 摩耶 : 석가여래의 어머니. 가비라 성주 淨飯王의 왕비로서 부처님을 낳고 이레 만에 죽었다.
153) 八部龍神 : 天·龍·夜叉·乾闥婆·阿修羅·迦樓羅·緊那羅·摩睺羅伽의 八部衆으로서 모두가 석가모니의 제자가 되어 護法한 부류의 권속들임. 天龍八部 또는 龍神八部라고도 함.

서기 840년 5월

모두가 불경에서 이야기한 사실들을 그린 모습들이었다.

그다음으로 우리는 반야원(般若院)으로 들어가 문감 좌주에게 예를 올렸다. 그는 천태종에 속한 사람으로서 일찍이 『마하지관』을 여러 차례 강의하면서 아울러 천태종 대사들의 영정을 그려놓고 오랫동안 공양했다. 우리와 대화를 나누는데 우리를 위문함이 지극히 정중하다.

그다음으로 우리는 대혜화상(大鞋和尙)의 영정을 보았다. 그는 일찍이 이 산에서 수행하면서 오대산을 50번이나 순례했고 중대의 정상에서 겨울과 여름에도 내려오지 않고 그곳에서 3년을 머물렀다. 그는 끝내 그곳에서 대성이신 문수보살의 가호를 입어 큰 신[大鞋]을 얻었는데 높이가 한 자이고 길이가 한 자 다섯 치였다. 신 가운데 큰 것은 무게가 25근이었고 작은 것은 10근이었는데, 아직도 영정 앞에 놓여 있다. 대혜화상은 일찍이 1만 5천 벌의 옷과 침구를 만들어 1만 5천 명의 승려에게 주었고 7만 5천 명을 공양했다. 이제는 그에게 은혜를 입은 사람들이 높은 누각에 영정을 만들어 모시고 공양한다.

이 청량산은 5월에는 밤이 되면 매우 추워 보통 때에도 솜을 넣은 옷을 입는다. 산봉우리와 계곡의 나무들은 곧게 자라 굽은 것이 하나도 없다. 대성이신 문수보살이 살던 곳에 들어오면 매우 천한 사람을 만나더라도 감히 경멸하는 마음을 가질 수가 없다. 따라서 혹시 나귀를 만나더라도 역시 의심을 가지고 이것이 혹시 문수보살이 현신(現身)한 것이나 아닌가 의심한다. 눈을 들어 보는 것마다 모두가 문수보살의 화신(化身)이라는 생각이 들어 이 성스러운 땅은 사람들로 하여금 자연히 그에 대한 숭모의 마음을 불러일으켜 준다.

5월 16일b

이른 아침 죽림사를 나와 계곡을 타고 동쪽으로 10리를 가다가 다시 동북쪽으로 10여리를 가니 대화엄사(大花嚴寺)에 이르러 고원(庫院)에 들어가 묵었다. 재를 마친 뒤 열반원(涅槃院)에 이르러 좌주인 법견(法堅)이 높은 누각에 앉아 『마하지관』을 강의하는 것을 보았다. 그때는 제4권의 강의를 마치려고 하는 즈음이었는데, 30여 명의 승려가 함께 듣고 있는 것을 보았다. 그때 지원화상(志遠和尙)도 강단 아래에서 『마하지관』을 듣고 있었다. 법당 안은 장엄하고 정려(精麗)하기가 말로 표현하기 어려울 정도였다.

강사가 단에서 내려오기를 기다렸다가 지원화상과 강좌주(講座主), 그리고 강의를 듣고 있던 승려들에게 인사를 드렸다. 화상 등의 위로함이 정중하다. 좌주는 서경(西京)에서 새로이 온 사람이며 문감(文鑒) 좌주는 오랫동안 이 절에 머물면서 일찍부터 『지관법화경』(止觀法花經)을 여러 차례 강의했다. 청중들은 지원화상의 문하생들이었고 다른 곳에서 온 청중들이 있는 것 같지는 않았다. 지원화상이 이렇게 말했다.

"정원(貞元) 20년[804년]에 일본의 스님인 사이쪼 삼장(最澄三藏)이 천태산에 들어와 구법(求法)하는 것을 본 적이 있습니다. 그때 태주 자사 육공(陸公)이 스스로 종이와 먹과 책을 마련하여 수백 권의 불경을 베껴 사이쪼 삼장에게 주었습니다. 그는 [자사의] 인신(印信)을 받아 일본으로 돌아갔습니다."

그는 일본에서 천태종의 포교가 융성하고 있는지를 물었다. 내가 남악대사(南岳大師)가 일본의 불교를 일으킨 일을 간단하게 설명했더니 지원화상과 대중들이 크게 기뻐했다. 대화엄사에는 12개의 원(院)이 소속되어 있고 승려도 매우 많은데 모두가 지원화상을 수좌로 모시고 있다. 그는 시리(施利)를 받지 않으며 하루에 오로지 한 끼만을 먹고 계율을 행함이 맑고 높다. 그는 하루에 여섯 번 예참(禮懺)하는데 한 번도 거르는 일이 없으며 항상 '법화삼매'를 닦고 오로지 삼관(三觀)을 마음에 간직한 채 뜻은 물심(物心)을 떠나 있다.

지원화상은 여러 산사를 돌아다니는데 노승들조차도 그를 흠경(欽敬)한다. 그가 일생토록 마음에 담고 바라는 것은 보현보살을 만나 법화삼매를 증거하는 것이다. 차를 마신 뒤 열반도량에 들어가 열반상에 예배를 드렸다. 열반상은 두 그루의 나무 아래 오른쪽으로 누워 있는데 키는 한 길 여섯 자였다. 마야 부인은 슬픔에 젖어 땅에 쓰러진 모습이었고, 사천왕과 팔부용신 및 여러 성현들의 모습은 혹은 손을 쳐들고 슬피 우는 모습이었고, 혹은 눈을 감고 깊은 생각에 빠져 있는 모습이었는데, 그 모두가 불경에서 이야기한 사실들을 그린 모습들이었다.

그다음으로 우리는 반야원(般若院)으로 들어가 문감 좌주에게 인사를 드리고 아울러 천태대사의 존영(尊影)에 예를 올렸다. 문감 좌주는 기쁨을 이기지 못하면서,

"이 절에서는 두 가지 강의를 하면서 천태교를 널리 전파하고 있는데, 먼

나라에서 천태교 구법을 위해 이곳에 온 것을 보니 참으로 감사하다."
고 말했다. 우리는 대혜화상(大鞋和尙)의 영정을 보았다. 그는 일찍이 이 산에서 수행하면서 오대산을 50번이나 순례했고 중대의 정상에서 겨울과 여름에도 내려오지 않고, 그 정상에서 3년을 머물면서 끝내 대성[문수보살]의 가호를 입어 큰 신을 얻었는데 높이가 한 자 다섯 치요 큰 것은 무게가 25근이었고 작은 것은 10근이었다. 그것들은 아직도 그의 영정 앞에 놓여 있다. 그는 일찍이 1만 5천 벌의 옷과 침구를 만들어 1만 5천 명의 승려에게 주었고 7만 5천 명을 공양했다. 그리하여 그의 영정을 높은 누각에 모시고 공양한다.[필사본 하나를 마치다. 켄인(兼胤)]
〈권2 끝〉

권 3

5월 17일

엔랴쿠지(延曆寺)에서 풀지 못했던 서른 개 조항의 의문을 지원화상에게 드리고 그 해석을 요청했더니 지원화상께서는,

"듣자니 천태산에서 이미 이 의문을 대답했다고 하니 다시 대답하는 것은 합당하지 않다."
고 대답하시면서 그 질문을 받아들이지 않았다.

저녁나절에 여러 명의 승려들과 함께 보살당원(菩薩堂院)에 올라가 지념화상(持念和尙)을 만나보았는데, 나이는 70세였지만 언뜻 보기에는 40세 정도였다. 사람들의 말에 따르면, 그가 그토록 나이가 많으면서도 모습이 정정한 것은 염력(念力)[154]을 지녔기 때문이라고 한다. 법당을 열고 대성이신 문수보살상에 참배했는데, 그 모습이 거룩하고 단정하고 엄숙하기가 비길 데 없었다. 그는 사자를 타고 있는 모습이었는데, 다섯 칸짜리 법당 안에 가득했다. 사자의 모습에는 혼이 담겨 있었고 생긴 모습은 장엄하고 엄숙했으며, 걸어가는 모습으로서 입에는 윤기가 흐르고 있었다. 그것을 오래 바라보고 있자니 마치 움직이는 것 같았다. 노승은 이렇게 말했다.

154) 念力 : 불교에 대한 실천면에서 기초적 덕목이 되는 다섯 가지, 곧 信力·進力·念力·定力·慧力 가운데 하나. 사상을 바로 가지고 사특한 생각을 버리는 것. 또는 한 가지 일을 전심으로 생각하며 모든 魔障을 물리치고 산란하지 않는 힘.

"처음에 이 보살상을 만들었을 때 만들기만 하면 깨졌습니다. 여섯 번을 만들었지만 여섯 번 모두 깨졌습니다. 그 박사(博士)가 탄식하며 이렇게 말했지요. '내가 보살을 만드는 재주는 천하가 다 함께 알아주는 일이요, 그 빼어남을 인정하는 일이다. 내가 일생토록 불상을 만들었지만, 일찍이 그것이 깨지는 것을 본 적이 없다. 이번에는 이 불상을 만들면서 재계(齋戒)하고 극진한 마음으로 기술의 오묘함을 다했으며, 천하의 사람들로 하여금 우러러보게 하기 위해 특별히 발심(發心)[155]의 경지에 이르렀다. 이제까지 여섯 차례나 만들어 여섯 차례가 부서졌으니 이는 분명히 문수보살의 마음을 따르지 못했음이라. 만약 사실이 그렇다면 엎드려 바라옵건대 대성 문수보살께서는 나를 위하여 몸소 그 참모습을 보여주셔서 그 금빛 얼굴을 친히 보게 하시면 그 모습을 만들 수 있으리라.' 하였습니다."

"그가 발원(發願)을 마치고 눈을 떠보니 문수보살이 금빛 사자를 타고 그 사람 앞에 오랫동안 현신(顯身)했는데, 오색구름이 하늘에 날더라는 것입니다. 박사는 그의 참모습을 보고 너무도 기쁜 마음에 눈물을 흘렸으며, 그제서야 앞서 만든 모습들이 잘못된 것임을 알았습니다. 그리하여 그는 처음에 만들었던 것을 바꾸어 길고 짧음과 크고 작음, 그리고 얼굴과 몸매와 머리를 본 대로 만들었더니 일곱 번째로 만든 보살상은 다시 깨지지 않았고, 모든 일이 쉽게 이루어져 원하던 바대로 이루어졌다고 합니다. 그는 보살상 만드는 일을 마치고 이 전각(殿閣)에 앉혔습니다. 눈에 이슬이 맺히더니 그는 눈물을 흘리며 이렇게 말했습니다. '참으로 이상하다. 내가 일찍이 보지 못한 바를 이제 볼 수 있구나. 바라노니 영원토록 환생할 때마다 문수사리[보살]의 제자가 되리로다.' 이 말을 마치고 그는 숨을 거두었습니다."

"그 후 이 보살상은 빛을 내었고 영험한 서기(瑞氣)를 내는 일이 빈번했습니다. 이러한 일이 일어날 때마다 이를 자세히 기록하여 천자께 아뢰었고, 이에 천자께서는 가사(袈裟)를 하사했습니다. 지금 저 보살에 입힌 가사가 바로 그것입니다. 이런 까닭으로 인하여 해마다 자사는 5백 벌의 가사를 이 산의 승려들에게 보냈고, 또한 매년 별도로 향, 꽃, 보개(寶蓋),[156] 진주가

155) 發心 : 發菩提心의 줄임말. 본래 위 없는 깨달음(無上菩提)을 얻고자 구하는 마음을 내는 것을 뜻했으나, 뒤에는 俗에서 殊勝한 마음을 내는 것도 발심이라 한다.
156) 寶蓋 : 寶玉으로 장식한 遮日로서 부처님이나 講師·讀師의 좌석 위에 침.

박힌 깃발, 패옥(佩玉), 보주(寶珠), 칠보로 만든 보관(寶冠), 금을 입힌 향로, 크고 작은 거울, 꽃무늬가 있는 흰 융단, 귀한 조화(造花)와 과일 등을 보내어 날이 갈수록 많이 쌓이게 되었습니다. 법당 안에 차려놓을 수가 없어 남은 것들은 모두 창고에 쌓여 있는 것을 볼 수 있습니다. 그 밖에 도(道)·주(州)·부(府)의 관청과 시주들이 매년 보내는 것은 이루 헤아릴 수가 없습니다. 오늘날 오대산의 여러 절에서도 문수보살상을 만들었지만, 그 모든 것들은 이것을 본뜬 것입니다. 그러나 그들은 모두가 이것의 백분의 일밖에는 되지 않습니다."

법당 안에는[157] 칠보로 만든 우산이 보살의 머리 위에 걸려 있었다. 기이한 색깔의 꽃무늬가 있는 깃발과 진주로 만든 장식들이 법당 안에 가득히 널려 있었고, 보석으로 장식한 크고 작은 거울들이 그 수를 헤아릴 수 없을 만큼 많았다.

법당을 나와 북쪽 편으로 돌아가니 북대가 보인다. 동대의 둥근 봉우리는 높이 솟아 있고 나무는 하나도 없이 키가 작은 돌들만이 그 색깔을 보여주고 있는데, 멀리서 바라보니 계절이 여름인데도 가을빛이다. 법당 앞으로 나와 남대를 바라보니 역시 나무는 없고 봉우리는 홀로 빼어나 푸른 하늘과 이어져 뭇 봉우리들 밖으로 초연히 솟아 있다. 서대는 중대에 가려 보이지 않는다. 보살당(菩薩堂) 앞에는 벼랑에 세 칸의 정자가 있는데, 땅 위에 판자를 깔고 네 면에 높은 난간을 만들어 정자 밑을 내려다보니 천 길 낭떠러지가 험준하다. 노승의 말에 따르면 지난날 일본에서 온 라이센(靈仙) 삼장이 이 정자에서 1만 보살을 본 적이 있다고 한다.

절을 돌아보기를 마치고 각원(閣院)에 돌아와 좌주 현량(玄亮)을 찾아보았다. 그는 4월부터 『법화경』(法花經)과 『천태소』(天台疏)의 강의를 시작했는데, 청중은 40여 명으로서 모두가 지원화상의 문하생들이었다. 아침에는 각원에서 『법화경』을 강의하고 저녁에는 열반원에서 『마하지관』을 강의한다. 이 두 원의 청중들은 서로 왕래를 하면서 강의를 듣는데, 다른 원에서 들으러 오는 청중들도 매우 많다. 이 절의 상좌승인 홍기(洪基)는 지원화상과 상의하여 두 좌주에게 이 두 강의를 개설하기를 요청했으니, 실로 오대산 대화

157) 원문에는 안팎[內外]으로 되어 있음.

엄사야말로 천태종의 본류(本流)라고 이를 만하다.

우리들은 승려의 무리들과 더불어 각 위로 올라가 부처님의 공덕(功德)에 예배했다. 각의 안팎은 장엄하고, 소장하고 있는 보물은 보살당에 있는 것과 모양이 같았다. 벽지불(辟支佛)[158]의 앞이마 뼈를 보니 그 색은 백암색(白黯色)이었는데 모양은 일본의 속돌[輕石]과 같았다. 뼈는 안이 단단하고 크기는 두 되짜리 그릇보다 크다. 살펴보니 이마 윗부분의 두개골로서 그 위에는 흰 머리칼이 나 있는데, 길이는 5푼이 넘는다. 아마도 삭발한 이후에 다시 난 것 같았다. 이 두개골은 인도의 승려가 정관(貞觀)[159] 연간에 가지고 온 것이다.

그뿐만 아니라 범어로 쓴 『법화경』이 있고 부처님의 사리가 병 속에 들어 있다. 금물로 '法花'라고 쓴 것도 있고 작은 글씨로 '法花'라고 쓴 것도 있는데 그 정교함이 빼어나다. 전각 앞에는 탑이 있는데, 2층의 8각으로서 장엄하고 아름답다. 각 아래에는 아쇼카왕(阿育王)[160]의 탑을 만들어 지하에 매장해 두고 사람들이 보지 못하게 했다. 이는 아쇼카왕이 만든 8만 4천 개의 탑 중의 하나이다.

그다음으로 우리는 선주각(善住閣)으로 들어가 수희를 행하였다. 그곳에는 50여 명의 승려가 있었는데, 모두가 털로 짠 옷을 입고 석장(錫杖)[161]을 짚고 있었다. 이들은 여러 곳으로부터 온 순례자로 보였다. 이곳에는 천자의 명에 따라 진국도량(鎭國道場)을 만들어 천태종의 승려가 『사분율』(四分律)[162]을 강의하고 있는데, 그 역시 지원화상의 문하생이었다.

5월 18일

선주각원(善住閣院)의 주승의 초청이 있기에 그곳에 이르러 점심 휴식을 취했다. 그곳에서 태주 국청사로부터 온 편지를 받아 보았다. 지난날 초주의

158) 辟支佛 : 꽃이 피고 잎이 지는 등의 外緣에 의하여 스승 없이 혼자 깨달은 사람. 緣覺 · 獨覺.
159) 貞觀 : 당 태종의 연호(627년~649년).
160) 阿育王 : 아쇼카(Asoka)의 왕으로서 B.C. 3세기경에 인도를 통일하고 불교를 보호한 왕. 젊은 날에는 매우 난폭했으나 한 沙門의 설법을 듣고 불교에 귀의하여 8만 4천 곳의 절과 8만 4천 개의 탑을 세우고 부처님의 유적을 순례했다. 재위 기간은 B.C. 268~232년이다.
161) 錫杖 : 승려가 쓰는 지팡이.
162) 『四分律』: 불멸 후 100년 만에 曇無德羅漢이 네 번에 걸쳐 모은 律에 관한 책으로 모두 60권으로서 소승의 계를 풀이함.

유학승 엔사이 상인이 엔랴쿠지에서 불법 가운데 모르는 30개 조항을 천태산에 적어 보낸 적이 있었는데, 국청사의 수좌주(修座主)가 이를 풀이해서 보내준 것이다. 아울러 태주의 인신(印信)을 요청했고 자사의 압인(押印)을 이미 받아 두었다. 수선사(修禪寺)의 좌주인 경문(敬文)이 이를 자세히 적어 오대산에 보내어 천태종의 여러 승려들에게 널리 배포했다. 아울러 일본의 무교(无行) 화상이 천태산에 글을 보냈고, 천태산의 수 좌주가 뜻풀이를 마치자 주청의 인신이 찍힌 답서를 요청했고, 이에 따라 태주 자사가 이에 대한 비판과 더불어 인신의 글을 자세히 적어 보내준 것이다.

5월 20일

오대의 순례 길을 떠났다. 화엄사로부터 서쪽으로 향하여 가다가 언덕을 올라 7리 남짓 가 왕자사(王子寺)에 이르러 차를 마셨다. 서쪽을 향하여 언덕을 올라 6~7리를 가니 왕화사(王花寺)에 이르렀다. 다시 서쪽을 향하여 언덕을 올라 10여 리를 가니 중대에 이르렀다. 중대의 남쪽에는 구우원(求雨院)이 있다. 그곳에서 위쪽으로 반 리 남짓 가니 정상에 이르렀다. 정상의 남쪽으로 세 개의 철탑이 있는데 모두가 층이나 상륜(相輪)[163] 등이 없다. 그 모습은 종을 엎어놓은 것 같으며 둘레는 네 아름 남짓했다. 중간에는 4각의 탑이 하나 있는데, 높이는 한 길[丈] 남짓했다. 양쪽 가장자리는 둥글게 쌓여 있는데 모두가 높이는 8자 남짓했다. 이는 무파천자(武婆天子)가 오대에 진(鎭)을 치면서 세운 것이었다. 무파는 측천황(則天皇)[164]을 의미한다.

철탑의 북쪽에는 네 칸짜리 불당이 있고 그 안에는 문수사리와 불상이 안치되어 있다. 이곳으로부터 북쪽으로 1리 반을 올라가면 정상이 되는데, 중심에는 옥화지(玉花池)가 있고 사방이 각기 네 길 남짓하며 이름은 용지(龍池)이다. 연못 가운데 작은 섬이 있고 그 위에 불당이 있다. 불당에는 문수보살상이 안치되어 있는데, 요즘 사람들은 이를 용당(龍堂)이라고 부른다. 연못의 물은 맑고 깊이는 세 자이다. 왼쪽 벼랑에서 물 밑을 들여다보니 깨끗

---

163) 相輪 : 불탑 꼭대기의 水煙 바로 밑에 있는 청동으로 만든 아홉 층의 圓輪.
164) 則天皇 : 則天武后(623~705년)를 가리킴. 당 고종의 황후. 본시 태종의 후비였으나 그가 죽자 感恩寺에 들어가 비구니가 되었다가 다시 대궐로 들어와 병약한 고종을 등에 업고 전횡했다. 고종의 사후인 서기 690년에 당 왕조를 해체하고 국호를 周로 고쳐 자신이 황제가 되었다. 그는 스스로 미륵불의 화신임을 자처했다.

한 모래가 깔려 있을 뿐 진흙이나 풀은 없다. 정상은 평평하며 주위는 100정(町)은 넉넉히 되는 듯하다. 높이 올라가면 끝이 뾰족이 서서 마치 송곳을 세워놓은 것 같다. 중대의 모양은 둥글고 높으며 이곳에서는 오대 가운데 나머지 4대가 보인다. 서대와 북대는 중대와 가깝다.

중대를 내려와 북쪽을 향하여 비탈을 올라가면 이곳이 바로 북대의 남쪽 벼랑이 된다. 또한 중대를 내려와 서쪽을 향하여 비탈을 오르면 이곳이 바로 서대의 동쪽 벼랑이 된다. 3대의 지세는 서로가 가깝게 이어져 있어 동대와 남대로부터 중대까지의 거리는 각기 50리이다. 중대의 동쪽 뿌리로부터 긴 등성이가 높고 낮게 굴곡을 이루며 밋밋하게 남쪽으로 50리를 내려가다가 남대의 서북쪽 뿌리와 이어진다. 북대의 동북쪽 뿌리는 등성이 아래로 내려갔다가 다시 올라간다. 높고 낮은 긴 등성이는 고르지 않게 동쪽으로 40리를 내려가다가 동대의 서쪽 뿌리와 이어진다. 이와 같이 오대는 높고 험하며 뭇 등성이 위에 솟아 있다.

오대 주위의 5백 리 밖에는 높은 봉우리들이 겹겹이 솟아 있고, 계곡을 이루며 높이 솟아 오대를 둘러싸고 있어서 마치 성벽을 두른 모습이다. 봉우리들의 높낮이에는 차이가 있으며, 수목은 울창하나 다만 오대의 절반 높이로부터 위에까지는 수목이 없다. 이와 같이 중대는 4대의 중심을 이루고 있다. 중대의 주변에는 땅에서 물이 솟아오르고, 연한 풀들이 긴 것은 한 치씩 자라 뾰족뾰족하고 조밀하게 땅을 덮으며 자라고 있다. 그 풀들은 발로 밟으면 누웠다가 발을 들면 다시 일어난다. 발걸음을 옮길 적마다 물기가 스며드는데, 그 차가움이 얼음과 같다. 곳곳마다 도랑이 있고 물이 가득히 흐른다.

중대 주변에는 모래와 돌멩이가 섞여 있고 석탑이 수없이 많다. 연한 풀 사이로 이끼가 무성히 자라고 비록 땅이 축축하다고 할지라도 진흙은 없다. 이끼와 연한 풀이 촘촘히 자라고 있기 때문에 여행자의 짚신이 젖지 않는다. 기화요초들이 각기 다른 색깔로 활짝 펴 서쪽 비탈을 덮고 있다. 계곡으로부터 정상에 이르기까지 사면이 꽃으로 둘러싸여 마치 비단을 두른 듯하며 향기가 가득하여 옷에까지 스며든다. 그곳 사람들의 말에 따르면 지금이 5월이어서 아직 춥기에 꽃이 덜 피었는데도 이 정도이며, 6~7월이면 꽃이 더욱 만발한다고 한다. 세속에서는 그와 같은 꽃을 볼 수 없다.

대의 정상으로부터 동쪽으로 반 리 남짓하게 내려가니 보살사(菩薩寺)가 있는데, 여름철인지라 죽과 밥이 있어 오대를 순례하는 승려와 속인들에게 공양한다. 철탑으로부터 서쪽을 향하여 10리 남짓 내려가다가 비탈로 2리 남짓 내려가 다시 서쪽으로 반 리 남짓 비탈을 올라가니 서대의 공양원(供養院)165)에 이른다. 공양원 뒤편으로 세 개의 거대한 바위 봉우리가 험준하게 곧바로 솟아 있다. 세 봉우리가 나란히 솟아 있는데 이름은 향산(香山)이라 한다. 지난날 인도의 승려가 와서 이 세 봉우리를 보고,

"내가 서역에 있을 적에 오랫동안 향산에 머문 적이 있는데, 이제 이곳에 도착하여 다시 향산을 보니 어찌 이렇게 이곳에 빨리 와 있단 말인가?"
하고 말했다 한다.

공양원으로부터 서쪽을 향하여 5~6리를 가니 서대의 정상에 이르렀다. 대의 정상은 평평했으며 주위는 10정 남짓했다. 대의 모습은 남북으로 좁고 동서로 넓었다. 동서 방향으로 바라보니 동쪽이 좁고 서쪽이 넓다. 대의 정상의 중심에도 역시 용지(龍池)가 있는데 사방이 각기 가히 다섯 길 남짓했다. 연못의 중심에는 네 칸의 용대(龍臺)가 있고 문수보살상을 모셔두었다. 연못의 동남쪽에는 측천무후(則天武后)의 철탑 1기가 있는데 둥근 모양에 층은 없으며 높이는 다섯 자 남짓하고 주위는 두 길 남짓했다. 이끼, 부드러운 풀, 반석, 석탑, 기이한 화초 등은 중대의 그것과 다름이 없었다. 땅 위로 물이 솟아 물 밑으로 스며들고 도랑으로 물이 모아진다. 세 면은 깎아지른 절벽이나 동쪽만은 밋밋하게 내리뻗어 중대의 뿌리와 잇닿아 있다.

서대로부터 서쪽 비탈을 내려가 5~6리를 가니, 가까운 계곡에 문수보살과 유마보살(維摩菩薩)166)이 대화를 나눈 곳이 있다. 두 개의 큰 바위가 서로 마주보며 높이 솟아 있는데, 하나는 남쪽에 서 있고 다른 하나는 북쪽에 서 있다. 바위 위는 평평하고 커다란 석좌(石座)가 있다. 전하는 말에 따르면 문수사리보살과 유마가 이곳에서 만나 얘기를 나누었다고 한다. 그 두 자리의 중간 바닥에는 사자의 발자국이 있는데, 돌 면에 밟은 깊이가 한 치 남짓했다. 바위 앞에는 여섯 칸의 누각이 있는데 동쪽을 향하여 세워져 있다.

대의 남쪽 끝에는 문수보살상이 모셔져 있는데, 두 마리의 사자를 타고 있

165) 供養院 : 五臺山의 순례자를 위해 숙식을 마련해 주던 시설.
166) 維摩菩薩 : 부처님이 살아계실 적에 살던 毘耶離城의 거사로서 속가에 몸을 맡기고 석가모니의 교화를 도왔다는 법신의 대사를 말함. 『維摩經』을 남김.

다. 동쪽 끝에는 유마상(像)이 있는데 4각을 이루며 앉아 있다. 그의 모습은 노인 같고, 정수리의 머리는 두 갈래로 땋아 내렸으며, 두건은 순백색인데 앞을 향하여 덮여 있는 것이 마치 연꽃을 머리에 이고 있는 것과 같다. 누렇고 붉은 옷과 흰 치마를 둘렸는데, 옷 위에는 가죽으로 만든 갖옷을 입었다. 가죽의 털 색깔은 빨강, 흰색, 검정이 얼룩을 이루고 있다. 두 팔은 가죽 옷 밖으로 나와 있다. 오른쪽 무릎을 꿇어 자리에 닿아 있고, 왼쪽 무릎은 곧추 세워 자리를 밟고 있다. 오른쪽 팔꿈치는 책상 위에 있고 손바닥을 위로 하여 다섯 손가락을 펴고 있다. 왼 손에는 주미(麈尾)를 잡고 있고, 팔뚝은 왼쪽 무릎을 누르고 있다. 입은 벌리고 있고 이빨이 보이는데, 말을 하거나 웃고 있는 모습이었다.

그의 자리 앞쪽 서쪽 가에는 한 천녀(天女)가 있고, 동쪽 가에는 한 보살이 있는데 밥이 가득한 발우를 손으로 받들고 서 있다. 또 이 누각 앞에는 다시 6칸의 누각이 마주 서 있다. 사람들의 말에 따르면 문수보살이 현신했을 때의 모습을 보고 지은 것이라고 한다. 누각의 동쪽으로 백 보 남짓하게 가니 팔공덕지(八功德池)[167]가 있는데, 큰 바위의 밑으로부터 물이 솟아오른다. 밤이 되도록 주위를 돌아본 다음 공양원에 이르러 묵었다.

5월 21일

재를 마친 후 중대의 보리사(菩提寺)에 이르러 차를 마셨다. 동북쪽을 향하여 멀리 바라보니 계곡 아래 깊은 곳에 수십 정(町)의 땅이 있는데 은백색으로 보인다. 사람들의 말에 따르면, 이는 천 년 동안 얼어붙은 것이라고 한다. 해마다 눈이 녹지 않고 쌓여서 얼어붙은 데다가 계곡은 깊고 등 쪽에 그늘이 졌으며, 앞에는 바위가 가리어 햇볕이 들지 않아 예로부터 눈이 한 송이도 녹은 적이 없다는 것이다. 계곡의 앞 등성이는 바로 중대의 동편 뿌리이다. 보살사를 떠나 북쪽을 향하여 중대 동쪽 벼랑을 끼고 비틀거리며 비탈길로 10리를 내려오다가 다시 비탈로 10리 넘어 올라가니 북대에 이르렀다.

북대의 정상 주위는 6정 남짓했다. 대의 모습은 둥글었으며 대의 정상 남

167) 八功德池 : 八功德水가 솟아나오는 못 또는 샘물로 보인다. 『俱舍論』에 따르면, 팔공덕수란 달고, 차고, 부드럽고, 가볍고, 깨끗하고, 냄새가 없고, 마실 때 목이 상하는 일이 없고, 마시고 나서 배탈이 나는 일이 없는 등 8가지 공덕을 갖추고 있는 물을 말한다.

쪽에는 용당(龍堂)이 있고 당 안에는 연못이 있는데, 그 물이 깊고 검어 연못이 당 안에 가득한 듯하다. 당은 세 칸으로 나뉘어 있는데 가운데는 용왕궁이며 연못의 물 위에는 용왕의 상(像)이 안치되어 있다. 연못 위로는 다리가 놓여 있어 그것을 건너면 용왕의 자리 앞에까지 이른다. 이는 오대에 있는 500마리의 독룡(毒龍)의 왕이다. 매 대마다 각기 100마리의 독룡이 있는데, 이들은 모두가 이 용왕을 왕으로 여긴다. 이 용왕과 그의 백성인 독룡들은 문수보살에게 감복·귀의했기 때문에 감히 악한 일을 하지 않는다고 한다. 용궁의 좌우는 나무판자로 칸막이가 되어 있고 그 안에 문수보살상이 안치되어 있다.

용왕 앞에는 공양원이 있다. 그곳에는 한 승려가 살고 있다. 그는 3년 동안 밥을 먹지 않았고 하루에 오로지 한 끼만 먹는데 진흙으로 재를 삼는다고 하며,[168] 3년 동안 발원하면서 대의 정상으로부터 내려오지 않았다. 그 주변에는 몇 개의 제자원(弟子院)[169]이 있고 전원(前院)은 깊은 계곡에 맞닿아 있는데, 대의 절벽의 높이가 가히 천 길[仞]은 된다. 이 계곡은 문수보살이 일찍이 금종보루(金鍾寶樓)를 나타내 보인 곳으로서 지금은 종루곡(鍾樓谷)이라고 부른다. 이 계곡의 서쪽 평원은 중대의 동쪽 절벽의 바닥에 닿아 있고, 계곡의 남쪽에는 높은 봉우리가 솟아 있다. 이 봉우리의 북쪽 벼랑은 매우 험준하고 계곡이 깊어 천 년 동안 얼음으로 얼어붙어 있는데, 그늘진 곳의 얼음이 눈부시게 비친다.

또한 동남쪽을 바라보면 대화엄사가 보인다. 대의 정상 가운데에는 측천무후의 철탑이 있고 주위에는 식당이 많이 있다. 연한 풀과 이끼가 땅을 덮고 있고, 서너 발자국마다 작은 우물이 많은데 이를 용지(龍池)라고 부른다. 물은 모래 밑에서 솟아올라 맑고 얕다. 정북쪽과 정동쪽의 벼랑은 험하고 높아 계곡이 깊다. 북쪽 계곡은 송곡(宋谷)이라고 부른다. 옛날에 이곳에 한 승려가 있었는데, 천태산 지자(智者)[170]의 법화삼매에 따라 수법(修法)과 예참(禮懺)을 행하여 보현보살과 다보탑(多寶塔)[171]을 이곳에서 보았다고 한다.

---

168) 점토를 식사로 삼는 습속(geophagy)을 의미함. 土食症.
169) 弟子院 : 공양원에 속한 子院.
170) 智者 : 천태대사 智顗를 가리킴. 지자[太師]는 서기 591년에 그가 晋王 楊廣(뒤의 隋 煬帝)에게 보살계를 주고 받은 호이다.
171) 多寶塔 : 多寶如來의 사리탑. 석존이 靈鷲山에서 『법화경』을 강설할 적에 다보여래의 전

남쪽 면은 비록 험로이기는 하나 길이 있어 가히 오르내릴 수 있다. 서북쪽의 벼랑은 밋밋하게 내려가 장막의 모양을 이루다가 끝내는 깊은 계곡을 이룬다. 대의 정상 동쪽 머리에는 높은 면적이 있는데, 나한대(羅漢臺)라고 부른다. 이곳의 주변에도 역시 나무가 없다.

나한대를 떠나 동남쪽으로 내려가니 길가에는 초석(燋石)[172]들이 많다. 방에 가득한 이 돌들은 모가 지거나 둥글며 마치 돌담과 같은 형세를 이루고 있다. 그 가운데 초석이 가득 쌓인 곳은 지옥의 땅으로 변해 있었다. 옛날에 대주(代州) 자사가 성격이 포악하여 세상살이의 인과응보를 믿지 않고 지옥이 있다는 말을 듣고도 이를 믿지 않았다. 그가 세상을 유람하다가 오대산을 구경하기 위해 이곳에 이르렀는데, 갑자기 맹렬한 불길이 일며 암석을 녹이고 검은 연기가 하늘을 찌를 듯이 일어났다. 이글거리는 돌과 불길이 일어나는 숯이 시뻘겋게 그를 둘러쌌다. 지옥의 사자들이 그 앞에 나타나 분노하자, 자사는 크게 놀라 대성이신 문수사리께 귀명(歸命)[173]하니 맹렬하던 불길이 사그라졌다. 그때의 흔적들이 지금도 보인다. 초석들이 쌓여 담장을 이루니 그 둘레가 다섯 길이 넘었고, 그 가운데에는 검은 돌이 가득했다.

5월 22일

아침 죽을 든 후 북대의 동쪽 허리를 끼고 동북쪽 비탈을 내려가다가 산마루를 따라 동쪽으로 20리 남짓을 가니 상미(上米)보통원에 이르렀다. 법당 안에서 홀연히 다섯 갈래의 빛이 곧바로 법당을 비추더니 홀연히 보이진 않았다. 이쇼와 이교 등도 나와 함께 있었으나 모두 아무것도 보지 못했다고 말하니 이상하기 짝이 없다.

재를 마친 후 산마루를 따라 동쪽을 향하여 점차 언덕을 오르며 20리를 가니 동대에 이르렀다. 대의 동쪽 머리에 공양원이 있기에 들어가 차를 마셨다. 남쪽을 향하여 비탈을 2리 남짓 올라가니 대의 정상에 이르렀다. 정상에는 세 칸 넓이의 법당이 있고 돌을 쌓아 담장을 만들었는데, 사방이 각기 다

신사리를 모셔 둔 탑이 땅 밑에서 솟아나오고 그 탑 속에서 소리를 내어 석존의 설법을 찬탄하고 증명했다.
172) 燋石 : 화산에 그을린 돌.
173) 歸命 : 佛菩薩이나 法에 대하여 歸依·敬禮·信順하는 것.

섯 길 남짓하고 높이는 한 길 남짓한데 법당 안에는 문수사리상이 안치되어 있었다. 법당 안의 서북쪽에는 측천무후의 철탑 3기가 있는데, 모습은 다른 대의 그것과 같았다. 대의 정상에 용지는 없었고, 땅 위에는 물도 없는데 풀이 오히려 무성했다. 대의 정상의 주위는 사방이 각기 10길 남짓했다. 대의 모양은 남북이 길고 동서가 좁으며, 북쪽 뿌리의 길이는 1리 남짓했다.

대의 남쪽에는 산마루가 있는데 높고 낮게 3리 남짓 뻗어 있다. 대의 정상은 가장 높으나 나무는 없다. 대의 정상으로부터 동쪽을 향하여 곧바로 반 리를 내려가니 험한 절벽 위에 굴이 있는데 나라연굴(那羅延窟)이라고 부른다. 사람들의 말에 따르면, 지난날 나라연불(那羅延佛)[174]이 이 굴에서 도를 닦다가 뒤에 서쪽을 향해 갔다고 한다. 굴 안에는 습기가 차고 물방울이 떨어지는데, 입구의 넓이는 6자이며 굴 안은 어두워 용이 숨어 있는 것 같았다. 날이 저물자 공양원에 이르러 묵었다. 황혼이 되려 하자 하늘빛이 홀연히 어두워지더니 동쪽 계곡 아래로부터 흰 구름이 피어오르는데 갑자기 붉었다가 갑자기 하얘진다. 구름이 날아오르고 뇌성벽력이 깊은 골짜기에서 어지러이 싸운다. 우리가 정상에서 머리를 숙여 내려다보니 비바람과 우박이 어지러이 쏟아지더니 밤이 깊어서야 멈추었다.

5월 23일

재를 마친 뒤 대를 내려와 상미(上米)보통원에 이르렀다가 곧 남쪽을 향하여 비탈을 내려오다가 18리 남짓 가다가 계곡에 들어섰다. 다시 동남쪽을 향하여 3~4리를 갔고, 다시 서쪽 계곡을 향하여 1리 남짓 가니 금강굴에 이르렀다. 굴은 계곡 옆에 있었다. 서역의 승려인 불타파리(佛陀波利)[175]가 빈손으로 산문에 이르렀으나 문수보살이 노인의 몸으로 나타나 산에 들기를 허락지 않고 서역으로 가서 『불정존승다라니경』(佛頂尊勝陀羅尼經)[176]을 얻으

---

174) 那羅延佛: 큰 힘을 가지고 있는 인도의 옛 신. 제석천의 권속으로서 불법을 지키는 신으로서 執金剛의 하나이며 密迹과 함께 二天이라고 함.
175) 佛陀波利: 북인도의 罽賓國 출신의 승려. 여러 나라를 다니며 靈跡을 참배하고 난 후 淸凉山(오대산)의 문수보살을 참배하려고 서기 676년 중국에 갔다. 그 후 본국으로 돌아가 『불정존승다라니경』을 중국으로 가지고가서 번역했다. 후에 梵本을 가지고 청량산에 들어왔다.
176) 『佛頂尊勝陀羅尼經』: 善住 天子가 일곱 번 축생·惡道의 몸을 받게 된 業因을 불쌍히 여겨 제석천이 석가모니를 찾아가 구제하는 법을 신청했을 때 부처님께서 들려주신 말씀으로, '어떤 사람이 이를 듣고 한 번 귀에 스치기만 해도 지옥의 악업이 없어진다' 고 함.

라고 가르쳐 주었다. 그 승려는 서역에 이르러 그 불경을 얻어 가지고 이 산에 찾아왔다. 문수보살은 그를 이끌고 이 굴로 들어왔다. 불타파리가 들어가자 굴의 문이 저절로 닫혔는데 그 후로 아직까지 열리지 않는다. 굴의 바위는 단단하게 닫혀 있고 띠(帶)는 누런색이다.

이 굴의 입구에는 누각이 있고 굴의 문은 그 누각의 아래 있는데 사람의 눈에 띠지 않는다. 누각의 동쪽 머리에는 공양원이 있다. 굴 입구의 누각 위에는 전륜장(轉輪藏)[177]이 있는데 6각으로 만들어져 있으며 『굴기』(窟記)를 볼 수 있었다. 굴 안에는 서역의 성물(聖物)들이 많이 있다. 유위불(維衛佛)[178] 시대에 향산(香山)의 마리대선(摩利大仙)[179]이 3천 종의 칠보 악기를 만들었는데 그가 죽은 후에 문수사리가 이곳에 와 이 악기들을 거두어 굴 안에 보관했고, 구류진불(拘留秦佛)[180] 시대에는 도솔천왕(兜率天王)[181]이 굴을 만들었는데 120섬을 담을 수 있었다. 그 종소리를 들은 사람들은 혹은 사과(四果)[182]를 깨우쳤고, 혹은 초지(初地)[183]를 깨우쳤다.

마리대선이 죽은 후에 문수사리가 이 종을 이곳으로 가져와 굴 안에 안치했다. 가섭불(迦葉佛)[184] 시대에는 은으로 공후(箜篌)[185]를 만들어 8만 4천 곡을 지었는데 이 8만 4천곡은 하나의 번뇌를 씻어 주었다. 그가 세상을 떠난 후 문수사리가 이 공후를 가져와 이 굴에 보존했다. 성수겁(星宿劫)[186] 제

177) 轉輪藏 : 輪藏. 경전을 넣어둔 책장으로 회전하도록 되어 있다. 양나라의 雙林大士 傅翁(497~569년)이 만들었다. 이것을 돌리면 찾고자 하는 經卷을 자유로이 찾을 수 있고, 속인은 이것을 돌리기만 하고 경문은 읽지 않는다 해도 공덕이 된다고 한다.
178) 維衛佛 : 과거 七佛. 지나간 세상에 나타난 일곱 분의 부처. 곧 毘婆尸佛・尸棄佛・毘舍浮佛・拘留秦(孫)佛・拘那含牟尼佛・迦葉佛・釋迦牟尼佛 중의 제일불로서『長阿含經』에는 毘婆尸佛이라고 되어 있고『增一阿含經』에는 維衛佛로 되어 있음.
179) 摩利大仙 : 바사닉왕(婆斯匿王)의 妃.
180) 拘留秦佛 : 과거 7불 중에서 第四佛.
181) 兜率天王 : 欲界 6天 중에서 네 번째인 兜率天을 지키는 왕.
182) 四果 : 소승불교의 聲聞들이 貪・瞋・癡의 三毒을 끊고 샘 없는 聖道에 들어가 부처가 되는 네 단계의 證果, 곧 欲界의 貪・瞋・痴를 끊어버린 須陀洹果, 須陀洹果보다는 조금 나아갔으나 欲界의 惑이 약간 남아 있어 天上과 욕계를 한 번 왕래해야 한다는 斯陀含果, 욕계의 惑을 끊어버려 다시 욕계에 태어나지 아니한다는 阿那含果, 三界의 욕망을 완전히 끊어 버린 阿羅漢果를 의미함.
183) 初地 : 보살이 수행하는 단계인 52位 가운데 제10위의 첫 단계인 歡喜地를 뜻함.
184) 迦葉佛 : 과거7불 가운데 하나. 人壽 2만 歲에 나신 부처님.
185) 箜篌 : 서양의 하프 비슷한 현악기.
186) 星宿劫 : 3대 劫의 하나로서 賢劫 다음에 올 미래의 大劫. 이 겁 중에 일광불로부터 수미상불까지 1천 부처님이 출현하는 것이 하늘의 별과 같다고 해서 이렇게 부름.

2불의 전신보탑(全身寶塔) 1천 3백 기를 문수보살이 가져와 이 굴에 안치했다. 진단국(振旦國)[187]의 은지금서(銀紙金書)와 100억의 사천하(四天下)[188] 문자를 문수보살이 가져와 이 굴에 안치했다고 사람들은 말한다. 굴로부터 비탈을 올라 100보(步) 남짓하게 올라가니 문수당(文殊堂)과 보현당(普賢堂)이 있는데, 이곳은 대초(大超) 화상이 금빛 세계를 본 곳이다.

해가 저물자 대화엄강유사(大花嚴綱維寺)에 도착했다. 우리는 열반원에 인도되어 다락 아래의 한 방에 머물렀는데, 이곳은 『법화경』을 강의하는 좌주인 현량(玄亮) 상인의 방이다. 좌주는 강의 때문에 임시로 각원에 머무르고 있다. 지원 화상과 문감 좌주의 원(院)에는 천태교의 문서가 가득하다. 23일부터 일본에는 아직 없는 천태교의 문서를 필사하기 시작했다.

6월 6일

자사가 온다기에 절 안의 승객들이 모두 나아가 마중했다. 통상적으로 매년 천자는 의복과 발우와 향과 꽃(花)[189]을 보낸다. 칙사는 산에 도착하여 12개의 큰 절에 보시하는데, 이번에는 세피(細㲲)[190] 500벌, 솜 500둔(屯), 푸른 물감을 들인 가사포(袈裟布) 1천 단(端), 향 1천 냥(兩), 차 1천 근, 수건 1천 장을 보냈으며, 아울러 칙사는 12개의 큰 절을 돌면서 재를 베풀었다.

6월 7일

대화엄사에 천자가 베푸는 재를 마련했다. 재를 마친 뒤 『화엄경』을 한 번 읽었다. 저녁이 되자 칙사는 수십 명의 승려들과 함께 보살당에 올라 문수사리의 화현(化現)[191]을 보고자 했다. 열반원에 도착하여 지원화상에게 인사를 드렸다.

6월 8일

칙사가 재를 마련하여 1천 명의 승려들에게 베풀었다.

187) 振旦 : 또는 眞丹·震旦, 인도에서 중국을 부르는 이름. 震은 동방에 해당하며, 해가 돋는 쪽에 있다 하여 이렇게 부른다.
188) 四天下 : 수미산 사방에 있는 4대주를 가리킴.
189) 판본에 따라서는 '花' 가 '茶' 로 되어 있음.
190) 細㲲 : 양질의 천으로 만든 가사.
191) 化現 : 佛菩薩이 중생을 교화하고 구제하기 위한 수단으로 여러 가지로 모양을 변하여 이 세상에 나타나는 것. 현신.

6월 9일

재를 마친 뒤 칙사는 금각사(金閣寺)로 돌아갔다.

6월 11일

오늘은 왕[192]의 생일[德陽日]이다. 천자는 오대산에 있는 여러 절에 생일을 축하하는 재를 마련했다. 여러 절에서는 일시에 종을 울리고 가장 높은 상좌 노숙(上座老宿)[193] 대여섯 명은 자리에서 일어나 향을 나눠 주었다. 듣자니 칙사는 금각사에서 행향하고 장안으로 돌아갔다고 한다.

6월 21일

하늘빛이 아름답고 맑다. 빈 하늘이 푸르기만 하며 그늘 한 점 없다. 이쇼·이교 그리고 절의 여러 중들과 더불어 원각(院閣) 앞의 뜰에서 색깔과 빛이 있는 구름을 바라보니 빛이 찬란하고 색깔이 빼어나게 아름다우며 타오르는 듯 허공을 흘러가는데, 산마루에 오랫동안 머물다가 없어졌다. 원에 있던 수십 명의 승려들은 밖으로 나오지 않아 보지 못했다. 그때 분주(汾州)의 두타승(頭陀僧)[194]이며 오대산에 있는 12개의 큰 절과 여러 보통원과 난야(蘭若)에서 10년 동안 공양주가 된 의원(義圓)이란 스님이, 금년에는 이곳에서 공양주가 되기 위해 왔다가 우리와 함께 빛과 상서로운 모습을 보면서 눈물을 흘리며 이렇게 말했다.

"나 의원이 불도에 귀의한 지 10년이 지난 이래 해마다 명산을 돌아다니며 공양하기를 거른 적이 없으나, 아직 한 번도 일상(一相)[195]을 본 적이 없습니다. 이제 외국 스님들과 빛나는 구름을 보니 우리가 태어난 곳은 각기 다르다고는 하나 대성(大聖)의 동화(同化)하심을 입은 인연을 함께 맺게 되었습니다. 이전부터 함께 인연을 맺어 문수사리보살의 권속(眷屬)으로 오래도록 살고 싶습니다."

192) 唐의 文宗(827~840년 재위)을 가리킴.
193) 上座老宿 : 상좌를 맡은 노숙. 노숙은 耆宿이라고도 하는데 老成한 宿德, 곧 오래도록 수행하여 도덕이 높은 승려를 가리키며, 상좌는 바로 그러한 이들이 맡는다.
194) 頭陀(僧) : 산야를 다니면서 밥을 빌어먹고 노숙하며 온갖 쓰라림과 괴로움을 무릅쓰고 불도를 닦는 행위. 또는 그러한 수행(頭陀行)을 하는 승려임.
195) 一相 : 차별한 여러 가지 모양이 없고 오직 평등무차별한 모양. 곧 眞如와 같은 것.

6월 29일

천태교의 교리서를 필사하는 일을 마쳤다. 목록을 적어 지원화상께 드리고 그로 하여금 그의 법명[法諱]을 쓰게 했다.

7월 1일

장안으로 떠나기 위해 행장을 정리했다. 사람들의 말에 따르면 오대산에서 장안으로 가려면 서남쪽으로 2천여 리를 가야 도착할 수 있다고 한다. 재를 들기 전에 우리는 원로 스님인 지원과 천태종의 『[마하]지관』(摩訶止觀)과 『법화문구』(法花文句)[196]를 강의하는 두 좌주, 그리고 그 밖의 여러 분들에게 인사를 드렸다. 원주승(院主僧)인 광초(廣初)는 길을 떠나는 사람들을 위해 공반(空飯)을 마련해 주었다. 우리는 재를 마치자마자 떠났다. 절의 여러 분들이 삼문(三門)[197] 밖까지 나와서 송별해 주었는데, 우리들은 눈물을 흘리며 손을 잡고 작별 인사를 나누었다.

우리는 대나무 숲길로 들어서서 죽림사로부터 서남쪽을 향하여 어느 높은 산마루를 넘어 보마진국(保磨鎭國) 금각사 견고(堅固)보살원에 이르러 그곳에서 묵었다. 오대산의 공양주승인 의원 역시 분주로 돌아갔다. 그는 오늘 대화엄사로부터 우리를 따라온 뒤 이 원에서 묵었다. 원승(院僧)이 차를 나누며 들려준 바에 따르면, 일본의 라이셴 삼장이 옛날에 이 절에 와서 2년을 지내다가 그 후 칠불교계원(七佛敎誡院)으로 옮겨가 그곳에서 죽었다고 한다. 그 삼장은 스스로 길이 네 치, 넓이 세 치의 손껍질을 벗겨내어 그 위에 부처님의 모습을 그리고, 그것을 금동탑 안에 안치해 두었는데 지금도 이 절의 금각(金閣) 아래에 가면 볼 수 있으며, 여러 해 동안 그것에 예배를 드린다고 한다.

7월 2일

공양주인 의원 및 절의 여러 승려들과 함께 금각을 열고 대성이신 문수보

196) 『法花文句』: 천태종의 三大部의 하나로서 실천의 觀心門을 밝히는 『마하지관』에 대하여 『法花玄義』와 함께 敎相을 밝힌 천태대사 智顗의 저술. 서기 587년에 金陵 光宅寺에서 그가 강설한 것을 제자 灌頂이 필기한 것으로서 모두 20권으로 됨.
197) 三門 : 절의 樓門. 열반으로 들어가는 세 가지의 해탈문, 즉 空門, 無常門, 無作門의 三門으로서 佛門을 의미함.

살께 참배했다. 보살은 푸른 털의 사자를 타고 있었는데, 얼굴은 금빛이며 단정하고 근엄하기가 말로 설명할 수 없다. 또한 라이센 성인이 살갗을 도려내어 그린 부처님의 모습과 금동탑도 보았으며, 벽지불의 이빨과 부처님의 육신 사리[198]도 보았다. 이 보살의 머리 위에는 칠보로 만든 산개(傘蓋)[199]가 걸려 있는데 이는 천자가 내린 물건이었다. 금각의 넓이는 9칸으로서 3층인데 높이는 100자가 넘었다. 벽과 처마와 대들보와 기둥에 그림이 그려 있지 않은 곳이 없으며, 안팎의 장엄함이 이 세상에서 가장 진귀하고 기이하다. 각은 우뚝하고 외롭게 삼나무 숲 위에 서 있고, 흰 구름은 그 발 아래 떠돌고 있으며, 푸른 지붕은 초연히 걸려 있다.

그다음 2층으로 올라가 『금강정유가』(金剛頂瑜伽)[200]의 다섯 불상에 예배했다. 이는 불공삼장(不空三藏)[201]이 이 나라를 위해 만든 것으로서, 인도[天竺]의 나란타사(那蘭陀寺)의 모양을 본뜬 것인데, 각 불상은 2명의 협사(脇士)[202]를 거느리고 단 위에 나란히 안치되어 있다. 그다음으로 3층으로 올라가 정륜왕유가회(頂輪王瑜伽會)[203]의 다섯 금불상에 예배했다. 각 불상은 1명의 협사(脇士)보살을 거느리고 있는데, 그 가운데 두 보살은 합장한 모습이었으며, 불상 앞에서 남쪽을 향하여 서 있었다. 부처와 보살의 수인(手印)[204]과 얼굴 모습은 2층의 불상과 다른 것이었다. 안쪽의 흰 벽에는 제존(諸尊)의 만다라가 그려져 있는데, 색칠이 끝나지 않았다. 이것도 또한 불공삼장이 나라를 위해 만든 것이다.

예불을 마치고 각을 내려와 보현도량에 이르러 경장각(經藏閣)[205]의 『대

198) 肉身舍利 : 生身舍利를 말하는 것으로 보임. 생신사리란 여래가 滅度한 뒤에 전신 사리나 碎身을 남겨두어 人과 天이 공양케 하는 것을 가리킨다.
199) 傘蓋 : 머리 위의 해 가리개.
200) 『金剛頂瑜伽』: 金剛頂과 瑜伽를 말함. 金剛頂은 『天王經』 등 금강계의 經을 의미하며 유가는 『大日經』 등 胎藏界의 經을 의미함.
201) 不空三藏(705~774년) : 眞言宗의 付法 第6祖. 인도 사자국 사람. 자바에서 金剛智 三藏의 제자가 되어 스승을 따라 당에 들어와 밀교에 심취했으며 玄宗이 그에게서 관정을 받았다.
202) 脇士 : 부처님을 좌우에 모시고 있는 보살. 관음보살과 대세지보살은 아미타불의 협사이며, 일광보살과 월광보살은 약사여래의 협사이며, 문수보살과 보현보살은 석가모니불의 협사이다.
203) 頂輪王瑜伽會 : 정륜왕은 四種 轉輪王의 한 분으로서 수미산의 사대주를 통치하는 제왕이다. 瑜伽會는 요가(Yoga) 모임임.
204) 手印 : 眞言密敎에서 모든 불보살의 本誓를 표시하는 手相. 또는 수행자가 손가락으로 맺는 印.
205) 經藏閣 : 또는 장경각. 대장경을 넣어둔 광을 말함.

장경』(大藏經)[206] 6천여 권을 보았다. 이들은 짙푸른 종이 위에 금은으로 써서 백단(白檀)과 옥아(玉牙)로 만든 굴대로 말아져 있었다. 원주(願主)의 제자(題字)를 보았더니 '정도각(鄭道覺)은 장안 사람이다. 대력(大曆)[207] 14년(779년) 5월 14일 오대산을 순례하다가 대성(大聖) 1만 보살과 금색세계(金色世界)를 본 후 불심이 일어나 금은으로 글씨를 쓴 대장경 6천 권을 필사했다'고 씌어 있었다. 또한 부처님의 발자국을 그린 천폭륜상(千輻輪相)[208]과 아울러 그 유물의 내력을 쓴 글이 적혀 있었는데, 그 글은 다음과 같다.

정관(貞觀) 연간[627~650년]에 태종(太宗) 황제께서 가사와 함께 사신을 인도에 보낸 적이 있었다. 그 사신은 아쇼카왕이 지은 옛 절에 있는 돌 위에서 부처님의 발자국을 보았는데 길이가 한 자 여덟 치이며 넓이가 여섯 치였다. 그는 그 발자국의 탁본을 만들어 가지고 왔는데, 그 원본은 지금 장안(長安)에 보관되어 있으며 그것을 복사하여 이곳에 보관해 두었다.

그다음으로 우리는 만다라가 보존되어 있는 도량을 열고 불보살상[尊像]에 예배를 드렸다. 이곳은 불공삼장의 제자인 함광(含光)이 이 씨 가문[李家][209]의 운(運)이 오랫동안 일어나도록 하기 위해서 칙령을 받들어 이를 마음에 새기며 수도하던 곳이다. 단의 넓이는 팔뚝 길이의 3개 정도이며 백단(白檀)의 즙(汁)과 진흙을 발라 바람이 불면 향기가 멀리까지 퍼진다. 금동으로 만든 도구도 매우 많은데 모두 단 위에 놓여 있다.

그다음으로는 보현당을 열고 보현보살상에 예배를 드렸는데, 세 마리의 코끼리[210]가 나란히 서 있고 그 뒤로 하나의 보살이 안치되어 있다. 당의 안팎은 장엄하며 채색과 조각의 아름다움은 말로 설명할 수가 없다. 칠보로 꾸며진 경함(經函), 진주로 수를 놓은 불상의 솜씨가 기묘하다. 그 밖의 여러 가지 물건들에 관해서는 자세히 적을 여유가 없다. 예배를 마치고 원으로 돌

---

206) 『大藏經』: 불교 관계의 서적을 모은 것의 총칭. 이 총서의 주요한 것이 經·律·論의 3장이므로 三藏이라고도 한다.
207) 大曆 : 당 代宗 연간의 연호(766~779년).
208) 千輻輪相 : 32상의 하나. 부처님의 발바닥에 있는 천 개의 輻輪과 같은 印紋. 이것은 모든 법이 원만함을 나타내는 相이다.
209) 李家 : 唐의 왕실을 의미함.
210) 판본에 따라서 '像' 또는 '象'으로 되어 있음.

아와 점심 휴식을 취했다.

　재를 마친 뒤 공양주인 두타승 의원, 그리고 그 밖의 몇 사람과 함께 무리를 지어 남대로 떠났다. 금각사로부터 서쪽으로 5리를 가니 청량사(淸凉寺)가 있는데 지금은 남대의 관할 아래에 있다. 본시 오대산을 통틀어 청량산(淸凉山)이라고 부르고, 이 산중의 절 가운데 이 절이 최초로 세워진 것이기 때문에 이를 청량사라고 부른다. 절 안에는 청량석(淸凉石)이 있다고 한다. 두타승은 우리를 이끌고 남대로 갔기 때문에 그 절에는 들르지 못했다. 금각사의 삼문을 나와 산등성이를 따라 남쪽으로 내려가다가 다시 언덕을 올라 20리를 가니 남대의 서쪽 머리에 이르렀다. 남대의 남쪽 자락을 따라 동쪽으로 4~5리를 가니 대의 윗부분에 이르렀다. 이곳에도 수목이 없다. 대의 동남쪽에는 공양원이 있다. 공양원을 나와 북쪽으로 언덕을 3백 보 남짓 올라가니 바야흐로 대의 정상에 이르렀다.

　대의 정상에 있는 세 칸 법당 안에는 문수보살상이 안치되어 있다. 백옥(白玉)과 돌로써 만들어진 보살상은 백옥으로 만든 사자를 타고 있었다. 여린 풀들이 촘촘히 자라고 있고, 영릉향화(零陵香花)[211]는 대의 전체에 향기를 피우고 있었다. 대의 몸체는 서북에서 동남쪽으로 긴 산마루를 이루고 있고, 높고 낮게 멀리 이어져 있다. 동·서·북쪽 면은 험한 낭떠러지로 깊은 계곡을 이루고 있다. 정상에 오르니 북쪽으로 멀리 4대가 보이는데 눈앞에 있는 것처럼 역력하다. 머리를 돌려 사방을 바라보니 다섯 봉우리가 우뚝 솟아 뭇 봉우리들 위로 초연히 빼어나 있다. 천 개의 봉우리와 백 개의 산마루는 솔과 삼나무가 빽빽한 채 높이가 다르게 솟아 있고, 오대산의 정상 아래에는 깊은 계곡이 있는데 그 밑이 보이지 않는다.

　깊은 샘과 산골 물은 흐르는 소리만이 들린다. 처음 보는 새들은 뭇 봉우리들 위로 날며 높이 날개 짓을 하지만, 대의 정상 위로 나는 새는 드물다. 오대산 5백리 밖에는 사면이 높은 봉우리들로 둘러싸여 있으니, 오대산을 둘러싸고 있는 넓이는 가히 천리이다. 칼날 같은 봉우리들이 이어져 두꺼운 담장의 형세를 이루고 있는데, 그 봉우리들이 몇 겹이나 되는지 그 두께를 알 수가 없다. 또한 동쪽으로부터 오대산에 들어가노라면 산골로 5백 리를

---

211) 零陵香 : 콩과에 딸린 풀, 여름에 작은 나비 모양의 꽃이 핌. 약재로 쓰임. 蕙草.

가야 하는데, 위로는 깎아지른 듯한 바위 꼭대기를 오르고 아래로는 깊은 계곡의 밑바닥까지 내려가면서 이레가 걸려서야 가까스로 오대산의 경내에 이를 수 있다. 그 밖에 서·남·북 세 방향과 동북·동남·서북·서남의 네 방위에서 들어가는 길도 역시 멀리 산골을 거쳐서야 가까스로 오대산에 이른다. 참으로 오대산은 만봉(萬峰)의 중심이다.

5백 마리의 독룡이 산에 숨어 풍운을 토해내고 4계절 8절후[212]에 천둥과 우박이 끝없이 이어진다. 하늘빛이 갑자기 맑아지니 여행자는 긴 빛의 광경을 보지 못한다. 날씨가 맑을 때면 5대를 모두 볼 수 있는데, 그 빛깔은 엷은 황색이다. 대의 정상에는 홀연히 한 점의 구름이 나타났다가 갑자기 짙은 구름이 산을 휘감는다. 이 산에 들어오는 사람들에게는 자연히 평등한 마음이 일어나게 된다. 산에서 재를 마련하면 승속·남녀·노소를 가리지 않고 평등하게 공양한다. 그들이 귀하고 천함이나 노소를 가리지 않는 것은 모두가 문수보살의 생각이다.

옛날에 대화엄사에 대재(大齋)를 마련하고 범속(凡俗)한 남녀와 거지, 춥고 곤궁한 사람들이 모두 와서 공양을 받았다. 이를 언짢게 생각한 시주가 이렇게 말했다.

"멀리 산을 넘고 비탈을 지나면서 이곳에 이르러 재를 마련한 것은, 다름이 아니라 산중의 스님들을 공양코자 하는 데 뜻이 있었습니다. 그러나 이와 같이 속세의 비렁뱅이들이 모두 와서 음식을 먹어치운다면, 이것은 내가 뜻한 바가 아닙니다. 만약 이와 같은 비렁뱅이들을 공양하고자 했다면 속세에서 재를 마련했지 어찌하여 멀리 이 산에까지 왔겠습니까?"

승려들은 모든 사람에게 음식을 주도록 시주에게 권했다. 거지 가운데는 한 임신한 여인이 있었다. 그는 자기 자리에서 자기 몫의 음식을 받은 다음 태중의 아기의 몫을 요구했다. 시주는 욕을 퍼부으며 이를 거절했다. 그 여인은 두서너 번 이렇게 말했다.

"내 태중의 아이가 비록 태어나지는 않았다고 하지만, 그 또한 사람 수에 들어가는데 어찌하여 음식을 주지 않습니까?"

212) 四時八節 : 사시는 춘하추동의 4계절, 八節은 立春·春分·立夏·夏至·立秋·秋分·立冬·冬至의 여덟 절후를 말함.

시주가 대답했다.

"그대는 참으로 바보로다. 태중의 아이가 비록 사람 수에는 들어간다고 할지라도 아직 태어나지 않았다. 그런즉 음식을 받을 경우에 누가 그것을 먹을 것인가?"

여인이 대답했다.

"내 태중의 아이가 음식을 받지 못한다면, 나도 또한 음식을 먹지 않겠습니다."

말을 마치자 그는 일어나 식당을 나갔다. 그는 문을 나가자마자 문수사리로 변신하더니 빛을 발휘하여 식당 안이 환하게 비쳤다. 백옥 같은 얼굴에 황금빛 털 사자를 탄 문수보살은 수많은 보살에 둘러싸여 하늘로 올라가고 있었다. 함께 모인 수천 명의 무리들은 한꺼번에 뛰쳐나가 너무도 넋이 나가 자신이 땅에 쓰러지는 것도 느끼지 못한 채 소리 높여 참회하니 눈물이 비 오듯이 쏟아졌다. 무리들은 한꺼번에 대성이신 문수사리를 부르니, 목소리가 쉬고 목이 마를 정도가 되었지만 끝내 보살은 되돌아오지 않아 머리카락조차 보이지 않았다. 모인 무리들은 밥맛을 잃은 채 각자 발원했다. 이때부터 공양을 하거나 재를 마련할 때면 승속·남녀·노소·존비·빈부를 따지지 않고 모름지기 모두가 평등하게 공양했다. 이 산의 풍속은 이로 인하여 평등한 의식을 거행했다. 이 밖에도 영험한 조화가 수없이 많이 나타났는데, 이는 천하가 다 아는 사실이다.

오늘날 재를 드는 풍습을 보면, 식당 안에서 남자와 여자가 각기 일렬로 서는데, 어떤 여자는 아이를 안고 있다. 아이도 역시 자기 몫을 받는다. 동자 일렬, 사미 일렬, 대승(大僧) 일렬, 비구니 일렬이 모두 상 위에서 공양을 받는다. 시주는 평등하게 식사를 제공하며, 자기 몫 이외에 더 요구해도 이상히 여기지 않고 많거나 적거나 간에 모두 준다. 산중은 몹시 춥다. 5·6·7월이면 오대산 주위 5백 리 내에 기화요초들이 비단처럼 피어 산과 계곡을 가득 채워서 향기가 만발한다. 각 대에는 부추[葱菲]가 많이 자란다.

지난날 효문황제(孝文皇帝)[213]가 이 오대산에 머물면서 아름다움을 즐긴

[213] 孝文皇帝 : 北魏의 6대 왕인 高祖 효문제(471~499년 재위)를 의미함. 산서성에서 낙양으로 천도한 뒤(493년) 雲岡石窟을 만드는 등 佛事를 일으킴.

적이 있었다. 그때 문수보살께서 승려로 변신하여 자리 한 폭 깔 정도의 땅을 요구했더니 황제께서 이를 허락했다. 그 승려가 허락을 받고 한 자리를 깔았더니 그것이 5백 리를 덮었다고 한다. 황제께서 이상히 여기며,

"짐(朕)은 한 자리의 땅을 허락했고, 이 승려 또한 한 자리의 땅만을 차지했는데, 그것이 오대산을 덮으니 참으로 기이하다. 짐은 이곳에 함께 머물 필요가 없다."

고 말하고는 5대 위에 부추 씨를 뿌리고 돌아갔다. 뒤에 남은 그 승려는 부추 위에 영릉향(零陵香)의 씨를 뿌림으로써 향기가 나지 않도록 했다. 오늘날 각 대에는 부추가 가득히 자라고 있음을 볼 수 있지만, 모두 그 향기를 맡을 수가 없다. 다만 영릉향만이 대 위에 무성히 자라며 짙은 향기를 풍긴다. 그 후로부터 이런 말이 전해 왔다. '오대산의 5백 리는 한 자리의 땅이다.'

이제 우리는 남대에 머물면서 두타승 [의원] 등 수십 명과 함께 문수보살께서 나타나시기를 기도했지만, 밤이 되도록 보지 못하고 끝내 공양원으로 돌아와 묵었다. 초저녁에 대의 동쪽 계곡 건너편의 산등성이 위 공중에 성등(聖燈) 한 개가 나타나 모든 사람들이 이를 보고 예배를 드렸다. 그 불빛은 처음에는 주발만큼 크더니, 그 후 점점 더 커져 작은 집채만 했다. 무리들은 진심으로 문수보살의 이름을 크게 불렀다. 그러자 한 등불이 근처의 계곡에 나타났다. 그 또한 처음에는 삿갓만 하더니 점점 더 커졌다. 두 등의 서로의 거리는 멀리 보기에 열 길 남짓했다. 그들은 불빛을 내더니 밤중에 이르러서야 없어지고 보이지 않았다.

7월 3일

재를 마친 뒤 두타승 [의원] 등과 함께 일행이 되어 길을 떠났다. 의원이 말하기를 분주(汾州)에 이르기까지 자기가 배웅할 것이며, 노상에서는 자기가 주인이 되겠다고 했다. 대의 정상에서부터 남쪽으로 17리 남짓 내려오니 계곡에 한 원(院)이 있는데, 건물은 허물어지고 사람은 없었으며 이름은 칠불교계원(七佛敎誡院)이라 했다. 원의 현판에는 팔지초난야(八地超蘭若)라고 적혀 있었다. 일본의 승려 라이센이 일찍이 이곳에서 살다가 죽었다. 발해의 승려 정소(貞素)가 라이센 상인(上人)을 곡(哭)하며 시(詩)를 현판에 적어 벽에 못으로 박아두었는데, 그 글의 내용은 다음과 같다.

통곡하며 일본의 내공봉(內供奉) 대덕(大德) 라이센(靈仙) 화상에게 바치는 시[서문(序)이 병기(併記)됨]

발해국 승려 정소(貞素) 지음

나를 깨우쳐 준 분은 응공(應公)이라는 사람이다. 공은 [스승을] 시봉(侍奉)하면서부터 불법을 배우고 스승을 따라 부상(扶桑)[214]에 이르러 어린 몸이 성장하여 치림(緇林)[215]에서 뜻이 섰다. 나 또한 승복을 입고 패업(覇業)[216]을 공부하기 위해 책을 메고 [당나라로] 왔다. 원화(元和) 8년[813년] 늦은 가을 여관에서 나는 그 스승을 만났다. 첫마디 대화에서 뜻이 맞아 마음으로 불법을 논의했다. 나는 주렴(周鹽)[217]에 이르렀으나 소자(小子)로서는 가히 [대성(大成)에] 이를 수 없는 일이리라. 오래지 않아 할미새[鶺鴒]의 우애(友愛)에 이르매[218] 그 기쁨이 가슴에 넘쳐흐른다. 라이센 대사는 나의 스승이신 응공(應公)의 사부(師父)이시다. 일찍이 불법의 오묘한 이치를 깨달으시니, 그 뜻이 세상의 으뜸 가운데 으뜸이 되신다.

장경(長慶)[219] 2년[822년]에 오대산에 들어오신 후 매양 육신의 더러움을 부끄럽게 여기며 마음은 흰 원숭이의 울음소리도 들을 수 없더라. 장경 5년[825년] 일본의 대왕(大王)[220]이 100금(百金)을 보내니 그것이 장안에 이르렀다. 나는 그 금과 편지를 받아 철근(鐵懃)[221]에 전달했다. 라이센 대사께서는 1만 개의 사리와 새로 만든 불경 2부, 그리고 천자가 쓴 편지 5통을 나에게 주며 일본으로 건너가 나라의 은혜에 감사하는 뜻을 전하라고 하기에 나는 이를 응낙했다. 일단 응낙한 터이니 어찌 만 리의 겹친 파도를 꺼릴 수 있겠는가? 끝없는 인연자(因緣者)들을 모으는 일을 이룰 수만 있다면 원대한 꿈을 기약할 수 있을 것이다.[222] 돌아오는 길에 일본 왕은 나에게 다시 100금을 주어 보냈다.

내가 태화(太和)[223] 2년[828년] 4월 7일 영경사(靈境寺)를 찾아갔을 때 라이센 대사께서는 이미 세상을 떠난 지 오래였다. 피눈물이 흐르고 몸이 으스러지

---

214) 扶桑 : 해 뜨는 곳, 즉 일본을 의미함.
215) 緇林 : 검은 숲, 즉 佛門을 의미함.
216) 覇業 : 제후가 되는 일.
217) 周鹽 : 周仆, 제자승. 周恤이라고 기록된 판본도 있음.
218) 鶺鴒之至 : 할미새(鶺鴒)는 首尾가 서로 應하므로 급한 일을 당하여 서로 돕는다는 뜻으로 씀. 『詩經』 「小雅常様篇」.
219) 長慶 : 당 穆宗 연간의 연호(821~825년).
220) 일본의 53대 淳和 天皇을 가리킴(재위 824~833년).
221) 鐵懃 : 암자의 이름.
222) 得遂鍾無外緣 期乎遠大 : 정확한 내용을 알 수 없음.
223) 太和 : 唐 文宗의 연간의 연호(827~835년). 어떤 판본엔 '大和'로 되어 있으나 誤記임.

는 듯한 아픔을 느꼈다. 내가 사방에서 몰아치는 검은 파도의 바다를 건너 죽음을 목전에 겪으며 다섯 번의 여행을 하면서도 마치 그 어려움을 밥 먹듯이 한 것은 응공과의 인연 때문이었다. 나의 믿음은 응공에게서 시작하여 그에게서 끝났다. 바라는 바가 있다면 이때 겪은 신령함과 범속함이 모두 밝혀지고자. 허공에 머무는 시냇물의 오열(嗚咽)은 천추의 소리이니, 그로 인해 구름과 소나무 사이의 쓰라린 여행을 만 리나 걸었다. 4월의 난초[蘪]가 떨어질 무렵[224] 장안을 바라보며 그 중도에서 한 수의 시를 지어 바치노라.

　　세속 진토의 마음을 건너지 못해
　　눈물만 속절없이 흐르고
　　정(情)에 얽매인 불심은
　　깊은 샘물에 가려 있네.
　　밝는 날 아침 문득
　　창파(滄波)를 건너온 손님이 있다면
　　그대에게 말해 주리라
　　짚신 벗고 맨발로 돌아가라고.
　　不航塵心淚自涓
　　情因法眼奄幽泉
　　明朝儻問滄波客
　　的說遺鞋白足還

　　　　　　　　　　　　　　태화 2년 4월 14일 씀

작은 굴에는 칠불상(七佛像)이 안치되어 있다. 이 굴의 입구에는 건물[堂]이 있다. 건물의 남쪽 가에는 작은 승방[菴室]이 있으며, 그 아래에는 두 개의 방이 있는데 모두 허물어져 있다. 정원은 황폐하며 사람이 없다. 옛날에 이 굴 앞에 일곱 부처[七佛]가 나타났었다. 남쪽으로 3리 남짓 내려가니 대력영경사(大曆靈境寺)에 이르렀다. 노승에게 라이셴 삼장이 입적(入寂)한 곳을 물으니 그는 이렇게 대답했다.

"라이셴 삼장은 일찍이 철근난야(鐵懃蘭若)와 칠불교계원에 있었습니다. 그는 이곳에 온 이후로 욕실원(浴室院)[225]에서 살았는데, 그곳에서 누구인

---
224) 蘪 : 초하룻날에서부터 하루 한 잎씩 피었다가 열엿새부터 한 잎씩 떨어져 달력의 기준이 됨. 따라서 여기에서는 下旬을 의미함.
225) 浴室院 : 목욕실(浴場)을 말한다. 보통은 三門의 오른쪽에 짓는다.

가가 준 독약을 먹고 중독이 되어 죽었습니다. 제자들이 그의 시체를 매장했는데, 그곳이 어디인지는 알 수 없습니다."

이 절의 삼문 양쪽에는 성인인 금강보살상이 있다. 지난날 대원주(大原州), 유주(幽州), 정주(鄭州) 등 세 절도부(節度府)에 금강보살[226]의 모습이 나타났다고 한다. 보살은 다음과 같이 말했다.

"나는 누지불(樓至佛)[227]인데 불법을 지키기 위하여 몸이 현신(顯神)한 것이다. 그러나 땅에 묻혀 있는 동안 세월이 흘러 먼지가 되었다. 이제 나는 다시 출현해 오대산 영경사의 삼문 안에 있다."

세 주의 절도사들은 놀라 그 모습을 자세히 적어 각기 지방으로 내려 보내어 찾아보게 했더니, 어느 절에 두 금강보살이 좌우에 있는데, 그 얼굴 모습과 몸집이 이 주에 나타난 것의 모습과 같았다. 사신은 도(道)에 돌아와 이를 보고했다. 이에 세 주에서는 사신을 보내어 옛 불상을 특별히 수리토록 했더니 영험한 일이 많이 일어났다. 그 비문(碑文)의 자세한 내용을 다른 종이에 별도로 적어 놓았다.

삼문 옆 가까이 서북쪽에는 난티나무(山榆樹)[228]가 있다. 그 뿌리에는 굴이 이루어져 있는데 성종굴(聖鍾窟)이라고 부른다. 굴에서는 때때로 종소리가 들리는데, 그 소리가 들릴 때면 산봉우리가 진동한다. 전해오는 바에 따르면, 이 종소리는 대성이신 문수보살이 나타나신 것이라고 한다. 또한 전해오는 바에 따르면, 이곳을 성종곡(聖鍾谷)이라고 한다. 절의 정동쪽으로 10리를 가면 높은 봉우리가 있는데, 보석산(寶石山)이라고 부른다. 굴 안에는 작은 돌멩이들이 많이 있고, 각 돌멩이에는 원광(圓光),[229] 섭신광(攝身光),[230] 오색구름 등이 나타나는데, 이 또한 문수보살이 나타나신 것이라고 한다.

7월 4일

재를 마친 뒤 서남쪽을 향하여 계곡으로 들어가 산마루를 넘어 15리를 가

226) 金剛菩薩 : 여래의 온갖 秘密事迹을 알고 5백 夜叉神을 시켜 賢劫 千佛의 法을 수호한다는 두 김강신을 가리키는 것으로 보인다. 흔히 이 두 신의 형상을 절문 양쪽에 두어 왼쪽은 密迹金剛, 오른쪽은 那羅延金剛이라 부른다. 剛力士·仁王.
227) 樓至佛 : 賢劫 千佛 가운데 최후의 부처님.
228) 山榆(樹) : 느릅나무과에 속한 낙엽 활엽 喬木.
229) 圓光 : 불보살의 목이나 등 뒤에 圓輪으로 放光하는 것.

니 대력법화사(大曆法花寺)에 이르렀다. 여러 층의 누각이 가파른 비탈 위에 서 있는데 사방이 깎아지른 듯하다. 온 건물은 꽃이 새겨진 보전(寶殿)이다. 땅의 높낮이에 따라 법당이 빗살처럼 가지런하다. 불경과 불상이며 보물들의 절묘함이 말로 표현하기 어렵다. 여러 법당을 돌아보고 법화원에 들어가 신도(神道) 화상의 초상을 보았다. 이 화상은 살아 있을 때 천태종의 법화삼매에 따라 불법을 수행하면서 오래도록 『법화경』을 외웠으며, 43년 동안 절에서 나오지 않고 육근청정(六根淸淨)[231]을 깨달은 뒤 몇 년 전에 세상을 떠났다. 그의 초상과 그가 읽었다는 『법화경』과, 그가 삼매행법(三昧行法)과 더불어 삼매를 증득(證得)하면서 앉아 있던 의자를 아직도 볼 수 있다. 법화사에서 서북쪽으로 15리를 가니 불광사(佛光寺)가 있다.

7월 5일

재를 마친 뒤 서남쪽으로 2리를 가니 상방(上房)보통원에 이르러, 그곳에서 묵었다.

7월 6일

이른 아침에 길을 떠났다. 서남쪽으로 5리 남짓 가다가 다시 남쪽으로 멀리 높은 산마루를 바라보면서 갔다. 바위 봉우리가 가파르게 솟아있는데, 그 가운데 구멍이 하나 있고 이를 통하여 반대쪽의 허공이 보인다. 그 구멍은 멀리서 보기에 삿갓만큼 큰데 효문황제(孝文皇帝)는 이곳을 관통하여 활을 쏘았다. 서남쪽으로 7리 남짓 가니 사양령(思陽嶺)에 이르렀다. 지난날 의봉(儀鳳) 원년[676년]에 서역의 승려 불타파리(佛陀波利)가 이곳에 도착하여 멀리 오대산을 향하여 눈물을 흘리며 경배하니, 대성이신 문수보살께서 노인으로 현신하여 인도(天竺)로 돌아가라고 명령했다. 그가 『불정다라니경』(佛頂陀羅尼經)을 얻은 곳에는 지금도 보당(寶幢)[232]이 서 있는 것을 볼 수 있다. 보당에는 『불정다라니경』과 그 서문, 그리고 불타파리가 그 노인을 만난 일이 기록되어 있다.

230) 攝身光 : 불보살의 온몸에서 빛을 발하는 것. 身光.
231) 六根淸淨 : 眼 · 耳 · 鼻 · 舌 · 身 · 意 등 六根의 집착을 끊고 청정하게 함.
232) 寶幢 : 보배 구슬로 장식한 깃대로서 道場을 장엄하게 하는 데 쓰는 기구.

사양령으로부터 서남쪽으로 13리를 가니 대현령(大賢嶺)에 이르렀다. 그곳의 보통원에서 점심 휴식을 취했다. 길은 산마루를 따라 지나가고 있었다. 산등성이에는 여러 층의 산문 누각이 있는데 이는 오대산의 남산문(南山門)이다. 재를 마친 뒤 서남쪽을 향하여 5리 남짓 가니 대주(代州) 관할의 오대현(五臺縣)에 이르렀다 다시 서남쪽으로 30리를 가서 호타하(胡陀河)를 건너 건안사(建安寺)에 이르러 그곳에서 묵었다.

7월 8일
재를 마치고 서남쪽으로 30리를 가니 흔주(忻州) 정양현(定襄縣) 칠암사(七巖寺)에 이르러 그곳에서 묵었다.

7월 9일
일찍 길을 떠나다. 서남쪽으로 30리 남짓 가서 호촌(胡村)보통원에 이르러 점심 휴식을 취했다.

7월 10일
일찍 길을 떠나다. 30리 남짓 가니 송촌(宋村)보통원에 이르러 점심 휴식을 취했다. 35리를 가니 석령진(石嶺鎭)233) 남쪽에 관두(關頭)보통원에 이르러 그곳에서 묵었다.

7월 11일
일찍 길을 떠났다. 20리 남짓 가서 대우(大于)보통원에 이르러 점심 휴식을 취했다. 25리를 가니 답지점(蹋地店)에 이르러 그곳에서 묵었다.

7월 12일
새벽 4시경에 떠나 35리를 가니 백양(白楊)보통원에 이르러 점심 휴식을 취했다. 다시 15리를 가니 삼교역(三交驛)에 이르러 그곳에서 쉬었다. 다시 정각사(定覺寺)의 장원으로 들어가 물레방아를 보았는데, 그 이름은 삼교연(三交

---

233) 원문에는 名嶺鎭으로 되어 있으나 石嶺鎭의 誤記임.

碾)이었다. 다시 15리를 가서 고성(古城)보통원에 이르러 그곳에서 묵었다.

7월 13일

날이 밝자 길을 떠나 15리를 가니 하동도(河東道)에 속해 있는 태원부(太原府)에 이르렀다. 이곳은 곧 북경(北京)이니 서경(西京 : 長安)으로부터 2천여 리가 떨어진 곳이다. 북문(北門)으로 들어가 화엄하사(花嚴下寺)에 이르러 그곳에서 묵었다. 그곳에서 남인도의 승려인 법달(法達)을 만났다. 그는 오대산에서 우리보다 먼저 이곳에 와 있었다. 그의 말에 따르면, 자기는 구마라습(鳩摩羅什)[234] 삼장의 3대 제자라고 한다. 오대산의 대화엄사(大花嚴寺)[235]에서 내려온 승려들은 모두가 이 절 밑에 있기 때문에 이 절을 화엄하사라고 부른다. 그곳의 공양주인 의원(義圓) 두타가 우리를 이 절로 안내해 주었다. 그는 몸소 오대산에서부터 우리와 동행하여 내려오면서 죽과 밥과 차를 맡아주었는데 빠뜨림이 없었다.

7월 15일

사중사(四衆寺) 주지의 초청을 받고 두타 [의원] 등과 함께 그 절에 이르러 재를 들었다. 재를 마친 뒤 도탈사(度脫寺)에 들어가 우란분회(盂蘭盆會)[236]에 참례하고 이어서 주(州)로 들어가 용천(龍泉)을 보았다. 그 뒤 숭복사(崇福寺)로 들어가 불전을 순례했다. 불각(佛閣) 산하의 여러 암자들이 잘 정돈되어 있어 광채가 사람의 눈을 부시게 하고 차려진 모습이 참으로 아름다웠다. 성 안의 모든 사람들이 나와서 순례 하고 해가 저물자 하안거(夏安居)[237]에 들어갔다.

7월 16일

234) 鳩摩羅什(343~413년) : 인도 龜玆國의 왕손. 7세에 출가하여 대승을 포교하다가 구자국 왕이 되었으나, 後秦에 패하여 장안으로 피랍되어 불경의 번역으로 일생을 보냄. 삼론종의 祖師로서 3천 제자를 둠.
235) 본문에는 대장엄사(大莊嚴寺)로 誤記되어 있음.
236) 盂蘭盆會 : 亡者를 위한 의식으로 7월 보름에 개최됨.
237) 夏安居 : 스님들이 여름 장마 때 90일 동안(4월 중순에서 7월 중순 사이) 외출하지 아니하고 절에서 수도에 몰두하는 일.

개원사로 들어가 누각에 올라 사방을 둘러보았다. 누각 안에는 미륵불상이 있는데, 쇠를 녹여 만든 것으로서 윗몸은 금빛이고 불신(佛身)은 세 길이 넘었으며 보좌에 앉아 있었다. 여러 절에서 보시를 하지만, 그 가운데 가장 빼어난 것만을 고른다.

7월 17일
절도동군장(節度同軍將)[238] 호(胡) 씨의 초청을 받고 공양주 의원과 함께 그 댁에 가서 재를 들었다. 각 절의 우란분회는 15일에 시작하여 17일에 마쳤다.

7월 18일
남인도의 삼장인 법달의 승방에서 오대산에 전승되고 있는 여러 가지 신령한 비문들을 베꼈다. 우리는 오늘 중으로 장안으로 떠나려 했었다. 그러나 두타승 의원이 한 박사(博士)[239]를 고용하여 피총자(帔總子)[240] 한 벌을 구해서 오대산 화현도(化現圖)[241]를 그려 일본에 전하려 했기 때문에 그 그림 그리는 것을 마치기를 기다리느라 길을 떠나지 못했다.

7월 19일
두타승을 따라 그의 여제자인 진여성(眞如性)의 초청을 받아 그곳에서 점심 휴식을 취했다. 그 여인은 우리와 함께 오대산을 순례한 바 있었기 때문에 지금 그가 우리를 초대했던 것이다.

7월 22일
두타승과 함께 비구니 진여심(眞如心)의 집에서 재를 들었는데, 그도 역시 우리와 함께 오대산을 순례한 사람이었다.

238) 節度同十將의 誤記로 보임. 同十將은 절도사 관하의 十軍을 감독함.
239) 博士 : 여기에서는 畫工을 가리키는 것으로 보임.
240) 帔總子 : 소매 없는 반팔 옷.
241) 五臺山化現圖 : 문수보살이 오대산에 나타났던 장면을 그린 그림.

7월 23일

두타승과 함께 진여[심]의 초청을 받아 대업사(大業寺)의 율대덕원(律大德院)에서 재를 들었다. 비구니 세 분 역시 두타와 함께 오대산을 순례한 바 있다.

7월 26일

화현도를 그리는 일을 마쳤다. 두타승이 이렇게 말했다.

"일본에서 온 스님들을 만나 오대산을 순례했을 뿐만 아니라 아울러 문수보살께서 나타나신 모습까지 보았으니 기쁘기 한량없습니다. 이제 화현도 한 폭을 드리오니, 바라건대 일본으로 가져가셔서 그것을 보는 사람으로 하여금 불심이 일어나게 하시고, 이를 인연으로 하여 문수보살 대회(大會)[242]에서 함께 사시기 바랍니다."

재를 마친 뒤 원 안의 여러 스님들과 작별 인사를 나누고 장안으로 발길을 옮기기 시작했다. 두타가 이렇게 말했다.

"나는 본래 여러 스님들을 곧바로 분주(汾州)로 모시고 가면서 여러분을 안내하고자 했었습니다. 그러나 이제 이곳에 도착하면서 할 일이 끝나지 않아 십 며칠간을 머물지 않을 수 없어 본래 뜻한 바를 할 수 없게 되었습니다."

그러자 오대산을 함께 순례했던 스님 영아(令雅)가 나서면서 자기가 우리들을 장안까지 안내하겠노라고 말했다. 이 말을 들은 두타가 그에게 이렇게 말했다.

"나를 대신해서 스님들의 여행을 맡아주기 바랍니다. 성심껏 모시어 멀리 가시는 손님들이 길에서 적막함이 없도록 해주십시오."

우리가 함께 떠나니 두타가 성 밖까지 배웅한 뒤 함께 서산(西山)을 순례하겠노라고 말했다. 성의 서문(西門)을 나와 서쪽으로 3~4리를 가니 한 돌산에 이르렀는데 그 이름은 진산(晉山)이었다. 산의 주위에는 석탄이 많다. 멀고 가까운 여러 주민(州民)들은 이것으로써 불을 지펴 음식을 만드는데 화력이 아주 좋다. 이곳의 암석은 불에 그을려 검게 보인다. 사람들의 말에 따르면 하늘에서 내려온 불이 이렇게 태웠다고 하지만 그윽히 생각해 보건대 그런 것 같지는 않고 이 모든 것이 이곳의 중생들이 베푼 것에 대하여 부처

242) 文殊大會 : 56억 7백만 년 뒤에 龍華樹 아래에서 성불하여 인연을 맺게 됨을 의미함.

님이 갚아주신 것으로 보인다.

산문에는 작은 절이 있는데 이름은 석문사(石門寺)이다. 절에는 승려가 하나 있는데 오랫동안 『법화경』을 외워 이미 몇 년의 세월이 지났다고 한다. 최근에 그가 사리를 찾았는데 성 안의 모든 사람들이 찾아와 그에게 공양했다. 절 안에는 승려와 속인들이 가득하여 그 수를 헤아릴 수가 없다. 사리를 얻게 된 애당초의 얘기인즉 다음과 같다.

염불승[念經僧]이 어느 날 밤 승방에 앉아 불경을 외우고 있는데, 세 갈래의 빛이 비춰 방이 밝아지더니 절간을 두루 비쳤다. 그 빛이 나오는 곳을 찾아보았더니 절의 서쪽 바위 밑에서 나와 매일 밤 그의 방과 절을 비쳤다. 며칠이 지나 그 승려는 그 빛을 찾아 그 바위에 이르러 깊이 한 길[丈]을 팠더니 세 개의 병에 부처님의 사리가 들어 있었다. 푸른 유리병 안에는 일곱 개의 사리가 들어 있었고, 흰 유리병 안에는 다섯 개의 사리가 들어 있었고, 금으로 만든 병 안에는 세 개의 사리가 들어 있었다. 그는 이들을 불당에 모셔놓고 공양을 드렸다. 태원성(太原城)과 여러 마을의 귀천(貴賤)한 남녀와 높고 낮은 관리들이 모두 찾아와 공양을 드렸다. 이는 그 스님이 『법화경』의 불가사의한 힘을 느껴 얻었기 때문이라고 모든 사람들이 말하고 있다. 마을로부터 절에 이르기까지 왕래하는 사람들이 길에 가득히 그에 참례한다.

석문사로부터 서쪽으로 언덕을 올라 2리 남짓 가니 동자사(童子寺)가 나왔다. 이곳은 자은대법사(慈恩臺法師)[243]가 신라의 승려인 현측법사(玄測法師)[244]를 피하여 장안으로부터 와서 『유식론』(唯識論)[245]을 강의한 곳이다.

243) 慈恩臺法師 : 법상종의 개조인 窺基(632~682년)를 가리킴. 장안 사람. 17세에 출가하여 玄奘의 제자가 되어 廣福寺에 머물면서 23세에 勅選大僧이 되고 자은사에서 역경에 몰두했다.
244) 玄測法師 : 여러 가지 정황으로 볼 때 新羅僧 圓測法師를 誤記한 것으로 보임. 圓測(613~696년)은 15세에 당으로 건너가 불법과 漢音·범어를 공부했고, 元法寺에서 『毘曇論』과 『俱舍論』을 읽고 고금의 章疏에 능통했다. 당시 삼장법사 현장이 인도로부터 돌아와 法綱인 窺基를 위해 『유식논』을 강의할 적에 원측은 이를 숨어서 듣고 규기보다 먼저 깨달아 西明寺에서 강의하면서 규기의 『唯識述記』를 논박했다. 高宗 연간에 『密嚴經』을 번역하는 首席 大德이 되고 『大乘顯識經』을 번역할 때는 證義가 되었다. 佛授記寺에서 열반하자 그의 제자들이 사리를 모아 終南山 豊德寺에 탑을 세우고 宋復이 그 塔銘을 찬술했다.
245) 『唯識論』: 『成唯識論』의 준말. 법상종의 聖典으로 世親의 『唯識三十頌』을 護法·安慧 등의 10대 論師가 해석한 것을 취사하여 현장이 合譯한 것임. 유식의 義理·眞如·修行의 位次를 밝힌 것임.

두 채의 육중한 누전(樓殿)에는 큰 불상이 가득 들어 있는데 그 비문에는 다음과 같이 적혀 있다.

지난날 기주(冀州)의 예선사(禮禪師)가 이 산으로 들어와 사는데 홀연히 오색 구름이 일더니 땅 위로부터 하늘까지 두루 비추었다. 그 오색구름 가운데에는 네 명의 동자가 청련좌(靑蓮座)에 앉아 놀고 있었는데, 그 소리는 땅을 흔들고 바위를 굴러 떨어뜨린다. 절벽이 떨어져 나간 자리에 아미타불상이 나타났다. 삼진(三晉)[246]에서 모든 사람들이 찾아와 참례하니 수많은 이적(異蹟)들이 나타났다. 선사(禪師)가 이와 같은 사실들을 기록하여 보고하면서 절을 세울 것을 청하매 마침내 이 절이 창건되었으며, 이와 같은 이적으로 인하여 이 절을 동자사(童子寺)라고 부른다. 그를 공경하여 아미타불상을 세우니 얼굴 모습은 위를 우러러보고 있는데 옥같이 단아하고 아름다우며, 걸터앉은 몸체는 높이가 17길이요 넓이가 100자이다. 관음[보살]상과 대세상(大勢像)[247]의 높이는 각각 12길이다.

7월 27일

죽을 든 뒤 이곳에서 공양주인 의원 두타와 헤어졌다. 함께 오대산을 순례한 스님 영아(슈雅)는 우리와 함께 서경(장안)으로 간다. 동자사로부터 남쪽으로 산등성이를 넘어 우화사(雨花寺)에 이르러 점심 휴식을 취했다. 우화사로부터 서남쪽으로 40리를 가니 청량현(淸涼縣)에 이르러 보통원에 들어가 묵었다. 원주(院主)는 주인과 손님의 예의를 모르는 사람이었다.

7월 28일

서남쪽으로 15리를 가서 진촌(晉村)에 이르러 점심 휴식을 취했다. 서남쪽으로 25리를 가니 석고촌(石高村)에 이르러, 석호원(石毫院)에서 묵었다.

7월 29일

246) 三晉 : 춘추시대의 晉이 망하고 나타난 趙(太原), 魏(지금의 夏縣의 북쪽), 韓(지금의 臨汾縣)이 있던 山西地方 일대.
247) 大勢像 : 大勢至菩薩像의 준말. 아미타불의 오른쪽에 앉아 있는 補處尊으로서 지혜를 대표하여 三惡道를 건지는 無上한 힘이 있다. 위의 육괄(肉髻)에는 寶瓶을 이고 天冠을 썼으며, 오른손 손가락은 꼽아서 가슴에 대고, 왼손에는 연꽃을 들고 있다. 온몸에 紫金色을 칠했는데 이 빛이 모든 세계를 비춘다고 함.

서남쪽으로 25리를 가서 문수현(文水縣)의 이(李) 씨 집에 이르러 점심 휴식을 취했다. 이 사람은 의원 두타의 문도로서 음식 차림에 법도가 있었다. 재를 마친 뒤 40리를 가서 곽책촌(郭柵村)에 이르러 마을의 절로 들어가 묵었다. 원주는 손님을 보고서도 기뻐하지 않았다.

8월 1일

서남쪽으로 25리를 가서 분주(汾州)의 동쪽에 있는 중향사(衆香寺)에 이르러 점심 휴식을 취했다. 절의 동쪽에는 분하박(汾河泊)이라는 물이 있다. 분하(汾河)는 흘러 이곳에 이르면서 넓게 퍼지므로 이곳을 '박'(泊)이라고 부른다. 박의 주위는 1천 정(町) 남짓한데 점차 남쪽으로 흘러 하중부(河中府)에 이르렀다가 황하(黃河)로 흘러들어간다. 중향사로부터 서쪽으로 5리를 가니 분주성의 남행문(南行門) 서쪽 가에 이른다. 법률사(法律寺) 열반원에 들어가 묵었다. 이곳은 오대산의 공양주인 의원 두타가 운영하는 곳이다. 태원(太原)에서 헤어질 적에 그는 '분주에 이르면 반드시 열반원에 들어가 쉬라'고 간청한 바 있으므로 우리는 그곳에 이르러 묵었다.

주의 압아의 성은 하(何) 씨였는데, 절로 찾아와 우리를 위문했다. 그는 의원 두타의 문도로서 멀리서 온 우리를 보자 대접이 은근했다. 이 마을로부터 서쪽으로 내려가다가 절에서 50리 떨어진 곳의 산중에 광성원(廣城院)이 있었다. 이곳에는 좌주 선오(仙悟)가 천태종의 『마하지관』을 강의하는데 문인(門人)이 50여 명이었다. 그들은 지금도 마을에 살고 있다. 마을로부터 남쪽으로 80리를 가니 보복산(寶福山)이라고 하는 험한 산이 있었다. 사람들의 말에 따르면, 이곳은 공왕불(空王佛)[248]이 수도하던 곳인데, 오늘날까지도 성스러운 유적이 많이 있다.

8월 2일

비가 내리다. 이른 아침에 하(何) 압아 집에 이르러 차를 들며 이야기를 나누었다. 그는 우리에게 점심을 마련해 주었다. 재를 마친 뒤 남쪽으로 30리를 가니 효의현(孝義縣)에 이르렀다. 현의 북쪽 1리 되는 곳에 위문후(魏文

248) 空王佛 : 過去世의 한 부처.

侯)249)의 묘가 있다. 성 안으로 들어가 열반원에서 묵었다. 그곳의 좌주는 계륜(桂輪)이라는 사람이었는데, 처음 만났을 때는 기쁜 내색이 없더니 대화를 나누면서 즐거워했다. 그는 일찍이 『열반경』을 여러 차례 강론했고 아울러 외전(外典)을 풀이했다. 그는 또한 『당운략』(唐韻略)과 『대장경음』(大藏經音) 8권을 지어 천자에게 바치려 했으나 아직 그 작업을 모두 마치지 못했다.

8월 3일

일찍 길을 떠나 남쪽으로 15리 가서 왕동촌(王同村)의 왕동원(王同院)에 이르러 점심 휴식을 취했다. 재를 마친 뒤 남쪽으로 30리를 가서 냉천점(冷泉店)에 이르러 그곳에서 묵었다. 주인은 여러 가지로 마음을 썼다.

8월 4일

죽을 먹은 뒤 분하를 따라 산골로 35리를 가니 소수점(小水店)에 이르러 이(李) 씨 집에서 점심 휴식을 취했다. 분하를 따라 10리를 가니 영석현(靈石縣)에 이르렀다. 이곳을 지나 분하를 따라 남쪽으로 20리를 가니 음지관(陰地關)에 이르렀다. 관사(關司)250)는 철저하게 우리를 조사했다. 관을 지나 남쪽으로 10리를 가니 도류점(桃柳店)에 이르러 도(掉) 씨 집에서 묵었다. 도류점은 분하 가에 있었는데 대여섯 가구가 되었다. 주인은 마음씨가 평온했다.

8월 5일

날이 밝자 남쪽으로 10리를 가니 장녕역(長寧驛) 분수관(汾水關)에 이르렀다. 관사의 검색을 받았다. 이곳은 하중부의 북쪽 경계선에 있는 진주(晉州) 분서현(汾西縣)의 관할 구역이다. 남쪽으로 20리를 가서 영청역(永淸驛)에 이르러 점심 휴식을 취했다. 재를 마친 뒤 남쪽으로 20리를 가니 진주 관내의 곽읍현(藿邑縣)에 이르렀다. 이 현의 서쪽 변두리에는 백치천(白雉泉)이 있다. 지난날 위(魏)의 효문제(孝文帝)가 이 성의 서쪽을 지날 적에 돌 아래

---

249) 魏文侯 : 전국시대 魏의 왕. 諱는 期며 시호는 文公. 재위 기간 B.C. 424~397년.
250) 關司 : 關을 지키는 사람. 그는 통행자의 성명, 郡國, 연령, 직업, 외형, 휴대품 등을 조사하는 권한을 가지고 있다.

에서 흰 꿩이 날아오르고 그 자리에서 물이 솟아올랐다고 한다.

현의 성을 나와 남쪽으로 3리를 가니 금구비(金狗鼻)가 있다. 한(漢)의 문제(文帝)[251]가 대주(代州)로부터 돌아오면서 이곳의 남쪽을 지나다가 금빛 개가 이 언덕[鼻] 위에서 짖는 것을 보았다. (이상의 두 사건은 모두가 나무 위에 씌어 있다.) 금구비라는 곳은 세 개의 언덕이 나란히 늘어서서 이루어진 곳으로서, 그 모양이 마치 주발을 엎어 놓은 것 같다. 언덕은 높고 크며 북쪽과 서쪽의 두 면은 험한 절벽인데 북쪽은 현가(縣家)를 향해 있고 서쪽은 분하에 닿아 있다. 현의 북쪽으로 350리 되는 곳에 태원(太原)이 있고 남쪽으로 910리 되는 곳에 상도(上都 : 長安)가 있으며, 또한 남쪽으로 16리 되는 곳에는 진주(晉州)가 있다. 현으로부터 서쪽으로 15리를 가니 곽창촌(藿昌村) 마가점(馬家店)에 이르러 그곳에서 묵었다. 주인의 심성이 도적 같다.

8월 6일

죽을 먹은 뒤 남쪽으로 15리를 가다가 익창역(益昌驛)에 이르러 점심 휴식을 취했다. 주인은 비록 불심이 있었으나 매우 가난했다. 재를 든 뒤 남쪽으로 30리를 가니 조성현(趙城縣)에 이르렀다. 현으로부터 남쪽으로 15리를 가니 굴항촌(屈項村) 대력사(大曆寺)에 이르러 그곳에서 묵었다.

8월 7일

남쪽으로 20리를 가서 홍동현(洪洞縣)에 이르러 점심 휴식을 취했다. 재를 바친 뒤 남쪽으로 60리를 가서 진주 성안의 시서(市西)보통원에 이르러 그곳에서 묵었다.

8월 8일

이른 아침에 성의 서문을 나와 서남쪽으로 30리를 가서 진교점(晉橋店)에 이르러 점심 휴식을 취했다. 남쪽으로 25리를 가서 고관점(故關店)에 이르렀다. 강을 건너 경운(景雲)보통원에 이르러 그곳에서 묵었다. 강의 북쪽은

251) 文帝 : 漢 高祖 劉邦의 넷째 아들로서 諸呂의 亂을 평정한 후 등극하여 '無爲而治'의 철학으로 농업·수리 정책을 수행하여 漢의 기틀을 세움. 재위 기간 B.C. 180~157년.

진주 양릉현(襄陵縣) 남쪽 경계이고, 강의 남쪽은 강주(絳州) 태평현(太平縣)의 북쪽 경계이다.

8월 9일

이른 아침에 천둥 치고 비가 내리더니 잠시 뒤에 멈추었다. 남쪽으로 25리를 가서 태평현에 이르러 점심 휴식을 취했다. 남쪽 성곽의 문을 지나 서남쪽으로 50리를 가니 장추역(長秋驛)의 종가점(宗家店)에 이르러 그곳에서 묵었다. 이 역의 북쪽 15리 남짓한 곳에 마두산(馬頭山)이 있다.

8월 10일

이른 아침에 길을 떠나 서쪽으로 30리를 가다가 직산현(稷山縣)에서 점심 휴식을 취했다. 현에서 바라보니 직산이 보이는데 15리 떨어진 거리이다. 메뚜기가 길에 가득하여 성 안의 인가에는 발을 들여놓고 쉴 곳이 없다. 재를 마친 뒤 서쪽으로 65리를 가니 메뚜기가 길에 가득하여 모든 곡식을 먹어치워 백성들이 근심에 잠겨 있다. 해질녘에 용문현(龍門縣)에 이르러 초제원(招提院)에 들어가 묵었다. 원주는 자상하지 않았다.

8월 11일

재를 마친 뒤 서남쪽으로 16리를 가서 신교도(新橋渡)에 이르렀다. 분하를 건너 서쪽 둔덕을 건너니 동쪽 둔덕에 이르렀다. 남쪽으로 곧장 35리를 가니 보정현(寶鼎縣) 관내의 진촌(秦村)에 이르러 그곳의 촌원(村院)에 들어가 묵었다.

8월 12일

늦게서야 길을 떠났다. 서쪽으로 가다 보니 황하가 보인다. 남쪽으로 25리를 가서 보정현에 이르다. 천왕읍(天王邑)에서 점심 휴식을 취했다. 재를 마친 뒤 남쪽으로 40리를 가서 임진현(臨晉縣)의 분점(粉店)인 송(宋) 씨 집에서 묵었다. 주인은 불심이 두터웠다.

8월 13일

이른 아침에 길을 떠나 남쪽으로 40리를 가서 신역(辛驛)에 이르러 점방에서 점심 휴식을 취했다. 재를 마친 뒤 남쪽으로 35리를 가니 하중절도부(河中節度府)에 이르렀다. 황하는 성의 서쪽 변두리로부터 남쪽을 향해 흐르고 있었다. 황하는 하중부(河中府)의 이북으로부터 남쪽으로 흘러 하중부의 남쪽에 이르렀다가 다시 동쪽으로 흐른다. 북쪽으로부터 순서문(舜西門)을 지나면 그 옆에 포진관(蒲津關)이 있다.

관에 이르러 검색을 받은 다음 황하를 건넜다. 뜰 배로 다리를 만들었는데, 그 넓이는 2백 보 남짓했다. 황하는 서쪽으로 흐르는데 두 군데에 다리가 가설되어 있다. 강은 남쪽에서 멀지 않은 곳으로 흐르다가 두 갈래의 물이 합쳐진다. 칠중문(七重門)을 모두 지나 서쪽으로 5리를 가니 하서현(河西縣)에 이르러 팔주사(八柱寺)에서 묵었다. 그 절은 현성(縣城)의 서쪽에 있었는데 백 보 거리였다.

8월 14일
쉬다.

8월 15일
길을 떠나 서쪽으로 30리를 가서 조읍현(朝邑縣)에 이르러 가게에서 점심 휴식을 취했다. 재를 마친 뒤 서쪽으로 35리를 가서 동주(同州)에 이르러 미화방(靡化坊) 천왕원(天王院)에 이르러 그곳에서 묵었다. 밤에 비가 내리다.

8월 16일
아침이 되니 비가 멎어 길을 떠나다. 서쪽으로 10리를 가다가 낙하(洛河)를 건너다. 다시 서쪽으로 10리를 가니 풍익현(馮翊縣) 안원촌(安遠村) 왕명점(王明店)의 왕 씨 집에 이르러 점심 휴식을 취했다. 비가 내려 길을 떠나지 못하고 촌원(村院)에서 머물렀다. 낙하의 서쪽을 따라 내려가니 메뚜기가 모든 곡식을 먹어버려 마을 백성들의 근심이 깊다.

8월 17일
비가 멎다. 서쪽으로 15리를 가서 번역점(蕃驛店)에 이르러 그곳 고(高) 씨 집에서 점심 휴식을 취했다. 서쪽으로 40리를 가서 고시점(故市店)에 이르러 천왕원(天王院)에 들어가 묵었다.

8월 18일

늦게서야 길을 떠나다. 서쪽으로 25리를 가서 영안점(永安店)에 이르러 점심 휴식을 취했다. 재를 마친 뒤 서쪽으로 35리를 가서 신점(新店)에 이르렀다. 30가구를 거쳐도 묵을 곳을 찾을 수 없었다. 조(趙) 씨 집에 억지로 들어가 묵었다.

8월 19일

남쪽으로 30리를 가니 경조부(京兆府)의 경계에 있는 조양현(操陽縣)에 이르러 그곳에서 점심 휴식을 취했다. 현의 남쪽에서 장안으로 돌아가는 산릉사(山陵使)[252]의 일행을 보았다. 이들은 개성천자(開成天子 : 文宗)를 장례하고 돌아오는 무리들이었는데, 영막(營幕)의 군병들의 길이가 5리에 이르렀다. 군병들은 큰 길 양쪽에 마주서 있었지만, 백성들이나 말이나 수레가 길을 따라 지나가는 것을 막지 않았다.

현의 서쪽으로 80~90리 되는 산중에 능 머리가 있었는데 이곳은 장안으로부터 동쪽으로 200여리가 되는 곳이었다. 군영 가운데를 지나 남쪽으로 35리를 가니 고릉현(高陵縣) 위교(渭橋)에 이르렀다. 위수(渭水)의 넓이는 1리 남짓했고, 다리의 넓이 또한 그러했다. 진(鎭)은 위수의 북쪽 언덕 위에 있었다. 위수는 본래 티베트[土蕃]로부터 흐르기 시작하여 동쪽으로 흘러 멀리 황하로 들어간다. 다리를 건너 남쪽으로 5리를 가니 삼가점(三家店)에 이르러 그곳 불전(佛殿)에서 묵었다.

8월 20일

아침 일찍 길을 떠나 남쪽으로 25리를 가서 만년현(萬年縣) 파교점(灞橋店)에 이르러 점심 휴식을 취했다. 파수(灞水)는 본시 종남산에서부터 시작하여 위수로 들어간다. 재를 마친 뒤 파교로부터 남쪽으로 15리를 가니 산수

252) 山陵使 : 붕어한 天子나 皇后의 능을 새로 축조하는 일을 맡은 관리.

교(灞水橋)에 이르렀다. 산수는 종남산에서 시작하여 위수로 들어간다. 파수와 산수는 북쪽을 향하여 흐르는데 물이 맑다. 오직 경수(涇水)에 관해서만은 들어보지 못했다. 서쪽으로 10리를 가니 장안성(長安城) 동쪽 장경사(章敬寺) 앞에 이르러 쉬었다. 절은 성의 동쪽 통화문(通化門) 밖에 있었다. 통화문을 지나 남쪽으로 3리 남짓 가니 춘명문(春明門) 밖 진국사(鎭國寺)의 서선원(西禪院)에 이르러 그곳에서 묵었다.

8월 22일

아침나절에 산릉사가 통화문을 거쳐 돌아갔다. 재를 마친 뒤 진국사를 나와 춘명문으로 들어가 대흥선사(大興禪寺) 서선원(西禪院)에 이르러 그곳에서 묵었다.

8월 23일

재를 마친 뒤 좌가(左街)의 공덕순원(功德巡院)[253]에 이르러 지순(知巡)[254]압아를 만나 보았다. 이곳 감찰시어사(監察侍御史)의 이름은 조련(趙鍊)이었다. 장안의 여러 절에 머물면서 스승을 만나기를 청하는 글을 올렸는데, 그 내용은 다음과 같다.

> 일본국의 구법승 엔닌과 그의 제자인 이쇼·이교 및 행자 데이유만이 청주(青州)에서 올리는 공문증명서와 함께 올림
> 위의 엔닌 등은 지난 개성 3년[838년]에 조공사를 따라 이곳에 와서 불법을 배우고 있습니다. 금년 3월 저희들은 청주에 공문증명서를 청하여 오대산에 들어가 성지를 순례하고 이곳에 머무는 동안 불법을 배우고자 하는 뜻에서 공문증명서를 청한 바 있습니다. 엎드려 청하옵건대 장안에 있는 절에 머물면서 스승을 찾아뵙고 불법을 배우고자 삼가 위와 같이 글을 갖추어 처분을 기다리는 바입니다. 글은 위와 같습니다.
>
> 개성 5년 8월 23일
> 일본국 구법승 엔닌 올림

253) 左街功德巡院 : 장안 성내 朱雀門街의 東部를 의미하며 巡院은 순라 경위의 役所임.
254) 知巡押衙 : 巡院의 主任者.

지순시어(知巡侍御)가 순관(巡官) 한 명을 보내어 우리들로 하여금 자성사(資聖寺)에 머물도록 했다.

8월 24일

오친 8시경에 순원(巡院) 압아가 문서를 작성하여 우리에게 순관을 보내어, 우리로 하여금 공덕사(功德使)²⁵⁵⁾를 만나보도록 했다. 좌가공덕사(左街功德使)는 호군중위(護軍中尉) 개부의동삼사 지내성사(知內省事) 상장군 구사량(仇士良)²⁵⁶⁾으로서 3천 호(戶)에 봉(封)해진 사람이다. 우리 일행은 순관 인사어(巡官人使御)를 따라 절을 나와 북쪽으로 갔다. 네 방(坊)을 지나 망선문(望仙門)을 거쳐 현화문(玄化門)을 지나고 다시 내사사문(內舍使門)과 총감원(總監院)을 지나 한 중문(重門)²⁵⁷⁾을 들어서니, 사아(使衙)의 남문에 이르렀다. 문 안에는 좌신책보마문(左神策步馬門)이 있다. 모두 여섯 개의 중문을 지나서 사아의 집무실에 도착하여 공문을 보이고 처분을 기다렸다. 그들은 우리가 온 이유를 자세히 물었다. 우리들은 다시 공문을 작성했는데 그 내용은 다음과 같다.

일본국 승려 엔닌과 그의 제자 이쇼·이교 및 행자 데이유만이 올리는 공문
위의 엔닌 등은 지난 개성 3년[838년] 4월에 일본의 조공사를 따라 배를 타고 바다를 건너왔습니다. 저희들은 7월 2일 양주 해릉현 백호진에 도착하여 8월에 양주에 이르러 개원사에서 그해 겨울을 지냈습니다. 개성 4년[839년] 2월에 양주를 떠나 초주에 이르러 개원사에서 머물다가 7월에 등주 문등현 적산원에서 그해 겨울을 지냈습니다. 금년 2월에 등주를 떠나 3월에 청주에 이르러 용흥사에서 머물면서 열흘 동안 절도사 수상서(數尙書)²⁵⁸⁾에게 공문증명서를 청하여 끝내 그것을 받았습니다. 5월에 오대산에 이르러 성지를 순례했고, 7월 1일에 오대산에서 내려와 이달 23일 이곳에 도착했습니다. 저희들이 이제 장안의 절에 잠시 머물면서 스승을 찾아 불법을 배우고 일본으로 돌아갈 수 있도록

255) 功德使 : 僧尼·道士·女冠을 맡아보던 당대의 관직으로서 측천무후 대에 시작하여 그 후 좌우로 나뉘었음. 승니의 籍과 功役을 총괄함.
256) 仇士良 : 唐 興寧人. 字는 匡美. 顯宗 시대의 侍東宮으로서 정권을 남용하여 2王, 1妃, 4 宰相을 살해했다.
257) 重門 : 대문 안에 다시 세운 문. 中門.
258) 韋 尙書의 誤記가 아닌가 여겨진다. 서기 839년 11월 22일자 일기 신라 1일 강의식 참조.

해주시기를 바랍니다. 삼가 위와 같이 글을 갖추어 처분을 기다리는 바입니다. 글은 위와 같습니다.

개성 5년 8월 24일
일본국 구법승 엔닌 올림

개부의[동삼사]가 등청하지 않아 글을 올릴 수 없었다. 그 부서의 하(何) 판관이 우리를 호국천왕사(護國天王寺)에 안내하여 묵게 했다. 절 안에는 좌신책군의 격구장이 북쪽에 있었다. 절은 대궐과 담장으로 갈려 성안의 동북쪽 모퉁이에 자리 잡고 있었다. 그곳에는 항상 [14명의 승려가] 7명씩 두 조로 나뉘어 번갈아 염불을 외고 있었다. 승려 무리들은 객승을 자상하게 맞이해 주었다.

8월 25일

재를 마친 뒤 사원(使院)으로부터 사람이 나와 우리를 부르기에 그를 따라서 사아로 들어갔다. 공덕사로부터 공문을 받았는데, 잠시 자성사에 머물면서 강유로부터 도움을 받으라는 내용이었다. 지순시어(知巡侍御) 공덕사의 지시에 따라 그의 공문을 자성사로 보내는 한편, 순관과 함께 우리를 절로 보내어 고두(庫頭)의 서쪽 정자에 머물게 했다.

8월 26일

비가 내리다. 저녁나절에 강유가 정토원(淨土院)에 머물 곳을 마련해 주었다. 원주인 사안(師安)은 불심이 두터운 분으로서 객승들을 정중히 위로해 주었다. 그곳의 승려들을 만날 때마다 누가 불심이 깊고 불법을 깊이 아는가를 자주 물어보았지만 대답을 얻을 수 없었다.

9월 5일

밤에 불법을 깊이 아는 사람을 만나게 해달라고 비사문(毗沙門)²⁵⁹⁾에게 빌었다. 듣자니 양주절도사 이덕유(李德裕)가 천자의 부름을 받고 장안으로 들어가 9월 3일에 재상에 임명되었다고 한다.

---

259) 毗沙門[天王]: 多聞天王. 항상 불타의 도량을 수호하여 법을 많이 들은 사천왕의 하나. 황

9월 6일

이른 아침에 정토원의 승려 회경(懷慶)이 지극한 불심으로 부처님의 사리 다섯 알[粿]을 가지고 와 우리로 하여금 참배토록 하면서 이렇게 말했다.

"여러분들이 비법(秘法)을 알고자 한다면 이 성안에서 대법(大法)을 이해하는 한 인물을 내가 잘 알고 있습니다. 청룡사(靑龍寺)의 법윤(法潤) 화상만이 태장계(胎藏界)를 이해하여 깊이 일가를 이루었는데, 이 성 안의 모든 사람들이 그의 실력을 인정하고 있습니다. 그 절에는 비록 서역의 승려가 있다고는 하지만, 그는 당나라 말을 알지 못합니다. 불심을 간직한다는 것은 그다지 어렵지 않습니다. 대흥선사(大興善寺)의 문오(文悟) 사리도 금강계를 이해하는데, 이 성안의 모든 사람들이 인정하고 있습니다. 청룡사의 의진(義眞) 화상은 그 두 가지를 모두 이해하고 있습니다. 대흥선사에는 원정(元政) 화상이라는 분이 있는데, 그분도 금강계를 깊이 이해하고 사리(事理)를 가릴 줄 압니다. 그 절에는 비록 서역의 난타(難陀) 삼장이 있기는 하지만 당나라 말을 잘 알지 못합니다. 대안국사(大安國寺)에는 원간(元簡) 사리라는 분이 있는데, 그분도 금강계를 깊이 이해하고 있고 아울러 범어 문자[悉曇]와 그림을 이해하며 범자(梵字)를 풀이할 수 있습니다. 현법사(玄法寺)의 법전(法全) 화상도 삼부대법(三部大法)[260]을 깊이 알고 있습니다."

새로이 등극한 천자[武宗]가 선양방(宣陽坊)에 새로이 절을 지었는데 아직도 현판[懸額]을 하사하지 않았다. 이 절은 원화(元和)[261]의 상태후(上太后)가 지은 것이다. 지금의 황제는 태후에게 새로이 절을 짓도록 별도로 칙령을 내렸으며, 아울러 성 안의 여러 절에도 50여 명의 승려를 뽑아 이 절에 배치하도록 칙령을 내렸다.

9월 7일

재를 마친 뒤 좌가공덕사의 지순압아인 조련이 절로 찾아와 7명의 승려를

색의 몸으로 성난 얼굴로 七寶莊嚴의 갑옷을 입고 왼손에 보탑을 받쳐 들었으며 오른손에 몽둥이를 들고 수미산의 제4층에서 북쪽의 천국을 지키며 복덕을 보호하고 夜叉와 羅刹을 보호함.
260) 三部大法 : 밀교에서 닦는 作法으로 태장계·금강계·蘇悉地의 삼부를 의미함.
261) 元和 : 德宗을 가리킴.

뽑아갔다. 8월 26일부터 9월 10일까지 계속 비가 내렸다.

9월 14일
글을 지어 지순시어의 안부를 물었는데 그 내용은 아래와 같다.

늦가을 날씨가 점점 차가워지는데 시어의 존체에 만복이 깃드시기를 엎드려 빕니다. 저 엔닌은 은혜를 입었으나 나그네로 얽매인 몸이어서 직접 뵈올 수가 없었습니다. 뵙고 싶은 간절함은 달리 비길 바 없습니다. 지난날 이 사람은 사소한 일로 귀하를 몹시 번거롭게 해드렸습니다. 이제 가까스로 방원(房院)을 얻었기에 직접 뵙고 감사의 말씀을 드리고 싶습니다. 그러나 수십 일 동안 비가 내리고 개이지 않았기 때문에 그 정(情)을 이루지 못했으니 심히 송구스럽습니다. 엎드려 바라옵건대 너무 꾸짖지 마옵소서. 가까운 날에 뵙겠습니다만 그동안 저는 귀하를 생각하는 마음이 갈수록 심해질 것입니다. 삼가 저의 제자승인 이쇼를 보내어 안부 편지를 올립니다. 아뢸 말씀을 다 아뢰지 못합니다. 삼가 올립니다.

개성 5년 9월 14일
일본국 구법승 엔닌 올림
지순시어 각하 근공(謹空)

시어로부터 받은 답장은 별도로 기록해 두었다. 아울러 그는 사람을 보내어 '여행 중 이곳 생활은 어떠하며, 절에는 당반(堂飯)²⁶²)이 없어 식사는 불법대로 마련되지 않으니 스님께서 몸소 편지 한 통을 써가지고 오시면 내가 그것을 개부의에 전해서 스님들을 식당이 있는 절로 모시겠다.'는 말을 우리에게 전했다.

9월 18일
편지를 써 시어에게 보냈는데, 그 내용은 다음과 같다.

일본국 구법승 엔닌이 드리는 글
위의 엔닌 등은 며칠 전 각별한 편지를 받았으며, 특별히 편안히 지낼 곳까지 마련해 주시니 베푸신 정을 감당할 길이 없고 기쁜 마음 그지없습니다. 이제 저

262) 堂飯 : 불법에 따라서 사원의 부엌에서 마련한 식사를 의미함.

희들은 갑자기 이곳에 도착하여 사사(使司)의 어지신 조치를 입어 잠시 이 절에 머물고 있습니다. 고마움을 깊이 감사드리며 더 바랄 바가 없습니다. 귀하께서는 저희들로 하여금 당반이 있는 절로 옮기기를 바라시지만, 이런 문제로 대관(大官)께 번거로움을 끼치는 것이 두려울 뿐입니다. 이제 저희들은 자성사로 가서 여러 절을 왕래하면서 스승을 찾아 불법을 듣고 우리가 원하는 불법을 얻은 다음 밤에 이 절로 되돌아 올 수 있도록 허락해 주시기 바랍니다. 엎드려 바라옵건대 시어께서 은혜를 베푸시어 특별히 이를 허락해 주시옵소서. 삼가 위와 같이 글을 갖추어 처분을 바랍니다. 편지는 이와 같습니다. 삼가 올립니다.

개성 5년 9월 18일
일본국 구법승 엔닌 드림

시어가 말을 전해 왔는데 그 내용인즉 '스님들의 뜻대로 하시고, 다시 필요한 일이 있을 경우 즉시 연락해 주시면 스님들을 위해 편의를 제공해 드리겠다.'는 것이었다.

10월 13일

회경(懷慶) 사리와 함께 이쇼를 청룡사로 보내어 불법을 아는 사람을 만나 보게 했다. 동탑원(東塔院)에 있는 의진(義眞) 화상이라는 분이 태장계를 이해하고 있었다. 일본의 엔쿄(圓行) 사리가 이곳에서 불법을 공부하고 있다. 또한 법윤(法潤) 화상도 금강계를 이해하고 있는데, 나이가 73세의 고령인데다가 중풍을 앓고 있다

10월 16일

사람을 대흥선사로 보내어 불법을 아는 사람을 찾아보도록 했다. 번경원(翻經院)263)에 있는 원정아(元政阿) 사리가 금강계를 이해하며 염불에 관한 문서도 가지고 있다. 인도에서 온 난타(難陀) 삼장은 당나라 말을 알지 못한다. 문오 사리는 원정아 사리에 미치지 못한다.

10월 17일

263) 翻經院 : 역경원.

원정아사리에게 안부 편지를 보내면서 아울러 염송법문(念誦法門)[264]에 관한 책을 빌려달라고 부탁했는데, 그 내용은 다음과 같다.

오랫동안 귀하의 아름다운 이름을 흠모했으나 인연이 없어 뵙지를 못했습니다. 흠앙하는 마음을 달리 비유할 길이 없습니다. 어제는 영광스럽게도 저희의 안부를 물어주시고 이 어리석은 사람의 사정을 특별히 위로해 주셨습니다. 겨울 날씨가 점차 차가워지는데 스님의 도체(道體)에 만복이 깃들기를 엎드려 빕니다. 저 엔닌은 본래 태어난 인연을 멀리 떠나 불법을 찾아 흘러 다니다가 이제 이 성에 이르렀으나 아직도 가르침을 받을 스승을 찾지 못했습니다. 엎드려 듣자오니 스님께옵서는 덕이 높고 도가 깊으시며 불법을 깊이 고구(考究)하시고 진리를 깨우치셨다 하온데, 제가 비록 존안을 뵙지는 못했으나 스님의 도풍(道風)을 각별히 숭모하고 있습니다. 엎드려 생각건대 저는 객승의 몸으로서 이제까지 스님을 뵙지 못하고 멀리서 흠모할 뿐입니다. 오래지 않아 존안을 뵙겠사오나 그 동안 스님을 더욱 생각할 것입니다. 삼가 저의 제자승인 이쇼를 보내어 대신 글월을 올립니다. 아뢸 바를 다 아뢰지 못합니다. 삼가 올립니다.

개성 5년 10월 17일
일본국 승려 엔닌 올림
홍선사 원정화상 법전(法前) 근공

내가 지난날 적산원에 있을 적에 꿈속에서 저울 한 개를 산 적이 있었다. 그때 그 저울을 내게 판 사람이 말하기를, '이 저울은 삼천대천세계(三千大千世界)[265]의 무겁고 가벼움을 헤아릴 수 있는 것이다.' 라고 했다. 그 말을 듣고 나는 몹시 기대했었다. 이제 염송법문을 빌려볼 수 있게 되었다.

10월 18일
염송법문 필사를 시작했다.

264) 念誦法門 : 마음으로 생각하면서 佛名・經・號・呪・眞言 등을 외우는 방법.
265) 三千大千世界 : 불교의 우주관에 따르면, 수미산을 중심으로 하여 사방에 사대주가 있고 大鐵圍山이 그것을 둘러싸고 있다. 이것이 一四天下이며, 이를 천개 합친 것이 一小千世界이며, 이를 다시 천개 합친 것이 一中千世界이며, 이를 다시 천개 합친 것이 一大千世界이다. 이 一大千世界는 小千・中千・大千의 세 천이 있으므로 一大三千世界 또는 三千大千世界라고 부른다.

10월 29일

우리는 대흥선사로 가 번경원에 들어가 원정화상을 만나서 금강계의 대법(大法)을 배우기 시작했다. 천자가 세운 관정도량(灌頂道場)[266]에 들어가 여러 만다라에 참배했다. 공양하고 관정을 받았다. 또한 번경당의 벽에 금강지(金剛智) 화상[267]과 불공(不空) 삼장[268]의 초상을 그렸다. 번경당의 남쪽에는 대변정광지(大辨正廣智) 불공 화상의 사리탑이 있다. 금강지와 불공의 두 삼장은 일찍이 이곳에서 불경을 번역한 적이 있다.

개성 5년 10월[269] 10일 밤 꿈속에서 금강계의 만다라를 그려 일본에 도착하니 대사(大師)[270]께서 그것을 받으시고 몹시 기뻐하는 모습을 보았다. 대사께 절을 올리려 하니 대사께서,

"내가 너의 절을 받을 것이 아니라 내가 너에게 절을 해야겠다."

고 말씀하셨다. 은근하고 기쁜 마음으로 만다라를 그려 가지고 왔다.

11월 3일

눈이 내리다.

11월 13일

눈이 내리다.

266) 灌頂道場 : 관정의 의식을 거행하는 법당. 관정이란 물을 정수리에 붓는다는 뜻으로서 본래 인도에서 임금의 즉위식이나 立太子式을 할 때 바닷물을 정수리에 붓는 데서 유래된 의식임.
267) 金剛智和尙(671~741년) : 인도의 승려. 어려서 那蘭陀寺의 寂靜智를 따라 출가하여 『聲明論』과 『法稱論』을 배우고 비구계를 받았다. 6년 동안 『太乘律』, 『小乘律』, 『般若燈論』, 『百論』, 『十二門論』을 배우고, 가비라성에서 勝賢에게 瑜伽·唯識을 들었다. 남인도에서 관정을 받고 밀교를 깊이 이해한 다음 중국 낙양으로 들어가(720년) 태자은사·대천복사에서 밀교를 가르쳤는데 一行·不空 등이 그의 제자이다. 중국 밀교의 初祖로서 낙양 廣福寺에서 죽었다.
268) 不空三藏(705~774년) : 北天竺의 바라문족. 어려서 아버지를 잃고 숙부를 따라 동해로 가서 살다가 15세에 金剛智三藏에게 師事하여 五部의 관정을 받았다. 금강지가 입적하자 유지를 받들어 오천축과 師子國으로 가서 널리 密藏을 구하고 還京하여(746년) 궁중에 단을 세우고 帝를 위하여 관정하고 祈雨하며 효험이 있어 智藏의 호를 받았다. 749년에 勅許로 귀국하다가 남해에 머물던 중 다시 천자의 부름을 받고 장안 大興善寺에 머물면서 역경에 종사하여 밀교를 융성시켰다. 代宗 연간(서기766년)에 試受鴻臚卿이 되어 大廣智三藏의 호를 받았다. 병이 들자 천자가 칙사를 보내어 개부의동삼사를 더하고 肅國公에 봉하여 식읍 3천호를 하사했다. 입적하자 司空을 증직하고 大辨正廣智藏이라 시호함.
269) 원문에는 12월로 誤記되어 있음.
270) 延曆寺에 있던 엔닌의 스승인 最澄을 의미함.

11월 26일

오늘은 동지(冬至)이다. 승려들은,
"바라옵건대 이 속세에서 오래 사시면서 널리 중생을 화목하게 하소서."
하고 인사를 나누었다. 납하(臘下)²⁷¹⁾와 사미들은 상좌에게 인사말을 할 때, 한결 같이 책에 쓰인 법도를 지켰다. 사미가 승려에게 말을 할 때는 오른쪽 무릎을 땅에 꿇고 명절을 축하하는 말을 했다. 죽을 먹을 때 만두와 과자를 대접했다.

12월 8일

칙령에 따라 여러 절의 승려들이 이 절에서 향을 나누고 재를 마련했으며, 재상인 이덕유(李德裕)와 칙사들도 향을 나누었는데, 이는 오늘이 당나라 현종(玄宗)²⁷²⁾의 기일(忌日)이기 때문이었다. 재를 마련하는 데는 모두 관물(官物)을 썼다. 이 절에 있는 내도량(內道場)²⁷³⁾에서 삼교(三敎)²⁷⁴⁾를 강론하는 지현(知玄) 법사가 찬불을 했다.

12월 22일

영창방(永昌坊)의 왕혜(王惠)로 하여금 금강계의 대만다라(大曼茶羅) 네 폭의 그림을 그리기 시작하도록 했다.

12월 25일

다시 새해를 맞이하게 되므로 승려 무리들은 법당에 나아가 죽과 만두와 여러 가지 과자를 먹었다. 승려 무리들이 죽을 먹는 동안 강유(綱維)·전좌(典座)·직세(直歲) 등은 앞으로 1년간 절의 여러 가지 재산과 교역(交易), 손님을 위한 준비물, 그리고 각종 경비를 적은 내역을 여러 사람들 앞에서 읽었다.

271) 臘下 : 戒臘(구족계를 받고 비구가 된 연수)에 이르지 못한 불자.
272) 敬宗(재위 825~826년)을 誤記한 것임.
273) 內道場 : 중국의 왕실에서 공양과 불도를 수행하는 장소로서 慧超가 시작했다는 설과 金剛智가 시작했다는 설이 있음.
274) 三敎 : 三時敎. 인도의 三論宗 智光이 불타의 일생의 설교를 心境俱有·境空心有·心境俱空의 셋으로 나눈 것.

입당구법순례행기

서기 841년

[당 개성(開成) 6년 · 회창(會昌)[1] 원년, 신라 문성왕(文聖王) 3년,
일본 조와(承和) 8년, 신유(辛酉)]

정월 1일
승려와 속인들이 절에서 새해 인사를 나누었다.

정월 3일
승려들에게 밥을 공양했다.

정월 4일
오늘은 나라의 제삿날[國忌]이다. 선황제(先皇帝)[2]의 기일을 지키기 위하여 칙령으로 천복사(薦福寺)에서 향을 나누고 1천 명의 승려를 초대했다.

정월 6일
오늘은 입춘(立春)이다. 황실에서 개떡[胡餅][3]과 절 음식을 내렸다. 속인들과 함께 개떡을 먹었다. 또한 황실에서 좌금오위(左金吾衛)[4] 대장군을 임명했는데 그는 황제의 친척으로서 지금 천자의 아구(阿舅)[5]이다. 그는 본시 가난한 사람이었다. 그는 지난해 이 지방의 절을 다니면서 무우와 자토(紫土)를 파는 일을 맡았었다.[6] 이제 그는 새로이 성은(聖恩)을 입어 금오(金吾) 대장군이 되어 대궐로 들어가 벼슬을 받았다. 그가 대궐을 나올 때 20쌍의 갑옷 입은 병사들이 말을 끌었고, 말 탄 병사 오륙십 명이 장대를 들고 길을 막았으며, 보병 1백 명이 가마를 호위했는데 보병들은 모두가 비단 모자와

1) 會昌 : 唐 武宗 연간의 연호(841~846년).
2) 文宗을 가리킴.
3) 胡餅 : 胡麻로 만든 떡.
4) 金吾衛 : 秦代에 수도의 방위, 천자의 車駕의 도로 경계를 위해 시작되었으며, 당대에는 '安史의 亂' 이후 천자의 직할이 되어 득세했다.
5) 阿舅 : 장인 또는 숙부에 준하는 척족.
6) 원문은 '擔蘿蔔紫土賣' 라고 되어 있으나 그 뜻이 분명하지 않다. 판본에 따라서는 '紫土' 가 '紫等'(땔감)으로 된 것도 있다.

비단 전포를 입었다. 대장군이 입고 있는 의관과 신발에는 상서로운 풀을 입에 문 새가 수놓여 있었다. 그는 [성] 남쪽 교외를 찾아 참배[7]한 뒤 봉상부(鳳翔府)절도사를 제수 받았다.

정월 7일

천자께서 태청궁(太淸宮)에 행차하여 재를 들었다.

정월 8일

천자께서 이른 아침에 성을 나와 남쪽 교외의 천단[南郊壇]에 행차했다. 이 단은 명덕문(明德門) 앞에 있다. 호위병과 좌우군 20만 명이 그를 수행했다. 그 기이한 모습은 참으로 표현하기 어렵다.

정월 9일

천자께서 오전 4시경에 남쪽 교외의 [천단을] 참배하고 이른 아침에 성으로 돌아와 단봉루(丹鳳樓)에 행차했다. 연호를 개성 6년에서 회창(會昌) 원년으로 바꾸었다.

천자께서는 좌·우가(左右街)의 일곱 절에서 속인들을 위한 강의를 시작하라는 칙령을 내렸다. 좌가(左街)에는 네 곳의 절이 있는데, 첫째로 자성사(資聖寺)에서는 운화사(雲花寺)의 사자대덕(賜紫大德)으로 하여금 『화엄경』을 강의하도록 하고, 둘째로 보수사(保壽寺)로 하여금 좌가의 승록(僧錄)[8]으로서 삼교(三敎)를 강론하는 사자인가대덕(賜紫引駕大德)인 체허법사(體虛法師)가 『법화경』을 강의하도록 하고, 셋째로 보리사(菩提寺)에서는 초복사(招福寺)의 내공봉으로서 삼교를 강론하는 대덕 제고법사(齋高法師)가 『열반경』을 강의하도록 하고, 넷째로 경공사(景公寺)에서는 광영법사(光影法師)로 하여금 강의하도록 했다.

우가(右街)에는 세 곳의 절이 있는데, 첫째로 회창사(會昌寺)에서는 내공봉으로서 삼교를 강론하는 사자인가기거대덕(賜紫引駕起居大德) 문서법사

---

[7] 장안성의 南郊에 天壇이 있었음.
[8] 僧錄 : 승려의 일을 기록하는 직명. 당나라 때인 서기 801년 端甫가 취임하여 左·右街의 일을 기록한 것이 시초이다.

(文漵法師)로 하여금 『법화경』을 강의하도록 했는데, 그는 이 성 안에서 속인을 위한 강의를 하는 데에는 첫째가는 인물이다. 둘째로 혜일사(惠日寺)와 숭복사(崇福寺)에서는 누가 강의를 하는지 알 수 없다.

또한 도교(道敎)를 강의하라는 칙령이 있었다. 따라서 좌가에서는 새로이 검남도(劍南道)로부터 태청궁(太淸宮)의 내공봉인 구령비(矩令費)를 불러 올려 현진관(玄眞觀)에서 『남화경』(南華經)[9] 등의 경전을 강의하고 있다. 우가의 다른 한 곳의 이름은 알 수 없다. 이 모든 것들은 천자의 명에 따른 강의로서 태화(太和) 9년[835년] 이래 폐강했던 것을 이제 다시 개강한 것이다. 이 강의는 정월 보름에 시작하여 2월 보름에 끝난다.

2월 8일

금강계의 만다라를 그리는 일을 끝마쳤다. 다시 칙령이 내려와 장경사(章敬寺)의 경상법사(鏡霜法師)로 하여금 여러 절을 찾아다니며 아미타정토(阿彌陀淨土)의 염불을 가르치도록 했는데, 23일부터 25일까지는 이 자성사에서 염불을 가르친다. 그는 또한 여러 절을 돌아다니며 각 절마다 사흘씩 머무는데, 다달이 하는 이 순례가 그치지 않았다. 또한 대장엄사(大莊嚴寺)에서는 석가모니의 불아(佛牙)[10]에 대한 공양이 있다.

3월[11] 8일부터 15일까지는 천복사(薦福寺)에서 불아에 대한 공양이 있다. 남전현(藍田縣)에서는 8일부터 15일까지 무애다반(無礙茶飯)[12]이 있어서 사방의 승려와 속인들이 모두 와서 먹는데 좌가의 승록인 체허(體虛)법사가 회주(會主)이다. 이때 여러 절이 초대를 받는데 온갖 진기한 공양을 차린다. 백 가지의 약식(藥食), 진기한 과일과 꽃 그리고 온갖 향을 엄숙히 갖추어 불아에 공양하는데, 그 차린 것이 공양루(供養樓)의 복도까지 차려져서 얼마나 되는지를 헤아릴 수 없다.

---

9) 『南華經』: 莊子의 저서인 『莊子』의 별명. '南華'는 南華眞人의 약칭으로서 당의 天寶 원년에 玄宗이 장자에게 추증한 호이다. 『南華眞經』.

10) 佛牙: 불신을 茶毘했을 때 전신이 모두 작은 舍利粒이 되었는데 오직 치아만이 損形되지 않고 잿더미 속에 있었다. 이것을 佛牙舍利라고 한다. 그때 捷疾鬼가 불아를 훔쳐갔던 것을 그 뒤 毘沙門天의 那吒太子가 종남산 道宣律師에게 주었다고 함.

11) 2월로 된 판본도 있다.(足立本) 다음에 이어지는 문장으로 볼 때 2월이 맞을 수도 있다.

12) 無礙茶飯: 승속을 가리지 않고 누구나 참가할 수 있는 재.

불아는 누각의 가운데에 안치되어 있는데, 성 안의 모든 대덕들이 누각에 올라 기뻐하며 찬양한다. 성안의 모든 사람들이 찾아와 예배하며 공양한다. 어떤 사람은 멥쌀 백 섬을 보시하고 어떤 사람은 조 20섬을 보시하고, 어떤 사람은 승속에 관계없이 누구나 먹을 수 있는 과자를 넉넉히 보시하고, 어떤 사람은 누구나 먹을 수 있는 음식을 마련하는 데 쓰도록 돈을 넉넉히 보시하고, 어떤 사람은 누구나 먹을 수 있도록 떡을 넉넉히 보시하고, 어떤 사람은 여러 절에 있는 대덕과 노승들을 위해 넉넉히 보시한다. 이와 같이 모든 사람들이 대장엄사의 불아회에서 발원의 보시를 하는데, 불아루(佛牙樓)를 향해 던져지는 엽전이 비 쏟아지듯 한다. 우리 구법승 일행은 10일에 그곳에 가 수희(隨喜)를 했다. 불아루에 올라 몸소 불아를 보면서 이마를 조아려 참배했다.

아울러 번경원(飜經院)에 들어가 의정(義淨)[13] 삼장의 초상을 보았다. 의정 삼장이 소나무 꼭대기를 어루만지고 있는 그림이 그려져 있었다. 거리 서쪽에 있는 흥복사(興福寺)에서도 역시 2월 8일부터 15일까지 불아를 위한 공양이 있다. 숭성사(崇聖寺)에서도 불아를 위한 공양이 있다. 성 안에는 모두 네 개의 불아가 있는데, 하나는 숭성사의 불아로서 나타태자(那吒太子)[14]가 하늘에서 가져와서 종남산의 [도]선율사(道宣律師)[15]에게 준 것이며, 두 번째는 장엄사의 불아인데 호법(護法)[16]인 가비라신(迦毗羅神)[17]이 넓적다리에 넣어 인도에서 가져온 것이며, 세 번째는 법계화상(法界和尚)[18]이 우진국(于闐國)[19]에서 가져온 것이며, 네 번째는 티베트에서 가져온 것이다. 이렇게 하여 불아들은 예로부터 전해지고 있으며 지금은 성안의 네 절이 공양

---

[13] 義淨(631~713년) : 당승. 法賢과 현장을 사모하여 바닷길로 인도로 건너가 那爛陀寺에서 20년간 불법을 공부하고 낙양에 돌아와 武后의 총애를 받으며 역경에 일생을 바쳤다.
[14] 那吒太子 : 毘沙門王의 다섯 태자 가운데 한 명으로서 불법을 護持하며 國界와 국왕을 수호하는 善神의 이름. 손에는 항상 金剛杖을 들고 악인의 무리를 찾아다닌다.
[15] 道宣(596~667년) : 당승. 南山律宗의 시조. 16세에 출가하여 智首律師에게서 비구계를 받고 律典을 배웠다. 624년에 종남산 倣掌谷에 들어 白泉寺를 짓고 계율을 엄하게 지키며 禪을 닦았으므로 南山律師라고 부른다. 현장이 귀국하여 弘福寺에서 역경 사업을 할 때 勘文家가 되어 많은 율부와 전기를 썼다.
[16] 護法 : 불법을 수호하는 일, 또는 그 神.
[17] 迦毘羅神 : 伽藍의 수호신으로서 당대에는 치병·복덕을 구하는 신으로 존숭을 받음.
[18] 法界 : 당승. 속명은 車奉朝. 서기 751년에 사신 張韜光을 따라 카쉬미르에 갔다가 그곳에서 병을 얻어 떨어졌다. 병을 고친 뒤 그곳에서 불법을 공부하고 인도·중앙아시아의 성지를 40년 동안 순례한 뒤 장안에 돌아와 章敬寺에 머물면서 역경에 종사했다.
[19] 于闐國 : 서역의 古王國으로서 지금의 신강성 위구르 자치구의 서부 지방.

하고 있다.

2월 13일

금강계 대법의 공부를 마쳤다. 금강계의 만다라에 공양했으며 다섯 병의 물을 머리에 부음으로써 전법(傳法)[20]으로서의 관정을 받았다. 밤이 되자 12천(十二天)[21]에 공양했다. 모든 일이 상서롭게 되어간다. 자은사(慈恩寺)의 탑에 올라갔다.

2월 15일

흥당사(興唐寺)가 나라를 위해 15일부터 4월 8일까지 관정도량을 열었다. 인연이 있는 사람들은 이곳에 와서 관정을 받았다.

3월 25일

숭성사를 찾아가 석가모니의 불아회에 참례했다. 많은 사람들의 말에 따르면, 종남산의 [도]선화상이 비사문천(毘沙門天)의 태자로부터 이 불아를 받았으며, 나타태자가 이것을 하늘로부터 가져와 그 화상에게 준 것을 지금 이 절에서 모시고 있다고 한다.

4월 1일

대흥선사의 번경원이 나라를 위해 관정도량을 열었는데, 이 모임은 이달 23일에 끝난다.

4월 4일

용흥사의 동탑원(東塔院)으로 가서 여러 가지 만다라를 자세히 살펴보았다.

---

20) 傳法 : 불법을 전달하는 일.
21) 十二天 : 인간을 수호하는 열두 신으로서, 동에 제석천, 동남에 火天, 남에 焰摩天, 서남에 羅刹天, 서에 水天, 북서에 風天, 북에 毘沙門天, 동북에 大自在天, 상에 梵天, 하에 地天·日天·月天.

4월 7일

대흥사로 가서 관정도량에 들어가 수희(隨喜)를 치른 다음 대성문수각(大聖文殊閣)에 올라가 보았다.

4월 9일

[조정에서] 개부[의동삼사](開府儀同三司)에 비석을 세우고 개부의의 공명과 덕정(德政)을 찬양했다. 이 비석은 대안국사(大安國寺)로부터 망선문(望仙門)으로 들어와 좌신책군(左神策軍) 안에 세워졌는데, 비석에는 '구공기공덕정지비'(仇公紀功德政之碑)라는 이름이 적혀 있다. 비석을 세울 때의 군마(軍馬)와 여러 가지 엄정한 준비에 관해서는 일일이 적을 수가 없다. 지금의 천자께서도 망선루(望仙樓)에서 지켜보았다.

4월 13일

화공인 왕혜(王惠)를 불러 태장계의 그림 값을 상의했다.

4월 15일

재를 마친 후 꿈속에서 이 절의 노승이 40필의 명주를 가지고 와서,
"그대를 잘 아는 어떤 시주가 태장계의 그림을 위해 이렇게 보시했다."
고 말했다. 잠에서 깨어보니 10여 명 남짓한 속인이 방 안에 있는데, 서로 수희를 나누며 하는 말이,
"스님께서는 일찍이 태장계의 만다라를 그리려 한다더군요. 그런데 우리는 돈이 많으나 그 재물들을 쓸 곳이 없는 사람들입니다."
했다. 또한 꿈속에서 한 승려가 편지를 가지고 와서,
"나는 오대산에서 왔는데 북대에 사는 두타가 편지를 주면서 일본의 화상들을 위문하라고 합니다."
하고 말했다. 편지를 열어보니 글머리에 '우리는 스님께 인사를 드린 적은 없으나, 일찍이 오대(五臺)에 계실 적에 한 번 본 적은 있다'고 적혀 있다. 구체적인 본문으로 들어가니 '흰 비단으로 만든 띠와 칼을 보내드립니다. 이들은 제가 오래도록 아끼던 물건이온데 이를 받아주시면 기쁘겠습니다.'
하고 적혀 있었다.

저녁나절에 박사(博士) 왕혜(王惠)가 왔기에 태장계의 그림 값을 결정했는데, 50관에 다섯 벌을 그리기로 했다.

4월 28일
태장계의 그림 그리는 일을 시작했다.

여름 날씨가 점차 뜨거워지는데 스님의 존체에 만복이 깃드시기를 엎드려 바라나이다. 저 엔닌은 오직 그림을 그리는 일에 구속됨을 면치 못하여 자주 나아가 뵙지 못했으니 마음 깊이 송구스럽게 생각합니다. 하루 이틀 뒤에 찾아뵙고 인사를 드리려 하옵니다. 그동안 스님에 대한 생각이 더욱 깊어질 것입니다. 삼가 제자승 이쇼를 보내어 문안드립니다. 아뢸 바를 다 아뢰지 못합니다. 삼가 글을 올립니다.

회창 원년 4월 일
일본국 구법 사문 엔닌 드림
청룡사 의진(義眞)화상 좌전(座前) 근공

비단 3필 동봉
위의 물품이 비록 보잘 것 없는 것이오나 삼가 귀하의 위명(偉名)에 보탬이 되기 바라며 드립니다. 저 엔닌은 귀하를 가까이서 모시게 되었사오나 가난한 탓으로 바칠 것이 없습니다. 위의 물품이 초라하오나 삼가 이로써 귀하에 대한 저의 깊은 뜻을 표시하고자 하오니, 그 부족함을 꾸짖지 마시고 거두어 주시기를 엎드려 바랍니다. 아뢸 바를 다 아뢰지 못합니다. 삼가 글을 올립니다.

회창 원년 4월 일
구법승 엔닌 드림
청룡사 의진화상 법전(法前)

흥선사에서 새로이 번역한 불경과 염송법(念誦法) 등의 필사를 4월 24일에 모두 마쳤다. [원정(元政)] 화상이 이렇게 말했다.
"나는 이제 금강계에 대하여 내가 아는 바를 모두 얘기했고, 또 그대는 법문(法門) 등을 모두 필사했습니다. 그러나 아직도 부족한 것이 있으면 다른 곳에서 찾아보시기 바랍니다."
전후 몇 차례에 걸쳐서 원정화상에게 금 25냥을 선물했다. 여기에 포함되지 않은 것 외에도 바친 것이 있다.

돈 10관문(貫文)을 동봉함.

위의 돈이 비록 적은 것이오나 삼가 저의 무거운 정성으로 바치오니 거두어 주시기를 엎드려 바랍니다. 저 엔닌은 불법을 얻기 위하여 먼 곳에서 왔는데 다행히도 스님을 만나 뵙고 태장대법(胎藏大法)을 배웠습니다. 엎드려 바라옵건대 자비를 베푸시어 특별한 가르침을 주십시오. 엎드려 바라옵건대 멀리 불법을 전하시고, 정이 있는 모든 것들을 이롭게 하십시오. 흠모하는 정성을 감당할 수 없기에 삼가 글을 올립니다. 삼가 아룁니다.

회창 원년 4월 28일
일본국 구법승 엔닌 올림
청룡사 의진화상 법전

4월 28일

태장계의 그림을 시작하다.

4월 30일

해질녘에 금강계 9폭의 만다라를 그리는 값에 관하여 상의를 했는데, 명주는 화폭 값을 제외하고 60문으로 합의를 보았다. 의진화상이 가르친 한 신도가 명주 46자를 주어 화폭으로 쓰도록 도와주었다.

5월 1일

의진화상에게 데이유만을 보내어 감사하다는 인사를 전했다.

어제 귀하신 뜻을 엎드려 받잡고, 모든 일이 이루어진다 하니 기쁘기 한량없습니다. 스님의 신도께서 비단 46자를 주시어 그림 값으로 충당토록 해주신 것에 대해서도 깊은 감사를 드립니다. 자비로운 인연이 특히 깊으니 이 사람 엔닌으로서는 감사함을 이길 수가 없습니다. 밤이면 여름철의 더위가 심한데 화상의 존체에 만복이 깃드시길 빕니다. 저는 그러한 자비를 입었음에도 불구하고 잡다한 일 때문에 직접 찾아뵙고 감사를 드리지 못했으니 송구스러움이 더욱 깊습니다. 며칠 내로 특별히 원으로 찾아가 얼굴을 뵈오면서 감사드리고자 합니다. 그동안 스님께 대한 감사의 정은 더욱 깊어질 것이오며 송구하고 기쁜 마음은 감당할 길이 없습니다. 삼가 데이유만을 보내어 엎드려 글을 올립니다. 아뢸 바를 다 아뢰지 못합니다. 삼가 올립니다.

회창 원년 5월 1일
구법승 엔닌 올림

청룡사 의진화상 법전 근공

5월 1일[22]

천자의 명에 따라 강의를 시작했다. 양가(兩街)의 열 개 절에서 불교 강의를 시작했고, 두 개의 관[兩觀][23]에서 도교(道敎)의 강의를 시작했다. 이 절의 내공봉으로 불법을 강론하는 대덕 사표법사(嗣標法師)는 이 절에서 『금강경』[24]을 강의하며 청룡사의 원경법사(圓鏡法師)는 보리사(菩提寺)에서 『열반경』을 강의한다. 그 밖의 일들은 일일이 적을 수가 없다.

5월 3일

금강계의 아홉 가지 만다라 다섯 부를 그리기 시작했다. 그림을 그릴 명주 이외에 6천 문을 그림 값으로 지불했다. 오늘 청룡사에서 공양을 했으며, 천자의 명으로 세운 본명(本命) 관정도량에서 관정을 받고 꽃을 드렸다. 태장계의 『비로자나경(毘盧遮那經)대법』[25]과 『소실지(蘇悉地)대법』[26]의 공부를 시작했다.

5월 14일

잘 익은 오이를 먹었다.

6월 11일

오늘은 지금의 천자[武宗]께서 태어나신 날이어서 대궐 안에 재를 마련했다. 공양을 받은 양가(兩街)의 대덕과 도사들이 모여 불경을 논의했다. 네 사

---

22) 1일자 일기가 중복되어 있음. 2일이 아닌가 여겨짐.
23) 兩觀: 玄都觀과 唐昌觀을 의미함.
24) 『금강경』: 『金剛般若波羅蜜經』의 줄임말. 석존이 舍衛國에서 수보리 등을 위하여 설법한 내용을 엮은 경전. 처음에는 경계가 空함을 밝히고, 다음에는 慧가 空함을 보이고, 뒤에는 菩薩空을 밝힘. 이 經은 空慧로써 體를 삼아 一切法無我의 이치를 말한 것을 요지로 한다. 특히 선종에서 중요하게 여김.
25) 『毘盧遮那經』: 『大盧遮那成佛神變加持經』의 약칭으로 『大日經』이 라고도 함. 전7권으로 당승 善無畏가 번역함. 태장계 秘密部의 本經으로서 대일여래가 성불하여 불가사의한 加持力으로 內證法의 경전을 설한 것임.
26) 『蘇悉地大法』: 밀교의 삼부대법의 하나. 당승 輸婆迦羅가 번역한 『蘇悉地羯羅經』에서 설하는 修法으로서 태장계와 금강계를 합일한 것임.

람이 모여 논의를 했는데, 두 명의 도사는 자의(紫衣)를 하사받았지만 불가의 대덕들은 모두 받지 못했다.

남인도에서 온 삼장 보월(寶月)은 대궐로 들어가 천자를 뵙고 품속에서 글[表]을 꺼내어 본국으로 돌아가기를 청했다. 그는 먼저 개부의와 상의하지도 않고 일을 급히 서둘렀기 때문에 닷새 동안 군문(軍門)에 갇히었다. 그가 관권(官權)을 무시하는 죄를 저질렀기 때문에 그의 제자 3명은 각기 7대의 곤장을 맞았고, 그의 통역은 10대의 곤장을 맞았다. 그러나 그 삼장은 곤장을 맞지도 않았고 귀국을 허락받지도 못했다.

8월 7일

본국으로 돌아가기 위해 글을 써서 관리에게 주었다.

> 자[성]사의 구법승 엔닌과 그의 제자 이쇼 · 이교 및 행자 데이유만이 올리는 글
> 위의 엔닌 등은 지난해 8월 23일, 오대산으로부터 이 성에 들어와 개부의[동삼사]의 어지신 처분을 받아 자성사에 머물러 있던 차에 이제 본국으로 돌아가고자 하나 감히 뜻대로 돌아갈 수가 없습니다. 삼가 이와 같이 글을 갖추어 올리면서 처분이 있으시길 엎드려 기다립니다. 글은 위와 같습니다. 삼가 올립니다.
> 회창 원년 8월 일
> 일본국 구법승 엔닌 올림

9월 1일

천자께서 양가에 있는 여러 절에게 속강(俗講)을 열도록 명령했다.

9월 7일

일본의 승려 에가쿠(惠萼)[27]와 그의 제자 세 명이 오대산으로 들어왔다는 소식을 들었다. 그 스님은 시방(十方)[28]의 승려들을 공양하기 위하여 본국으로 돌아갈 수 있게 해달라고 발원했다. 그러나 제자승 두 명은 오대산에 남

---

27) 惠萼 : 承和(834~?) 초기에 사가(嵯峨)천황의 황후인 단링(檀林)의 명을 받아 당나라로 건너갔다가 義空禪師의 청으로 돌아왔다. 唐衡 연간(서기854~856년)에 다시 당으로 들어가 寧波府 故昌縣의 補陀落寺를 창건했다.
28) 十方 : 四方 · 四隅와 상하를 합친 것.

겨 두었다.

9월 23일
하루 낮, 하룻 밤 동안 큰 눈이 내려 나무들이 부러졌다.

11월 1일
오늘은 동지이다. 혜성이 나타나더니 며칠이 지나자 점점 더 커졌다. 관청에서는 여러 절로 하여금 불경을 외우도록 부탁했다.

12월 3일
서원(西院)으로 옮겼다.

12월 4일
달과 태백성(太白星)[29]이 서로 가까이 한 곳에 모여 운행했다.

12월 8일
오늘은 나라의 제삿날이다.[30] 이 절에도 관청이 재를 마련했다. 성 안의 여러 절에서 목욕을 했다. 혜성이 점차 사라졌다.

29) 太白星 : 금성을 가리킨다. 원문의 大伯星은 오기.
30) 敬宗(재위 825~826년)의 忌日.

입당구법순례행기

서기 842년

[당 회창(會昌) 2년, 신라 문성왕(文聖王) 4년, 일본 조와(承和) 9년, 임술(壬戌)]

정월 1일
집집마다 대나무 기둥을 세우고 그 위에 깃발을 달고 새해를 맞아 장수하기를 기원한다. 여러 절에서 속강(俗講)을 시작했다.

2월 1일
칙령으로 구(仇) 개부의(開府儀)[1]를 관군용사(觀軍容使)로 임명하여 전국의 군사(軍事)를 맡게 했다.

2월 17일
오늘은 한식이다. 오늘을 전후하여 하루씩 모두 사흘 동안 쉬면서 조상의 묘를 찾아뵌다.

2월 19일
오늘은 청명이다.

2월 29일
현법사(玄法寺)의 법전(法全) 아사리(阿闍梨)의 도량에서 태장계 대법의 공부를 시작했다. 또한 대안국사(大安國寺)의 원간(元簡) 아사리의 도량에서 범어[悉曇]를 다시 한 번 살펴보았다.

3월 3일
이[덕유](李德裕) 재상이 비구승과 비구니에 관한 조규(條規)를 천자께 상주(上奏)하니 이에 따라 보외승(保外僧)[2]과 무명승(無名僧)[3]을 쫓아내며, 그들은 동자를 사미로 둘 수도 없다는 칙령이 내렸다.

---

1) 仇士良을 가리키는 것으로 보임.
2) 保外僧 : 唐代에는 保外僧과 保內僧이 있었는데 외국인은 保外僧이다.
3) 無名僧 : 승적에 오르지 않은 승려.

3월 8일

천복사에서 불아에 대한 공양이 있기에 그곳을 방문하여 수희(隨喜)를 나누었다. 거리 서쪽의 흥복사(興福寺)에서 불아 집회를 열었다. 공덕순원(功德 巡院)에서 홍선사·청룡사·자성사 등 절에 다음과 같은 공문을 발송했다.

　　외국승 삼장 등에 관한 건 :
　　위의 사람들은 [관]군용[사](觀軍容使)의 처분을 받았다. 위의 외국 승려들은 모두 이곳에서 신변의 보장을 원하므로 출국을 당하지 않는다. 이 사실을 모름지기 그들에게 알리고 각 절은 이 처분을 준수하여 알려야 한다. 문서에 의거하여 이 공문을 돌린다.

　　　　　　　　　　　　　　　　　회창 2년 3월 5일 작성
　　　　　　　　　　　　　　　　　압아지순(押衙知巡) 하공정(何公貞)

3월 11일

흥복사를 방문하고 불아에 참례했다. 그곳에서 자다.

3월 12일

오대산에서 공양을 얻으러 온 의원(義圓)이 산으로 돌아간다기에 150명의 승려를 공양할 수 있는 돈을 그의 편에 보냈다.

　　일본국 구법승 엔닌과 제자승 이쇼·이교 및 데이유만은 존경하는 마음으로 청량산에 150명의 스님들을 위한 공양을 보내드립니다. 저희들이 공양을 마련한 뜻은 끝내 불법을 얻고 무사히 바다를 건너 본국에 도착해서 널리 중생에게 이로움을 베풀고 영겁토록 환생하여 대성이신 문수보살의 권속(眷屬)이 되어 천하를 이익되게 하려 함입니다. 부처님의 세계에 살고 있는 모든 생명들이 함께 이복을 누리시기 바라오며 삼가 글을 올립니다.

　　　　　　　　　　　　　　　　　회창 2년 3월 12일
　　　　　　　　　　　　　　　　　일본국 구법승 엔닌 등 삼가 드림

회골(廻鶻)[4]이 쳐들어와 지금 진부(奏府)에까지 이르렀다. 나라에서는 여

---

4) 廻鶻: 위구르族을 의미함. 몽고고원에서 발원하여 중앙아시아로 옮겨간 투르크계의 민족. 안 록산의 난을 진압하는 데 공을 세우고 득세하다가 서기 840년에 멸망한 후 재기하였으나, 서기 1209년 징기스칸에 의해 복속됨.

섯 절도부의 병마를 뽑아 회골의 국경에 파견했다. 도성 안에는 수백 명의 회골인이 있는데 칙령으로 모두 처단되었으며, 다른 주(州)·부(府)에 있는 사람들도 그와 같이 처단되었다.

　　공덕순원(功德巡院)이 자성사에 보내는 공문
　일본국 승려 엔닌과 그의 제자 이쇼·이교 그리고 데이유만 등은 공덕사(功德使)로부터 공문을 받았는데, 그 내용은, 나라로부터 보호받지 못하는 객승들은 절에서 나가야 한다는 것이었다. 그러나 엔닌의 무리들은 감히 스스로의 뜻에 따라 떠날 수 없으며, 군용(軍容)의 처분을 받을 경우에는 떠나지 않을 수도 있다. 위의 법도에 따라서 취하가 그들을 보호해야 한다. 나는 문서에 따라서 이 공문을 돌린다. 우리는 공덕사의 공문에 적힌 처분에 따라서 이를 각 절에 알리는 바이다.
　　　　　　　　　　　　　　　　　　　　　　회창 2년 3월 10일
　　　　　　　　　　　　　　　　　　　　　　압아 지순 하공정

4월 □일

들자니 회골족의 병마가 진부성을 함락하자 절도사는 도망쳤으며, 새로이 임명된 절도사는 부임 중에 감히 입성을 못했다고 한다. 현법사(玄法寺)의 좌주인 법전(法全)은 삼부대법(三部大法)[5]을 이해하는 사람인데 우리들에게 『태장대궤의』(胎藏大軌儀)[6] 3권과 아울러 『별존법』(別尊法)[7] 3권, 그리고 태장수계(胎藏手契)[8]를 가르쳐 줌으로써 멀리 있는 나라에까지 이들을 널리 베풀어 주었다. 나는 다음과 같은 감사의 편지를 보냈다.

　가까이 모시면서 자주 문안을 드려야 하겠으나 하계(夏契)[9]조차 있기 어려운 때, 좌주의 존체가 평안하시기를 엎드려 빕니다. 저 엔닌은 은혜를 입었으면서도 사소한 일들로 인하여 직접 찾아뵙지 못했으니 엎드려 깊이 사과를 드립니

5) 三部大法 : 금강계·태장계·蘇悉知 등 삼부의 밀교대법.
6) 『胎藏大軌儀』: 『胎藏·四部儀軌』의 2권을 의미함. 비밀계 大日經 諸品의 뜻을 略攝하여 태장계의 공양법과 諸尊의 印明을 밝히는 軌範과 儀則.
7) 『別尊法』: 별도로 一尊을 請하여 수행하는 법을 쓴 책.
8) 胎藏手契 : 태장계에서의 結印을 의미함. 결인이라 함은 秘印·契印·印契라고도 하는데 두 손의 열 손가락을 펴거나 구부려서 法德의 표시인 印을 맺는 것. 밀교에서는 그 법을 심히 중히 여겨 반드시 스승에게 친히 배우고 남에게 보이지 않음.
9) 夏契 : 여름철의 모임.

다. 좌주께서는 자비를 내리시어 법문(法門) 6권[10]을 가르쳐주시어 이를 널리 행하게 하셨으니 감사하고 송구한 마음을 이길 길이 없습니다. 이들을 널리 전함으로써 법은(法恩)에 보답하겠습니다. 다만 파주께 아직도 공양 한 번 드리지도 못했으니 송구스럽기 한량없습니다. 하루 이틀 안에 원(院)을 찾아뵙고 곧 몸소 사례를 드리겠습니다마는, 그동안 파주께 대한 생각은 더욱 깊어질 것입니다. 삼가 저의 제자를 보내어 글을 올립니다. 이만 줄입니다. 삼가 아룁니다.

4월 일
일본국 구법 사문 엔닌 드림
법전 좌주 근공

4월 23일

천자께서 어루(御樓)에 오르사 존호(尊號)[11]를 받는데, 여러 군대의 병마들이 어루 앞에 도열하고 많은 관리와 승려, 도사의 반열(班列)들, 그리고 재상이 존호를 올렸다.

5월 □일

천자의 명을 받들어 속강을 시작했는데, 좌가와 우가의 각기 다섯 군데 [절]에서 개최되었다.

5월 25일

엔사이(圓載) [스님]의 유학겸종승(留學傔從僧)인 닌사이(仁濟)가 찾아와서 엔사이 상인이 회창 원년[841년] 12월 18일자로 보낼 편지를 전해주었는데, 그 내용은 다음과 같다.

당나라에 들어왔던 일본의 대사 상공[12]께서 본국의 경성(京城)에 도착한 후 세상을 떠났으며, 판관인 나가미네노 스쿠네(長岑宿禰)는 이예개(伊豫介)가 되고, 녹사는 좌소사(左少史)가 되고, 녹사 다카오카(高丘)는 대재부(大宰府)의 전(典)이 되었습니다. 준나(淳和) 황제[13]께서는 지난해 7월에 붕어하셨습니다. 두

---

10) 앞에 나오는 『胎藏大軌儀』 3권과 『別尊法』 3권의 내용을 가리키는 것으로 보임.
11) 尊號 : 왕이나 왕비의 德을 칭송하여 올리는 칭호로서 武宗은 '仁聖文武至神大孝皇帝' 라는 칭호를 받았다.
12) 藤原常調를 가리킴. 838년 10월 4일자 일기 참조.
13) 淳和皇帝 : 일본 53대 천황(786~840년). 재위 823~833년.

번째 배는 나인국(裸人國)에 표착하여 배는 파선되고 사람과 물건이 모두 손실을 입었습니다. 그 가운데 30명만이 목숨을 부지하여 부서진 큰 배로 작은 배를 만들어 일본으로 돌아왔습니다.

또한 초주에 있는 신라의 통역인인 유신언(劉愼言)이 금년 2월 1일자로 닌사이 편에 편지를 보냈는데, 그 내용은 다음과 같다.

> 일본의 조공사를 운송했던 키잡이와 뱃사람들은 지난해 가을에 그들의 나라로 돌아갔으며,[14] 겐사이(玄濟) 도리는 편지와 사금(砂金) 24 작은 냥을 가지고 유신언의 집에 머무르고 있습니다. 에가쿠(惠蕚) 화상은 배를 타고 초주로 가서 이미 오대산을 순례하고 이번 봄에는 고향으로 돌아가려고 합니다. 유신언은 이미 사람과 배를 마련해 두었습니다.

에가쿠 화상은 지난 가을부터 천태산에서 머무르고 있다. 겨울에 그로부터 편지를 받았는데, 이인덕사랑(李隣德四郎)의 배를 타고 명주(明州)를 거쳐 귀국하고자 한다는 내용이었다. 에가쿠의 말에 따르면 값이 나갈 물건이나 의복 그리고 제자들이 모두 초주에 있고 또 사람과 배가 준비되어 있으니 유신언에게 부탁하여 이들을 [일본으로] 보내려 한다는 것이었다. 엔사이 상인의 편지는 다음과 같이 계속된다.

> 겐사이 스님은 금 24 작은 냥과 여러 사람으로부터 받은 편지를 당나라로 돌아가는 도십이랑(陶十二郎)[15]에게 부탁했는데, 이것들은 현재 유신언의 집에 보관되어 있습니다.

5월 25일[16]
공덕사에서 외국인 승려의 예업(藝業)을 조사하는 공문이 왔는데, 그 내용은 다음과 같다.

14) 여기에서 키잡이와 및 사람들은 신라인을 의미하며, '그들의 나라'로 돌아갔다는 것은 생업인 唐을 뜻하는 것으로 보임.
15) 陶十二郎 : 원문에는 陶十二部로 되어 있음.
16) 5월 25일자가 중복되어 있음.

공덕순원이 양화단(揚化團)[17]에 보내는 공문
양화단에 소속되어 있는 외국 승려들은 마땅히 어느 나라에서 왔으며, 이 도시에 도착한 시기는 언제이며, 어느 절에 머물고 있으며, 나이는 몇 살이며, 무슨 공부를 하고 있으며, 이름은 무엇인가 등을 자세히 적어 보고하라는 공덕사의 공문이 있었습니다. 이 사실을 양화단에 알리니 신속히 공문을 보내주되, 늦거나 틀림이 없기를 바랍니다. 공문에 따라서 양화단에 이를 알리는 바입니다.
회창 2년 5월 25일
압아지순 하공정

자성사의 일본국 승려 엔닌은 나이가 50세로서 『법화경』을 공부하고 있으며, 그의 제자승 이쇼는 30세이고 이교는 31세로서 모두가 『법화경』을 공부하고 있습니다. 그들이 어느 나라에서 왔으며, 언제 이 도시에 도착했으며, 어느 절에 묵고 있으며, 나이는 몇 살이며, 무슨 공부를 하고 있었는지에 관해서 말씀드리자면, 저 엔닌 등은 낙질(落帙)된 불경을 베껴 일본에 가져가기 위해서 지난 개성 3년[서기838년] 7월에 일본의 조공사를 따라 양주에 도착했습니다. 저희들은 지난 개성 5년[840년] 8월 23일에 장안에 도착하여 공덕사의 공문을 받고 자성사에 잠시 머물면서 불법의 강의를 듣고 있습니다. 삼가 위와 같이 문서를 갖추어 올립니다. 공문의 내용은 위와 같습니다. 삼가 알립니다.
회창 2년 5월 26일
일본국 승려 엔닌 삼가 올림

5월 16일부터 청룡사의 인도 삼장인 보월(寶月)의 처소에서 범어를 다시 공부하면서 그의 입을 통하여 올바른 발음을 배우다.

5월 29일

칙령으로써 대궐에서는 큰스님들을 공양하는 일을 금지시켰는데, 그 수효는 좌가와 우가에 각기 20명이었다.

6월 11일

오늘은 천자[18]께서 태어나신 날[德陽日]이다. 대궐 안에서 탄신을 축하하

17) 揚化團 : 뒤(843년 5월 25일자 일기)에 보이는 菩提團과 마찬가지로 불승들의 집단으로서 공덕사의 지배를 받던 사원 조직임.
18) 본문에는 '속上'의 '속'이 누락되어 있음.

는 재를 내렸다. 좌가와 우가에서 불교의 대적과 도교의 도사들이 천자 앞에서 논쟁을 벌였다. 도사 두 명은 자색(紫色) 옷을 받았지만 승려들은 그것을 받지 못했다.

7월 21일
유학승 엔사이의 겸인(傔人)인 닌사이(仁濟)가 천태산으로 돌아갔다. 나는 이쇼로 하여금 초주까지 그를 따라가서 일본에서 오는 편지를 받아오도록 했다.

8월 16일
밤에 월식(月蝕)이 있었다.

10월 13일
이쇼가 초주로부터 장안으로 돌아왔다. 그에게서 본국(本國)[19]으로부터 온 편지 두 통을 받는데, 하나는 수료곤년(首楞嚴院)[20]에서 온 것이고, 다른 하나는 고(高) 상인에게서 온 것이다. 칼 네 자루도 가져왔다. 도중(陶中)에게 맡긴 금 24 작은 냥은 초주의 통역인 유신언이 이미 모두 써버렸기 때문에 이쇼는 아무것도 받지 못하고 빈손으로 왔다. 유신언이 전하는 바에 따르면 엔사이 사리의 지시에 따라서 이미 모두 써버렸다는 것이다. 편지의 봉함은 이미 뜯어져 있었다.

10월 9일[21]
다음과 같은 칙령이 있었다.

> 전국에서 소련(燒練)[22] · 주술 · 금기를 아는 사람, 군대에서 탈영하고 절로 숨어든 사람, 몸에 몽둥이로 맞은 흔적이나 조문(鳥文)[23]이 있는 사람, 여러 가지 기능을 가진 사람, 일찍이 음행(淫行)을 저지른 사람, 아내를 거느린 사람,

19) 본문에는 大國으로 되어 있음.
20) 首楞嚴院 : 天長 6년(829년)에 엔닌이 延曆寺의 분원으로 叡山橫川에 건립한 僧院.
21) 9일자가 13일 뒤에 나온 것으로 보아 누락된 것을 追記한 것으로 보임.
22) 燒練 : 冶金術.
23) 鳥文 : 범죄인에게 먹물로 새긴 文身.

계율을 지키지 않은 비구승과 비구니들은 모두 환속한다. 만약 비구승이나 비구니가 돈이나, 곡식이나, 토지나, 장원을 가지고 있다면 이들은 정부에 의해 몰수된다. 만약 비구승이나 비구니가 재산을 잃는 것이 아까워서 그것을 잃지 않기 위해 환속하기를 바란다면 그 역시 그들의 뜻에 따라 환속하되 두 배의 세금과 부역에 처한다.

칙령의 내용은 별도로 적어두었다. 성 안의 좌·우가의 공덕사가 각 절에 공문을 보내어 비구승과 비구니들이 빠져나가지 못하게 절의 문을 오래 잠가두도록 했다.

승려 현현(眩玄)이 천자께 글을 올리었는데, 자기가 검륜(劍輪)[24]을 지어 군대를 이끌고 회골국을 타도하겠다는 내용이었다. 천자께서 칙령을 내려 그 승려로 하여금 검륜을 지어보라고 했지만 그가 성공하지 못했다. 왜냐하면 이러한 방법을 쓰는 것은 법규상의 문제를 야기한다는 재상(宰相) 이신(李紳)[25]의 상주가 있었기 때문이었다. 결국 그 승려 현현은 천자에게 거짓말을 했다는 죄를 짓고 칙령에 따라 처형되었다.

좌·우공덕사는 각 절에 공문을 보내어 비구승과 비구니들의 재산을 조사하고 칙령에 따라 그들을 규제하도록 했는데, 이는 전국적으로 똑같이 실시되었다. 여러 주와 부, 그리고 중서문하(中書門下)[26]가 공문대로 시행했으나, 장안의 구[사량]군용(仇軍容)이 칙령을 거역하고 법규를 따르려 하지 않았다. 천자께서 이를 허락하지 않고 다만 1백 일 동안 머무르겠다는 요청을 허락했기 때문에 각 절에서는 비구승과 비구니들이 절을 떠나지 못하도록 하라는 공문을 보냈다.

좌가공덕사의 상주(上奏)에 따르면, 칙령에 따라 비구승과 비구니들에게 법규를 적용했더니, 나이가 많아 늙고 쇠약한 사람과 계율을 정확히 지키는 사람을 제외한다면, 재산이 아까워 스스로 환속한 비구승과 비구니는 모두 1,232명이었다. 또한 우가공덕사의 상주에 따르면 칙령에 따라서 비구니에

24) 劍輪[法]: 악마에게 항복받기 위하여 도검을 사용하는 법으로서, 秘印과 秘呪로써 행하는 修法.
25) 李紳 : 字는 公垂. 進士試에 합격하여 한림학사로 있으면서 李德裕·元稹과 더불어 당대의 三俊으로 꼽혔다. 강서관찰사·호부시랑·문하시랑을 거쳐 죽으니 文肅公의 시호를 내렸다.
26) 中書門下 : 政事堂. 唐에서 시작함.

게 법규를 적용했더니, 나이가 많아 늙고 쇠약한 사람과 계율을 정확히 지키는 사람을 제외한다면, 재산이 아까워 스스로 환속한 비구승과 비구니의 수는 2,259명이었다. 칙령을 받고 좌·우공덕사가 다음과 같이 상주했다.

지난해 10월 7일과 16일자의 칙령에 따라서 비구승과 비구니들을 환속시켰으며, 마땅히 재산이 아까워 환속하기를 바라는 사람들도 각기 고향으로 보내어 두 배의 세금을 물렸습니다. 앞으로 각 도에서 이와 같은 사례가 있을 경우에는 모두 이와 같이 처리될 것입니다. 그들이 소유하고 있는 노비에 관해서는 비구승일 경우 한 명의 노비를 남겨 두었고, 비구니일 경우에는 두 명의 계집종을 남겨 두었으며, 그 밖에 나머지 노비들은 그들의 본가에 맡겨 관리하도록 했습니다. 돌아갈 곳이 없는 노비는 관가에서 매매했습니다.

그리고 비구승과 비구니가 가지고 있던 옷과 발우 이외의 재산은 모아서 칙령에 따라 처분하도록 기다리고 있습니다. 그들이 소유하고 있던 노비가 무예를 갖추고 있거나 의술을 알거나 그 밖의 어떤 기술이 있을 경우에는 그들은 노비로 남지도 않을 것이며, 머리를 깎고 사사롭게 승려가 되는 일도 없을 것입니다. 만약 이와 같은 규범을 어기는 경우가 있다면 강유(綱維)와 지사(知事)는 이를 기록하여 관가에 보고할 것입니다. 그 밖의 재산이나 값나갈 물건들은 각기 공덕사가 정하는 법규대로 따를 것을 아뢰는 바입니다.

입당구법순례행기

서기 843년

[당 회창(會昌) 3년, 신라 문성왕(文聖王) 5년, 일본 조와(承和) 10년, 계해(癸亥)]

정월 17일

공덕사(功德使)가 각 절에 공문을 보내어 법규에 해당하는 비구승과 비구니들을 모두 환속하게 했다. 이 자성사(資聖寺)에는 그에 해당하는 승려가 37명이다.

정월 18일

이른 아침에 환속 절차를 마쳤다. 좌가(左街)에서 환속한 승려는 모두 1,232명이고, 우가(右街)에서 환속한 승려는 모두 2,259명이다.

정월 21일

군용[仇士良]에게서 공문이 왔는데, 좌·우가의 각 절에 있는 외국인 승려들을 소집하는 내용이었다.

정월 28일

이른 아침에 군부대로 들어갔다. 청룡사(靑龍寺)에는 남인도의 삼장인 보월(寶月) 등 5명이 있고, 홍선사(興善寺)에는 북인도의 삼장인 난타(難陀) 1명이 있고, 자은사(慈恩寺)에는 사자국(師子國)[1]의 승려 1명이 있고, 자성사에는 일본에서 온 승려 3명이 있고, 여러 절에 신라의 승려들이 있고, 그 밖에 구자국(龜玆國)[2]의 승려 등 그 이름을 모두 기억할 수가 없다. 외국인 승려는 모두 21명으로서 좌신책군(左神策軍)의 군용(軍容)의 관아에 모여 차를 마신 후 군용을 만났다. 군용은 몸소 우리를 위로해 주었다. 그날로 각기 자기의 절로 돌아갔다.

정월 29일

1) 師子國 : 실론(오늘날의 Sri Lanka)을 가리킴.
2) 龜玆國 : 중국 甘肅省의 서쪽, 新疆省의 북쪽(타림분지의 북부 지방)에 있던 나라. 지금의 庫車.

초주에서 신라의 여행자가 왔는데, 그 인편에 초주의 통역인 유신언(劉愼言)으로부터 편지 한 통을 받았고, 준쇼(順昌) 아사리(阿闍梨)에게서 편지 한 통을 받았다.

2월 1일
공덕사로부터 공문이 왔는데 중이나 비구승이나 환속한 사람은 잠시도 절에 들르거나 머무를 수 없다는 내용이었다. 또한 외국의 승려는 장안에 머물 수도 없고 군진(軍鎭)에 들어갈 수도 없다는 내용도 들어 있었다.

2월 25일
화번공주(和蕃公主)[3]가 장안으로 돌아왔다. 백관(百官)과 3천 명의 병마가 성 밖으로 나가 통화문(通化門)으로 맞아들여 대궐로 들어가 천자를 뵈었다. 천자께서는 그가 남내원(南內院)에 거처하도록 했다. 이는 대화공주(大和公主)이다. 대화천자는 회골국과 강화를 맺기 위해 공주를 회골의 왕에게 시집보냈는데, 이제 그 국왕인 법(法)이 무너지고 병란이 일어나자, 공주는 본국으로 도망쳐 온 것이다. 공주를 수행해서 온 회골인들은 누구도 성 안에 들어올 수 없었다. 회골의 왕자가 공주를 따라왔지만, 공주는 오던 길에 그를 죽였다.

4월 중순(中旬)
칙령으로써 전국의 마니교(摩尼敎)[4] 신도를 죽이게 했다. 그들의 머리를 잡고 가사를 입힌 다음 사문(沙門)처럼 모양을 꾸며 죽였다. 마니교는 회골족이 깊이 믿는 종교이다.

5월 25일
공덕사가 공문을 보내어 각 절에 있는 외국인 승려들이 온 이유를 조사했다.

3) 和蕃公主 : 당 憲宗의 딸이며 武宗의 숙모인 大和公主를 의미함. 회골족에게 시집갔다가 회골의 멸망과 함께 돌아옴. 화번공주라 함은 변방 부족을 회유하기 위해 정략 결혼을 한 공주를 통칭함.
4) 摩尼敎 : 서기 216년 바빌로니아에서 태어난 摩尼를 교조로 하는 종교로서 서기 694년에 중국에 전래되어 12세기까지 유행했다. 拜火敎 · 기독교 · 불교의 혼합 종교.

공덕순원이 보리단(菩提團)5)에게 보내는 공문

각 절에 머무르고 있는 외국인 승려들에 관하여 공덕사는 그들이 어느 나라에서 왔으며, 언제 장안에 도착하여, 어느 절에 머무르고 있으며, 나이는 몇 살이며, 어떤 공부를 하고 있는지를 조사하라는 공문을 보냈습니다. 따라서 각자는 그들의 이름을 적어 자세히 보고해야 하며 지체나 어김이 있어서는 안 됩니다. 이 일은 모름지기 보리단에 알려야 하며, 조속히 문서를 갖추어 경과를 자세히 보고하기 바라며 문빙(文憑)을 가지고 올 사람을 기다리겠습니다. 공문에 따라서 이 글을 보리단에 보냅니다.

5월 25일
압아지순 대리 하[공정]

일본국 구법승 엔닌은 51세로서 『법화경』을 공부하고 있고, 제자승 이쇼는 31세이고, 이교는 32세로서 모두 『법화경』을 공부하고 있습니다. 위 엔닌의 무리들은 불법을 배우기 위해 조공사를 따라 바다를 건너왔습니다. 저희들은 지난 개성 5년[서기 840년] 8월 23일 공덕사의 처분을 받고 자성사에 임시로 머물고 있습니다. 삼가 위와 같이 기록합니다. 공문은 위와 같습니다. 삼가 아룁니다.

회창 3년 5월 26일
일본국 구법승 엔닌 올림
[한 벌을 필사하다. 켄인(兼胤)]

〈권3 끝〉

《권 4》

6월 3일

군용[仇士良]이 벼슬을 사직하고 고향으로 돌아갔다. 그는 지난날 대여섯 번이나 표(表)6)를 올려 고향으로 돌아가기를 청했으나, 천자께서 이를 허락하지 않다가 거듭 표를 올려 청하니, 5월에서야 천자께서 그를 놓아주었다. 그는 곧 가구를 옮기고 3일에야 군용직을 물러나 고향으로 돌아갔다. 천자께서는 새로이 중위(中尉)를 제수하여 내장관(內長官) 특진인 양흠의(楊欽義)를 좌신책호군중위(左神策護軍中尉) 겸 좌가(左街)공덕사로 임명하여 그

5) 불승의 집단. 서기 842년 5월 25일자 일기 註 16) 참조.
6) 表 : 신하로서 생각하는 바를 적어 제왕에게 올리는 글.

가 오늘 날짜로 부임했다.

6월 11일

오늘은 지금의 천자[武宗]의 생신이다. 대궐 안에 재를 마련하고 좌·우가(左右街)의 대덕과 도교의 도사들이 천자 앞에서 논쟁을 벌였다. [그 논쟁의 결과를 평가하여] 좌·우가에서 12명의 대덕이 파면되자, 공덕사는 공덕순원에 공문을 보내어 그 후임의 대덕을 뽑도록 했다. 좌·우가에서 각기 7명을 뽑아 지난날의 예에 따라 대궐로 들어갔다. 대덕과 도사들의 논쟁에서 도사 12명은 자색 옷을 받았으나 대덕들은 모두 그것을 받지 못했다.

또 천자의 생신 15일 이전에 대궐의 여러 관리들이 각 절을 방문하여 천자의 장수를 비는 재를 마련했다. 태자의 첨사(詹事)[7]인 위종경(韋宗卿)[8]은 『열반경소』(涅槃經疏) 20권을 지어 천자께 바쳤다. 천자는 이를 살펴본 뒤 모두 불태워버리고 중서문하(中書門下)에 칙령을 내려 그 집을 수색하여 초고(草稿)마저 태워버리도록 했다. 그 칙령은 다음과 같다.

천자가 지시하노니, 은청광록대부(銀青光祿大夫) 수태자첨사(守太子詹事) 상주국(上柱國) 화음현(花陰縣) 개국남(開國男) 식읍(食邑) 300호(戶)인 위종경은 반열에 있으면서 유업(儒業)을 지켰어야 합당했음에도 불구하고 사악한 이론에 빠졌으니, 이는 요망한 풍속을 부채질하는 것이다. 그가 이미 현혹의 문을 열고 삼분오전(三墳五典)[9]을 완전히 거스르고 잠영(簪纓)[10]의 몸으로서 퇴폐함이 어찌 이토록 깊을 수 있는가! 항차 성인의 말씀이 아니면 의당 배척하는 것이거늘, 오랑캐의 가르침이 어찌 가히 세상에 떠돌 수 있겠는가? 비록 [그의 잘못을] 감싸고자 할지라도 그것이 미풍(美風)을 해칠까 두렵도다. 마땅히 그를 좌관(左官)[11]시켜야 할 일이지만, 아직도 나에게는 너그러움이 남아 있는지라, 그를 성도(成都)의 부윤(府尹)으로 임명하여 말을 태워 내려 보내는 바이다.

태자첨사 [위]종경은 불교의 『열반경』 가운데 『삼덕』(三德)[12] 20권을 지어 천

7) 詹事 : 太子侍講院의 정삼품 칙임 벼슬.
8) 韋宗卿 : 元和 연간(서기 804~820년)에 시어사 戶部員外郎을 지내고, 益州 자사를 거쳐 태자궁에서 일했다. 저서로는 『隱山六峒記』가 있다.
9) 三墳五典 : 삼황오제가 지은 책들. 즉 성현의 말씀을 의미함.
10) 簪纓 : 비녀와 갓끈, 곧 높은 신분을 의미함.
11) 左官 : 左遷.
12) 『三德』: 智德(부처님의 지혜로써 일체의 것을 다 아시는 德)·斷德(부처님이 온갖 번뇌를

자께 바쳤고, 『대원이자경략』(大圓伊字鏡略) 20권을 천자께 바치었기에 이들을 자세히 살펴보았다. 석가모니는 본시 서역의 오랑캐로서 '태어나지 않음'(不生)의 이론을 가르치고 있고, 공자(孔子)는 중국의 성인으로서 인간에게 이익되는 바를 가르쳤다. 그러나 위종경은 유가(儒家)의 사림으로서 의관을 갖춘 신분에 능히 공자와 묵자(墨子)의 가르침을 펴지 않고, 오히려 부도(浮屠)[13]의 믿음에 빠져 오랑캐의 서적을 엮어 경망되이 천자께 올렸다.

항차 중국의 백성들은 오랫동안 이러한 풍속에 물들었으니, 진실로 그 모두가 미망(迷妄)에서 깨어나 질박(質朴)함에로 되돌아오게 하는 것이 옳은 일이다. 그러나 [위종경은] 요망한 것들을 모아 어리석은 백성들을 미혹하니 조경의 반열에 있는 몸으로서 어찌 부끄럽게 생각하지 않을 수 있겠는가? 그가 올린 불경은 이미 대궐 안에서 불태워버렸고, 중서문하로 하여금 그 초고를 찾아 불태워 버리게 함으로써 그것이 밖으로 전해지지 못하도록 했다.

회창 3년 6월 13일

6월 23일

구[사량]군용이 죽다. 천자께서 그에게 효의(孝衣)[14]를 내렸다.

6월 25일

구 군용의 공목관(孔目官)[15]인 정 중승(鄭中丞)[16]과 장 단공(張端公)[17]등 4명을 죽이고, 남녀 노비를 죽이고 집을 모두 파괴했다.

6월 27일

자정 무렵에 동시(東市)[18]에서 불이 나 동시의 조문(曹門) 서쪽 12행(行)[19]에 있는 4천여 호가 불탔으며, 관가와 사가의 재물과 금·은·비단·약 등

다 끊여 남김이 없는 德)·恩德(부처님이 중생을 구하려는 誓願으로 말미암아 중생을 구하여 해탈케 하는 德).
13) 浮屠 : 본시는 탑을 의미했으나 그 뒤 변하여 불자의 사리를 담았음. 여기에서는 불교를 상징적으로 표현함.
14) 孝衣 : 상주들이 입는 상복.
15) 孔目官 : 문서의 査證을 맡은 직명.
16) 中丞 : 당초에는 도서를 맡는 직책이었으나, 唐代에는 비서성을 고쳐 蘭台라 하고 어사대의 일(監察)을 맡는 사람을 중승이라 했다.
17) 端公 : 侍御史 張鍊을 의미함.
18) 東市 : 당시 장안의 상업 지구.
19) 行 : 동업자 점포의 집합 단지.

이 모두 불탔다.

6월 28일
자정 무렵에 대궐에 불이 나 신농사(神農寺)가 탔다.

6월 29일
장락문(長樂門) 밖에서 불이 나 풀밭을 태웠다. 지난날 칙령으로 대궐 안에서 불경을 불태우고 부처와 보살과 천왕상을 땅에 묻어버리도록 한 적이 있었는데, 그런 일이 있은 뒤 두 곳에서 불이 났고, 그 뒤 다시 동시에서 이틀 동안에 몇몇 곳에서 불이 났다.

> 일본국 승려 엔닌과 제자승 이쇼·이교 그리고 행자 데이유만 글
> 이들의 거처에는 이 네 사람 이외에 객승이나 사미나 속객(俗客)이 없습니다. 우리는 절로부터 공문을 받았습니다. 그 공문에 따르면, 공덕사로부터 공문을 받았는데 외국인 승려나 사미·속객 등이 절에 머물 수 없다는 내용과, 만약 앞으로 어떤 사람이 절에 타인을 숨겨두었다는 고발이 있을 경우에는 그 사정을 조사한 뒤에 무거운 죄를 내린다는 내용이었다고 합니다. 엎드려 처분이 있기 바랍니다. 보고하고자 하는 내용은 위와 같습니다. 삼가 알립니다.
> 회창 3년 7월 2일
> 일본국 승려 엔닌 올림

7월[20] 24일
제자승 이교(惟曉)가 지난해 12월 1일부터 병에 걸려 금년 7월까지 모두 8개월 동안 아프더니 회창 3년[일본력 承化 10년 서기 843년] 7월 24일 밤 11시경에 죽었다.

> 일본국 승려 엔닌의 제자승 이교에 관한 공문
> 위 제자 이교가 오랜 병을 앓다가 지난 밤 11시경에 세상을 떠났습니다. 삼가 글을 올려 보고하오며 엎드려 처분을 기다립니다. 위와 같이 아룁니다. 삼가 아룁니다.

20) 원문에는 '7월'의 표기가 없으나 전후 문맥으로 볼 때 이하는 7월중에 있었던 것으로 보임.

회창 3년 7월 25일
일본국 승려 엔닌 올림

일본국 승려 엔닌의 제자승 이교의 죽음에 관한 공문
위의 제자승 이교의 방에는 입던 옷가지 이외에 돈이나 옷감이나 곡식이 없습니다. 만약 이후에 어떤 사람이 위의 죽은 승려의 방에 돈 될 물건이 있다는 고발이 있다면 사주승(師主僧)인 엔닌과 동학승(同學僧)인 이쇼가 처벌을 받겠습니다. 삼가 이와 같이 글을 갖추어 아뢰오며 엎드려 처분을 기다립니다. 위와 같이 아룁니다.

회창 3년 7월 25일
일본국 승려 엔닌 올림

일본국 승려 엔닌의 제자인 이교의 죽음에 관한 공문
위 제자승 이교가 죽었으나 묘지(墓地)를 살 돈이 없습니다. 엎드려 바라옵건대 삼강(三綱) 화상께서 자비를 베푸시어 시체를 묻을 묘지를 마련해 주십시오. 삼가 위와 같이 글을 올리오며 엎드려 처분을 기다립니다. 위와 같이 아룁니다.

회창 3년 7월 25일
일본국 승려 엔닌 올림

강유(綱維)가 묘지 한 자락을 주다.

7월 27일

춘명문(春明門) 밖에 있는 진국사(鎭國寺) 동쪽, 자성사의 기와 굽는 가마의 북쪽 모퉁이에 이교를 장사지내다.

7월 29일

봉분을 만들다. 자성사 서원의 혜견(惠見) 스님과 [임]종신(林宗信) 스님이 전적으로 장례를 맡아주었다. 정토원(淨土院)의 회안(懷安) 스님이 장례를 위한 공양을 장만해 주었다. 장례를 맡아준 분은 사변(思辯)[21] 스님, 경중(敬中) 스님, 회약(懷約) 스님, 혜견 스님, [임]종신 스님이다. 이 절의 내봉공으로서 삼교(三敎)를 강론하는 대덕 지현(知玄) 법사께서는 자신의 학승인

21) 思辯 : 판본에 따라서는 思辨, 思誓 등으로 판독되어 있음.

가종(可從)을 보내어 장지까지 따라가도록 했다. 성 밖의 장지에까지 따라갔던 승려와 속인은 모두 여남은 명이었다. 무덤에서 매장하기 전에 나는 7명의 스님들에게 십념(十念)[22]을 빌게 했다.

8월 13일
귀국을 하기 위해 좌신책군의 압아인 이원좌(李元佐)에게 부탁했다. 그는 좌군 중위(左軍中尉)의 친사(親事)[23] 압아로서 불교를 믿는데 믿음이 깊다. 그는 본래 신라인이었다. 그의 집은 영창방(永昌坊)에 있는데, 북문으로 들어가 서쪽으로 돌아 첫 번째 모퉁이를 돌면 남쪽 담장 쪽에 있다. 이곳 호국사(護國寺) 뒷담의 서북쪽 모퉁이다. 그의 집에 도착하여 그를 만났더니 우리의 상담을 허락하여 주었다.

8월 15일
이교의 삼칠일재(三七日齋)[24]를 지내다. 밤에 월식이 있었다.

8월 29일
이교의 오칠일재(五七日齋)[25]를 지내다.

9월 13일
이교의 칠칠일재(七七日齋)[26]를 지내다. 재가 있을 때마다 내공봉을 청했다. [천자는] 부마[도위](駙馬都尉)[27] 졸종(拙宗)[28]에게 회남(淮南)절도사를

---

22) 十念 : 念佛·念法·念衆·念戒·念施·念天·念休息·念安槃·念身·念死를 가리킴. 또는 입으로 '나무아미타불'을 열 번 외는 일을 가리킴. 죽을 때 이를 행하면 극락세계에 가서 난다(十念往生)는 믿음이 있다.
23) 親事 : 비서.
24) 三七日齋 : 사람이 죽은 후 21일 만에 지내는 法事.
25) 五七日齋 : 사람이 죽은 후 35일 만에 지내는 法事.
26) 七七日齋 : 四十九齋라고도 한다. 사람이 죽은 후 49일 만에 지내는 法事. 이 49일 동안을 中有 또는 中陰이라 하니, 죽은 뒤에 다음 生을 받을 때까지의 기간을 말하며, 이 동안에 다음 生을 받을 緣이 정해진다고 한다. 앞의 三七日齋·五七日齋와 더불어 이렇게 14일마다 經을 읽고 부처님께 예배하는 것은 죽은 이가 좋은 곳에 태어나기를 바라는 것이라 한다.
27) 駙馬[都尉] : 임금의 사위. 儀賓.
28) 拙宗 : 杜悰의 오기로 보인다. 서기 844년 7월 15일자 일기 참조.

제수하고 전국의 염철사(鹽鐵使)를 겸임토록 했다. 회남절도사이며 복야(僕射)29)인 이신(李紳)은 칙령을 받고 장안에 들어가 재상에 임명되었다. 하북도(河北道)의 노부(潞府)절도사 유종간(劉從簡)30)이 반란을 일으키자, 천자께서 각 주와 부에 칙령을 내려 병마 5만 군을 이끌고 노부를 공격하게 했다. 진압군은 경계에 들어갈 수 없어 경계에서 마주보며 대치했다. 이 군대를 공양하는 데는 매일 20만 관(貫)의 돈을 쓰는데, 각 도에서 보내는 것이 제때에 이르지 못해 장안의 창고로부터 운반하는 군량미가 끊이지 않고 있다.

노부의 유후원(留後院)31)은 장안의 좌가(左街) 평강방(平康坊)에 있다. 노부의 압아는 강손(冨孫)으로서 유후원에 있으면서 그 지방의 일을 처리하고 있었는데, 그를 체포하라는 칙령이 내리자 도망해서 간 곳을 알 수 없다. 여러 곳을 수색해 보았으나, 그를 체포하지 못하고 다만 그의 처자만을 잡아 죽이고 그 집을 파괴했다. 어떤 사람이 '노부의 유후 압아인 강손은 머리를 깎고 도성 안에서 승려 사이에 숨어 있다'고 보고했다. 이에 칙령으로써 양가(兩街)의 공덕 사들로 하여금 도성안의 절에 있는 승려들을 조사하여 관청의 기록에 이름이 기재되지 않은 사람은 모두 강제로 환속시켜 그의 고향으로 돌아가게 만들었는데, 각 도·주·부에서도 이와 같이 했다.

최근에 절에 들어온 승려나 신분이 확실하지 않은 사람은 모두 체포되었다. 경조부(京兆府)는 머리를 싸맨 승려들을 모두 부중(府中)에 잡아넣고 그 가운데 3백여 명을 죽였다. 도망하거나 숨은 사람들은 감히 거리를 나다니지 못했다. 회골국의 군대가 대패했다. 그 도(道)가 즉시 이를 상주하자 각주와 부의 병마들이 모두 그들의 고장으로 돌아갔다.

11월 3일
이교의 백일재(百日齋)를 지내다.

12월 □일
초주에 있는 신라의 통역인 유신언으로부터 편지를 받았는데, 그 내용은

29) 僕射 : 尙書省의 차관에 해당하는 종삼품.
30) 劉從簡은 劉從諫의 오기임.
31) 留後院 : 절도사나 관찰사가 유고 시에 그 후임을 맡도록 되어 있는 도성 안의 기관.

다음과 같다.

　천태산의 유학승인 엔사이 사리가 소식을 전해 왔는데, 천자께 표를 올려 그의 두 제자승을 일본으로 귀국시키고자 한다는 내용이었습니다. 그 제자들이 제가 있는 곳에 와 배를 찾기에 제가 그들에게 배 한 척을 마련해 주었으며, 사람을 구하여 그들을 보내주었습니다. 그들은 금년 9월에 떠났습니다.

서기 844년

[당 회창(會昌) 4년, 신라 문성왕(文聖王) 6년, 일본 조와(承和) 11년, 갑자(甲子)]

2월

월주(越州)의 군사 압아의 성은 반(潘) 씨였다. 그는 대궐에 약을 진상하는 사람이었는데, [장안에 오는 길에] 엔사이(圓載) 사리의 편지를 가져왔다. 편지의 내용을 보니 '옷과 양식이 모두 떨어져 제자승인 닝코(仁好) 등 두 사람을 일본으로 보내어 옷과 양식을 청했다'는 것이다. 반압아는 이렇게 말했다.

"엔사이 상인은 도성에 들어오고 싶어 월주로부터 공문을 요청하여 받았습니다. 그는 그것을 나에게 주어 중서문하에 제출하도록 부탁했습니다. 나는 최근 며칠 동안 그 기회를 기다리다가 중서(문하)로 들어가 그 공문을 전달했으나, 재상은 그[엔사이]의 뜻에 반대하여 그 청원을 제출하는 것을 허락하지 않아 엔사이 상인은 뜻을 이루지 못했습니다."

3월

다음과 같은 칙령이 내렸다.

짐(朕)은 동경(東京)[1]으로 행차하고자 하는바 이를 백관에게 알리노니, 만약 이에 반대하는 말을 하는 조신(朝臣)이 있다면 그를 처형하고 가족을 멸하리라.

천자께서는 불아(佛牙)에 공양하는 것을 허락하지 않았다. 그리고 다음과 같은 칙령을 내렸다.

대주(代州)의 오대산과 사주(泗州)의 보광왕사(普光王寺), 종남산의 오대(五臺), 그리고 봉상부(鳳翔府)의 법문사(法門寺)에서는 부처님의 손가락에서 [나온 사리]에 대한 예배가 있는데, 이것에 공양이나 순례 등을 모두 금지하며 만약 이에 1전(錢)이라도 보시하는 사람이 있다면 척장(脊杖)[2] 20도(度)에 처할 것이며, 만약 비구승이나 비구니가 위와 같은 일로 1전이라도 받는 일이 있다면

1) 東京: 洛陽.
2) 脊杖: 몽둥이로 등을 때리는 형벌.

그 또한 척장 20도에 처할 것이며, 각 도·주·현에서 공양을 바치는 자가 있다면 그 자리에서 체포하여 척장 20도에 처할 것이다.

이로 인하여 이 네 곳[절]의 영경(靈境)에는 사람의 왕래가 끊어지고 공양을 바치는 사람이 없었다. 이와 같은 칙령에 따라서 그곳에서는 승려들이 신문을 받았고, 공험(公驗)[3]이 없는 승려는 모두 그 자리에서 때려죽이고 그 이름을 천자께 보고했다. 사람들은 노부(潞府)의 유후(留後) 압아[4]가 승려로 변장하여 그곳에 숨어 있지나 않나 걱정했다. 재상 이신과 이덕유는 삼장재월(三長齋月)의 제도[5]를 폐지하고 그 대신에 도교의 삼원월(三元月) 제도, 곧 정월을 상원(上元)으로 하고 6월을 중원(中元)으로 하고 10월을 하원(下元)으로 하는 제도를 새로이 정하도록 천자께 상주했다. 당나라 법도에 따르면, 삼장재월 동안에는 사람을 죽이지 않도록 되어 있으나 지금의 천자는 이를 지키지 않았다.

천자는 노부를 격파하기 위해 칙령으로 도사 81명을 대궐에 소집하고 노천에 구천(九天)[6]도량을 짓게 했다. 80개의 상(床)을 높이 쌓고 정교한 색깔을 입힌 이 도량에서는 12시간[7] 동안 천존(天尊)[8]에 대한 제례를 거행하는데, 건포(乾脯)와 주육을 차리고 대라천(大羅天)[9]에 제사를 드렸다.

4월

[천존에 대한] 제사는 4월 1일에 시작하여 7월 15일에 마친다. 도량은 집안에 있지 않고 노천에 지어져 있어서, 날씨가 맑으면 해가 불처럼 뜨겁고 비가 내리면 몸이 흠씬 젖으니 81명 가운데에 병든 사람이 많았다. 지금의

---

3) 公驗: 관가에서 승려에게 발행한 신분증[度牒]을 가리킴.
4) 壓孫을 가리킴.
5) 三長齋月: 일년 중 1월, 5월, 9월의 석 달 동안 1일부터 15일까지 몸·입·뜻에 걸쳐 악을 재계하고 선을 행하는 풍습으로서, 수·당·송대에는 도살을 금하고, 官位의 승진을 금지하고, 백성은 素食·송경하는 풍습이 있었다.
6) 九天: 하늘 가운데 가장 높은 아홉 하늘. 곧 中天·羨天·從天·更天·晬天·廣天·咸天·沈天·成天을 의미함(『大玄經』). 그러나 『淮南子』에는 鈞天(中)·蒼天(東)·變天(東北)·玄天(北)·幽天(西北)·昊天(西)·朱天(西南)·炎天(南)·陽天(東南)으로 되어 있음.
7) 12시간: 그 당시는 지금의 2시간이 1刻이었으므로 12시간은 하루를 의미한다.
8) 天尊: 도교의 신으로서 [太上]老君 또는 道君으로 불렸던 老子를 신격화한 데서 비롯되었으나 일반적인 神名이 됨.
9) 大羅天: 판본에 따라서는 火羅天으로 되어 있음. 도교에서 천존이 거처하는 천상계를 의미함.

천자[武宗]는 도교를 편벽되이 믿고 불교를 미워하여 승려 보기를 싫어하고 삼보(三寶)에 대해서 들으려 하지 않는다. 장생전(長生殿)[10] 안의 도장에는 예로부터 불상과 불경이 안치되어 있었고 좌·우가의 각 절에서 불심이 두터운 승려 37명을 뽑아 번갈아가며 도량에 들어가 매일같이 염불을 하는 것이 밤낮으로 끊임이 없었다.

지금의 천자는 즉시 불경을 불태우고 불상을 부숴버리며 그곳의 승려들을 뽑아내어 각기 본사(本寺)로 돌려보냈다. 도량에는 천존인 노군(老君)[11]의 상(像)을 안치시켜 놓고 이제는 도사들이 도교의 경전을 베끼고 도술을 수련하고 있다. 이 나라의 풍속에 따르면 해마다 황제의 탄신일에는 좌·우가의 내공봉과 강론하는 대덕 및 도사를 초청하여, 대궐 안에 재를 마련하고 향을 피우면서 승려에게 불경의 담론을 청하고 불교와 도교를 논쟁토록 했었다. 그러나 금년에는 도사만 초청했을 뿐 승려들은 초청하지 않았다. 요즈음 형세를 살펴보건대 앞으로는 승려들은 대궐 안에 들어갈 필요가 없다. 어느 한 도사가 천자께 상주했는데, 그 내용은 다음과 같다.

> 공자 말씀에 의하면 이(李) 씨의 18자(十八子)[12]는 이제 그 운(運)이 다 쇠진해 버렸고, 다만 검은 옷[黑衣]을 입은 천자가 나라를 다스린다고 했습니다. 신(臣)들이 그윽히 생각해 보건대 [이 씨를 대신해서 천하를 다스리게 될] 검은 옷을 입은 사람들이라 함은 바로 승려들을 의미합니다.

황제는 이 말을 믿고 이로 인하여 비구승과 비구니들을 미워했다. 그 도사가 말한 뜻을 살펴보면, '李' 자는 '十八子'를 의미하는 것이고 지금의 천자가 18대(十八代) 황제[13]이니 이 씨 황실(李家)의 운이 쇠진하고 다만 검은 옷을 입은 자들이 천자의 제위(帝位)를 빼앗으리라는 내용이었다.

공덕사가 각 절에 공문을 보내어 칙령에 따라 승려와 비구니들이 길거리

10) 長生殿 : 장안 동남쪽 驪山 기슭에 있는 華淸宮의 궁전으로서 玄宗이 行幸하여 楊貴妃와 노닐던 곳.
11) 老君 : 天尊 이전의 도교의 神名으로서 도교의 교주라 일컬어지는 老子를 가리킨다.
12) 十八子 : 十八子는 '李'의 破字임.
13) 武宗의 代數 계산에는 異論이 있을 수 있다. 왜냐하면 則天武后의 稱帝와 中宗·睿宗의 復辟이 있었기 때문이다. 이 책의 부록 唐의 王室世系 참조.

에서 종소리를 지키지 않는 것[犯鐘聲][14]을 금지시켰다. 만약 길거리를 나다니는 승려가 있다면, 각 절의 종소리가 들리기 전에 모름지기 각기 본사로 돌아가야 하며 남의 절에서 묵는 것을 허락하지 않았다. 만약 비구승과 비구니들이 종소리를 지키지 않고 거리를 나다니거나 남의 절로 들어가 하룻밤을 지내는 경우에는 칙령을 범하는 것이다. 지난날에는 오후에 절을 나서는 것을 금지했지만, 지금은 종소리를 지키지 않는 것을 금지한다.

7월[15)

천자께서 금선관(金仙觀)에 행차했다. 이곳은 여자들이 있는 곳이었다. [도]관(道觀)에는 여도사가 있었는데, 얼굴이 몹시 아름다웠다. 천자께서는 그를 불러보고 싶은 뜻이 있어 그에게 비단 1천 필을 하사했다. 그 후 천자는 중관(中官)[16)을 불러 그 도관을 수리해서 대궐과 내통하게 하고 금선루(金仙樓)를 특별히 짓도록 했다. 이 도관은 본시 퇴락해 있었지만, 장엄하게 고쳐 천자께서 자주 행차했다. 그 후 천자는 좌가의 흥당관(興唐觀)에 행차했는데, 이곳도 도사들이 있는 관(觀)이었다. 이곳에도 비단 1천 필을 하사했다. 그는 또한 자신의 모습을 구리로 주조하도록 특별히 칙령을 내렸는데, 그 모습이 매우 장엄하고 기이하기 짝이 없었다.

7월 15일

도성 안의 여러 절에서 공양이 있었다. 각 절에서는 화랍(花蠟),[17) 화병(花瓶), 가화(假花), 과수(果樹) 등을 만들어 저마다 그 기묘함을 경쟁했다. 이것들을 모두 불전 앞에 공양하고 도성 안의 모든 사람들이 절을 돌며 수희를 나누는 것이 상례로 되어 있는데, 이 행사는 대단한 성황을 이룬다. 금년에도 여러 절에서 이와 같은 공양을 했는데 다른 해보다 더 성황이었다. 천자께서는 여러 절의 불전에 공양된 꽃이나 약 등을 모두 흥당관(興唐觀)으로

14) 犯鍾聲 : 불사에서는 정오와 오후에 종을 쳤는데 오후의 타종 이후에는 외출이 금지되었다. 서기 845년 1월 3일자 일기 참조.
15) 원문에는 '2월'로 되어 있음.
16) 中官 : 궁정의 일을 맡아보는 환관 또는 내시.
17) 花蠟 : 꽃 향이 나는 燭.

옮기어 천존에게 바치라는 칙령을 내렸다.

7월 15일[18]

천자께서 도관에 행차하면서 모든 백성들이 나와 [그 모습을] 보도록 명령하니, 백성들은 '부처님께 공양한 것을 빼앗아 귀신에게 제사를 지내니 누가 기꺼이 나가 보겠는가?' 하고 욕설을 퍼부었다. 천자께서는 백성들이 나와 보지 않는 것을 이상하게 생각했다. 모든 절들은 공양물을 빼앗기고 몹시 황망히 여겼다.

노부(潞府)를 공격하던 병사들은 경계선을 넘지 못하고 아직도 변경(邊境)에 있다. 승리를 재촉하는 칙령이 여러 차례 있었지만, 아무 소식이 없으니 이상한 일이다. 여러 차례 정벌군이 떠났지만 반란군을 진압했다는 소식이 도무지 없으니 어찌된 일인가? 병사들은 놀랍고 두려워 그 경계에 있는 목동과 늙은 농부를 붙잡아 도성으로 끌고 와 반란군을 잡아왔다고 거짓말을 했다. 천자는 그들에게 봉도(封刀)[19]를 주어 저자에서 세 토막을 내어 죽이도록 하니, 양군[左右神策軍]의 병사들이 둘러싸고 포로들을 죽였다. 이와 같이 끌려오는 사람들이 계속 이어지고 병마가 그치지 않으니, 저자에는 참수당한 시체가 가득함을 흔히 볼 수 있고 피는 땅에 흘러 진흙탕을 이루었으며 그를 구경하는 사람들이 길에 가득했다.

천자는 때때로 그곳에 나와 살펴보면서 깃발과 창으로 시체를 요란스럽게 뒤적거렸다. 내가 듣자니 붙잡혀온 사람들은 당나라의 반란군이 아니라 그 경계지에서 소를 기르며 농사짓던 사람들이 잡혀온 것이라고 한다. 원래 관군은 그 경계에 들어가지도 못했지만 전과(戰果)가 없는 데 대한 왕의 꾸짖음이 두려워 망령되게 무고한 사람들을 붙잡아 장안으로 데리고 왔다. 양 군의 건아(健兒)들은 사람을 죽일 때마다 눈을 빼고 그 고기를 먹으니, 방방곡곡의 사람들이 '올해 장안에서는 사람이 사람을 먹는다.'고 말했다.

천자가 회남절도사인 부마 두종(杜悰)[20]을 장안으로 불러들였다. 재상 이

18) 7월 15일자가 두 번이다.
19) 封刀 : 임금이 내리는 칼. 斧鉞에 해당함.
20) 杜悰 : 字는 永裕. 岐陽公主의 부마. 武宗 연간에 尙書左僕射가 되고, 宣宗 때 淮南節度使와 平章事가 되었다. 시호는 禿角犀.

신이 회남절도사가 되고 싶던 차에 칙령을 받고 절도사로 내려갔다. 부마 두 종은 장안으로 들어와 천자를 뵈었는데, 그날로 재상(宰相)을 제수 받고 탁지염철전운사(度支鹽鐵轉運使)의 직책을 맡았다. 조정 백관들이 모두 괴이하게 생각했다. 왜냐하면 예로부터 부마가 재상으로 임명된 예는 없었기 때문이다. 나라의 풍습에 의하면, 재상은 [중서문하](中書門下) 평장사(平章事)로 임명되는 것이 관례이다. 이덕유가 상주를 올려 이르기를 '부마가 재상을 제수 받고 남여(籃輿)[21]를 타는 것은 합당하지 않다'고 했다. 천자는 이에 대하여 침묵을 지키면서 그 뜻을 밝히지 않으니, 부마가 남여를 탈 수 없었다.

노부를 진압하기 위해 출병한 병사들이 매일 20만 관의 돈을 쓴다. 각주에서 보내는 군수품이 넉넉하지 못하고 또한 도성의 관고(官庫)에 있는 물자도 바닥이 나려 한다. 천자가 백관들에게 군비(軍費)를 배당하자, 벼슬의 높낮이에 따라서 다소간의 돈을 내어 노부의 군대를 진압하는 군량미에 충당했다. 각 도·주·부의 관리들도 모두 이런 식으로 했다.

또한 천자는 칙령을 내려 전국에 있는 산중의 수도처[蘭若], 보통원, 불당, 의정(義井)[22]이 있는 촌읍의 재당(齋堂) 가운데서 2백 칸[間]이 되지 않거나 관가에 등록되지 않은 것을 모두 헐어버리고, 그곳에 있던 비구승과 비구니들은 모두 환속하여 읍역(邑役)으로 보내며, 그 결과를 자세히 갖추어 상주토록 했다. 또한 장안성 안의 거리에는 불당 3백여 개소가 있고 불상과 경루(經樓)의 장엄함이 법도에 어긋남이 없다. 이들은 위대한 예술이 창조되는 곳으로서 그들 가운데 한 불당만으로써 밖[外州]의 큰 절과 맞먹는데, 천자는 이런 것들을 모두 헐어버렸다. 전국에 있는 헤아릴 수 없이 많은 불당과 불원 및 존승석당(尊勝石幢)[23]과 승려의 묘·탑도 모두 파괴되었다.

천자는 국자감(國子監)[24]의 학사와, 전국에서 진사시에 급제한 사람 그리고 학문을 한 사람들로 하여금 도교에 들어가도록 칙령을 내렸지만, 아직까지 단 한 사람도 도교에 들어가지 않았다. 금년 이래 매번 비가 적게 올 때면 공덕사는 칙령을 받아 각 절로 다니면서 비가 오기를 비는 경문을 외우도록

---

21) 籃輿 : 임금이 타는 수레.
22) 義井 : 마을의 공동 우물.
23) 尊勝石幢 : 尊勝은 정복자라는 뜻으로서 여래를 의미하며 석종은 鐘(獻天花 춤에 쓰이는 깃발)을 달아 세우는 石臺.
24) 國子監 : 晉代 이후 귀족의 자제와 전국의 영재를 도성 안에 불러들여 가르치던 학교.

했다. 다행히 비가 내리면 도사들은 과분한 은상(恩賞)을 받았지만, 승려들은 아무 보람도 없이 쓸쓸하기만 했다. 성 안의 사람들이 '기우제는 스님들만 들볶을 뿐 상품은 도사들에게만 돌아간다.'고 빈정거렸다.

8월

태후(太后)인 태화황후(太和皇后) 곽(郭) 씨가 세상을 떠났다. 태후는 신심이 두텁게 불법을 믿었던 까닭에 승려들에 대한 규제가 있을 때마다 천자에게 간언하자 천자가 약주(藥酒)를 먹여 독살토록 했다. 또한 의양전(義陽殿)의 황후 소(蕭) 씨[25]는 천자의 모후[阿孃]인데, 그 얼굴이 몹시 아름다웠다. 천자가 [적모(嫡母)인] 그를 불러 비(妃)를 삼으려 하니 태후가 이를 거절했다. 그러자 천자는 그를 큰 활로 쏘아 죽였는데, 화살이 가슴을 뚫었다.

태원부(太原府)의 병마 3천 명이 3년 동안 회골의 국경에 주둔하고 있다가 금년에야 회골을 격파하고 태원부로 돌아왔는데, 며칠이 지나지도 않아 가족들을 만나보기도 전에 절도사는 이들을 노부의 진압군으로 차출하여 보내려 했다. 군건(軍健) 등이 '3년 동안 회골을 진압하느라고 고생하여 몹시 지쳐 있다가 최근에야 고향으로 돌아와 아직 부모님도 만나보지 못한 터이니 다른 부대를 보내 달라'고 출사(出師)를 사양하는 소(訴)를 서너 차례 올렸으나 절도사가 이를 용납하지 않았다.

이에 3천 명의 병사가 한꺼번에 한(恨)이 맺혀 성으로 쳐들어가 전투가 벌어졌다. 절도사가 천자에게 상주하고 이들을 모두 잡아 장안으로 압송했다. 천자는 그 병사들을 불러들여 자세히 문초했다. 그 사람들은 회골을 진압한 공로를 들어 병사들을 죽이는 것은 합당하지 않다고 말했다. 취조관들은 사정을 자세히 적어 천자에게 상주했지만, 천자는 이를 용납하지 않았다. 그는 봉도를 내려 그 병사들을 세 토막을 내어 동시(東市)의 북쪽 거리에 있는 언덕에서 죽이도록 했다. 노부에서 잡혀온 건아들도 이곳에서 처형되었다.

9월

노부가 크게 패했다. 그곳에서 잡힌 압아와 대장 등을 도성으로 끌고 와서

25) 蕭皇后 : 穆宗의 황후이며 금상[武宗]의 형인 文宗의 생모 貞獻皇后를 가리킴. 그는 武宗의 배다른 모후가 되는 셈임.

예닐곱 번 죽였다. 그 뒤 난도질한 반란군의 두목 유종간(劉從諫)의 머리를 가져와서 삼지창에 꽂아 높이 세 길의 푯대 위에 걸고 그의 이름을 써 붙였다. 시체는 먼저 두 저자를 돌고 그다음에 성 안으로 들어왔다. 천자는 은대(銀臺)의 문루에 앉아 내려다보며 크게 웃고 이렇게 말했다.

"소의군(昭義軍)[26]이 이미 멸망했다. 아직까지 우리가 제거하지 못한 것은 오로지 전국에 있는 절간뿐이며, 그 안에 살고 있는 비구승과 비구니들을 규제하는 일을 아직 모두 끝내지 못했다. 경(卿)들은 이를 아는가 모르는가?"

수십 일이 지나서 칙명에 따라 노부에 있는 유[종간]의 가재・전물(錢物)・보화・가구 등을 모두 압수했다. 한 번에 일고여덟 바리의 금으로 장식된 수레에 실어 장안에 도착하여 내고(內庫)[27]에 들어갔다. 상시지내성사(常侍知內省事)[28]인 구사량[군용]의 아들이 술에 취한 얼굴로 천자의 얼굴을 실수로 만지면서,

"천자께서 비록 존귀하나, 이는 우리 아버지가 이루신 일이다."

하고 말했다. 이 말을 들은 천자는 몹시 분노하여 그 자리에서 그를 때려 죽였다. 천자는 그의 처자 등을 잡아 멀리 귀양을 보내되 머리를 깎고 능묘를 지키도록 명령했다. 그리고 중관(中官)을 시켜 그 집안의 값나가는 물건들을 압수토록 했는데, 상아가 집안에 가득하고 금은보화가 창고에 가득하며, 돈과 비단이 헤아릴 수 없이 많아 하루에 30바리의 수레로 내고로 운반하는데 한 달이 걸려서도 모두 옮기지 못했다. 그 밖에 보화 등 기이한 물건들을 헤아릴 수가 없었다. 천자가 내고에 이르러 놀라 박수를 치며,

"짐의 내고에도 일찍이 이와 같은 물건들은 없었다."

고 말했다. 여러 고관들이 머리를 떨구고 아무 말도 못했다. 도사 조귀진(趙歸眞)[29]이 다음과 같은 상주를 올렸다.

불교는 서양 오랑캐[西戎]에서 일어난 것으로서 '태어나지 않음'(不生)을 가

26) 昭義軍 : 潞府의 군대.
27) 內庫 : 궁내의 창고.
28) 常侍知內省事 : 常侍省의 內常侍로서 황후나 황태자의 家司를 맡는데, 환관들로 補하는 정오품의 직책. 蕭.
29) 趙歸眞(?~846년) : 당시의 저명한 도교승. 武宗이 즉위한 후에 급속히 권좌에 부상하여 841년에는 도사 81명을 대궐에 불러 九天道場을 세울 것을 上奏했고, 천자의 신임을 얻어 서기 842년에는 歸道門兩街都敎授博士가 되었으나 武宗이 죽은 다음 날 참살되었다.

르치는데 무릇 '태어나지 않음'이라 함은 곧 죽음을 뜻하는 것입니다. 그들은 사람으로 하여금 열반(涅槃)에 들어가라고 말하지만, 열반이란 곧 죽음입니다. 그들은 무상, 고(苦), 공(空)이란 말을 빈번하게 하지만, 이들은 매우 요괴한 것으로서 무위장생(無爲長生)의 이치를 모르기 때문에 하는 말입니다. 듣건대 태상노군(太上老君)[30]께서는 중국에서 태어나 대라천(大羅天)을 으뜸으로 삼고 무위에 노닐면서 자연으로 돌아가 선단(仙丹)[31]을 만들어 이를 먹고 길이 살았으며, 장생 또한 이를 신선계[神府]에 널리 펼쳐 그 이익됨이 무강(無疆)했습니다. 바라옵건대 내금(內禁)[32]에 선대(仙臺)를 쌓으시고 몸을 닦아 안개가 되어 올라가 구천에 노닐면서 강복(康福)과 성수(聖壽)를 누리시며 장생의 낙을 영원히 보전하옵소서.

황제께서도 이에 따라 양군(兩軍)에 칙령을 내리어 대궐 안에 선대를 쌓게 했는데, 그 높이가 150자였다.

10월

10월부터 매일 좌·우신책군의 건아 3천 명으로 하여금 흙을 옮겨 쌓게 하기 시작했다. 황제는 그것을 빨리 완공하고 싶은 뜻이 간절하여 매일같이 건축을 재촉하는 칙명을 내리니, 양군의 도우후(都虞侯)[33]가 몽둥이를 들고 공사를 감독했다. 황제께서 이 장면을 보고,

"몽둥이를 들고 있는 사람이 누구냐?"

고 장관에게 물으니, 장관이,

"호군(護軍) 도우후로서 선대를 쌓는 사람입니다."

하고 대답했다. 이에 황제께서,

"너희들은 몽둥이를 들고 일을 할 필요가 없다. 모름지기 스스로 흙을 나르게 하라."

고 말하니, 그들이 곧 흙을 나르기 시작했다. 그 뒤 다시 황제께서 선대를 쌓는 곳에 행차했다. 그가 스스로 활을 들어 우후 1명을 쏴죽이니 이는 무도하기 짝이 없는 행위였다.

---

[30] 太上老君 : 노자를 가리키는 말.
[31] 仙丹 : 신선이 만든 불사약.
[32] 內禁 : 內裏禁中, 곧 대궐 안을 의미함.
[33] 都虞侯 : 우후는 지방의 兵使營이나 水使營의 벼슬아치이며 도우후는 그 우두머리임.

지난해부터는 불법을 강의하던 것도 중단되었다. 천자는 등극한 이후 행차를 즐겨 네 계절 여덟 절후[四時八節] 이외에도 하루 이틀이 멀다 하고 밖으로 나갔다. 나갈 때마다 번번이 각 절로 하여금 자리와 상(床)과 융단을 깔게 하고, 꽃무늬 천을 두르게 하며, 접시와 잔을 마련하게 하고, 대(臺)와 의자를 설치하게 했다. 그리하여 천자가 한 번 행차할 때면 각 절은 4~5백 관의 돈으로도 부족했다. 천자는 전국의 작은 절을 헐어버리며 불경은 큰 절로 옮기고 좋은 도사관(道士觀)으로 옮기라고 칙령을 내렸다.

파괴된 절의 비구승이나 비구니로서 행동이 독실하지 못하여 계율을 지키지 못한 사람들은 늙고 젊음을 따지지 않고 모두 환속하여 고향으로 돌려보내어 부락의 노역에 종사하도록 했다. 늙은이로서 계율을 지킨 사람들은 큰 절로 배치했다. 비록 계율은 지킬지라도 나이가 어리면 모두 환속시켜 고향으로 돌려보냈다. 도성 안에서 33개의 작은 절이 파괴되었으며, 칙령에 따라 비구승과 비구니들을 규제했다.

11월

다음과 같은 칙령이 내렸다.

　소의(昭義)의 반란이 이제 진압되었으므로 짐은 내년 정월에 다시 [장안의] 남쪽 교외에 [있는 천단을] 참배하고자 하노니 백관과 각 직책에 널리 알려 조속히 준비하라.

백관들은 칙령에 따라 다리와 길을 보수하고, 길에는 사람과 수레와 소가 다니지 못하도록 했다. 도성 남쪽의 천단을 특별히 개수하고 단의 사면에는 꽃무늬 장막을 두르며, 누각과 성과 그 부속 건물들은 모두 도성 안의 그것과 같은 모양으로 꾸몄다. 백관들은 어찌 할 바를 모른다.

서기 845년

[당 회창(會昌) 5년, 신라 문성왕(文聖王) 7년, 일본 조와(承和) 12년, 을축(乙丑)]

정월 3일

천자가 남쪽 교외에 행차하는데 의장(儀仗)의 위엄이 그 즉위하던 해와 같았다. 이날 비구승과 비구니들은 구경을 할 수도 없었다. 지난날의 법규[1]가 적용되어 비구승과 비구니들은 오후에는 절 밖으로 나올 수가 없었을 뿐 아니라 재를 알리는 종(鐘)을 어기거나 남의 절에 묵는 것도 허락되지 않았기 때문에 남교의 행차를 볼 수 없었다.

선대를 쌓는 일도 곧 이루어질 예정이다. 천자는 도사들로 하여금 선단을 만들도록 했다. 도사의 우두머리인 조귀진(趙歸眞)이 주문(奏文)을 올렸는데 그 내용은 다음과 같다.

흔히 선약이라는 것이 있다고 하는데, 이 나라에는 그것이 전혀 없고 다만 티베트에만 있다고 하오니 신이 몸소 티베트로 가 그 약을 가져올까 합니다.

좌우신책군의 중위가 이 말에 찬성하지 않고 다른 사람을 뽑아 보내는 것이 득책이라고 위에 아뢰었는데, 그 이유인즉 조귀진은 선교의 우두머리이므로 그가 몸소 가는 것은 합당하지 않기 때문이라는 것이다. 천자는 중위의 상주에 따라 그를 보내지 않았다. 천자가 신선이 되기 위해서는 어떤 약을 써야 하는지를 묻고 그 내용을 자세히 보고하라고 명령하니 도사가 그 약의 내용을 상주했는데, 오얏 껍질[李子衣] 10근, 복숭아 털[桃毛] 10근, 산 닭의 흘떼기[生鷄膜] 10근, 거북 털[龜毛] 10근, 토끼 뿔[兎角] 10근으로 조제한다고 했다. 천자는 시중의 약 가게에서 이들을 찾아보라고 했지만 모두가 없다고 대답했다. 이로 인해 그들을 두들겨 패서라도 구해오라는 통문이 내려오니 번민스럽기 짝이 없어 여러 곳을 찾아보았으나, 역시 구할 수가 없었다.

한식(寒食)에는 오래 전부터 풍속에 따라 이레 동안의 휴가를 주었다. 선대(仙臺)를 쌓는 데 무려 3천 명의 병사들이 매일같이 투입되어 한식 명절에

---

1) 서기 842년 10월 9일자의 법규(246쪽)와 서기 844년 4월(260쪽) 참조.

도 쉬지 못하게 하니 원한이 사무쳐 연장을 들고 3천 명이 한꺼번에 소리를 쳤다. 천자는 이에 두려운 마음이 들어 그들 각각에게 비단 세 필을 주고 사흘 동안 쉬게 했다.

3월 3일

선대의 건축이 완성되었다. 천자가 선대에 올라가 상대(上臺)에 앉으니 좌우신책군의 중위와 여러 고관, 그리고 도사 등이 황제를 따라 위로 올라갔다. 중위는 조귀진에게,

"오늘 선대에 올랐으니 공(公) 등이 이제 신선의 경지에 이른 것이 아닌지 모르겠습니다."

하고 말했다. 조귀진은 고개를 숙이며 아무 말도 하지 않았다. 듣자니 선대의 높이는 150자이며 윗부분은 둥글어서 7칸짜리 전(殿)을 세울 수 있고, 그 위에 오봉루(五峯樓)가 있는데 그것은 성의 안팎에 있는 사람들도 멀리서 볼 수 있을 만큼 외로운 산처럼 높이 솟아 있었다고 한다. 종남산에서 반석을 가지고 와서 사방에 깎아지른 듯한 벼랑을 만들었고, 탑 아래로 판 굴과 길은 그 꾸밈이 정교하기 짝이 없었다. 또한 그 위에는 소나무 등 기이한 나무를 심으니 천자는 웃음으로 그 뜻을 표시했다.

천자는 칙령을 내려 도사 7명으로 하여금 선대 위에서 비선승천(飛仙昇天)을 수련토록 했다. 천자는 전국의 절에 칙령을 내려 장원(莊園)을 꾸미지 못하게 하는 한편, 또 다른 칙령을 내려 전국의 절에 있는 노비의 수효와 전물(錢物), 곡식, 비단을 일일이 기록하여 자신에게 보고하도록 했다. 성 안의 여러 절은 좌우군 중위의 검열을 받았으며, 각주와 부에 있는 절은 중서 문하의 검열을 받았다.

또한 성안의 절에 있는 노비를 3등급으로 나누어 어떤 기술을 가진 자는 군영(軍營)으로 보내고, 기술은 없으나 나이가 젊은 사람은 팔아버리고, 늙고 허약한 자는 대궐로 보내니, 노비들은 근심스럽게 울고, 아비는 남쪽으로 가고 자식은 북쪽으로 가는 것이 지금의 현실이다. 공덕사는 각 절에 공문을 보내어 노비 5명을 한 보(保)로 만들고, 한 보에서 한 명이라도 도망을 치면 2천 관의 벌금을 물렸다. 각 절의 전물과 노비를 매매한 속전(贖錢)은 모두 관가의 수입으로 잡아 벼슬아치들의 봉급에 충당할 작정이다.

또한 전국에 있는 절에 칙령을 내려 비구승이나 비구니로서 나이가 40세 이하인 사람은 모두 환속시켜 고향으로 돌려보냈다. 또한 천자는 선대에 올라 음악인(音樂人)들에게 칙령을 내려 좌군 중위를 밀어 밑으로 떨어지도록 하라고 했다. 음악인들이 그의 말을 따르지 않자 천자는,

"짐이 그들을 밀어버리라고 말했음에도 불구하고 너희들은 어찌하여 칙령을 따르지 않느냐?"
고 물었다. 음악인들이 말하기를,

"중위는 나라의 중신(重臣)인데 감히 밀어 떨어지게 할 수 없습니다."
하고 대답하니, 천자가 크게 노하여 척장 20도를 때렸다. 선대 위에서 천자가 이상히 생각하며,

"짐이 선대에 두 번씩이나 올라왔는데 경들이 신선이 되어 올라가는 것을 한 번도 보지 못했으니 어인 까닭이오?"
하고 도사에게 물었다. 도사가,

"우리나라 안에는 불교와 도교가 함께 행해지고 있는데, 검은 기운[黑氣][2]이 범접하여 선도(仙道)를 가로막고 있기 때문에 신선이 되어 올라갈 수가 없습니다."
하고 대답했다. 이에 천자가 양가의 공덕사에게,

"경들은 알아두어라. 짐은 어떠한 불사(佛師)도 모두 필요 없다."
고 말했다.

며칠이 지나 천자는 전국의 비구승과 비구니 가운데 50세 이하인 사람은 모두 강제로 환속시켜 고향으로 돌아가게 하라는 칙령을 내리더니 다시 다음과 같은 칙령을 내렸다.

전국의 비구승 가운데 50세 이상인 사람으로서 사부(祠部)[3]에서 발급한 도첩(度牒)을 갖지 않은 사람은 모두 강제로 환속시켜 각기 고향으로 보낼 것이며, 사부의 도첩을 가진 사람은 각기 그가 살고 있는 주나 현의 조사를 한 뒤, 하자가 있을 경우에는 모두 강제로 환속시켜 각기 고향으로 돌아가도록 하게 하라. 도성 안에 있는 비구승과 비구니들도 이와 같은 방법으로 좌우공덕사의 규제를

2) 黑氣 : 불교를 의미함. 당시의 승니들이 검은 가사를 입었던 것을 상징적으로 표현한 것임.
3) 祠部 : 삼국시대의 魏에서 禮制를 관장하기 위해 설치했으나 隋·唐代에는 예부에 이를 귀속시켜 제사·천문·漏刻·國忌·廟諱·卜祝·의약·승적을 관장케 했음.

받아야 한다.

중서문하에서는 칙령에 따라서 각 도에 이 사실을 알렸다. 도성 안의 비구승과 비구니들은 공덕사로부터 매우 엄정한 규제를 받았으며, 또한 사부에서 발행한 도첩이 없는 비구승과 비구니의 수를 조사하여 천자에게 상주했다. 그리고 각 절에 알려 가구들을 옮기도록 했다.

사부의 도첩이 있는 사람들은 모두 군영으로 끌려가 조사를 받았으며 사부의 도첩에 자그마한 하자가 있거나 또는 공덕사에 보관되어 있는 보첩(保牒)4)과 나이가 다른 경우에는 모두 환속되었으며, 특별한 하자가 없는 사람들도 군청에 끌려가 다시 나오지 못했다. 이처럼 각 절에 있는 비구승과 비구니들은 고신(告身)5)이 없는 사람들과 같은 취급을 받았다. 세상 사람들은 '고신을 받지 못한 사람은 이제 비구승이나 비구니로 남을 생각도 못하게 되었으며, 절간에 노비나 전물(錢物)을 가지고 들어가는 사람은 절간을 망칠 징조'라고 말했다.

천자가 다음과 같은 칙령을 발표했다.

선대를 쌓기 위해 흙을 파낸 갱(坑)이 너무 깊어 사람들을 두렵고 불안하게 만드니, 짐은 그것을 메우려 한다. 그런즉 선대에 제사를 올리는 날, 이를 경하하기 위해 재를 마련한다고 거짓으로 알린 다음 양가의 비구승과 비구니들을 좌군에 모두 모이게 한 다음 그 머리를 잘라 토갱을 메울 것이니 어김이 없도록 하라.

검교추밀사(檢校樞密使)인 복 아무개[卜某]가 다음과 같이 은밀히 상주했다.

비구승과 비구니들도 본래는 나라의 백성들입니다. 만약 그들로 하여금 환속하게 하여 각자 생업에 종사토록 한다면 나라에 이익이 될 것인즉, 바라옵건대 그들을 [죽음의 구덩이로] 몰아넣을 필요는 없을 것입니다. 바라옵건대 본사(本司)에 칙령을 내리시어 그들을 모두 환속시키고 각기 고향에 돌아가 읍역(邑役)에 종사토록 하옵소서.

4) 保牒 : 保外僧과 保內僧에 관한 기록.
5) 告身 : 당시 서민에게 주어지던 신분증.

황제는 고개를 끄덕이더니 얼마의 시간이 지나자,

"그대의 말대로 하리라."

하고 말했다. 각 절의 비구승과 비구니들이 그 말을 듣자 넋을 잃고 어찌할 바를 몰랐다.

나는 환속해서 일본으로 돌아가고 싶다는 뜻의 공문을 관청에 제출했다. 공덕사는 공문을 받고서도 아무런 처분이 없이 다만 안부를 묻는 공문만 빈번하게 보내왔다. 공덕사는 각 절에 공문을 보내어 칙령에 따라 [승려들을] 규제할 것이며, 비구승이나 비구니가 절 밖에 나가는 것을 허락하지 않는다는 뜻을 전했다. 관가에서는 마을 사람 대여섯 명을 보내어 절간의 문을 지키도록 하여 비구승이나 비구니가 절 밖을 나가지 못하도록 했다. 만약 이를 어기는 자가 있으면 강유(綱維), 삼로(三老),[6] 전직(典直)[7]은 물론 문지기까지 척장 20도를 때리고 절을 빠져나간 중이나 비구니는 그 자리에서 죽이도록 했다.

좌우신책군은 천자의 호위군으로 매년 10만 명의 군사를 보유하고 있다. 예로부터 군주는 신하로부터 반란을 겪는 일이 허다했는데, 이 군대를 창설한 이래로는 누구도 감히 왕위를 뺏으려고 넘보지 못했다. 천자는 그들에게 어인(御印)을 준다. 중위가 처음 임명될 때마다 칙령에 따라 병마가 나아가 어인을 받는다. 그들은 그 밖의 공무도 수행하는데 남사(南司)[8]의 관할을 받지 않는다.

4월

4월 초에 양 군에게 어인을 반납하라는 칙령이 있었으나, 중위가 반납하려고 하지 않자 이를 독촉하는 칙령이 두세 번 있었다. 양군에게서 어인을 받아 이를 중서성과 문하성에 주어 이들이 손을 잡아 양군을 관할케 함으로써 이들로 하여금 모든 것을 처리토록 하려는 것이 천자의 뜻이었다. 좌군 중위는 어인을 반납한다고 했지만, 우군 중위는 어인의 반납을 수긍하지 않

6) 三老 : 본래는 100세, 80세, 60세의 노인을 의미하나 여기에서는 60세 이상의 長老僧을 의미함.
7) 典直 : 典座僧을 의미함.
8) 南司 : 唐代의 중서성과 문하성을 의미한다. 상서성의 삼성은 황성의 남쪽에 있었기 때문에 南衙 또는 南司라고 불렀으며 內侍省은 황성의 북쪽에 있었으므로 北司라고 불렀다. 南司에는 宰相府가 있었고 北司에는 宦官들이 있었다.

더니 끝내는 '어인을 받던 날도 병마가 마중을 나가 받았으니 그것을 반납하는 날도 모름지기 병마를 보내어 반납하겠다.'고 상주했다. 중위의 속마음은 만약 천자가 이를 허락하면, 이를 빌미로 병마를 동원하여 이상한 것을 저지르려는 것이었다. 그리고 그는 병마를 장악하고 있는 사람에게 이 일을 은밀히 준비하라고 명령했다. [이 사실을 안] 천자는 두려운 나머지 어인의 반납을 취소했다.

들자니 공덕사가 비구승과 비구니의 환속 문제를 논의했다고 한다. 처음에는 30세 이하[9]를 모두 환속시키기로 했고, 그다음에는 50세 이하를 환속시키기로 했고, 다음에는 50세 이상으로서 사부(祠部)의 도첩이 없는 사람을 환속시키기로 했다. 세 번째 단계로는 사부에서 발행한 도첩을 조사하여 하자가 있는 사람을 환속시키고, 마지막 단계에는 사부의 도첩이 있는 사람도 모두 환속시켜 비구승과 비구니를 모두 없앤다는 것인데, 이와 같은 논의는 전국적으로 같다.

4월 1일

이상과 같은 칙령에 따라서 1일부터 40세 이하의 비구승과 비구니를 환속시켜 고향으로 돌려보냈으며, 매일 300명이 환속했다.

4월 15일

40세 이하의 비구승과 비구니가 바야흐로 사라졌다.

4월 16일

이날로부터 50세 이하의 비구승과 비구니가 환속했다.

5월 10일

이날이 되니 50세 이하의 비구승과 비구니가 바야흐로 모두 사라졌다.

5월 11일

9) 이하의 내용으로 볼 때 40세의 誤記로 보임.

50세 이상으로서 사부의 도첩이 없는 승려들을 환속시켰다. 지난해 이래로 비구승과 비구니를 규제하면서 흠 있는 행위를 했거나 불법을 지키지 않은 자들을 뽑아 환속시켜 고향으로 돌려보냈는데, 금년에는 행실이 고결하든 흠이 있든 가리지 않고, 험승(驗僧)[10]이나 대덕이나 궁중 승려를 가리지 않고 그들의 차례가 돌아오면 즉시 환속시켰다.
　천자는 이미 환속한 사람의 수효가 얼마며, 아직 환속하지 않은 사람의 수효를 자주 물어 그 수효를 늘릴 것을 재촉했다. 외국인 승려들은 아직 규제에 포함되지 않았었지만, 공덕사가 취재(取裁)를 별도로 상주하자 천자가 칙령을 내리기를, '외국인 중으로서 사부의 도첩을 갖지 않은 사람도 역시 강제로 환속시켜 본국으로 보내라'고 했다.
　서역 북인도의 삼장인 난타(難陀)는 대흥선사(大興善寺)에 있는 승려이며, 남인도의 삼장인 보월(寶月)과 그의 제자 4명은 중(中)인도에서 대성하여 지념(持念)[11]의 대법을 이해하고 불법을 지킴이 정성스럽고, 불경을 깊이 이해하는 승려로서 청룡사(靑龍寺)에 머물고 있는데, 이들도 모두 당나라의 사부에서 발행한 도첩을 가지고 있지 않다. 신라의 승려들 가운데도 도첩을 갖지 않은 사람이 많으며, 일본에서 온 나와 이쇼(惟正) 역시 당나라의 사부에서 발행한 도첩을 가지고 있지 않다.
　공덕사는 칙령에 따라 우리들을 환속의 예에 포함시켰다. 또한 그들은 '만약 비구승이나 비구니 가운데 환속을 따르지 않는 자가 있다면, 칙령을 위반한 죄를 적용하여 그 자리에서 죽이리라'는 공문을 각 절에 보냈다. 이 칙령을 들은 우리들은 문서, 우리가 필사한 불경, 지념에 관한 교리, 그리고 만다라 등을 짐 속에 쌌다. 문서와 옷가지 등은 모두 네 보따리였다. 우리는 곧 나귀 세 마리를 사서 관가의 처분이 내려오기만을 기다렸다. 환속되는 것이 걱정스러운 것이 아니라 우리가 필사한 불경들을 가져가지 못할까 걱정스러웠다. 또한 칙령으로 불교를 금하는 터이니 고국으로 돌아가는 길에 주나 부에서 우리의 짐을 검사하고 칙령을 어겼다는 죄를 씌우지나 않을까 두려웠다.

10) 驗僧 : 靈驗한 승려를 의미하는 것으로 보임.
11) 持念 : 持는 陀羅尼 곧 眞言을 뜻한다.(보통은 持明이라 표기) 따라서 持念이란 진언을 염송하는 일을 뜻함.

5월 13일

공덕사의 공문이 왔다. 이 절에 사부의 도첩을 갖지 않은 승려가 39명인데, 그 가운데도 일본의 승려 2명이 있었다. 지난번에 환속한 임종신(林宗信)이 찾아와 사정을 상의하기에 함께 변주(汴州)로 갈 것을 허락했는데, 변주는 장안에서 1천 4백 리 떨어진 곳이다. 그의 뜻이 너무도 간곡하기에 그를 막지 못했다. 삼강과 삼로 등이 찾아와 함께 걱정하며 이렇게 말했다.

"불법을 얻기 위하여 멀리서 왔다가 이제 이렇게 천자로부터 난을 겪어 환속을 면할 수 없게 되었습니다. 예로부터 불법을 구하던 사람은 모두 어려움을 겪었습니다. 바라옵건대 평안하십시오. 이와 같은 환란을 겪지 않았더라면 본국에 돌아가지 못했을 것입니다. 장차 불법을 얻어 본국으로 돌아갈 수 있게 되었으니 오히려 기쁘고, 이 또한 본래 원하던 바와 부합되는 것입니다."

도유나승(都維那僧) 법우(法遇)가 단감상(檀龕像)[12] 하나를 귀국 선물로 주었다. 저녁나절에 우리는 절의 스님들에게 작별 인사를 드리고 여염의 옷으로 갈아입었다.

5월 14일

이른 아침에 경조부(京兆府)에 들어가 공문증명서를 신청했다. 이것이 없이는 귀국길에 어려움을 겪을는지도 모른다는 두려움이 생겼다. 서역에서 온 삼장 등 7명도 경조부(京兆府)에 와서 공문증명서를 신청했다. 부사(府司)[13]는 두 통[14]의 증명서를 써서 길을 통과하도록 해주었다. 회창 원년[841년] 이래 공덕사를 통하여 귀국을 신청하는 편지를 제출한 것이 백 번도 넘는다. 또한 우리는 오래 전부터 유력 인사를 통해 뇌물까지 주었지만 귀국할 수가 없었다. 이제 비구승과 비구니들이 환속하는 법난(法難)[15]을 당하여 바야흐로 귀국하게 되니 한편으로는 슬프고 한편으로는 기쁘다.

좌신책군의 압아이며, 은청광록대부(銀青光祿大夫)이며, 검교국자(檢校國

---

12) 檀龕像 : 白檀 등의 나무로 작게 깎아 가슴 속에 품고 다닐 수 있도록 佛龕에 담은 불상.
13) 府司 : 京兆府의 관리.
14) 판본에 따라 兩道 · 兩通으로 되어 있으나 문맥으로 볼 때 여기에서는 圓仁과 惟正을 위한 兩通(두 통)이 맞는 것으로 보임.
15) 法難 : 종교 박해.

子)의 좨주(祭酒)[16]이며, 전중감찰시어사(殿中監察侍御史)[17]이며, 상주국(上柱國)[18]인 이원좌(李元佐)는 우리의 귀국을 요청하는 문제를 담당하여 거의 2년 동안이나 서로 알고 지내던 터였기 때문에 정이 두텁게 들었다. 그는 우리 나그네의 살림 중에서 부족한 것을 모두 채워주었다. 공덕사가 불심이 없는 사람이었기 때문에, 우리가 귀국 문제를 상의해도 허락하지 않았다. 경조부에 머무는 동안 이원좌는 또한 음식과 담요를 주는 등 도움이 간곡했다.

5월 15일

경조부를 떠나 만년현(萬年縣)에 이르니 부가(府家)[19]는 사람을 보내어 맞이해 주었다. 대리경(大理卿)[20]이자, 중산대부(中散大夫)[21]이며, 천자로부터 자금어대(紫金魚袋)[22]를 하사받은 양경지(楊敬之)는 일찍이 어사중승(御史中丞)[23]에 임명된 사람인데, 전사(專使)[24]로 하여금 우리를 찾아보고 언제 떠나며 어느 길로 갈 것인가를 묻고 아울러 단차(團茶)[25] 한 묶음을 선물했다. 현(縣)에 있으면서 그에게 감사의 글을 보냈다.

내공봉인 담론대덕(談論大德)[26]은 지난해에 고향으로 돌아갔다가 소식이 없더니 이번에 몰래 돌아와 삭발한 머리를 감추고 양경(楊卿)의 집에 숨어 있다. 그는 동자승인 청량(淸凉)으로 하여금 나에게 편지를 전하게 했는데, 글에는 은밀히 송별하는 말이 들어 있었다. 마음이 몹시 비감하다. 우리 절에서 『유마경』과 『백법(百法)[27]을 강의하던 좨주(座主) 운서(雲栖)와 『열반경』을

---

16) 檢校國子의 祭酒 : 國子學[監]의 장관으로서, 오늘날의 문교장관에 해당함.
17) 殿中監察侍御史 : 官中儀禮長官.
18) 정이품의 벼슬.
19) 府家 : 현청의 관리.
20) 大理卿 : 司法卿.
21) 中散大衆 : 文散官 정오품 직.
22) 魚錢 : 唐·宋代의 물고기 모양의 장식이 붙어 있는 주머니로서 오품 이상의 관리가 가지고 다니면서 자기의 신분을 표시했는데, 품위에 따라서 색깔이 달랐다.
23) 御史中丞 : 사법성의 차관직.
24) 專使 : 특별히 심부름을 보낸 使人.
25) 團茶 : 茶葉을 쪄서 부수어 경단처럼 환으로 만들어 두었다가 마실 때는 탕수에 담가 마시는 茶.
26) 資聖寺의 知玄을 의미하는 것으로 보임.
27) 『百法』: 唯識宗에서 세상의 만상을 설명하는 데 쓰는 백 가지 용례로서 心法(8), 心所有法(51), 色法(11), 不相應行(24), 無爲(6) 등이다.

강의하던 좌주 영장(靈莊)은 이미 40세 이하의 예에 따라 환속했다. 그들이 이제 삭발한 머리를 가리고 여염의 옷을 입은 채 현으로 왔기에 서로 만났다.

시어사(侍御使) 이원좌가 자기 생질인 원십삼랑(阮十三郎)과 함께 와서 안부를 물었다. 일행은 우리의 여행 짐을 채근해 주고 털모자 등을 사가지고 왔다. 그들은 절로 들어가 문서와 보따리를 살펴보았다. 운서 좌주 역시 보따리를 맡아 정리해 주었지만, 이들을 가져가지 못할까 두렵다.

저녁나절에 성을 나섰다. 현의 관리가 사람을 보내어 성으로부터 80~90리 떨어진 조응현(照應縣)28)까지 전송해 주었다. 시어사 이원좌와 운서 좌주도 춘명문(春明門) 밖까지 전송하면서 그곳에서 함께 차를 마셨다. 양[경지]가 인편에 편지를 보냈는데, 그 내용은 다음과 같다.

> 제자가 편지 5통과 수서(手書)29)를 썼사오니 앞으로 가시는 길의 주와 현에서 일하고 있는 지난날의 동료 벼슬아치들에게 보여주십시오. 이 편지를 가지고 가시면 도움이 되는 바가 있을 것입니다.

직방낭중(職方郎中)30)이며 비어대(緋魚袋)를 하사받은 바 있는 양노사(楊魯士)31)도 전에 만나본 적이 있는 사람이었는데, 우리들이 절[資聖寺]에 있을 적에 정중하게 우리를 찾아주었으며, 몇 차례 절로 찾아와 우리들의 생활을 보살펴주고 비단으로 만든 위아래 옷도 선물한 적이 있었다. 이제 그는 아들 편에 우리에게 편지를 보냈다. 그는 길 떠나는 사람을 위해 비단 두 필, 몽정차(蒙頂茶)32) 두 근, 단차 한 묶음, 돈 2관문(貫文), 그리고 앞으로 가게 될 [지방 관리에게 보내는] 편지 두 통과 별도의 편지 한 통을 보내주었다. 우리에게 보시를 해주던 양[경지]도 인편에 비단 1필, 갈포(褐布) 한 단(端), 돈 1천 문을 보내어 노자로 쓰게 해주었다. 우리를 전송해 준 그 밖의 사람들을 모두 기록할 수가 없다.

모든 사람들이 춘명문(春明門) 밖에까지 나와 전송해 주면서 '이곳에서 잠

---

28) 照應縣 : 昭應縣의 誤記. 지금의 臨潼.
29) 手書 : 손수 쓴 글.
30) 職方郎中 : 당시 군사시설의 측량과 통계를 맡은 관리.
31) 楊魯士 : 본명은 楊殷士로서 당시 세도가였던 刑部尙書 楊汝士의 實弟였음.
32) 蒙頂茶 : 四川省 名山縣의 서쪽에 있는 蒙山에서 재배되는 유명한 茶.

시 머무르자'33)고 말했다. 양[경지]와 이원좌는 돌아갈 생각을 하지 않고, 장락파(長樂坡)까지 5리나 따라오더니 한 객점에서 하룻밤을 함께 묵으며 얘기를 나누었다. 이원좌는 다시 작별의 선물을 내어놓는데, 소오릉(少吳綾)34) 열 필, 단향목(檀香木) 한 개, 단감상(檀龕像) 두 개, 화향(和香) 한 병, 은(銀)으로 만든 오고발절라(五股拔折羅)35) 한 개, 털모자 두 개, 은으로 새긴 『금강경』한 권(이것은 지금 일본의 궁궐에서 볼 수 있음),36) 부드러운 신발 한 켤레, 돈 2관문 등인데, 그 수량은 별도의 종이에 적어놓았다. 그가 보여준 석별의 정은 참으로 정중했다. 그는 이렇게 말했다.

"제자인 이 몸은 복이 많아 멀리서 불법을 구하기 위해 오신 스님을 만나 여러 해 동안 모셨으나, 마음속에는 오히려 부족함이 많습니다. 저는 일생토록 화상의 곁을 떠나려 하지 않았으나 이제 화상께서 법난을 당하여 본국으로 돌아가시게 되었으니, 이 제자는 이제 이승에서는 다시 뵐 수 없으리라고 생각됩니다. 그러나 부처님의 정토(淨土)에 가면 다시 오늘과 같이 스님의 제자가 될 것입니다. 화상께서 성불하시는 날 이 제자를 잊지 마소서."

그리고 그는 다시 말을 이었다.

"스님께서 입고 계신 가사를 이 제자에게 벗어주소서. 집으로 가져가 평생토록 향을 피우며 공양하겠습니다."

그 말을 듣고 나는 가사를 벗어 그에게 주었다. 원십삼랑 역시 우리와의 인연을 지극히 소중하게 생각했다.

5월 16일

이른 아침에 작별 인사를 하고 길을 떠났다. 당나라 승려 19명도 함께 떠났다. 저녁나절에 조응현에 이르러 묵었다. 우리의 일행 가운데는 스무 살 된 승려가 하나 있었다. 그는 장안에서 태어났으며, 그의 부모 형제자매들은

33) 판본에 따라서는 이 대목이 '留斯分矣' 또는 '留期分矣' 등으로 같지 않다. '留期分矣' 일 경우에는 長安 京東門 동쪽 3km지점에 있는 지명이 된다.
34) 少吳綾에 대해서는 '吳綾(비단) 약간' 이라고 보는 견해와 '少吳綾' 이라는 비단이 있었다는 견해가 있다.
35) 오고발절라(五股拔折羅): 끝이 다섯 갈래로 갈라진 창으로서, 이를 가지면 백 가지 마귀를 물리칠 수 있다고 함.
36) 이 대목은 아마 후대의 筆耕이 써 넣은 것으로 보임.

아직도 그곳에 살고 있다. 그는 어린 나이에 불문에 들어가 대천복사에서 신라의 승려를 모시는 상좌승이 되었다. 승려들이 법난을 당하자, 그는 신라의 승적에 올라 그제서야 그 절에서 살 수 있었다. 관가에서는 그의 도첩이 신라승이라는 사실에 따라서 그를 신라로 추방하려 했다.

그는 관가에서 자신의 입장을 설명하려고 백방으로 노력했지만 추방을 면할 수 없었다. 가족들이 몸부림을 쳤지만 거리에서 헤어져 조응현으로 끌려가 그곳에서 묵었다. 우리 일행이 오전 4시경에 떠나는데, 그 승려는 몰래 도망하여 우리 일행은 그를 볼 수 없었다. 조응현에 이르러 날이 밝아서야 그가 없어진 것을 알았다. 관가의 역부(役夫) 3명 가운데 2명이 길을 나누어 그를 찾았으나 종일토록 찾지 못했다. 그가 이미 장안에 있는 자기 집으로 돌아가서 숨어 있음을 안 관가에서는 그를 체포하도록 부에 요청했다.

5월 22일

동관(潼關)을 지났다. 이곳은 이 나라의 목[咽喉]에 해당하는 곳이다. 위남현(渭南縣), 화음현(花陰縣), 영녕현(永寧縣)은 모두 양경지의 편지가 있었기에 무사히 지나갔다.

6월 1일

동도(東都)37) 최 태부(崔太傅)의 집에 이르러 양경지의 편지를 전했다. 태부는 특별히 사람을 보내어 안부를 묻고 비단 한 필을 선물했다.

6월 9일

정주(鄭州) 자사 이 사인(李舍人)38)의 처소에 이르러 양경지의 편지를 전했으며, 임(任) 판관의 처소에서도 역시 양경지의 편지를 전했다. 그의 편지를 가지고 주로 들어가 자사와 판관을 만나니 우리를 대접함이 정중했다. 이 주의 장사(長史)39)인 신문욱(辛文昱)은 지난날 전중감찰시어사(殿中監察侍御史)로서 자금어대(紫金魚袋)를 하사받았다. 그는 장안에 있을 적에 우리에

---

37) 東都 : 洛陽.
38) 舍人 : 중서성에서 詔勅을 기초하던 정오품의 관직.
39) 長史 : 州刺史의 副官.

게 오랫동안 음식을 제공한 바 있어 깊이 정이 들었는데, 지난해에 정주 자사로 부임했다. 이제 이곳에서 그를 만나니 희비가 엇갈린다. 그는 각별히 우리의 안부를 묻고 자기 집으로 초대하여 점심 휴식을 취하게 해주었다. 자사는 우리에게 두 필의 비단을 선물했다. 모든 사람들이 이렇게 말한다.

"이곳은 양경(兩京)[40]으로 들어가는 큰길가에 있어서 도움을 청하는 사람이 매우 많습니다. 그 나그네들을 일일이 보살피지는 못하지만, 그가 고관이 아니고 평범한 벼슬아치일지라도 태도가 정중하면 한 필의 비단을 선물로 줍니다. 이제 스님께서는 두 필의 비단을 받았으니, 이는 자사께서 각별한 정을 가지고 있음을 뜻합니다."

임 판관은 염색한 비단 한 필을 선물했으며, 신(辛) 장사는 갈삼(褐衫)[41]을 만들어 가지고 왔다. 재를 마치고 주청을 떠나 숙소로 돌아왔다. 신 장사는 비단 한 필, 배띠[袜肚]한 개, 땀받이 갈삼[汗衫], 그리고 편지 한 통을 인편으로 보냈는데, 편지의 내용은 '곧 찾아가 뵙고 작별 인사를 드리고자 하오니 잠시 기다려 주십샤' 는 내용이었다. 그러나 현가에서 이미 완고한 사람을 보냈기 때문에 기다리지 못하고 떠났다. 15리를 가다가 서쪽을 바라보니 신 장사가 말을 타고 달려오는데 삼대행관(三對行官)[42]이 그 뒤를 따라오고 있었다. 우리는 토점(土店)[43]에 들어가 차를 마셨다. 여러 가지 얘기를 나눈 끝에 헤어지며 그는 이렇게 말했다.

"이제 이 나라에는 불법이 사라졌습니다. 그러나 예로부터 말했듯이 불법이 동쪽으로 흘러 스님께서 힘을 쓰시어 일찍이 일본에 돌아가 널리 불법을 전하시기 바랍니다. 이 제자는 복이 많아 스님을 여러 번 뵈었으나 이제 헤어지면 이승에서는 다시 뵈올 수 없을 것입니다. 스님께서 성불하셨을 때 바라옵건대 이 제자를 버리지 마옵소서."

6월 13일
변주(汴州)의 절도부사(節度副使) 배 낭중[裵郎]의 처소에 이르러 양[노사

40) 兩京 : 장안과 낙양.
41) 판본에 따라서는 褐衫과 楊衫 등으로 표기가 다르다. 전자일 경우에는 '갈돈옷' 이며, 후자일 경우에는 '등거리' 의 뜻이다.
42) 三對行官 : 參對 · 參從 · 參承으로서 隨行과 호종을 맡았다.
43) 土店 : 동네의 가게.

낭중(郎中)의 편지를 전했고 죽(竹) 병마사(兵馬使)의 처소를 찾아, 양[경지] 경(卿)의 편지를 모두 전했다. 배 낭중은 정중하게 안부를 묻고, 행관(行官) 한 명을 보내어 짐 보내는 일을 채근해 주었다. 병마사는 주청에 없어서 만나보지 못했다. 배 낭중이 배 한 척을 빌려주기에 곧바로 진류현(陳留縣) 서쪽에 배를 대고 현에서 공문이 내려오기를 기다렸으나 오지 않았다.

관물과 사물을 이미 배에 실었기 때문에 더 이상 기다리지 못하고 먼저 변하(汴河)를 떠났다. 길을 가면서 매 현에 들를 적마다 배를 빌리지 않을 수 없었다. 변주를 지나 강을 따라 길을 내려오는데, 인심이 흉악하여 마치 변하의 혼탁한 급류를 마시는 것과 같았다. 장안에서 받은 공문에는 여행길의 양식에 관한 언급이 없었으나 우리는 양식을 가지고 다녀야만 했다.

6월 22일

사주(泗州)[44]에 이르렀다. 이곳은 서주절도부(徐州節度府)의 관할을 받는다. 사주의 보광왕사(普光王寺)는 천하에서 가장 유명한 곳이다. 오늘날에는 이 절의 장원, 재물, 노비가 모두 관가에 몰수되었다. 절 안은 적막하고 사람의 왕래가 없었다. 주사(州司)는 칙령에 따라서 이 절을 허물려고 한다.

6월 23일

회수(淮水)를 건너 후이현(盱眙縣)[45]에 이르니 이곳은 초주로부터 동쪽으로 2백 리 되는 거리이다. 이곳으로부터 초주로 가서 배를 타고 바다를 건너려는 것이 우리의 본래의 계획이었다. 그러나 현가(縣家)에서는 [초주로 가는 대신에] 양주로 가라고 했다. 우리는 관가에 글을 올려 우리의 뜻을 설명했지만, 현가에서 도리에 맞지 않는 말을 하기에 양주로 가지 않을 수 없었다. 후이현으로부터 양주에 이르기까지 9개의 역을 지나면서 물길을 지나지는 않았다. 매 역마다 나귀를 빌려 문서 보따리를 옮겼다.

길에서 배 사인(裵舍人)을 만났다. 그는 일찍이 해주 자사로 있었으나, 금년 봄에 태주 자사로 좌천되었다가 다시 한림박사(翰林博士)[46]로 경질되었

---

44) 원문에는 西州로 誤記되어 있음.
45) 판본에 따라서 盱眙縣, 盱貽縣 등으로 표기가 다르다.
46) 翰林博士 : 唐代에 詔書의 起草를 맡은 관직.

으며, 다시 이곳 외지의 사마(司馬)⁴⁷⁾로 좌천된 것이다. 그는 나를 만나 이렇게 말했다.

"저는 5월 29일에 장안을 떠났습니다. 장안에 있을 적에 도성 안의 비구승과 비구니들은 모두 환속했습니다. 칙령에 따라서 각 절에는 삼강만이 남아서 재물을 정리하면서 관가에서 재물을 몰수해 가기를 기다리고 있습니다. 그 뒤에는 그도 환속할 작정입니다.……여러 절들이 이미 파괴되기 시작했고, 장경사(章敬寺)·청룡사(靑龍寺)·안국사(安國寺) 등 새 절은 대궐의 정원으로 편입되었습니다."

6월 28일

양주에 이르렀다. 성 안의 비구승과 비구니들을 보니 삭발한 머리를 천으로 싸매고 고향으로 돌아가고 있었다. 절의 금전이 될 물건과 장원, 종 등이 관가에 몰수되었다. 최근에 칙령에 따라서 공문이 왔는데, 그 내용을 보면 '전국의 동불(銅佛)과 철불(鐵佛)을 모두 녹여 그 무게를 달아 염철사(鹽鐵司)에 넘기고 그 내역을 적어 상주하라'는 것이었다. 강도현(江都縣)에서 사람을 보내어 우리를 강양현(江陽縣)으로 보내려 하기에 뇌물을 주고 초주로 가기를 청했더니, 현가에서 우리를 초주로 보내주었다. 고우현(高郵縣)과 보응현(寶應縣)을 통과했다.

7월 3일

초주에 이르렀다. 먼저 신라방을 찾아가 총관이며 이주의 동십장(同十將)인 설[전](薛詮)과 신라의 통역인 유신언을 만났다. 그들은 우리를 보자 정중하게 안부를 물었다. 문서 상자를 배편으로 유신언의 집으로 옮겼다. 그런 다음 산양현(山陽縣)으로 들어가 우리의 뜻을 담은 공문을 제출했다. 그 내용은, 일본의 조공사들이 모두 이곳에서 배를 타고 바다를 건너 귀국한다는 것과 우리 일행도 이곳에서 귀국하고자 하니 이곳에서 배를 탈 수 있도록 허락해 달라는 내용이었다. 그러나 현사(縣司)는 우리의 청을 허락하지 않았다. 그는 이렇게 말했다.

47) 司馬 : 州의 軍事官.

"이 주는 바다에 연접해 있는 곳이 아닙니다. 스님은 칙령에 따라 이미 이 곳을 지나가도록 허락받았을 뿐이지 이곳에 머물 수는 없습니다. 그러므로 모름지기 바다에 연접해 있는 등주로 가서 그곳에서 귀국선을 타는 것이 옳을 것입니다."

신라의 통역인 유신언이 스스로 현가를 찾아가 이 문제로 뇌물을 쓰고 현령으로 하여금 일이 성사되도록 부탁했으나 현령은,

"이곳은 법도를 엄히 지키는 곳이며, 상공인 이신(李紳)의 관할 구역으로서 이틀을 머무는 일조차 칙령을 어기는 죄를 범하는 것입니다."

라고 대답했다. 현사의 대답이 사리에 맞지 않았다. 설전 대사와 통역인 유신언이 주청으로 들어가 일을 도모해 보았지만 그들은 들어주지 않았다. 이틀 동안 온갖 계책을 써 보았지만 일을 이루지 못하고 이곳을 지나갈 수밖에 없었다. 산양현의 현사는 유신언의 어려움을 알지 못하는 바는 아니었지만, 모든 계책이 수포로 돌아갔다. 그는 이렇게 말했다.

"만약 스님들께서 남쪽으로 가고자 한다면 남쪽으로 보내드릴 것이고 북쪽으로 가고자 한다면 북쪽으로 보내드릴 것입니다. 그러나 이곳에 머물면서 배를 구하고자 한다면 그것은 현사인 나의 능력을 벗어나는 것입니다."

그의 말을 들으니 더 이상 말을 할 수 없어 등주로 가도록 허락해 달라고 요청했다. 등주는 당나라 동북 지역 끝에 있는 곳으로서 초주로부터 1,100리의 거리에 있다. 현가에서는 공문과, 우리를 등주까지 데리고 갈 사람을 보냈다. 설전 대사와 유신언은 우리를 신라방에 머물게 했다가 이곳에서 귀국하도록 만들어 주고 싶어 했지만, 주와 현이 이를 허락하지 않게 되자 머물지 못하는 사실에 대하여 마음 아프게 생각했다.

7월 5일

저녁나절[48]에 현가의 일꾼(家丁)들과 함께 유신언의 집으로 갔다. 그는 3백 문의 돈을 일꾼들에게 주면서 다음과 같이 사사로운 부탁을 했다.

"스님들께서는 이 한더위에 먼 길을 왔기 때문에 이미 지쳐 있습니다. 그분들이 저희 집에 2~3일 동안 묵으면서 쉬게 해드리고 싶습니다. 여러분께

48) 판본에 따라서 晩際 또는 曉際 로 각기 다르다.

서는 댁으로 돌아가셨다가 8일 아침에 일찍 오시지요."

  일꾼들은 부탁을 듣고 돌아갔다. 설 대사와 유신언은 온갖 정성으로 우리를 보살펴 주었다.

  듣자니 초주로부터 등주에 이르기까지의 길은 모두 산과 광야이며, 초목이 울창하고 모기와 말파리가 비오듯 한다고 한다. 뿐만 아니라 종일 산을 넘고 들을 걸어야 하며, 마을은 멀어 민가는 보이지 않는데 더구나 인심까지 흉악하며, 70~80리를 가야 겨우 민가 한두 채가 보여 사람들로 하여금 두렵게 만든다는 것이다. 만약 앞으로 문서 보따리를 지니고 가면서 그것이 우리들의 물건이라고 말했다가는 그들로부터 약탈을 당하여 [그동안의 일을] 그르치지나 않을까 두렵다. 더구나 지금 불교는 칙령으로써 금지되어 완전히 없어졌고, 북쪽의 주·현은 인심마저 흉악한데 불상을 가지고 가는 것을 보면 그들은 틀림없이 우리를 막을 것이요, 우리는 칙령을 위반한 죄를 짓게 될 것이다.

  그리하여 나는 유신언과 상의하여 장안에서 가져온 불경, 공덕정(功德幀)[49] 승복 등 모두 네 보따리를 유신언의 집에 맡겨 두고 잘 보관해 달라고 부탁했다. 나는 그에게 이렇게 간곡히 부탁했다.

  "만약 우리가 등주에 도착하여 그곳에 머물게 되면 그때 편지를 보내어 요청하겠습니다. 만약 그렇지 못하고 이곳에 오래 보관하게 되면 잘 간수하여 유실이 없게 해주십시오."

  유신언은 이에 찬성하고 우리의 짐을 특별한 곳에 정리해 두었다. 설 대사는 버선 세 켤레를 선물했고, 유신언은 비단 9필, 신라의 칼 열 자루, 버선 다섯 켤레, 그리고 그 밖에 적지 않은 준비물들을 선물했다. 회남도(淮南道)의 양주와 초주 마을은 인심이 간악하여 도무지 믿을 수가 없다. 어떤 사람이 유신언에게 다음과 같이 말했다.

  "일본에서 함께 건너온 배 3척이 강남도(江南道) 상주(常州)의 해안에 도착했는데, 그곳은 여기에서부터 3천여 리 떨어져 있습니다. 그들은 배를 팔고 따로 당나라 배를 빌려 자신들의 짐을 싣고 오려고 합니다. 그들은 아마도 회창 3년[843년]에 엔사이 사리의 제자들을 싣고 갔던 배가 돌아온 것이 아닌

---

49) 功德幀 : 曼茶羅畵를 뜻함.

가 생각합니다. 이제 우리는 사람을 보내어 알아볼까 합니다. 또한 일본의 에가쿠(惠蕚) 사리의 제자가 회창 2년[842년]에 오대산을 순례할 때 필요한 물자를 구하기 위하여 이인덕(李隣德)의 배를 타고 일본으로 돌아가 해마다 물자를 보내주었는데, 이번의 법난을 당하고 환속하여 초주에 있습니다."

나는 특별히 엔사이 상인의 소식을 물어보았지만 아무도 아는 사람이 없었다.

7월 8일

길을 떠나다. 유신언이 등주를 떠난 뒤 가는 길목의 마을 사람들에게 우리를 보살펴주고 도와달라는 편지를 써주었다. 배를 타고 회수(淮水)로 들어갔다.

7월 9일

재를 올릴 무렵이 되어 연수현(漣水縣)에 이르렀다. 이 현은 사주(泗州)의 관내에 있다. 초주의 통역[劉愼言]이 연수에 살고 있는 주민들에게 편지를 보내어 우리를 보살펴 주고 그곳에 머무는 일들을 부탁해 두었기 때문에 이 현에 도착해서 우리는 먼저 신라방을 찾아갔다. 신라방의 사람들은 우리를 만나서도 정중하지 않았다. 우리는 총관 등을 찾아가 그들이 우리를 알아보아 주기를 간절히 바랐지만 모든 일이 어렵게 되어갔다.

우리는 최훈십이랑(崔暈十二郎)을 만났다. 그는 일찍이 청해진병마사(淸海鎭兵馬使)를 지낸 사람으로서 우리가 등주 적산원에 있을 적에 한 번 만나 이름을 적어준 적이 있었다. 그는 그때 이렇게 말했다.

"스님께서 불법을 얻어 일본으로 돌아갈 때 반드시 이 편지를 가지고 연수에 도착하시면 제가 함께 일본으로 모시고 가도록 최선을 다하겠습니다."

이렇게 서로 약속을 한 뒤 그 사람[崔]은 신라로 돌아갔다가 그곳에서 국난(國難)[50]을 만나 도망하여 연수에 머무르고 있었다. 이제 다시 만나 서로를 알아보고 첫날의 정이 되살아나, 우리가 이곳에 머물 수 있는 방법을 백방으로 생각해 보았다. 우리는 우리가 [머무는 것을] 허락받을 수 있는 길을 열심히 찾아보았고 [총]관(總管) 등도 이 문제를 깊이 생각해 보았다.

---

50) 新羅 文聖王 연간(845~846년)에 있었던 張保皐와 왕실과의 갈등을 의미함.

결국 우리는 현가로 들어가 장관을 만나서, 우리가 이 현의 신라방에 머물면서 배를 구하여 귀국할 수 있도록 해달라고 부탁했다. 장관은 우리를 보자 불쌍히 생각하여 지승인(祇承人)51)을 불러 이 일을 처리하도록 하는 한편, 먹고 마실 것을 마련하라고 명령했다. 또한 그는 우리를 불러 신라방에 관해서는 일찍부터 아는 바가 있었느냐고 물었다. 우리는 이렇게 대답했다.

"지난 개성 4년[839년]에 일본의 조공사가 초주로부터 귀국할 때 초주와 이 현에서 모든 사람을 뽑아 썼기 때문에 당연히 아는 바가 있습니다."

장관은 지승인에게 지시를 내리면서 이렇게 말했다.

"이 스님들이 신라방에 도착했을 때, 만약 이들을 알아보는 사람이 있으면 그들로 하여금 [사실을 확인하는] 편지를 가져오게 하고, 만약 알아보는 사람이 없으면 이 스님들을 데리고 오도록 하라."

그리하여 우리는 그 현의 사자(使者)와 함께 신라방에 도착했다. 총관 등은 우리를 받아들이고자 했으나, 전지관(專知官)이라는 사람이 별도로 있어 우리를 받아들이지 않았다. 결국 우리들은 [우리를 알아보는 사람이 있다는] 사실 확인서를 만들 수가 없어 [연수]현으로 되돌아왔다. 장관은 우리가 대선사(大善寺)에 잠시 머물도록 결정했다. 우리는 그곳에서 사흘 동안 머물면서 쉬었다. 최훈십이랑이 우리를 돌보아주었다. 우리는 현가로부터 공문과, 우리를 수행할 사람을 받아 해주로 떠났다. 최훈십이랑이 배를 빌리고, 양식, 그릇, 채소 등 모든 것을 마련해 주었다. 헤어지면서 그는 이렇게 말했다.

"제자인 이 몸은 바라옵건대, 스님과 함께 이곳에 머물다가 이곳에서 스님을 귀국하시도록 해드리고 싶습니다. 그러나 모든 사람들이 이를 받아들이지 않고, 또 관청에서 발행한 공문도 이미 기한이 지났으니 저의 노력이 미치지 못하여 저의 본심대로 할 수 없습니다. 그러므로 이번 가을이 지나면 제가 등주로 가서 그곳에서 뵙고자 합니다."

7월 15일

해주에 이르렀다. 현가로 들어가 잠시 머물기를 바라는 글을 제출했는데, 그 내용은 다음과 같다.

51) 祇承人 : 국가에 봉사하는 役所의 小使.

일본의 조공사를 실은 배가 이곳에 도착했다가 이곳으로부터 떠난 적이 있었습니다. 엔닌 등은 사신을 따라 이 나라에 왔다가 이제 귀국하는 길에 절급(節級)[52]이 우리를 이곳으로 데려왔습니다. 이곳은 바닷가이기에 엎드려 바라오니 이곳에 잠시 머물렀다가 배를 구하여 본국으로 돌아갈 수 있도록 허락해 주시기를 바랍니다.

이에 대하여 장관은 다음과 같이 대답했다.

얼마 전에도 신라의 승려가 경조부로부터 이곳에 와서 이 주에 잠시 머물기를 청한 바 있으나, 자사가 이를 허락지 않아 지나쳐간 적이 있습니다. 이제 스님께서도 머물기를 요청하나, 이 또한 허락하기가 어렵습니다. 현사는 그러한 문제에 권한이 없으니 이 일은 모름지기 자사에게 알려야 할 것입니다.

7월 16일

주의 자사를 만나 이 주에서 귀국할 수 있도록 해달라고 요청했지만, 자사는 사리에 맞지 않게 말을 한다. 그는,
"칙령에 따라 [이 주를] 지나갈 수는 있지만, 주사(州司)는 머물기를 허락할 수는 없으니 그리 아시기 바랍니다."
하고 말했다.

7월 17일

길을 떠나다. 해주로부터 북쪽으로는 물길이 없다. 이곳이 비록 바닷가이기는 하지만 바다는 보이지 않는다. 하루 종일 들을 지나고 산길을 걸었다.

7월 18일

해주 관내의 회인(懷仁)에 이르렀다. 인심이 양순하고 나그네를 정중하게 맞아 소란스러움이 없으며, 현사 역시 마음씨가 착하다.

7월 20일

길을 떠나다. 산과 들을 걷는데 초목이 무성하고 만나는 사람이 드물다.

52) 節級 : 官物을 맡아 지키는 벼슬.

하루 종일 산으로 올라갔다가 골짜기로 들어가니 진흙에 빠져 고생스럽기 짝이 없다.

7월 21일
거현(莒縣)에 이르렀다. 이곳은 밀주(密州)의 현사가 관할하는 곳이다. 백성들의 마음씨가 흉악하다.

7월 26일
밀주에 이르렀다. 인심이 매우 흉악하고 온순한 사람을 찾아보기 드물다.

8월 2일
고밀현(高密縣)에 이르렀다. 인심이 곱고 부드럽다.

8월 6일
즉묵현(卽墨縣)에 이르렀다. 이곳은 내주(萊州)의 관할이다. 인심이 양순하여 나그네를 편안하게 해준다.

8월 10일
창양현(昌陽縣)에 이르다. 이곳은 내주의 관할이다. 이곳은 인심이 좋다.

8월 16일
등주에 이르렀다. 새로이 부임한 소단공(蕭端公)을 만나보았다. '주사와 현사는 전국의 금동불상을 거두어 거기에서 금만을 녹여내어 무게를 달아 진상하라'는 칙령이 내려왔다.

해주에서 등주로 가는 길은 가히 다닐 만한 곳이 못 된다. 들판의 길은 좁고, 초목이 덮여 있으며 한 걸음만 나아가도 진흙에 빠져 수없이 길을 잃는다. 만약 길 안내원이 없다면 한 걸음도 나아갈 수가 없다. 들을 나서면 산이요, 산을 나서면 들이다. 언덕은 가파르고 계곡은 깊으며 흐르는 물은 깊고 차가워 그것을 건너려면 뼛속까지 시리다. 산으로 들어가면 하루에 백 번 산을 넘어야 하고, 백 번 물을 건너야 하며, 들로 들어서면 수목이 우거져 조금만 앞서가도 보이지 않아 풀이 움직이는 것을 보고서야 바야흐로 사람이 가는 것을 알 수 있다.

모기와 말파리는 비 오듯이 날아들어 아무리 때려도 물리칠 수 없다. 풀 밑의 진흙은 무릎과 허리까지 올라온다. 길에서 만나는 주와 현은 들판에 솟은 하나의 언덕배기처럼 보인다. 산간의 마을 주민들은 껄끄럽고 딱딱한 음식을 먹으며 소금과 차와 조밥을 먹는데, 삼켜도 넘어가지 않으며 마신즉 가슴에 통증이 온다. 산촌의 풍속에는 일찍이 음식을 익혀 먹은 적이 없고, 오랫동안 오직 냉채(冷菜)만을 먹는다. 귀한 손님에 대한 가장 정중한 대접은 공병(空餠)53)과 냉채를 대접하는 것이 으뜸가는 요리이다.

북쪽으로 한결같이 1천 3백 리를 가는데 모두가 산과 들이다. 비록 바닷가를 가까이 지나고 있음에도 불구하고 일찍이 바다를 본 적이 없다. 등주에 이르니 겨우 바다가 보인다. 등주는 당나라의 동북 지방의 끝에 있는데, 북해(北海)에 베개처럼 뻗어 나와 있다. 주는 바다를 바라보며 있고 주의 성은 바다로부터 1~2리 남짓하게 떨어져 있다.

이곳은 비록 변방이라고 하나 비구승과 비구니를 규제하고, 절간을 헐어 버리고, 불경의 보급을 금하고, 불상을 파괴하고, 절간의 물건을 압수함이 장안과 다름이 없다. 더구나 불상에서 금을 녹여 빼내고, 구리나 쇠로 만든 불상은 부숴버리고 그 무게를 단다고 하니, 어찌 이토록 통한할 일이 있겠는가? 전국에 구리나 쇠로 만든 불상과 금불상이 한도가 있는 것이거늘 칙령으로 모두 파괴하여 먼지가 되고 있다.

봉래현(蓬萊縣)은 문서를 만들어 우리를 모평현(牟平縣)으로 보냈다. 동남쪽 변두리의 해안을 따라 내려가서 강과 들을 지나기 어렵고 산과 언덕이 겹겹으로 싸여 있다.

8월 21일
모평현에 이르렀다. 현의 공문을 얻어 다시 동남쪽 바다로 나아갔다.

8월 24일

53) 空餠: 구멍이 뚫린 빵일 수도 있고 속이 빈 빵일 수도 있다.

문등현에 이르렀다. 산을 넘고 들을 지나는 동안 옷은 모두 해졌다. 현가로 들어가 현령을 만나 이 현의 동쪽 경계에 있는 구당신라소(勾當新羅所)로 가서 목숨을 부지하고 배를 얻어 본국으로 돌아갈 수 있도록 해달라고 애걸했다. 장관은 공문에 따라서 구당신라소로 우리를 보내주었다. 신라소는 이 현의 동남쪽 70리 떨어진 곳에 있는데 문등현 청녕향의 관내에 있다.

8월 27일

구당신라소에 이르렀다. 천자는 평로군절도동십장(平盧軍節度同十將)[54] 겸 등주 제군사 압아(登州諸軍事押衙) 장영(張詠)으로 하여금 문등현에 있는 신라인들을 관할하도록 임명했다. 그의 집으로 찾아가 뵈오니 기쁨을 나타내며 정중하게 안부를 물었다. 지난 개성 5년[840년]에 이 포구(浦口)로부터 오대산으로 들어갈 때 장 대사의 도움을 받은 적이 있다. 그때 그는 이 주와 현에서 공문을 발송하는 문제를 맡아 처리해 주었다.

이제 다시 만나니 또한 정중하게 우리를 맞이해 준다. 나는 현에서 발급한 공문을 건네주며 내가 생각하는 바를 자세히 설명했다. 대사는 우리들이 이곳에 머물면서 귀국할 배를 구하도록 허락해 주었다. 그는 또한 즐거운 마음으로 이렇게 말했다.

"지난번 이곳에서 떠나신 이후 지금까지 소식이 없기에 마음속으로는 벌써 귀국했으려니 생각했었습니다. 다시 이곳에 오시리라고는 생각하지도 않던 차에 다시 만나게 되니 몹시 기쁩니다. 제자인 이 사람은 스님과 커다란 인연을 가지고 있습니다. 저의 관할 구역 안에서는 별다른 일이 없을 것이니 안심하고 쉬십시오. 걱정하실 일이 없습니다. 귀국하시기 전까지는 제가 매일 재를 마련하여 공양코자 하오니 많이 드시고 쉬시기 바랍니다."

그리고 대사는 다음과 같은 공문을 주청에 보냈다.

문등현으로부터 공문을 받았는데, 그에 따르면 일본의 승려 엔닌·이쇼 등 두 명이 경조부로부터 장기 체류를 허락하는 공문을 받아 각주와 현에 한 통씩 돌리고 칙령에 따라서 본국으로 돌아가고자 합니다. 절차에 따라 그들은 이 현

---

54) 同軍將으로 되어 있는 판본도 있다.

에 도착하여 구당신라소로 들어가 목숨을 부지한 다음 일본으로 돌아가는 배를 기다렸다가 [배가 오는 즉시] 본국으로 돌아가고자 합니다. 그들은 현재 이 포구에 머물고 있습니다.

9월[55]

열흘이 지난 뒤 주청으로부터 공문을 받았는데, '승려들을 편안하게 해주고, 만약 일본으로 가는 배편이 있으면 그들의 뜻에 따라 갈 수 있도록 해주라'는 내용이었다. 최근에 다음과 같은 칙령이 발표되었다.

전국의 환속한 승려들이 입던 검은 승복을 각 주·현에서 수거하여 불태워 버리라. 의관(衣冠)[56]이나 친족[親情]들이 자기의 세도를 믿고 이들을 사가(私家)에 숨겨주거나 은밀히 검은 승복을 입는 일이 있을까 걱정스럽다. 모름지기 이들을 모두 수거하여 모두 태워버리고 그 결과를 천자에게 보고하라. 만약 이들을 불태워 버린 뒤에도 비구승이나 비구니로서 검은 승복을 제출하지 않은 자나, 순검할 때 이러한 색깔의 옷을 입은 자는 칙령에 따라 사형에 처할 것이다.

각 주·현은 칙령에 따라 방방곡곡에 이를 알리고, 승려들의 법복을 수거하여 장차 주·현에서 모두 불태워버릴 것이다. 이 밖에도 전국의 절간에 있는 기이한 보석이나 패물, 주옥이나 금은을 주·현에서 거두어 천자에게 바치라는 칙령도 있었다. 그리고 또 다음과 같은 칙령이 내려 왔다.

전국의 절에 있는 비구승이나 비구니들이 가지고 있던 구리 그릇, 종, 경(磬)[57] 솥, 당(鐺)[58] 등을 각 도의 염철사에게 공출하여 관고(官庫)에 넣고 사실을 기록하여 천자에게 상주하라.

칙령으로써 전국의 외바퀴수레[獨脚車]를 금지시키며, 이를 규제한 후에도 끌고 다니는 사람은 현장에서 처형한다는 내용이 발표되었다. 천자는 도교를 믿는 사람이었는데, 외바퀴수레는 도로의 중심을 파손할 것이고 그렇

---

55) 본문에는 9월의 표제가 없음.
56) 衣冠 : 의관을 차릴 자격이 있는 귀인 또는 그 집안 縉紳.
57) 磬 : 돌을 깎아 걸어놓고 때려서 소리를 내게 하는 악기.
58) 鐺 : 귀가 달린 솥.

게 되면 도사(道士)의 마음을 불안하게 만들는지도 모른다는 점을 두려워했기 때문이다. 칙령으로 전국의 돼지와 검은 개와 검은 나귀를 [밖에 나오지 못하도록] 금지시켰는데, 이는 도사들이 황색옷을 입고 있는데 검은색이 많아지면, 황색을 눌러 멸(滅)할까 두려워했기 때문이었다.

또 [조정에서는] 바닷가에 있는 주와 현으로 하여금 살아 있는 수달[獺]을 진상하라는 명령을 내렸는데, 이유는 알 수 없다. 최근에는 칙령으로써 각 도로 하여금 15세 된 동남(童男)·동녀(童女)들의 심장과 쓸개를 진상하도록 했는데, 이도 또한 천자가 도사의 광혹(誑惑)에 빠졌기 때문이다.

당나라의 비구승이나 비구니는 본래 가난했다. 전국의 비구승과 비구니가 모두 환속하여 속세로 돌아가자, 당장 입을 것이 없고 먹을 것이 없어 가난하기 짝이 없어 추위와 배고픔이 끊이지 않았다. 그들이 마을로 들어가 주민들을 약탈하니 주민들의 피해가 매우 심했다. 주와 현에서 [약탈자를 잡고 보니] 그들은 모두 환속승들이었다. 이로 인하여 이미 환속한 비구승과 비구니들을 감시함이 더욱 심했다.

9월 22일

대사의 하인인 고산(高山)이 초주로 가는 배편을 구했다. 나는 대사와 상의한 뒤 초주에 있는 통역인 유신언과 설전 대사에게 편지를 써서 지난번에 맡겨놓은 불경, 문서, 공덕정, 의복 등을 [보내달라고] 부탁했다. 대사의 집에는 공무로 드나드는 나그네가 끊임이 없었기 때문에, 우리는 대사에게 조용한 곳에서 겨울을 날 수 있도록 해달라고 부탁했다. 우리의 계획은 적산원에 머무는 것이었으나, 주와 현이 칙령에 따라 이들을 모두 헐어버려 묵을 방이 없었다. 대사는 우리들을 절의 장원의 한 방에 머물게 하고 음식을 공양했다.

신라인 환속승인 이신혜(李信惠)는 코닌(弘仁)[59] 말년[60][823년]에 일본의 태재부(太宰府)에 도착하여 8년을 살았다. 스이미야(須井宮)가 치쿠젠국(筑前國)의 태수(太守)로 있을 적에 이신혜 등의 무리를 가엾게 여겼다. 장[영

---

59) 弘仁 : 일본 52대 사가(嵯峨)천황의 연호(810~823년).
60) 末年 : 판본에 따라서는 '末年' 으로 기록되어 있다. 未年일 경우에는 815년인데, 이런 식의 年紀는 쓰지 않는다.

대사가 천장(天長) 원년[824년]에 일본에 갔다가 돌아오는 배편에 이신혜도 돌아왔다. 현재 그는 이 절의 장원에서 사는데 일본어를 알아 의사 소통이 편리하다. 대사는 나그네들의 일을 맡았다. 우리는 모든 일을 그에게 부탁했다. 그는 마음에서 우러나와 매일 우리에게 채소를 충분히 보내주었다. 대사는 여러 차례 편지와 식량을 보내면서 정중하게 안부를 물었다.

11월 3일

[장] 대사가 장원으로 찾아와 안부를 묻고 이렇게 말했다.

"저는 이달 7일에 주로 올라가 새로이 부임한 자사 단공(端公)[62]을 만날까 합니다. 이번 기회에 스님을 일본으로 귀국시키는 문제를 자세히 말씀드리고 아울러 그 주의 공문을 얻어 내년 봄에는 귀국선을 마련해 볼까 합니다."

들자니 7월에 티베트[土蕃]가 당나라 국경을 대대적으로 침략했다고 한다. 또한 회골국의 군대가 당나라 국경으로 들어와 국토를 유린하자, 천자는 여러 도에서 병마를 뽑아 보냈다.

지난 3~4년 이래 전국의 주와 현은 칙령에 따라 비구승과 비구니를 규제하여 환속이 끝났다. 또한 전국의 불당과 난야(蘭若)와 절간을 파괴했다. 또한 전국의 불경과 불상, 그리고 승복을 모두 태워버렸다. 전국의 불상에서 금을 모두 빼냈다. 전국의 동불·철불을 모두 부숴 무게를 달아 보고했다. 전국의 주와 현은 절간의 재물, 장원, 가인(家人), 노비를 모두 접수했다. 다만 황하 이북의 진주(鎭州), 유주(幽州), 위주(魏州), 노주(潞州) 등 네 절도[부](節度府)는 본래부터 불교를 숭상하여 절간을 파괴하지도 않았고, 비구승이나 비구니를 규제하지도 않았으므로, 불법의 문제는 전혀 흔들림이 없었다. 천자가 그들을 조사하여 처벌하라고 여러 번 다그치자, 그들은,

"천자께서 몸소 행차하시어 절을 부수고 불경을 태운다면 그럴 수 있지만 신(臣)들은 그 일을 해낼 수 없습니다."
라고 대답했다.

11월 15일

62) 端公 : 侍御史의 별칭(843년 6월 25일자 일기 참조).

황혼에 월식이 있었다. 밤이 되자 달덩어리가 모두 없어져 보이지 않더니, 11시경에 조금씩 나타났다.

최근에는 전국의 변방에 있는 환속승들의 소재와 존망을 알아 함부로 떠돌지 못하게 하라는 칙령이 있었다. 경조부는 칙령에 따라 환속승 장법만(張法滿)을 서번(酉蕃)⁶³⁾으로 보내려다가 [그 중도에] 봉상절도부(鳳翔節度府)로 보냈다. 절도사가 여러 차례 상주하니 천자가 칙지(勅旨)를 내려 봉상부로 하여금 그를 관리하라고 했으므로, 서번으로 갈 필요가 없게 되었다. 이 사건으로 인하여 전국의 변방에 있는 비구승과 비구니들은 여행을 할 수 없게 되었다.

구법승인 우리들을 일본으로 보내기 위하여 구당신라사(勾當新羅使)가 [등]주에 과소(過所)⁶⁴⁾를 요구하니, 단공[등주 자사]은,

"만약 그들이 배를 구한다면, 칙령에 따라 통과시키는 것이 좋으며, 이곳에 머물게 하는 것은 합당치 않다."

고 대답했다. 이에 주의 관리는 서로 상의하더니,

"그것은 칙령에 위배되는 것이므로 공문을 발급할 수 없다."

고 대답했다.

63) 西蕃 : 티베트. 西藏.
64) 過所 : 관문 통과증명서.

입당구법순례행기

서기 846년

[당 회창(會昌) 6년, 신라 문성왕(文聖王) 8년, 일본 조와(承和) 13년, 병인(丙寅)]

정월 (癸卯) 9일

지난번 초주로 보내어 공덕사의 공문을 받아오도록 했던 [장영] 대사의 가인(家人)인 고산(高山)이 돌아왔다. 그는 초주의 통역인인 유신언의 편지를 가져왔는데, 그 내용은 다음과 같다.

칙령으로써 불경, [불교 의식에 쓰는] 깃발, 천개(天蓋), 승복, 구리 병, 접시 등을 깨끗이 태워버리되 이를 위반하는 자는 극형에 처하도록 했습니다. 저도 불경, 깃발, 공덕[정] 등을 모두 불태웠고, 다만 스님이 맡기신 문서만을 보관하고 있는데 규제가 매우 심합니다. 관가에서 알까 두려워 감히 가지고 갈 수가 없습니다.……최근에 소식을 들었는데 이인덕(李隣德)의 배가 돌아왔다고 합니다.……일본의 여행객들이 왔다가 도중(陶中)[1] 등의 소식을 듣고 갔습니다. 다음에 혹시라도 그 나라[日本]에서 편지가 오면 즉시 전달해 드리겠습니다.

고산이 이렇게 말했다.

"초주에서 그 배를 타고 온 사람 말을 직접 들은 바에 따르면, 오로지 스님[請益僧]을 귀국시키기 위하여 두 명의 승려가 왔는데, 이번에 법난을 당하여 [두건으로] 머리를 두르고 다닌다고 합니다."

2월 5일

초주의 유신언에게 맡겨둔 불경 등을 찾아오기 위해 데이유만을 염방금(閻方金)의 배에 태워 초주로 보냈다. [장] 대사가 그 배의 출항을 주선해 주었는데, 그 배는 3월 13일에야 떠났다.[2]

2월 9일

[장] 대사의 편지를 받았는데, 그 내용을 보면, '최근 남쪽에서 배를 타고

1) 陶中 : 842년 5월 25일에 등장하는 陶十二郎을 의미함.
2) 전후의 문맥으로 보아 이 일기는 얼마의 시간이 지난 뒤 기록한 것이거나 아니면 이 대목은 그 뒤에 추록한 것으로 보인다.

온 사람의 말에 따르면, 일본에서 승려 1명과 속인 4명이 일본의 편지를 가지고 왔는데, 전적으로 나[請益僧]를 만나기 위해서 온 것' 이라고 한다.

4월 15일
듣자니 천자(天子)[3]가 죽었다고 한다. 각 도·주·현이 상복을 입고 애도하였다. 그는 몸이 썩어 죽었다.

4월 27일
신라 사람 왕종(王宗)이 양주에서 일본의 쇼카이(性海) 법사의 글을 가지고 왔는데, 그 글에는 그[性海]가 온 이유가 적혀 있었다.

5월 1일
왕종이 양주로 돌아갔다. 그 편에 편지를 보내어 쇼카이 법사를 오도록 했다. 새로이 등극한 천자[4]의 성은 이(李)이다. 그는 5월에 대사령(大赦令)을 내리고, 아울러 전국의 각 주에는 두 개의 절을 세우고 절도부(節度府)에는 세 개의 절을 세우고 각 절에는 50명의 승려를 둘 수 있다는 칙령을 내렸다. 지난해에 환속한 승려로서 쉰 살이 넘은 자는 옛날대로 출가하는 것을 허락하였다. 그 가운데 나이가 이미 여든 살이 넘는 사람에게는 나라에서 5관문의 돈을 주었다. 삼장재월(三長齋月)을 다시 정하고 이 기간 동안에는 도살을 금했다.

5월 22일
초주에도 칙령을 선포했다.

6월 17일
초주의 총관동십장(總管同十將) 설전(薛詮)이 이국우(李國遇) 편에 보낸 편지를 받았다. 아울러 이국우를 통하여 남주(南州)로 보낸 데이유만이 돌아오고자 한다는 얘기와 5월 1일에 남주로 돌아간 왕종이 5월 하순 초주에 이

---
3) 武宗은 3월 23일에 죽었다. 서기 본년 7월 22일자 일기 참조.
4) 宣宗을 의미함.

르렀다가 양주로 들어갔다는 말을 들었다.

6월 29일

데이유만이 돌아왔다. 그 편에 초주의 시주(施主)인 유신언의 편지를 가져왔는데, 그 편지에 따르면 앞서 맡겼던 공덕정(功德幀)과 문서 중에서 두 부의 태장[계]와 금강[계]의 색깔이 훌륭한 만다라는 회남(淮南)의 칙령이 너무 엄하여 유신언이 모두 태워버렸다고 하며, 그 밖의 그림과 문서는 가져올 수 있다고 한다. 데이유만은 양주로 가지 못하고 돌아왔다.

7월 22일

죽은 천자의 능역(陵役)을 마쳤다. 듣자니 회창(會昌) 천자[武宗]는 3월 23일에 죽었다고 한다.

10월 2일

쇼카이 상인이 양주에서 와서 처음 만나 보았다. 그를 통하여 일본의 태정관(太政官)이 보낸 공문, 엔랴쿠지(延曆寺)가 보낸 편지, 태재부(太宰府)의 오노(小野) 소이(少貳)[5]가 보낼 편지, 가이(養) 내기(內記)[6]의 편지, 그리고 천황이 내린 황금을 받았다. 그러나 태정관의 공문, 엔랴쿠지의 편지, 그리고 오노 소이의 편지는 본래부터 봉함되어 있었기 때문에 양주 절도사와 평장사 이신(李紳)이 감히 열어보지 못하고 모두 봉한 채로 장안으로 진상하였다. 천자께서 모두 살펴보고 회남절도사에게 보내어 각기 본래의 주인에게 돌려주도록 했다. 이로 인하여 쇼카이 상인이 그것을 우리에게 가져올 수 있었다. 그 칙령이 여기에 있다.

12월 2일

오전 10시경에 일식이 일어났다. 해의 십분의 일만이 남았다.

---

5) 少貳 : 차관.
6) 內記 : 중무성의 관직. 大內記·中內記·小內記가 있는데 조칙을 기초하였다. 養은 姓으로 보임.

입당구법순례행기

서기 847년

[당 회창(會昌) 7년 · 대중(大中)[1] 원년, 신라 문성왕(文聖王) 9년, 일본 조와(承和) 14년, 정묘(丁卯)]

정월

정월 중에 회창(會昌)이라는 연호를 대중(大中)으로 바꿨다. 장[영] 대사가 지난해 겨울부터 배를 만들기 시작하였다.

2월

2월에 [장영이] 배를 완성하였다. 이는 전적으로 우리 일행을 실어 귀국시키기 위한 것이다.

윤 3월 10일

듣자니[2] [당나라의] 국상(國喪)과 제사, 그리고 새로운 천자의 등극을 알리기 위하여 신라에 들어갔던 부사(副使), 시태자(試太子), 통사사인(通事舍人)으로서 비어대(緋魚袋)를 받은 김간중(金簡中)과 판관 왕박(王朴) 등이 이 주의 모평현(牟平縣) 남쪽 유산포(乳山浦)에 이르렀다가 배를 타고 바다로 나아갔다고 한다. 어떤 사람이 '장 동십장이 국장(國章)[3]을 어기고 먼 나라에서 온 사람들을 귀국시키고자 배를 만드느라고 천자의 칙사를 마중하지 않았다'고 거짓말을 했다.

부사 일행이 이 거짓말을 듣고 몹시 해괴하게 생각하여, 나라의 법도에 따르면 배를 빌려 나그네를 바다로 내어보낼 수 없다고 [장 대사에게] 통고했다. 장 대사는 감히 이 말을 거역하지 못하니, 우리가 문등현에서 배를 타고 귀국하는 일이 이루어지지 못했다. 우리는 명주(明州)로 가서 일본의 가미오이(神御井) 등의 배를 타고 귀국하는 문제를 상의했다. 그러나 현재로서는 남쪽으로 내려가는 배가 없었으므로 17단(端)의 베[布]를 주고 신라인 정객

---

1) 大中 : 唐 宣宗 연간의 연호(서기 847~859년).
2) 판본에 따라서는 '聞'과 '間'으로 되어 있다. '聞'일 경우, 억지로 해석하자면 10일 중에라는 뜻이 되지만 앞의 문투로 볼 때 어색하다.
3) 國章 : 國法.

(鄭客)의 수레를 빌려서 옷가지를 싣고 해안을 따라 밀주로 내려갔다.

윤 3월 12일[4]
길을 떠나다. 시주인 장영 대사는 20리까지 따라 나와 우리를 배웅해 주었다.

윤 3월 17일
아침에 밀주 제성현(諸城縣) 대주산(大朱山) 주마포(駐馬浦)에 이르러 신라인 진충(陳忠)의 배를 만났다. 그는 숯을 싣고 초주로 가는 길이었는데 그와 협의하여 비단 5필을 주고 배를 탔다.

5월 5일
배를 타고 바람을 기다렸다.

5월 9일
배를 띄우다. 바람이 동남풍으로 변하여 대주산으로 가는 길이 멀지 않았다. 낭야대(瑯琊臺)와 재당여도(齋堂與島)의 중간에 닻을 내리고 나흘을 묵었다.

5월 13일
밤에 떠나다.

5월 14일
해질녘에 해주의 동해산(東海山) 전만포(田灣浦)에 이르러 배를 대고 바람을 기다렸다.

5월 18일
배를 띄웠으나 중간에서 바람이 고르지 않아 하루 종일 밤낮을 표류했다.

4) 원문에는 2일로 誤記되어 있다.

5월 19일
바다에서 표류하다가 당각도(鐺脚島)의 해변에 이르러 배를 댔다. 몹시 고생스럽다.

5월 23일
동북풍이 불다. 이날 9시경에 동해산(東海山)에 이르러 밤을 지낸다.

5월 24일
아침 일찍 출발하여 자정 무렵에 회수(淮水) 앞바다에 이르러 머물렀다. 맞바람이 맹렬하여 회수로 들어가지 못했다. 양식이 모두 떨어져 걱정스럽기 짝이 없다.

6월 1일
파도가 조금 잔잔해지기에 조류를 타고 나아가다.

6월 5일
초주 신라방에 이르니 총관(總管) 유신언[5]이 특별히 사람을 보내어 마중해 주고, 아울러 단두(團頭)[6]가 우리의 옷 보따리 등을 운반하여 공해원(公廨院)[7]에서 편히 쉬게 해주었다. 수소문해 본 결과 명주에 있던 일본인들은 이미 일찍이 떠난 것을 알았다. 앞길을 계산해 보니, 그 배를 따라잡을 수는 없기에 유 대사에게 이곳에서 귀국할 수 있도록 해달라고 부탁했다.

6월 9일
소주(蘇州)에 있는 배에 타고 있던 당나라 사람 강장(江長)과 신라인 김자백(金子白)·흠량휘(欽良暉)·김진(金珍) 등으로부터 편지를 받았는데, 그 내용은 다음과 같다.

---

[5] 이 무렵에는 劉愼言이 薛詮에 이어 總管이 되었음을 알 수 있다.
[6] 團頭 : 신라방의 組頭.
[7] 公廨院 : 관청에 부속되어 있는 숙사.

5월 11일, 우리는 소주의 송강구(松江口)로부터 일본을 향하여 출발하였습니다. 21일이 경과하여 우리는 내주에 있는 노산(崂山)에 도착했는데 그곳 사람들이 말하기를 일본의 승려와 속인들이 현재 등주 적산[원]에 있다고 하기에 그들을 만나기 위해 그곳으로 가려고 했습니다. 떠나기로 한 날 우연히 사람들을 만나 들으니, 그 승려들은 일본으로 가는 일본 배를 타기 위해 이미 남주(南州)로 떠났다고 합니다. 현재 우리는 노산에서 스님들을 기다리고 있사오니 모쪼록 이곳으로 돌아오시기 바랍니다.……순타로(春太郞)와 신이찌로(神一郞) 등은 명주에 있는 장지신(張支信)의 배를 타고 귀국한다고 합니다. 소식을 듣자니 그들은 이미 출발했다고 합니다. 순타로는 본래 [우리] 배를 빌려 귀국하고자 했는데, 광주(廣州)로 떠난 뒤 신이찌로가 장지신에게 돈을 주었기 때문에 명주의 배를 타고 떠났습니다. 순타로의 아들인 무네다케(宗健)도 ○○○[3字 不明] 등의 물건을 가지고 이 배에 타고 있습니다.

　또한 김진 등의 무리는 초주의 총관인 유신언에게 '일본의 승려가 그곳에 도착하면 즉시 이곳으로 보내라' 는 말을 전했다.

6월 10일
　노산으로 가는 배편이 있기에 편지를 써서 보내어 특별히 우리를 기다리라고 전했다. 그런 다음 노산으로 가서 그곳에서 바다를 건너기 위해 양식을 준비하였는데, 유 총관이 모든 일을 맡아주었다. 전 총관인 설전, 등주의 장[영] 대사, 그의 동생인 장종언(張從彦)과 딸8)이 우리를 배웅해 주었다.

6월 18일
　초주의 신라방에 있는 왕가창(王可昌)의 배를 타고 오전 1시경이 지나 ○○[2字 不明]했다.

6월 19일
　오늘은 입추(立秋)이다. 처음으로 배에서 밥을 먹었다.

6월 26일

　8) 원문에는 孃 으로 되어 있는데 '아내' 또는 '딸' 로 해석될 수도 있고, 어머니일 수도 있다.

노산의 남쪽에 있는 초가장(椒家莊)에 이르러 김진의 배를 찾아보았으나, 그 배는 이미 등주 적산포로 떠나고 없었다. 그가 남긴 편지에는 '적산에서 기다리고 있겠다.'는 내용이 있었다. 이미 일이 이렇게 되었으니 유산(乳山)을 향하여 그 배를 따라가지 않을 수 없다.

6월 27일
편지를 써서 최(崔) 씨의 배편으로 초주 유[신언] 총관에게 보냈다. 다시 왕가창의 배를 타고 유산으로 떠났다.

6월 28일
배를 띄우다. 전횡도(田橫島)[9]에 이르렀으나, 바람이 없어 보름 동안이나 떠날 수 없어 [이곳에서 머물렀다].

7월 13일
데이유만과 그 밖의 다른 고용원 한 사람을 육로로 적산으로 보내어 김진의 배를 찾아보도록 했다.

7월 19일
바람이 불어 배를 띄웠다.

7월 20일
유산의 장회포(長淮浦)에 이르러 김진의 배를 만나 물건들을 싣고 떠났다.

7월 21일
등주에 이르러 배를 대었다. 구당신라사 동십장 장영이 배로 올라와 인사를 나누었다. 배 위의 사람들이 이곳에서 양식을 사들이고, 이곳에서 바다를 건널 준비를 했다.

---

9) 원문에는 '由橫島'로 誤記되어 있음.

8월 9일

장[영] 대사가 보내준 편지와 물건을 받았는데, 그 수량은 별도로 적어 두었다.

8월 15일

머리를 깎고 다시 승복을 입었다.

8월 24일

신(神)에게 제사를 드렸다.

9월 2일

정오 무렵에 적산포를 떠나 바다를 건넜다. 적산 막야구(莫耶口)[10]를 떠나 동쪽으로 곧바로 하루낮, 하룻밤을 가다.

9월 3일

날이 밝자 동쪽 멀리로 신라의 서해안에 있는 산이 보인다. 바람이 정북풍으로 바뀌어 옆 돛을 동남쪽으로 향하게 하고 하루낮, 하룻밤을 갔다.

9월 4일

새벽이 되어 보니 동쪽으로 산과 섬이 끝없이 이어져 있다. 뱃사람에게 [이곳이 어디냐고] 물어보니 신라의 서웅주(西熊州)[11]의 서해안이라고 한다. 이곳은 본래 [지난날의] 백제(百濟) 땅이었다. 하루 종일 동남쪽으로 내려가니 동서로 산과 섬이 아스라이 이어져 있다.

오후 9시경이 가까워질 무렵 고이도(高移島)에 이르러 배를 대었다. 이곳은 무주(武州)[12]의 서남쪽 지방이다. 섬의 서북쪽으로 백 리 남짓한 곳에 흑산[도](黑山島)가 있는데 섬의 모습은 동서로 다소 길다.[13] 듣자니 이곳은 백

---

10) 원문에는 莫耶口로 되어 있으나 誤記임. 839년 6월 29일자 참조.
11) 西熊州 : 熊州는 백제시대의 熊津으로서 오늘날의 충남 公州를 가리키는데, 西熊州라 하면 그 서쪽 지방 일대를 가리키는 것으로 보인다.
12) 武州 : 오늘날의 光州를 가리킴.
13) 오늘날의 대흑산도인지 소흑산도인지는 알 수 없으나 이 두 섬은 모두가 남북으로 길다.

제의 세 왕자가 도망하여 피난한 곳이라고 한다. 오늘날에는 삼사백 가구가 산속에서 살고 있다.

9월 5일
바람이 동남풍으로 변하여 길을 떠날 수 없다.

9월 6일
오전 6시경에 무주(武州) 남쪽 황모도(黃茅島) 개펄에 배를 대었는데, 이곳은 구초도(丘草島)라고도 부른다. 산 위에 네다섯 명의 주민이 있기에 사람을 시켜 데리고 오라 했는데, 그들이 도망가 숨어버려 어디에 있는지 찾을 수 없었다. 이곳은 신라의 세 재상(宰相)이 말을 키우던 곳이다. 고이도에서 [구]초도에 이르기까지 산과 섬이 이어져 있고 동남쪽 멀리 탐라도(耽羅島)가 보인다. 이 구초도로부터 신라의 육지까지 가는 데에는 바람이 좋은 날이면 하루가 걸린다.

잠시 섬을 지키는 사람 한 명과 무주 태수의 매[鷹]를 키우는 사람 두 명이 배 위로 올라와 다음과 같은 얘기를 들려주었다.

"나라는 평화스럽습니다. 요즈음에는 당나라의 높고 낮은 사신 5백여 명이 도성[14]에 머무르고 있습니다. 지난 4월에는 일본의 대마도(對馬島) 백성 여섯 명이 낚시를 하다가 이곳에 표착하여 무주로 끌려갔는데, 이미 국왕에게 이를 보고했으나 아직까지 왕의 처분이 내려오지 않았습니다. 그 사람들은 지금 무주에 감금되어 본국으로 돌아갈 날을 기다리고 있는데, 그 여섯 명 중 한 명은 병으로 죽었습니다."

9월 6일, 7일
바람이 불지 않는다.

9월 8일
나쁜 소식을 들으니 놀랍고 두렵다. 바람이 불지 않아 떠날 수가 없다. 배

14) 慶州를 가리킨다.

에 탄 사람들은 거울 등을 던져 신에게 제사지내고 바람을 빌었다. 승려들은 향을 피우고 이 섬의 토지신과 대인신(大人神 : 大明神)과 소인신(小人神 : 小明神) 등을 위해 염불을 외우고 무사히 본국에 돌아갈 수 있게 해달라고 빌었다. 곧 우리는 이곳에서 토지신과 대인신·소인신 등을 위해 『금강경』 백 권을 띄엄띄엄 읽었다.

오전 4시경에 이르러 비록 바람은 없었으나 배를 띄웠다. 포구를 벗어나자마자 갑자기 서풍이 불어 돛을 올리고 동쪽으로 나아갔다. 마치 신이 돕는 것 같았다. 산과 섬 사이를 가노라니 남북 양 면이 산과 섬으로 겹겹이 둘려 있다.

오전 9시경이 되어 우리는 안도(鴈島)[15]에 머물러 잠시 쉬었다. 이곳은 신라의 남쪽 지방으로서 내가(內家)[16]의 말을 기르는 산이다. 가까운 동쪽에 황룡사(黃龍寺)의 장원(莊園)이 있는데, 사람이 살고 있는 집 두세 채가 있었다. 서남쪽으로 탐라도가 보인다. 정오경에 바람이 좋기에 배를 띄우고 산과 섬의 사이를 빠져 나갔다. 신라의 동남쪽에 이르러서야 큰 바다로 나아갔다. 동남쪽을 향해 갔다.

9월 10일

해가 뜨자 동쪽 멀리 대마도(對馬島)가 보인다. 정오경에 일본의 산이 보이는데, 동쪽으로부터 서남쪽으로 이어진 것이 분명하다. 초저녁에 히젠국(肥前國) 마쓰우라군(松浦郡) 북쪽에 있는 시카지마(鹿島)에 이르러 배를 대었다.

9월 11일

해가 뜨자 치쿠젠국(筑前國) 타지히(丹) 판관의 하인인 야마토노 무사시(大和武藏)와 섬의 족장(族長)을 함께 만났다. 그들은 중국에서 있었던 일을 대강 알고 있었다.

9월 15일

다치바나노우라(橘浦)에 이르렀다.

15) 鴈島 : 여수 남쪽 30km 지점에 있는 安島를 가리키는 것으로 보임. '雁'으로 표기된 판본도 있음.
16) 內家 : 대궐.

9월 17일
하카다(博太)의 서남쪽에 있는 노코노시마(能擧島)의 아랫녘에 배를 대었다.

9월 18일
[홍로]관(鴻臚館)¹⁷⁾ 앞에 이르렀다.

9월 19일
[홍로]관에 들어가 묵었다.

10월 6일
관고(官庫)에서 비단 80필과 솜 2백 둔을 빌려 배 위에 있는 44명에게 겨울옷을 지어 입도록 주었다. 이날 생활용품으로 쌀 10섬이 왔다. 10월 1일부터 나라에서 우리의 용품을 대어주기 시작했다.

10월 19일
태정관(太政官)이 태재부(太宰府)로 와서 우리 일행 다섯 명이 빨리 도성으로 들어오도록 하고 당나라 사람 김진(金珍)¹⁸⁾ 등 44명에 대해서는 태재부에서 생활용품을 지급하라고 명령했다. 그 관문서는 별도로 기록해 두었다.

10월 26일
도성으로 들어오라는 문서를 받지 못하여 태재부로 들어갔다.

11월 7일
히에이산(比叡山)의 상좌인 주교(仲曉) 법사와 지에이(慈叡) 스님, 겐코(玄皎) 스님이 찾아와 특별히 환영한다고 말했다.

17) 鴻臚館 : 외국에 관한 사무·조공을 다루는 관청.
18) 金珍이 신라인임에도 불구하고 왜 '唐人'이라고 기록되어 있는지는 알 수 없다. 아마 그가 신라인임이 밝혀질 경우 관가로부터 어떤 敵意를 사지나않을까 두려워 숨긴 것이 아닌가 여겨진다.

11월 14일
10월 13일자로 발송된 태정관의 공문을 받았는데, 당나라에서 온 손님인 김진 일행을 우대하라는 내용이었다.

11월 25일
오노(小野[恒柯]) 소이(少貳)가 도성으로 가기에 그의 편에 말을 전했다. 대납언(大納言 : 藤原良房)의 댁에 글을 보냈다. 도모스케(伴[宿禰善男]) 우중변(右中辨)과 오노(小野[篁]) 재상에게도 갈 편지가 모두 있기에 함께 오노 소이에게 부탁했다.

11월 28일
다이산지(大山寺)에서, 당나라에 처음 들어갈 때 기도한 바 있던 『금강경』과 『반야경』 5천 권을 먼저 올려 보냈다. 오색 비단[綵帛]은 이날 이른 아침에 한꺼번에 보냈다. 채백사(綵帛使)는 불경을 띄엄띄엄 읽었다. 이날 가마토 오카미(竈門大神)[19]를 위해 불경 1천 권을 띄엄띄엄 읽다.

11월 29일
오전에 스미요시 오카미(住吉大神)를 위해 불경 5백 권을 띄엄띄엄 읽었고, 오후에는 카시이 묘카이(香稚名神)[20]를 위해 불경 5백 권을 띄엄띄엄 읽었다.

12월 1일
오전에 치쿠젠 묘카미(筑前名神)[21]를 위해 불경 5백 권을 띄엄띄엄 읽었고, 오후에는 마쓰우라(松浦) 소이의 영혼을 위해 불경 5백 권을 띄엄띄엄 읽었다.

12월 2일

19) 竈門大神 : 竈門(지금의 寶滿山)에 있는 神社의 主神.
20) 香稚名神 : 博多灣의 동쪽 해안에 있는 香稚神社의 主神.
21) 筑前名神 : 오진(應神)천황을 모신 筑前神社의 主神.

카와루 묘카미(香春名神)[22]를 위해 불경 1천 권을 띄엄띄엄 읽었다.

12월 3일
하치망(八幡) 보살[23]을 위해 불경 1천 권을 띄엄띄엄 읽었다. 칸논지(觀音寺)의 강사(講師)가 매사를 도와주었다. 불경을 띄엄띄엄 읽는 중들에게 흰 솜 2백 둔을 보시했다.

12월 14일
오후에 난주(南忠) 사리가 찾아왔다. 〈권4 끝〉

메이도쿠(明德)[24] 2년[1391년] 10월 □일에 모두 네 두루마리를 읽었다. 참으로 기쁘고 기쁘다.
법인권대승도(法印權大僧都) 겐보(賢寶)
나이 쉰아홉 살

쇼오(正應)[25] 4년[1291년] 10월 26일 조라쿠지(長樂寺)의 방에서 노안(老眼)으로 이 글을 모두 베꼈다. 원본을 보고 베낀 것이지만, 후세 사람들이 증본(證本)을 가지고 교열(校閱)을 보는 것이 옳을 것이다.
법인대화상위편조금강(法印大和尙位遍照金剛) 켄인(兼胤)
나이 예순 두 살

베낀 것을 교열하였으며 의심나는 것은 주석을 달았다. 이것은 이위승정(二位僧正) 칸엔(寬圓)의 필사[본]이다.

분카(文化)[26] 2년(1805년) 2월 13일 히에이산 반실(比叡山 鈑室) 다니마

---

22) 香春名神 : 太宰府 동북쪽 35km 지점에 있던 香春神社의 主神.
23) 八幡菩薩 : 軍神인 오진(應神)천황을 의미함.
24) 明德 : 일본 100대 천황 고코마쓰(後小松) 연간의 연호(1390~1393년).
25) 正應 : 일본 92대 천황 후시미(伏見) 연간의 연호(1288~1292년).
26) 文化 : 일본 119대 천황 고카쿠(光格) 연간의 연호(1804~1817년).

쓰 선원(谷松禪院)에 있는 어본(御本)을 비교하여 필사(筆寫)를 마치다.

헤이야마쯔(慧日山津) 긴교지(金教寺) 주지(住持)

법인대승도(法印大僧都) 조카이(長海) 씀

부록

「엔닌(圓仁)의 『입당구법순례행기(入唐求法巡禮行記)』에 나타난
한국(신라) 관계 기록과 몇 가지 문제점」

판본과 참고 문헌

삼국의 왕세계(王世系)

당시의 도량형

엔닌의 행로(行路)

찾아보기

입당구법순례행기

엔닌(圓仁)의 『입당구법순례행기』(入唐求法巡禮行記)에 나타난 한국(신라) 관계 기록과 몇 가지 문제점

1. 머리말

라이샤워(Edwin O. Reishauer)가 "극동의 역사에서 가장 위대한 기행문"[1]이라는 찬사와 함께 1,600개의 주석(註釋)을 붙여 번역했고,[2] 마르코 폴로(Marco Polo)의 『동방견문록』(東方見聞錄), 현장(玄奘)의 『대당서역기』(大唐西域記)와 더불어 "세계 3대 여행기 중의 하나"[3]라는 평가와 함께, 아다치 기로쿠(足立喜六)와 시모이리 료토(鹽入良道)가 1,200여 개의 주석을 붙여 번역한 엔닌(圓仁)의 『입당구법순례행기』(入唐求法巡禮行記)는 그 사료적 가치에도 불구하고 한국의 사학계에는 비교적 생소한 편이었다. 엔닌이 10년에 걸쳐 중국(唐)과 신라(新羅)를 여행하면서 기록한 8만 자에 이르는 이 여행기는 당시 당에 살고 있던 신라인과 신라의 경내(境內)를 직접 목격한 유일한 외국인의 기록일 것이다.

시모스케국(下野國)의 쓰가군(都賀郡) 출신인 엔닌(794~864)은 15세에 출가하여 히에이산(比睿山)의 사이쬬(最澄)의 제자가 되어 21세에 삭발하고 승적(僧籍)에 들어가 천태종(天台宗)의 교리를 공부한다. 당시 전국적으로 3,700개의 사원이 있었던 불교국 일본(838/11/18)[4]은 더 높은 교리의 터득을 위해 천태종의 본산인 당에 구법승(求法僧)을 파견할 필요성을 느끼게 되었고 이에 따라 엔닌은 구법을 위해 입당(入唐)하라는 조명(詔命)을 받는다. 서기 838년, 엔닌은 제자인 이쇼(惟正)·이교(惟曉), 그리고 하종(下從)인 데

---

1) Reischauer, Edwin O., *Ennin's Travel in T'ang China*(New York: The Ronald Press Co., 1957), p. vii.
2) Edwin O. Reischauer(tr.), *Ennin's Diary: The Record of A Pilgrimage to China in Search of Law*(New York: The Ronald Press Co., 1955).
3) 足立喜六(譯註)·鹽入良道(補註), 『入唐求法巡禮行記』, 東洋文庫(157)(東京: 平凡社, 1987).
4) 괄호 안은 일기의 년·월·일임(이하 같음). 여러 가지 판본을 고려하여 연대는 서기로 통일했음.

이유만(丁雄滿)과 함께 9척의 조공선(朝貢船)을 타고 당으로 떠난다. 당초 이쇼와 이교는 당에 장기간 체류할 예정이었고 엔닌은 잠시 불교 유적을 순례할 계획이었다.

838년 6월 17일에 하카다(博多)에서 출항할 때, 그 배에는 신라의 역원(譯員)인 김정남(金正南)과 박정장(朴正長)이 타고 있었다.(838/6/28; 8/10) 10여 일 동안 황해(黃海)에서 표류하던 일행은 6월 28일 대륙에 상륙하여 구도(求道)의 길을 떠난다. 그들은 육로와 해로로 북상하여 1년이 지난 이듬해인 839년 6월 11일에 산동반도(山東半島)의 동쪽 끝에 있는 신라방(新羅坊)에 도착한다. 그들은 그곳에 있는 신라 사원인 적산원(赤山院)에서 이듬해인 840년 2월 19일까지 머물면서 불법(佛法)을 배운다. 이들은 거기에서 서쪽으로 향하여 오대산(五臺山)을 거쳐 도성인 장안(長安)에 이르러 6년(840~845)의 세월을 보내고 다시 동해안으로 돌아와 양주(揚州)·초주(楚州)(845/7/3)를 거쳐 적산원(赤山院)에 이른다. 당시 당에서는 불교가 국금(國禁)이었으므로(845/7/5; 846/1/9) 온갖 박해를 피해 다시 신라방을 찾아온 것이다.

이 동해안 일대를 순례하면서 엔닌 일행은 신라방의 총관(惣管)인 설전(薛詮)과 역원인 유신언(劉愼言)의 도움을 받는다.(845/7/3; 7/5) 그들은 불교 성물(聖物)과 일기 등의 압수를 두려워하여 이들을 유신언에게 맡겨 후일에 전해 줄 것을 부탁한 다음 남하한다. 그들은 초주까지 내려왔으나 일본으로 가는 배편을 얻지 못해 세 번째로 적산원을 찾아온다. 그동안 일행은 유신언, 김진(金珍), 김자백(金子白), 흠양휘(欽良暉), 그리고 구당신라소(勾當新羅所)의 압아(押衙)인 장영(張泳)의 도움을 받는다. 그들은 장영이 마련해 준 해상 식량을 김진의 배에 싣고 적산포(赤山浦)를 출발한다.(847/9/2) 그들은 황해를 건너 신라의 웅주(熊州, 公州) 서쪽을 지나(847/9/4) 무주(武州, 光州) 고이도(高移島)에서 1박한 다음(847/9/4) 무주 남쪽 황모도(黃茅島, 일명 丘草島, 847/9/6)와 신라의 남쪽 안도(鴈島, 847/9/8)를 거쳐 9년 4개월 만에 히젠(肥前)에 도착한다.(847/9/10)

엔닌은 김진 등 일행 44명이 마련해 준 배편으로 귀국하는데(847/10/9) 이때 그는 각지 대찰(大刹)에서 모은 불경(佛經), 장소(章疏), 전기(傳記), 만다라(曼茶羅) 등 580부, 794권의 자료를 가지고 온다. 그 후 엔닌은 엔랴쿠지(延曆寺) 3대 좌주(座主)가 되어 천태종을 일으키고 71세를 일기로 타계하니, 세이와(淸和) 천황은 그에게 지가꾸대사(慈覺大師)라는 시호를 내렸다.[5]

2. 신라방(新羅坊)의 성격

이 일기를 통해 엔닌이 만나고 기록한 신라인의 수효가 매우 많았다고 하는 사실은 여러 가지로 의미 있는 일이다. 우선 우리는 이들의 생활상을 통해 한국 사료에서 비교적 소략하게 취급되어 있는 신라방의 성격을 이해하는 데 도움을 받을 수 있다.

첫째로, 당시 신라방의 신라인들은 국제법상의 일정한 특권을 누리고 있었다. 고대의 어느 사회나 모두 그러했듯이 당시 당에도 외국인에 대한 기휘감(忌諱感, xenophobia)이 있었다. 이러한 체제 아래에서 외국인은 일차적으로 출입이 자유롭지 못하게 규제를 받게 되며 거주·여행의 자유가 있을 수 없었다. 그럼에도 불구하고 당시 신라방 내의 사원인 적산원은 농지를 소유하고 있었다.(839/6/7) 신라방이 아닌 내륙 지방에는 신라관(新羅館)이라고 하는 객사(客舍)가 있었고(840/3/2; 3/24; 4/6) 신라인들은 그들의 경내를 떠나 중국의 내륙 지방을 자유롭게 여행할 수 있었는데, 이들은 당시에 전신인(傳信人)의 역할을 하고 있었으며 멀리 장안(長安)에까지 그 영향력을 미치고 있었다.(839/9/1; 843/1/29; 4/27; 6/17)

이와 같이 재당(在唐) 신라인들이 특권을 가지고 있었다는 사실은 당시의 재당 일본인들의 입장과 비교해 보면 쉽게 이해할 수 있다. 우선 일본인들은 기본적으로 육지에 오를 수조차 없었으며,(838/8/8) 설령 그들이 신라인의 보증을 얻어 신라방에 들어온다고 하더라도 이들의 머물고 떠남을 항상 관청에 알려야 하고 이를 이행치 않으면 중벌을 받았다.(839/9/3) 따라서 일본의 사신들조차도 신라인이라고 사칭(詐稱)함으로써 어려움을 면하려는 경우가 있었다.(838/7/20) 엔닌의 경우에도 신라방을 벗어나 당의 경내를 구

5) 『大人名事典』(東京: 平凡社, 1953~56), 「圓仁條」; 顧承甫·何泉達(點校), 『入唐求法巡禮行記』(上海: 上海古籍出版社, 1986), 前言 참조.

경하고자 할 경우에는 적산원의 승려인 상적(常寂)의 안내를 받았다.(847/8/27) 산원(山院)을 벗어날 일이 있으면 적산원 강유(鋼維: 사원의 법도를 주장하는 승려)의 허가증을 받아 15일씩 외출할 수 있었으며, 이것이 없이 출타했다가는 즉시 소환되었다.(839/11/7) 신라인이 초청할 경우 일본인들은 외식을 할 수도 있었다.(839/11/1) 그러나 신라인들은 이와 같이 경직된 처우를 받지는 않았다는 점에서 일종의 특권을 누리고 있었다.

둘째로 재당 신라인들은 종교[佛敎]의 자유를 향유하고 있었다. 당시 당나라는 서기 828년 이래 백성들이 머리를 깎고 중이 되는 것을 막았으며, 다만 오대산(五臺山)과 낙양(洛陽)의 종남산(終南山)에서만 수계(受戒)를 허락하였을 뿐이다.(838/10/19) 이 무렵 당에서 불교에 대한 박해가 얼마나 심각했던가 하는 점은 엔닌 일행이 구법 순례 중에도 머리를 기르고 가사를 입을 수 없다가 귀국 무렵에야 겨우 삭발할 수 있었다는 사실(845/8/27; 11/3; 847/8/15)에서도 잘 나타나고 있다. 이와 같이 불교가 국금(國禁)인 상태에서 신라인들에게만은 신교(信敎)가 허락되어, 엔닌은 귀국하는 여정에서 압수를 면하기 위해 불교 성물과 여러 가지 기록들을 유신언에게 맡겨 목적지까지 무사히 운반할 수 있었다.(846/1/9)

셋째로 신라방에 있었던 신라인의 직업별 분포를 살펴보는 것은 흥미 있는 일이다. 엔닌의 기록에 성명이 명기된 신라인은 모두 50명이다. 이들 가운데 승려가 29명으로서 가장 많은데, 주로 적산원에서 수도하던 사람들이었다.[6] 그다음으로 많은 사람은 관리로서 주로 대당 무역에 종사하거나 신라방에서 근무하던 사람들로 장보고(張保皐), 임대사(林大使), 최훈(崔暈), 남판관(南判官), 장영(張泳), 설전(薛詮), 유신언(劉愼言) 등 7명의 이름이 나온다. 뒤에 다시 살펴보는 바와 같이 장보고는 대당 무역의 총책임자로서 황해의 해상권을 장악하고 있었고, 임대사는 견당대사(遣唐大使)였으며, 남판관은 신라방을 관할했고, 장영은 구당신라소의 책임자[押衙]였으며, 설전은 신라방의 총관(總管)이었다. 이들 가운데 최훈은 본시 청해진(淸海鎭)의 병

---

[6] 이들의 이름은 다음과 같다. 성휴(聖休), 법청(法淸), 양현(諒賢), 왕훈(王訓), 담표(曇表), 지진(智眞), 궤범(軌範), 돈증(頓證), 명신(明信), 혜각(惠覺), 수혜(修惠), 김정(金政), 진공(眞空), 법행(法行), 사신(史信), 선범(善範), 도진(道眞), 사교(師敎), 영현(詠賢), 신혜(信惠), 융락(融洛), 사사(師俟), 소선(小善), 회양(懷亮), 지응(智應), 사경(師敬), 상적(常寂), 왕헌(王憲), 원측(圓測).

마사(兵馬使)였으나 본국으로 귀국했을 때 정치적인 어려움을 만나 신라방으로 돌아와 최훈십이랑(崔暈十二郞)이라고 고치고 이곳에 영주한 정치적 망명자였다.(845/7/9) 당시 신라방에 정치적 망명객이 있었다는 사실이 무엇을 의미하는가 하는 문제는 좀 더 고구(考究)해 볼 만한 가치가 있다.

그다음으로 숫자가 많은 사람은 역인(譯人: 通譯師)으로서 김정남·박정장·왕청(王淸)·유신언7)·도현(道玄) 등 5명이 있다. 이들 중 김정남과 박정장은 엔닌의 일행이 하카다를 출발할 당시부터 동행하여 대륙에 상륙한 때부터 뭍과 해상으로 북행할 때의 수속과 통역을 맡았고, 내륙에서는 도현이 이들과 동행했으며, 초기에 신라방에서 만났다가 귀국할 무렵에 다시 만난 유신언은 단순한 통역이 아니라 엔닌의 귀국을 위한 배편과 식량을 마련해 준 은인이었다.(839/3/23; 842/5/25; 843/11/3; 12/?; 846/2/5) 엔닌은 그에게 답례로 사금(沙金) 대2냥(大二兩)과 오사카(大阪)에서 만든 요대(腰帶) 1개를 선물했고(839/3/22), 유신언은 차 10근을 선물했다.(839/3/23) 이들은 정상적인 방법으로 당으로 건너간 사람이지만, 왕청은 교역을 하다가 표착하여 능숙한 일본어를 수단 삼아 당에 정착한 경우이다.(839/1/8) 이상의 여러 가지 기록과 정황으로 미루어 볼 때, 당시의 신라 역인들은 단순히 통역에 그치는 것이 아니라 준(準)외교관적인 신분을 가진 여행업자였음을 알 수 있다.

이 밖에도 엔닌의 귀국을 도와 일본까지 건너간 김진(847/6/9; 7/20; 10/19; 11/14), 이인덕(李隣德, 842/5/25), 왕가창(王可昌, 847/6/18) 등의 선주들, 정객(鄭客, 847/潤3/?)·김자백(847/6/9)·김량훈(金良暈, 847/6/9) 등 신분이 확실하지 않은 인물, 왕종(王宗, 846/4/27)·이국우(李國遇, 846/6/17) 등 여행자, 그리고 왕장문(王長文)·이원좌(李元佐) 등 귀화인의 이름이 나온다. 이 귀화인들은 당에서도 비교적 성공한 사람들로서, 왕장문은 신라나 일본으로부터 오는 외국인들을 초대하여 접대할 정도였고,(839/11/1) 이원좌는 당에 귀화하여 좌신책군(左神策軍) 압아(押衙)에까지 올랐다.(843/8/13)

이와 같이 산동에 신라인들이 군집(群集)하여 독자적인 생활을 하게 되자,

7) 유신언(劉愼言)은 그 뒤 설전의 뒤를 이어 신라방 총관이 됨.(847/6/5)

당에서는 이들과의 정치적·상업적 문제를 처리하기 위해 구당신라소(勾當新羅所: Office in Charge of Silla Affairs)를 설치하여 장영이라는 귀화인을 압아로 삼아 전임(專任)케 하였다. 이러한 여러 가지의 상황으로 미루어 볼 때 당시의 신라방은 "고대적 개념으로서의 식민지(colony)였다"는 라이샤워의 지적[8]은 조심스럽게 수긍할 만한 가치가 있다. 적어도 신라방이 그 인구의 규모나 독자적 생활상, 그리고 치외법권적 자치를 향유하고 있었다는 점을 인정한다면, 신라방은 식민지였다는 논리에 귀를 기울일만 하다.

3. 적산원(赤山院)에 관하여

적산원은 지금의 산동성, 곧 등주 문등현 적산촌(登州 文登縣 赤山村)에 있던 신라의 사원으로서 장보고가 건립한 원찰(願刹)이었다.(839/6/7) 장보고가 이 절을 세운 의도는 명확하지 않다. 이 절을 창건한 시주가 장보고라고 하는 것은 틀림없는 사실이라고 할지라도, 그것이 그의 불심(佛心)의 발원(發願)에 따라서 창건했다기보다는 오히려 신라방 일대의 승려들을 위한 보시(布施)와 신라방의 국제적 위광(威光)을 보여주고 싶은 충동이 작용했을 가능성이 많다.

사원의 규모는 알 수 없으나 연간 소출 500석(石)의 사전(寺田)을 가지고 있었고(839/6/7), 법회(法會)가 있을 때에는 200~250명이 모여 기거할 수 있었다는 대목(840/1/15)으로 미루어 그 규모를 짐작할 수 있다. 장보고가 이 사원에 대하여 관심을 가졌다는 사실은 이곳이 무역지로서 요충(要衝)이 아니었음에도 불구하고 그의 교관선(交關船)이 이곳을 왕래했다는 사실(839/6/27)로써 알 수 있다.

적산원에서는 연례 행사로 11월 보름에 시작하여 이듬해 정월 보름에 마치는 2개월 과정(課程)의 불법 강좌가 있었다. 그 법회는 꽤 오랜 세월 지속되었다. 강의 내용은 주로 『법화경』(法華經)과 『금광명경』(金光明經)을 해

8) Edwin O. Reischauer, *Ennin's Travels in T'ang China*, pp. 281, 285.

설・토론하는 것이었다.(839/6/7; 11/16) 이 모임에는 대략 40명의 승려[9]와 200~250명의 민간인이 참여했고(839/11/16; 840/1/15) 언어는 신라어를 사용했다.(839/11/22) 이곳이 9세기경의 고대 사회의 이민(移民) 집단이었다는 점을 고려할 때, 그 집회 규모는 결코 작은 것이 아니었다.

이곳의 주승(主僧, 住持)은 법청(法淸)이었는데, 그는 장안(長安) 장경사(章敬寺)의 주승을 겸하고 있었다.(839/9/12) 장안에는 승려의 출입이 금지되어 있었음에도 불구하고(839/2/6) 그곳에 신라의 중이 주지를 하는 절이 있었다는 사실은 당시의 재당 신라인이나 신라 불교의 지위를 이해하는 자료가 될 수 있다. 적산원의 대외 관계를 살펴보면, 대당 관계에서는 주로 구당신라소의 압아인 장영을 상대했고, 대신라 관계에서는 임대사와 왕훈 등이 일을 처리했으며, 이 밖에 몇 명의 역원(譯員)이 업무를 보조했다.(839/6/7) 이들은 당의 관청을 상대로 엔닌 일행의 출행(出行) 업무를 대행해 준 점(840/1/5)으로 미루어 볼 때 준외교적 업무를 처리하는 영사관(領事館)과 같은 역할을 했던 것으로 보인다.

당시의 신라 사원이 신라와 당의 관계에서 어떠한 지위를 누리고 있었고, 당의 불교 정책이 어떠했던가 하는 점을 알기 위해서는 다음의 일기를 음미해 볼 필요가 있다.

> 우리의 일행 중에는 스무 살 된 승려가 하나 있었다. 그는 장안에서 태어났으며, 그의 부모・형제・자매들은 아직도 그곳에 살고 있다. 그는 어린 나이에 불문에 들어가 대천복사(大薦福寺)에서 신라의 승려를 모시는 상좌승이 되었다. 승려들이 법난(法難)을 당하자, 그는 신라의 승적(僧籍)에 올라 그제서야 그 절에 살 수 있었다. 관가에서는 그의 도첩(度牒)이 신라 승이라는 사실에 따라 그를 신라로 추방하려 했다. 그는 관가에서 자신의 입장을 설명하려고 백방으로 노력했지만 추방을 면할 수 없었다. 가족들이 몸부림을 쳤지만 거리에서 헤어져 조응현(照應縣)으로 끌려가 그곳에서 묵었다. 우리 일행이 오전 4시경에 떠나는데, 그 승려는 몰래 도망하여 우리 일행은 그를 볼 수가 없었다. 조응현에 이르러 날이 밝아서야 그가 없어진 것을 알았다. 관가의 일꾼 3명 가운데 2명이 길을 나누어 그를 찾았으나 종일토록 찾지 못했다. 그가 이미 장안에 있는 그의

[9] 장보고의 행적에 관해서는 『三國史記』 列傳 張保皐・鄭年條; 『三國遺事』(2) 紀異(2) 神武大王・閻長・弓巴條; 『唐書』(220) 東夷列傳(145) 新羅條 참조.

집으로 돌아가고 숨어 있음을 안 관가에서는 그를 체포하도록 부(府)에 요청했다.(845/5/10)

위의 내용으로 미루어 볼 때 신라인들에게는 당인들에게도 허락되지 않는 신교의 자유가 있었고, 일종의 피난처(asylum)와 같은 성격을 가지고 있었으며, 이 점을 잘 알고 있던 엔닌은 적산원에 머물면서 당에서의 생활 습속을 익힐 뿐만 아니라 가능하다면 불법을 배우고 싶었던 것으로 보인다. 839년 6월 7일에 적산에 도착한 엔닌은 이곳에 오래 머무를 생각은 없었으나, 잠시 외출했다 돌아오니 자기들이 타고 온 배가 떠나고 없어 어쩔 수 없이 적산원에 머무를 수밖에 없었다고 기록하고 있지만, 이는 사실이 아니다.

왜냐하면 뱃사람[水手]이나 초공(梢工; 舵手)]이 뒤쳐져도 배가 떠나지 않고 그들이 돌아올 때까지 기다렸던 전례도 있었는데,(839/3/25) 하물며 3명의 승려와 1명의 종자(從子)가 돌아오지 않았음에도 불구하고 배가 떠날 리도 없는 것이고, 첫 번째(839/7/16) 배를 놓쳤다가 뒤따라온 두 번째 배(839/7/23)마저 놓칠 만큼 그들이 조심성이 없었으리라는 것도 납득할 수 없는 일이다.

당초 엔닌이 대륙에 상륙했을 때 "나는 신라의 역원인 김정남과 함께 계획하기를 밀주(密州)에 도착하면 인가에 뒤떨어져 머물다가 우리들이 타고 온 조공선이 떠나면 산 속에 은거(隱居)했다가 천태(天台)로 가서 다시 장안으로 가기로 작정했다."(839/4/5)는 기록과, "귀국할 무렵에 잔류하는 방법을 어렵게 꾸며보았지만 이 일 또한 이루지 못하고 저들에게 들키고 말았다. 여러 가지 방도를 꾸려보았지만 잔류할 수가 없었다. 관청에서 너무도 엄하게 감시를 하기 때문에 하나도 어길 수가 없었다."(839/4/8)는 기록 등으로 미루어 볼 때 엔닌은 의도적으로 적산원에 남은 것이 틀림없고 그것은 일본인이 누릴 수 없는 특권을 신라인들이 누리고 있었다는 사실 때문이었다.

이 밖에도 신라의 승려에 관한 기록으로서는 신라의 중 양현(諒賢)이 내륙을 여행했다는 사실,(839/9/1) 엔닌보다 200년 앞서 당에서 수도한 원측(圓測: 613~696)에 관한 기록(840/7/26), 신라의 중이 경조부(京兆府)에 머물고자 했으나 체류를 허락하지 않았다는 사실,(845/7/15) 특히 적산원에서는 신라의 중인 사경(師敬, 840/2/7)과 성현(誠賢, 840/2/11) 등이 탈주했다는 기록이 있으나, 그들이 왜 탈주했는지에 대해서는 더 고구(考究)해 볼 필요가 있다.

4. 신라의 해상 활동과 장보고(張保皐)

엔닌이 10년에 걸친 신고(辛苦) 끝에 구법의 순례를 마치고 귀국했다는 사실과 동양 3국의 9세기 역사에 중요한 사료가 되는 일기를 남겼다는 사실은 일차적으로 그의 불심에 가득 찬 발원(發願)에 그 바탕을 이루고 있는 것이지만, 그가 남긴 역사학적인 공로의 절반은 신라인에게 돌아가야 한다. 왜냐하면 신라인, 그중에서도 특히 신라의 선원들이 없었더라면, 그의 입당과 초기의 순례 여행, 그리고 귀국 그 자체가 불가능했기 때문이다. 엔닌 일행이 하카다를 출발할 당초부터 신라의 역원(譯員)인 김정남·박정장이 함께 승선했다는 데에서부터 그는 신라인들에게 빚을 지고 있었다.

일단 대륙에 상륙한 이후에도 뭍으로 갈 때에는 신라인의 나귀를 이용했고(839/4/26), 해로로 갈 때에는 신라의 배를 이용했다. 초주에서 뱃길로 적산까지 올라갈 때는 뱃길을 잘 아는 신라인 60명을 고용하여 9척의 배에 각기 5~7명씩을 태웠다는 사실(839/3/17)은 당시 재당 신라인이 숫적으로도 적지 않았음을 의미한다. 여기에 고용된 신라인들은 단순히 사공의 역할만 한 것은 아니다. 그들은 길 안내(839/4/1)는 물론이고, 선편(船便)의 알선(838/12/18)과 당에서의 체류와 여행의 주선(839/3/17)까지 맡아서 처리했다. 뿐만 아니라 당시 일본의 견당 조공사는 신라의 배를 이용했는데, 그 숫자가 많을 때에는 5척이나 되었다는 기록(839/4/24)을 주목해야 한다.

이와 같이 신라가 황해의 해상권을 장악한 것은 장보고의 시대에 이르러 그 절정을 이룬다. 장보고는 본시 미천한 가문에서 태어나 그 조부를 알 수 없다. 젊어서는 가난과 박해 속에 살다가 왕후장상의 가계가 아니고서는 입신할 수 없는 신라를 떠나 능력에 따라 대공(大功)을 이룰 수 있는 당으로 건너갔다. 그곳 서주(徐州)에서 무사로 출발한 장보고는 무령군(武寧軍) 소장(少將)에 올라 부귀와 공명을 누릴 수가 있었다. 그러나 그는 당에 머무는 동안 그곳 해적들에게 잡혀와 노예 생활을 하는 동족들을 보고 이를 근절시키기 위해 귀국했다. 신라에 돌아온 장보고는 흥덕왕(興德王)의 허락을 얻어 군사 1만 명을 거느리고 청해진(淸海鎭)을 거점으로 하여 황해와 남해의 해적을 소탕하고 이곳의 해상권을 잡을 수 있었다. 이때부터 황해를 제패(制覇)하게 된 장보고는 당과 일본에 대한 무역에도 개입하여 국가의 이익을 증진하는 데 공을 세운다.10)

장보고가 황해를 제해했을 때, 엔닌은 그의 도움을 받는 것이 구법의 지름길임을 알고 있었다. 그래서 엔닌은 일본을 떠날 때 치쿠젠(筑前)의 대수(大守)로부터 장보고에게 보내는 소개장을 받았으나 풍랑으로 잃어버렸다.(840/2/17) 그는 적산원에 머물면서 장보고의 정변 소식을 들었으며,(839/4/20) 그가 정변에 성공했다는 사실과, 당에서 그의 위명을 확인하자 엔닌은 장보고에게 보내는 다음과 같은 편지를 쓴다.(840/2/17)

생전에 귀하를 직접 뵌 적은 없으나 높으신 이름을 오래 전에 들었기에 흠앙(欽仰)하는 마음이 더욱 깊어만 갑니다. 중춘(仲春)이 이미 따사로운데 엎드려 바라옵건대 대사의 존체(尊體)에 만복이 깃드소서. 이 엔닌은 대사의 인덕(仁德)을 입었기에 삼가 우러러 뵙지 않을 수 없습니다. 엔닌은 이미 뜻한 바를 이루기 위해 당에 머물러 있습니다. 부족한 이 사람은 다행히도 대사께서 발원(發願)하신 곳[적산원]에 머물 수 있었던 데 대해 감경(感慶)한 마음을 달리 비교해 말씀드리기가 어렵습니다. 엔닌이 고향을 떠날 때 지쿠젠의 대수가 편지 한 통을 주면서 대사께 바치라고 하였습니다. 그러나 갑자기 배가 바다에서 침몰하면서 모든 물자를 유실했는데, 그때 대사께 바칠 편지도 파도에 떠내려갔습니다. 이로 인한 슬픔을 하루도 느끼지 않은 적이 없습니다. 엎드려 비옵건대 심히 꾸짖지 마옵소서. 언제 뵈올지 기약할 수 없으나 다만 대사에 대한 생각만이 날로 깊어집니다. 이만 줄입니다. 근장(謹狀)

개성(開成) 5년(840) 2월 17일
일본국 구법전승(求法傳僧)
전등법사위(傳燈法師位) 엔닌(圓仁) 장상(狀上)
청해진 장(張) 대사 휘하 근공(謹空)

엔닌은 장보고를 만난 적이 없다. 그러나 장보고는 이들의 일행을 기억하

10) 장보고의 행적에 관해서는 『三國史記』 列傳 張保皐・鄭年條; 『三國遺事』 (2) 紀異(2) 神武大王・閻長・弓巴條; 『唐書』(220) 東夷列傳(145) 新羅條 참조.

고 있었으며, 그의 매물사(賣物使)인 병마사(兵馬使) 최훈십이랑은 상사의 뜻에 따라 엔닌의 일행을 각별히 돌보아 주었다.(839/6/28) 서기 846년에 이르러 귀국의 길이 막히고 불교 박해가 더욱 가혹해지자 엔닌 일행은 다시 장보고에게 귀국 선편을 부탁했고 장보고는 그해 연말부터 조선(造船)에 착수한다. 이러던 계제에 부마(駙馬)의 문제로 장보고가 실각하게 되고 병마사 최훈은 신라방에 망명하게 된다. 엔닌은 당시 당의 국법이 외국인의 차선송객(借船送客)을 금했기 때문에 자신이 장보고의 배를 이용하지 못한 것으로 알고 있으나(847/潤3) 이는 사실과 다르며 전적으로 장보고가 처한 정치적 상황 때문이었다.

장보고의 실각에도 불구하고 엔닌에 대한 재당 신라인들의 후원은 단절되지 않았다. 엔닌은 신라인 정객(鄭客)의 수레를 타고 남쪽으로 내려와(847/潤3) 다시 신라방에서 왕가창의 배로 갈아 탔으며(847/6/18), 끝내는 김진의 배로써 귀국하게 된다. 이상의 여러 기록으로 미루어 볼 때 당시 신라는 황해의 해상권을 장악하고 있었고 일본의 대륙 무역이나 문화 교류는 상당한 부분이 신라인의 도움으로 이루어졌음을 알 수 있으며 그 기반은 장보고의 역량에 의한 것이었다.

한국사에서 장보고가 가지는 역사적 의미는 그가 한국 해양정신사의 시원이라는 점이다. 신라가 당에 종속되고, 고려가 송의 문화에 압도되고, 조선조가 소중화(小中華) 사상에 몰입되는 동안에 우리는 중국에 대한 의존도를 높이면서 상대적으로 바다로의 진출에 소홀했던 것이 그 훗날의 국운 쇠퇴와 무관하지 않았다는 점에서 보면, 장보고가 남긴 해양정신사의 연구는 한국 사학이 안고 있는 하나의 과제이다. 송대(宋代)의 문인 송기(宋祁)는 장보고의 행적을 기려 칭송하기를 「누가 동이(東夷)에 인물이 없다고 말할 것인가?」[11]라고 했다.

5. 극동 3국의 관계

엔닌의 일기는 당·신라·일본을 무대로 하여 쓰여진 것이기 때문에 극동

11) 『新唐書』(220) 東夷列傳(145) 新羅條.

3국의 국제 관계를 이해하는 데에 좋은 자료가 되고 있으며, 특히 이들 3국인의 상호 인식이 어떠했던가를 보여 주는 사료들이 많이 있다. 우선 살펴볼 수 있는 것은 신라와 일본의 상호 인식이다. 이들의 상호 인식 중에서도 엔닌의 일기는 일본의 대(對)신라 인식이 어떠했던가를 잘 설명해 주고 있다. 이 점을 이해하기 위해서는 다음의 글을 음미해 볼 필요가 있다.

[우리가 등주(登州) 앞바다를 지날 때] 제2선장인 나가미네노 스쿠네(長岑宿禰)가 이렇게 말했다.
"생각컨대 대주산(大珠山)은 신라의 정서(正西)에 있는데, 만약 우리가 그곳에 이르렀다가 일본으로 돌아가다가는 그 재난을 이루 헤아릴 수 없이 겪을 것입니다. 더구나 신라에서는 지금 장보고가 난을 일으켜 내란에 빠져있는데, 서풍이나 북서풍이나 남서풍을 만나면 우리는 적의 땅[賊境]에 다다를 것입니다. 지난날의 사례로 미루어 볼 때 명주(明州)에서 떠난 배는 신라의 경내로 들어갔으며, 또한 양자강(揚子江)에서 떠난 배도 신라로 들어갔습니다. 이번 우리의 배 9척도 이미 북쪽으로 멀리 올라와 있고, 적의 위치에 가까이 와 있는 것도 잘 알고 있습니다. 이제 다시 대주산으로 들어가는 것은 틀림없이 적지(賊地)로 들어가는 것입니다. 그러므로 바다를 건너 대주산으로 들어갈 필요는 없습니다."(839/4/2)

위의 글에서 엔닌의 일행이 신라를 "적의 나라"라고 표현한 사실은 일본의 대신라 인식을 이해하는 척도가 된다. 또한 "지난날의 사례로 미루어 볼 때"라는 대목은 일본의 견당사(遣唐使)가 신라의 경내에 본의 아니게 표착한 사례가 있었음을 의미한다. 또 신라 경내에의 표착을 재난으로 표현했다든가, 점쟁이가 "앞길에 설령 신라의 경계가 나타나더라도 크게 놀라지 말라"고 말한 것(839/4/15)을 보면, 일본과 신라의 관계는 매우 적대적(敵對的)이었음을 알 수 있다.
또 엔닌이 신라의 황모도(黃茅島) 이포(泥浦)에 도착했을 때, 그곳 수도(守島)와 무주(武州) 태수의 매사냥꾼이 배에 올라와 "금년 4월에 대마도인(對馬島人) 6명이 고기를 잡다가 표착하여 무주에 감금된 채 어명(御命)을 기다리고 있는데, 그 가운데 1명은 병사했다"(847/9/6)고 말한 기록은, 일본인의 신라 상륙이 국법으로 금지되어 있고, 이를 어길 경우에 그들에 대한 제재도 엄혹(嚴酷)했음을 알 수 있다.

일본인에 대한 신라인의 기휘감(忌諱感)은 왜구(倭寇)의 범경(犯境)과 관련이 있는 것으로서 이러한 현상은 이미 신라의 개국 시대부터 비롯하여[12] 3세기 이후에도 계속되었고,[13] 이러한 대일 인식은 9세기경에도 변함이 없었는데, 백제가 멸망한 뒤 그 부흥 운동을 일본이 지원한 것이 그와 같은 적의(敵意)를 가속화시키는 요인이 되었다. 이러한 현상은 엔닌의 시대에도 예외는 아니었다. 이를테면 엔닌이 황해를 북상할 때 신라의 배 한 척이 지나가는 것을 보고 작은 배를 보내어 자기들의 일행에 관해 물어보고자 했으나, 신라선은 이들이 일본선인 것을 알고 도주했다는 기록(839/5/25)이라든가, 엔닌이 귀국 길에 무주 남쪽 황모도에 이르러 뭍에 올랐더니, 섬 주민 4~5명이 무조건 도망했다는 기록(847/9/6) 등이 보인다.

이와 같은 기휘감은 신라의 해상권이 강해질수록 약화되었던 것으로 보인다. 예컨대 엔닌 일행이 신라방에서 신라인들에게 입은 호의와 같은 것은 예외로 하더라도, 그 무렵 일본의 대당 조공이 신라선에 의해서 이루어졌다는 기록(839/4/24)은 인종적 기피심을 느끼면서도 신라인들 중에는 착한 사마리아인(good Samaritan)이 있었음을 의미한다.

그렇다면 이러한 양국 관계에서 일본인들은 신라인을 어떻게 인식하고 있었을까 하는 점을 살펴볼 필요가 있다. 이에 대해서는 다음의 일기가 시사(示唆)하는 바가 크다.

진시(辰時, 오전 8시)쯤 되어 9척의 배는 [우리를 남겨둔 채] 돛을 올리고 바람을 따라 동북으로 직행했다. 해안에 올라 바라보니 흰 돛이 연이어 바다 위를 달리고 있었다. 우리 중 4명은 산간의 해안에 머물렀다. 재(齋)를 올릴 시간이 되어 우리는 물을 찾아 깊은 계곡으로 들어갔다. 오래지 않아 여러 사람의 목소리가 들려 놀라 바라보니 배 한 척이 해안에 정박해 있고 10여 명이 닻을 내리고 머물러 있었다. 그들은 우리가 어디에서 오는 사람들이며 어떻게 해서 이곳에 오게 되었는가를 물었다. 우리들은 이렇게 대답했다.

"우리들은 본시 신라 사람들인데 전에는 초주에 살았으나 이제 밀주로 가서 상의할 일이 있어 잠시 조공선을 타고 함께 이곳에 오게 되었습니다. 조공선은 오늘 바다로 나갔기에 우리는 배에서 내려 이렇게 여기서 머물고 있습니다."

12) 『三國史記』 新羅本紀 始祖赫居世 居西干 8年條.
13) 『三國史記』 新羅本紀 儒理尼師今 11~12年條.

뱃사람들이 말했다.

"우리들은 밀주에서 오는 길인데 배 안에는 숯이 실려 있으며, 초주로 가는 길입니다. 우리들도 본시 신라인인데 일행은 10여 명입니다. 스님들께서는 이제 이 깊은 산중에서 인가도 없고 또 밀주로 가는 배도 없으니 밤을 이곳에서 지내실는지, 아니면 다시 마을을 찾아 떠나실는지요? 만약 여기에서 오래 머문다면 비바람이 칠지도 모르는데 어디에서 몸을 피하시겠습니까?"

우리들은 이 외딴 산중에서 이런 일을 만났으니 어찌할 바를 모르다가 우리가 산 소지품과 심지어는 음식물까지도 모두 그들에게 주고 나니 남는 것이 하나도 없었다. 더구나 우리는 그들이 우리에게 금(金)이 있느냐고 묻거나, 우리의 금을 보게 되면 죽일지도 몰라 몹시 두려웠다. 그리하여 우리는 마을을 찾아가겠노라고 대답했다. 그랬더니 그들이 이렇게 말했다.

"이곳으로부터 남쪽으로 내려가다가 산등성이를 하나 넘으면 20여 리 남쪽에 한 마을에 도착할 것입니다. 이제 우리가 사람 하나를 여러분들께 딸려 보내겠습니다."

그리하여 우리는 그들이 내준 한 사람을 따라 앞으로 나아갔다. 바위가 험준했다. 우리는 계곡을 내려갔다가 다시 산마루를 오르는데 같이 가는 안내자의 마음씨가 고운지 악한지 몰라 걱정스럽기 짝이 없었다. 포구와 진흙을 지나 오후 4시경 숙성촌(宿城村)의 신라인의 집에 이르러 잠시 쉬는데, 신라의 승려들이 어쩌다가 밀주로부터 이곳에 오게 되었는지를 물었다.(839/4/5)

위의 내용에는 몇 가지 미심쩍은 사실이 있다. 우선 일본인들이 어떻게 제3국인도 아닌 신라인들에게 신라인의 행세를 할 수 있었으며, 또 신라인들은 이들이 일본이 아닌 신라인이라고 속았을까 하는 점이다. 이들 일행 4명(엔닌·惟正·惟曉·丁雄萬)은 신라어는 물론 중국어도 몰랐기 때문에, 통상 중국인들을 만났을 때 그러했던 것처럼 한문(漢文)으로 필담(筆談)을 했다고 추정할 수밖에 없다. 그들은 신라인들임에도 신라어를 모르는 사실에 대해서, "우리는 본래 신라인이었으나…"라는 말로 지금은 신라어를 모르는 사실을 변명했을 것이고, 또 신라인들도 중국어에 능숙하지 못했고 또 상대가 중국어를 모르는 터이니 한문 필담만이 가능했을 것이다.

두 번째로 기이한 현상은 엔닌 일행이 자기들의 소지품과 음식물을 모두 주었다는 사실과 자기들에게 금이 있다는 사실이 확인되면 죽임을 당할지도 몰라 몹시 두려워했다는 사실이다. 사실상 엔닌 일행은 비상금의 형식으로 금품을 가지고 있었지만, 과연 신라인들이 그들의 목숨을 해치면서까지 그것을 강탈할 가능성이 있었는가 하는 점에 대해서는 엔닌의 일행이 이들에 대해 어떤 선입견적인 오해나 과민 반응이 아니었을까 여겨진다. 왜냐하면 신라인들이 그 뒤 엔닌 일행에게 안내원까지 딸려 보내어 숙성촌의 신라인 집에 머물도록 주선해 주었다는 사실을 볼 때, 그들에게 물건을 강탈하고 살해할 만큼 흉심(兇心)이 있었으리라고 여겨지지 않기 때문이다.

일본인들이 신라인을 어떻게 이해하고 있었나를 보여주는 또 다른 예로서는 김진에 관한 기록을 들 수 있다. 엔닌에게 귀국선을 마련해 주고 일본까지 동행한 김진은 분명히 신라인이었고, 또 엔닌도 그렇게 기록하고 있다.(847/6/9) 그런데 엔닌이 일본에 도착한 이후의 기록에는 김진이 "당인"(唐人) 또는 "당객"(唐客)으로 기록되어 있다.(847/1/19; 11/14) 이 글이 엔닌의 사사로운 기록이었음에도 불구하고 그를 당인으로 기록한 것은, 그들이 일본에 도착한 이후에는 김진을 비롯한 일행 44명이 신라인이 아니라 당인으로 행세하기로 배 안에서 서로 약조했음이 틀림이 없고, 또 이렇게 속일 수밖에 없었던 것은 김진이 신라인보다는 당인으로 행세하는 것이 신변 안전이라는 점에서 일본에서 운신하기에 편했기 때문으로 보인다. 이와 같은 사실은 김진의 일행이 당인의 자격으로 태정관(太政官)으로부터 엔닌을 귀국시킨 댓가로 은급(恩給)을 받았다는 사실(847/11/14)과도 관련이 있을 것이다.

당·신라·일본의 3국 관계라는 주제와는 다소 벗어나는 일이지만, 고구려·백제와 일본과의 관계를 설명해 주는 것으로서는 왕행칙(王行則)에 관한 기록이 있다. 왕행칙은 본시 당인으로서 동번(東藩)을 정벌하러 갔다가 그곳에서 포로가 되어 일본으로 넘겨진다.(840/2/28; 3/16)[14] 여기에서 동번이라 함은 발해를 의미하는 것인지 아니면 신라를 의미하는 것인지는 분명하지 않으나, 그들 가운데 하나임에는 틀림이 없다. 그렇다면 이 나라에서는 전쟁 포로인 왕행칙을 왜 일본으로 보냈을까? 이는 일본과 당의 관계가 적대적임을 이용하여 고구려나 백제가 이들에게 복수하려고 했다고 볼 수 있다. 일본과 당의 관계가 우호적이지 못했다는 사실은, 엔닌이 당에 상륙한 초기에는 신라인으로 행세하며 자신들이 일본인임을 숨겼고, 그러다가 그것

14) 판본(版本)에 따라서 왕행칙(王行則)의 기록은 2월 28일자와 3월 16일자로 각기 다르게 기록되어 있다.

이 발각되어 관가에 체포되어 고초를 겪은 기록(839/4/5)으로써도 미루어 알 수 있다.

이 당시의 나·당 관계는 고구려·백제를 멸망시킬 당시 신라가 당에 진 부채로 인해 봉신국(封臣國)의 위치가 굳어졌던 것으로 보인다. 신라가 당의 번국이 된 것은 서기 650년경이었으며,[15] 엔닌의 시대에는 당의 칙사(勅使)가 신라왕의 즉위식을 거행했다. 그러한 예로서 서기 839년 4월에 장보고가 우징(祐徵)을 도와 민애왕(閔哀王)을 죽이고 신무왕(神武王)을 즉위시켰을 때, 당에서는 청주(靑州)병마사 오자진(吳子陳)과 최 부사(崔副使), 그리고 왕 판관(王判官) 등을 보내어 왕위를 내렸으며(839/4/24), 이들은 신라를 다녀온 뒤 30여 명의 일행과 함께 신라방을 방문했고 최훈 병마사가 이들을 위로 했다(839/4/28)는 점이다. 신라의 입장에서 볼 때 그들의 관계가 대등했다거나 영예스러웠다고는 말할 수 없지만, 적어도 우호적이었던 것만은 부인할 수가 없다. 그 당시의 운조(運槽)로 볼 때 신라에 파견된 당의 사절이 500여 명이었다는 사실(847/9/6) 등은 이와 같은 관계를 잘 설명해 주고 있다.

이상과 같은 여러 가지 상황을 종합해 볼 때 나·당(羅唐) 관계는 봉신적 우호 관계였고, 당과 일본의 관계를 보면, 일본은 당에 우호적이었으나 당은 일본을 기피했고, 일본과 신라의 관계는 민간인 차원에서는 서로 기피한 것이 사실이지만 교역의 문제에서만 일본이 신라의 교역인들에게 빚을 지고 있었고, 멸망하기 이전의 고구려는 당과 일본에 대해 적대적이었고, 백제는 당에 대하여 적대적이었다고 말할 수 있다.

6. 맺는 말: 몇 가지 문제점

신라의 정치·사회·외교·무역에 관한 일차적인 문헌들이 없는 것은 아니지만, 금석문(金石文)을 제외한다면 당시의 기록들은 거의 인멸(湮滅)되었고, 특히 엔닌의 일기는 신라를 직접 목격한 외국인의 유일한 기록이라는 점

15) 『三國史記』 新羅本紀 眞德王 4年(650)條; 『三國遺事』 紀異(1) 眞德王條; 『唐書』(220) 東夷列傳(145) 新羅條.

에서 그 가치가 참으로 높다. 그가 외국인의 입장에서 일기를 썼기 때문에 오해와 과오가 분명히 있지만, 그가 견문한 사실들의 정확성을 오늘에 비추어 보면 참으로 놀라운 데가 있다.[16]

엔닌의 일기가 가지는 이와 같은 사료적 가치에도 불구하고, 이 일기의 인용이나 이용에는 몇 가지 문제점이 남는다. 우선 생각할 수 있는 것은 사료의 해석이다. 한 역사가가 사학에 이바지할 수 있는 길은 세상에 알려지지 않았던 사료를 발굴하거나, 아니면 사료에 대한 독자적인 해석을 독자들에게 제공하는 것이다. 엔닌의 일기가 가지는 첫 번째의 문제점은, 거기에 실려 있는 신라 관계 기록을 어떻게 해석할 것인가 하는 점이다. "역사란 어차피 해석(解釋)"[17]이기 때문에 이 문제는 특히 중요하다.

이를테면 이 해석의 문제와 관련하여 이 논문의 논지 중에는 쟁점의 요소들이 있다. 예컨대 신라방을 원시적 개념으로서의 식민지였다는 주장이 그러한 예에 속한다. 우리는 이러한 논지(論旨)에 대하여 이의를 제기할 수도 있다. 왜냐하면 적어도 7세기 이후의 신라가 당의 봉신국이었다는 논리에 오류가 없다면, 어떻게 봉신국이 종주국의 영토에 식민지를 가질 수 있는가라는 반론이 가능하기 때문이다. 역사가는 자기의 해석에 맞추어서 사실을 형성하고 사실에 맞추어서 해석을 형성하는 끊임없는 과정에 종사하는 것이지만,[18] 해석과 사실의 그 어느 쪽을 선호한다는 것은 있을 수 있는 일이다. 이런 점에서 볼 때 신라방의 식민지적 성격에 관한 본 논문의 논지는 해석 쪽에 편향되었다고 볼 수 있다.

그렇다고 해서 사실은 중요하지 않다고 하는 것을 의미하려는 것은 아니며, 다만 비교 우위만을 지적하고자 할 뿐이다. 사실의 묘사가 빗나갔을 때 이미 해석은 의미 없는 것이 되기 때문이다. 의견은 제각기 다를 수 있지만 사실은 신성한 것이다.[19] 이와 같은 논리와 관련하여 엔닌의 다음 구절을 음미해 볼 필요가 있다.

16) Edwin O. Reischauer, *Ennin's Travels in Tang China*, pp. 17~18.
17) E. H. Carr, *What is History?*(Harmondsworth: Penguin Book, 1970), p. 23.
18) *Ibid.*, p. 29.
19) *Ibid.*, p. 10.

절에서 수제비[餺飥]와 떡을 장만하고 8월 보름의 명절을 지냈다. 다른 나라에는 이러한 명절이 없지만 유독 신라에는 이 명절이 있다. 노승들이 이렇게 말했다.
"신라가 옛날 발해(渤海)와 더불어 전쟁을 할 때 이날 승리했으므로 이날을 명절로 정하고 음악과 즐거운 춤을 즐기던 것이 오래도록 이어져 끊이지 않았다. 우리는 이날 온갖 음식을 마련하여, 노래하고 춤추고 악기를 즐기며 밤낮으로 3일을 쉰다. 이제 이곳 산원(山院)은 고국을 그리워하며 오늘 이렇게 명절을 차렸다. 발해가 신라에게 토벌을 당했을 때 겨우겨우 1천 명이 북으로 도망을 했다. 그들은 그 후 옛날대로 한 나라를 세웠는데 오늘날 발해(渤海)라고 부르는 나라가 바로 그것이다."(839/8/15)

8월 보름이라고 하는 신라의 민간 전승 놀이는 이미 3대 왕인 유리니사금(儒理尼師今) 시대인 서기 32년에 원시 부락제의 형태로 나타나고 있다. 즉, 유리왕은 모든 부족을 6부로 정하고 이들을 두 패로 나눈 다음 왕녀 두 사람으로 하여금 이들을 거느리고 길쌈놀이를 하게 했는데, 이 놀이는 7월 보름부터 8월 보름까지 계속되었다. 이 놀이는 매일 밤 이경(二更)까지 계속되었으며 이 행사 기간 중에 부락민들은 음식을 장만하고 노래와 춤과 온갖 놀이를 했으며 길쌈내기가 끝나면 진 편에서는 회소곡(會蘇曲)을 불렀는데 이 놀이를 가위[嘉俳]라 했다.[20]
엔닌의 기록과 『삼국사기』의 기록은 그 사실의 묘사에서 많이 다르다. 엔닌은 적산원의 노승들에게서 그러한 이야기를 들은 것이라고 한다. 그들의 불심으로 볼 때 적산원의 신라 노승이나 엔닌이 거짓으로 말하거나 기록했다고는 볼 수 없으며, 정황으로 미루어 볼 때 적산원 노승들이 사실을 잘못 알고 전해 주었음이 틀림없다. 이러한 오견(誤見)은 신라의 민간 전승 놀이에 대해 오해를 불러일으킬 수도 있으므로 주의를 기울일 필요가 있다.
이상과 같은 지적에도 불구하고 엔닌의 일기가 가지고 있는 사료적 가치가 깎이는 것은 아니다. 거듭 지적하거니와 이 일기는 신라방, 신라·당·일본의 불교와 3국의 상호 인식 및 관계, 신라의 해상 활동, 특히 청해진과 장보고, 그리고 간간이 묻어나오는 신라어[이두]에 관한 유일한 현장 기록이라

20) 『三國史記』 新羅本紀(1) 儒理尼師今 9年(32)條.

는 점에서 그 가치가 크다. 한 나라의 역사는 일차적으로 그 나라의 사료에 의해서 씌어지는 것이 상례이고 정도이다. 그러나 주변 국가의 사료는 당사국이 안고 있는 사료의 빈곤과 객관성을 보완(補完)해 준다는 점에서 볼 때, 엔닌의 일기는 신라사 연구의 중요한 사료로 재평가되어야 할 것이다.

입당구법순례행기

판본과 참고 문헌

1. 판본
▷ 顧承甫·何泉達(點註), 『入唐求法巡禮行記』(上海：上海古籍出版社, 1986)
▷ 李鼎霞·許德楠(校註), 『入唐求法巡禮行記』(石家莊 : 花山文藝出版社, 1992)
▷ 「入唐求法巡禮行記」, 『續續群書類從』(12)(東京：國書刊行會, 1907)
▷ 堀一郎(譯註), 「入唐求法巡禮行記」, 『國譯一切經 : 史傳部』(25)(東京: 大東出版社, 1980)
▷ 足立喜六(譯註)·立良道(補註), 『入唐求法巡禮行記』, 東洋文庫(157)(東京 : 平凡社, 1984)
▷ Reischauer, Edwin O.(tr.), *Ennin's Diary : The Record of a Pilgrimage to China in Search of Law*(New York, The Ronald Press Co., 1955)

위의 5개 판본 중에서 顧承甫·何泉達의 點註本을 번역의 臺本으로 삼았으며, 의미가 잘 통하지 않는 부분에 관해서는 그 외의 板本을 참고하였음.

2. 참고문헌
위의 5개 판본에 수록된 註釋 이외에 다음의 서적들을 참고하여 註釋했음.

1) 韓國書
▷ 權相老·張道斌, 『故事成語大事典』(서울 : 韓國教育出版公社, 1986)
▷ 『世界人名大事典』(서울 : 韓國教育出版公社, 1985)
▷ 운허·용하(엮음), 『불교사전』(서울 : 법통사, 1962)
▷ 『原色大百科事典』(서울 : 東亞出版社, 1984)
▷ 李弘稙(編), 『國史大事典』(서울 : 知文閣, 1963)
▷ 李熙昇, 『국어대사전』(서울 : 민중서림, 1988)
▷ 張三植, 『大漢韓辭典』(서울 : 進賢書館, 1981)
▷ 『韓國佛教大辭典』(서울 : 寶蓮閣, 1982)
▷ 『韓國人名大事典』(서울 : 新丘文化社, 1967)

2) 中國書

▷ 闕勛吾,『簡明歷史辭典』(河南:河南教育出版公社, 1983)
▷ 『書經』
▷ 臧勵龢,『中國人名大辭典』(臺北:臺灣商務印書局, 1985)
▷ 『莊子』
▷ 丁福保(編),『佛敎大辭典』(臺北:華嚴蓮社, 1960)
▷ ──── ,『佛敎大辭典』(北京:文物出版會社, 1984)
▷ 『辭海』(上海:上海辭書出版社, 1983)

3) 日本書

▷ 『大人名事典』(東京:平凡社, 1955)
▷ 『圖說歷史散步事典』(東京:山川出版社, 1988)
▷ 東京國立博物館・京都國立博物館・比叡山延曆寺・朝日新聞社(共編),『比叡山と天台の美術』(東京:朝日新聞社, 1986)
▷ 新村出,『廣辭苑』(東京:岩波書店, 1973)
▷ 劉鈞仁・英哲,『中國歷史地名大辭典』(東京:凌雲書房, 1980)
▷ 諸橋轍次,『漢和大辭典』(東京:大修館書店, 1955)

4) 英美書

▷ *Encyclopaedia Britannica*(Chicago:The University of Chicago, 1963)
▷ Reischauer, Edwin O., *Ennin's Travel in T'ang China*(New York:The Ronald Press Co., 1957)

삼국의 왕세계(王世系)

○ 안의 숫자는 代數이고, ( ) 안의 위는 생몰 연대이며, 아래는 재위 기간이며 일본은 연호임. 다만 唐의 경우에는 則天武后의 稱帝와 中宗·睿宗의 復僻으로 代數의 계산에 異見이 있음.

▷ 新羅(서기 800~850년)

㊵哀莊王(788~809 / 800~809) ── ㊶憲德王(? ~826 / 809~826) ── ㊷興德王(? ~836 / 826~836) ──
㊸僖康王(? ~838 / 836~838) ── ㊹閔哀王(? ~839 / 838~839) ── ㊺神武王(? ~839 / 839~839) ──
㊻文聖王(? ~857 / 839~857) ── (以下 略)

▷ 唐(開國~856년)

高祖(566~635 / 618~626) ── 太宗(599~649 / 627~649) ── 高宗(628~683 / 650~683) ── 中宗
(648~684) ── 睿宗(662~716 / 684~685) ── 則天武后(624~705 / 685~705) ── 中宗 復僻
(705~710) ── 睿宗 復僻(662~716 / 710~712) ── 玄宗(685~762 / 713~756) ── 肅宗
(711~762 / 756~762) ── 代宗(763~779) ── 德宗(780~804) ── 順宗(805~805)
憲宗(788~820 / 806~820) ── 穆宗(821~824) ── 敬宗(825~826) ── 文宗
(827~840) ── 武宗(841~846) ── 宣宗(847~859) ── (以下 略)

▷ 日本(서기 782~850년)

㊿桓武(延曆 / 782~805) ── (51)平城(大同 / 806~809) ── (52)嵯峨(弘仁 / 810~823) ──
(53)淳和(天長 / 824~833) ── (54)仁明(承和 / 834~847) ── (55)文德(嘉祥 / 848~850) ──
(以下 略)

당시의 도량형

▷ **무게**

1屯 = 6兩 = 3.75g
1兩 = 10屯 = 37.5g

▷ **크기**

1撮 : 두 손가락으로 잡을 정도의 량
1把 : 한 줌
1升 : 10홉 : 100작 : 약 1,800g
1斗 = 10升
1斛 = 1섬(10斗)

▷ **길이**

1寸 = 1/10尺 = 1/33m
1疋(匹) = 21.19 피트
1尺 = 10/33m
1步 = 1間 = 6尺
1尋 = 8尺
1丈 = 10尺
1段 = 114尺 = 19步
1町 = 360尺 = 60步 = 109m
1里 = 36町 = 2,160步 = 12,960尺 = 3,927m

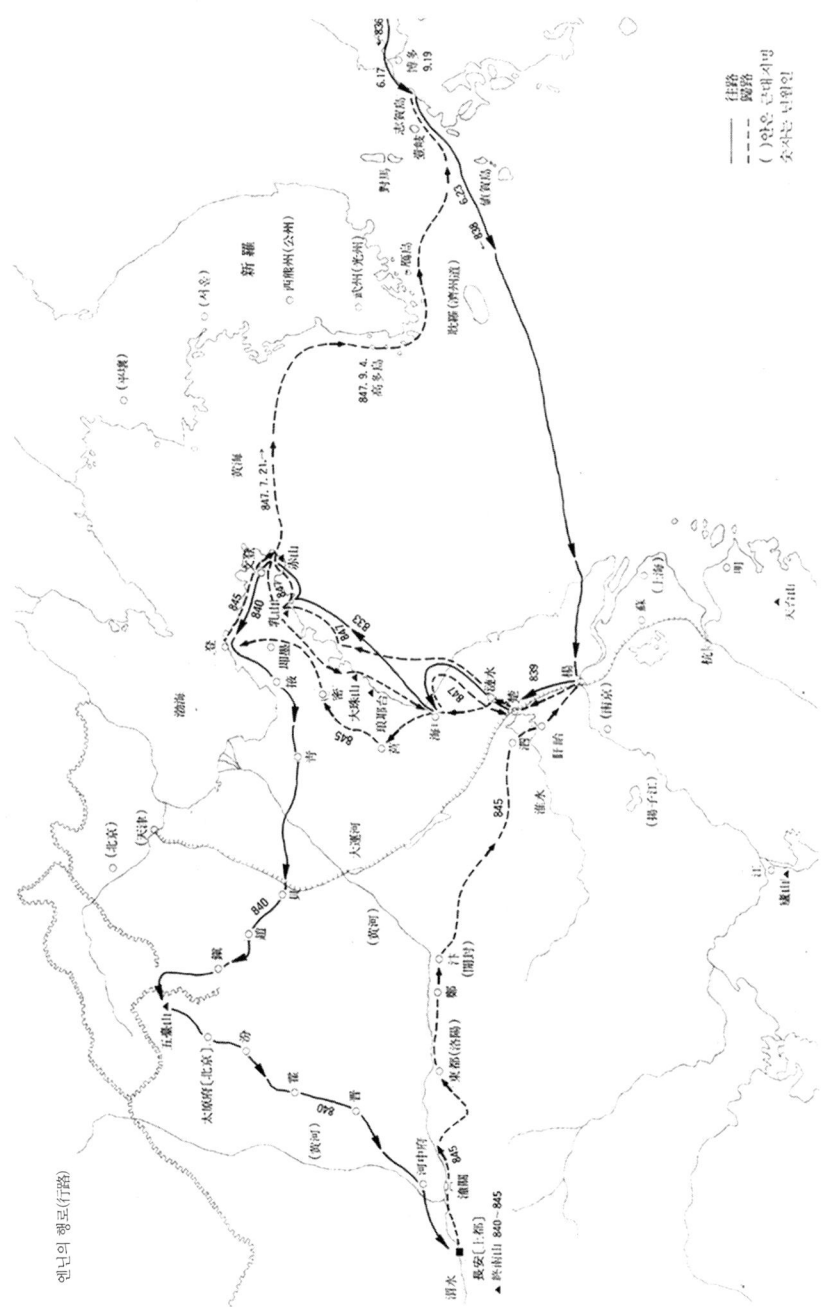

엔닌의 행로(行路)

입당구법순례행기

찾아보기

ㄱ

가릉빈가조(伽陵頻伽鳥) / 75
가마토 오카미(竈門大神) / 318
가미(神) / 100
가미노 노리쓰구(上敎繼) / 82
가미오이(神御井) / 309
가비라신(迦毗羅神) / 238
가사화상(可思和尙) / 65
가섭불(迦葉佛) / 199
가위[嘉俳] / 340
가이(養) / 307
가이묘(戒明) / 100, 102, 111, 117
가종(可從) / 264
각관사(覺觀寺) / 172
간장(干將) / 119, 124
감진화상(鑒眞和尙) / 65, 72
강평(姜平) / 158
개성 천자(開成天子) / 146
개원사(開元寺) / 42, 44, 46, 49~50,
　54, 58, 66, 68, 78, 81, 85, 87,
　150, 155, 170, 215
거견(巨堅) / 174, 178
건안사(建安寺) / 213
겐사이(玄濟) / 251
겐코(玄皎) / 317
겜보(賢寶) / 319
견당선(遣唐船) / 16
결재(潔齋) / 110
겸(謙) / 40
경공사(景公寺) / 236
경문(敬文) / 78~9, 192
경문선사(敬文禪師) / 88
경상법사(鏡霜法師) / 237
경원(慶元) / 96

경종(敬宗) / 59, 66, 245
경중(敬中) / 263
경칩(驚蟄) / 136
계빈(季賓) / 35
계현(戒賢) / 82
고닌(弘仁) / 73
고바야시 소죠(小林祖承) / 12~3
고산(高山) / 305
고시키노 이나마쓰(甑稻益) / 89
고이도(高移島) / 314, 324
고조(高祖) / 59
고종 / 192
고카쿠(光格) / 319
고코마쓰(後小松) / 319
곡우(穀雨) / 136
공덕사(功德使) / 226
공명조(共命鳥) / 75
공자(孔子) / 261, 269
과해화상(過海和尙) / 72
관법사(觀法寺) / 160
관정(灌頂) / 103
관정도량(灌頂道場) / 232
광수(廣修) / 80
광약법사(廣礿法師) / 50
광영법사(光影法師) / 236
광의(光義) / 76
광종제(匡從制) / 157, 158
교개(喬改) / 149
교관선(交關船) / 118, 328
교혜(敎惠) / 96
구당신라[소](勾當新羅所) / 144, 299,
　324~8
구당신라사(勾當新羅使) / 144, 303
구령비(矩令費) / 237
구류진불(拘留秦佛) / 199

구마라습(鳩摩羅什) / 133, 214
구사량(仇士良) / 57, 226, 240, 247, 254, 257, 259, 261, 274
구자국(龜玆國) / 257
구초도(丘草島) / 315
구카이(空海) / 16
국자감(國子監) / 272
국청사(國淸寺) / 35, 43~5, 80, 174, 191~2
궤범(軌範) / 326
규기(窺基) / 51, 82, 217
금각사(金閣寺) / 174, 201~2
금강지(金剛智) 화상 / 232~3
금련옥번(金蓮玉幡) / 75
기(紀) / 100, 102
기노 아손사다○(紀朝臣貞○) / 155
기신(義眞)화상 / 158
기요미네(淸岑) / 82~3
기우제 / 273
기전(記傳)유학생 / 92
기쪼(義澄) / 82
김간중(金簡中) / 309
김량훈(金良暈) / 327
김자백(金子白) / 311, 324, 327
김정(金政) / 137, 326
김정남(金正南) / 31, 45, 68, 78, 93~4, 324, 327, 330~1
김진(金珍) / 311~3, 317, 324, 327, 333, 337

ㄴ

나가미네노 스쿠네 다카나(長岑宿禰高名) / 33, 50~2, 77, 81~3, 92~4, 250, 334

나라연불(那羅延佛) / 198
나란타사(那蘭陀寺) / 82, 179, 203, 238
나무십이대원(南無十二大願) / 133
나타태자(那吒太子) / 238
나후라상(羅睺羅像) / 141
난타(難陀) / 228, 283
남악(南岳) / 71
남악대사(南岳大師) / 74, 185~7
남조국(南照國) / 86
남판관(南判官) / 143, 326
『남화경』(南華經) / 237
납형(臘亨) / 137
내도량(內道場) / 233
노비 / 278
노산사(盧山寺) / 147
노자(老子) / 269, 275
누지불(樓至佛) / 211
닌묘(仁明) 천황 / 29
닌사이(仁濟) / 250, 253
닝코(仁好) / 43, 54, 85, 267

ㄷ

다데하칸(建必感) / 155
다이산지(大山寺) / 318
다카오카노 스쿠네 모모오키(高丘宿禰百興) / 33, 52, 250
단오절(五月節) / 110
달력 / 135
달마대사 / 54
담단(譚亶) / 125
담무참(曇無讖) / 117
담유(曇幽) / 54

담표(曇表) / 137, 326
당성사(唐城寺) / 172
『대당서역기』(大唐西域記) / 17, 323
대력법화사(大曆法花寺) / 212
대력사(大曆寺) / 221
대력영경사(大曆靈境寺) / 210
대사령(大赦令) / 306
대사자보살(大師子菩薩) / 141
대서(大暑) / 136
대설(大雪) / 137
대안국사(大安國寺) / 228, 240, 247
대업사(大業寺) / 216
대장엄사(大莊嚴寺) / 237
대종(代宗) / 59, 204
대천복사(大薦福寺) / 288, 329
대한(大寒) / 137
대혜화상(大鞋和尙) / 186, 188
대화공주(大和公主) / 258
대화엄강유사(大花嚴綱維寺) / 200
대화엄사(大花嚴寺) / 184~6, 190, 200, 206, 214
대흥사 / 240
대흥선사(大興禪寺) / 225, 228, 283
덕양일(德陽日) / 201, 252
덕종(德宗) / 59, 228
데이 가치코마루(丁勝小麻呂) / 42
데이유만(丁雄滿) / 42~3, 94, 122, 127, 146, 149, 151, 157, 225~6, 242, 244, 248~9, 262, 305~6, 323
도선율사(道宣律師) / 238~9
도교(道敎) / 237, 243, 268~9, 272, 279, 300
도모노 스가오(伴須賀雄) / 52
도모노 스쿠네(伴宿禰) / 94

도모스케(伴[宿禰善男]) / 318
도생(道生) / 49
도소(道昭) / 82
도솔천왕(兜率天王) / 199
도십이랑(陶十二郎) / 251, 305
도오(道悟) / 69
도진(道眞) / 137, 326
도현(道玄) / 100~2, 107~8, 118, 327
돈증(頓證) / 129, 137, 326
『동방견문록』(東方見聞錄) / 17, 323
동지(冬至) / 64~5, 137, 162, 233, 245
두문지(竇文至) / 121
두종(杜悰) / 271, 264, 272
등봉(藤峯) / 159

ㄹ

라이샤워(Edwin O. Reischauer) / 15, 323, 328
라이센(靈仙) / 176~7, 190, 202, 209~0

ㅁ

마니교(摩尼敎) / 258
마등(摩謄) / 55
마르코 폴로(Marco Polo) / 17, 323
마리대선(摩利大仙) / 199
마야(摩耶) / 185
마명대사(馬鳴大師) / 40
망종(芒種) / 136
메뚜기 피해 / 162
명신(明信) / 137, 326
목종(穆宗) / 59, 209, 273

무교(无行) / 192
무교(無行) / 88
무네다케(宗健) / 312
무라지 다케사다(建雄貞) / 155
무라키요(村淸) / 77, 82
무량의사(無量義寺) / 49, 69, 74
무종(武宗) / 146, 243, 258, 260, 269, 271, 273~4, 306~7
무주(武州) / 314~5, 324, 334
문감(文鑒) / 120, 184, 187
문서법사(文溆法師) / 236
문성왕(文聖王) / 294
문수보살(文殊菩薩) / 49, 75, 141, 176, 181~2, 189, 200~1, 206~8, 211
문수보살 대회(大會) / 216
문습(文襲) / 49
문오(文悟) / 228
문제(文帝) / 82, 221
문종(文宗) / 55, 146, 235, 73
문침법사(文琛法師) / 69
미륵존불 / 181, 182
미부노 가이산(壬生開山) / 34
미우토베노 사다쿄(身入部貞淨) / 83
민애왕(閔哀王) / 29, 93, 338
밀교(密敎) / 16

ㅂ

박구(薄拘) / 164
박정장(朴正長) / 45, 324, 327, 331
반륜(潘倫) / 127
발해(渤海) / 17, 123, 146, 164, 340
발해관(渤海館) / 150
방기(方起) / 46, 49

백로(白露) / 136
백시리밀다라(帛尸梨密多羅) / 103
백제(百濟) / 314
백탑사(白塔寺) / 51, 65, 238
범종성(犯鐘聲) / 270
법계화상(法界和尙) / 238
법공(法空) / 119, 130
법단(法端) / 54
법률사(法律寺) / 219
법문사(法門寺) / 267
법우(法遇) / 284
법운사(法雲寺) / 148
법윤(法潤) / 228, 230
법적(法寂) / 54
법전(法前) / 154
법전(法全) / 228, 247, 249
법조사(法照寺) / 150
법조화상(法照和尙) / 178~9
법진(法眞) / 54, 65
법청(法淸) / 123, 126~7, 137, 144, 326, 329
법행(法行) / 137, 326
법현(法賢) / 184, 238
법화현교(法華顯敎) / 16
벽지불(辟支佛) / 191
보광왕사(普光王寺) / 267, 290
보리사(菩提寺) / 195, 236, 243
보살사(菩薩寺) / 193
보수사(保壽寺) / 236
보월(寶月) / 244, 252, 257, 283
보타락정토(補陀落淨土) / 155
보통원(普通院) / 174
보현보살(普賢菩薩) / 71, 75, 181, 183
불공삼장(不空三藏) / 203, 232
불광사(佛光寺) / 212

불타파리(佛陀波利) / 178, 198, 212
비교법사(飛敎法師) / 63
빈두로(賓頭盧) / 177

ㅅ

사가(嵯峨) 천황 / 73, 301
사경(師敬) / 140, 326, 330
사교(師敎) / 137, 326
사누키조(讚岐椽) / 47
사변(思邊) / 263
사사(師俊) / 326
사신(史信) / 326
사에키노 가네나리(佐伯金成) / 45~6
사에키노 마다쓰구(佐伯全繼) / 46
사이쪼(最澄) / 12, 15~6, 79, 158, 184~5, 187, 232, 323
사자대덕(賜紫大德) / 236
사준(師俊) / 137, 141
사표법사(嗣標法師) / 243
살별[彗星] / 5~6, 244
삼부대법(三部大法) / 228
삼장재월(三長齋月) / 268
삼천대천세계(三千大千世界) / 231
상간(常簡) / 48
상강(霜降) / 136
상밀(常密) / 54
상적(常寂) / 129, 141, 326
상주삼보(常住三寶) / 61~2, 67
상표(常表) / 148
서령사(棲靈寺) / 69
서명사(西明寺) / 59
서방정토(西方淨土) / 155
서실(誓實) / 54
서지사(西池寺) / 40

서천(西天) / 58
석문사(石門寺) / 217
선경(羨慶) / 158
선광사(善光寺) / 171
선단(仙丹) / 275, 277
선대(仙臺) / 277, 278, 280
선림사(禪林寺) / 78, 80, 87
선문오종(禪門五宗) / 54
선범(善範) / 137, 326
선신왕(善神王) / 62
선약 / 277
선종(宣宗) / 306
선지사(禪智寺) / 41, 83
설전(薛詮) / 291~3, 301, 306, 312, 324, 326
성림화상(聖林和尙) / 121, 129, 137
성수겁(星宿劫) / 199
성현(誠賢) / 330
성휴(聖休) / 326
세이와(淸和) 천황 / 16, 325
세이큐타이(井俅替) / 46
소도중(簫度中) / 161~2, 166
소단공(蕭端公) / 297
소만(小滿) / 136
소설(小雪) / 137
소윤(少允) / 158
소한(小寒) / 137
소황후(蕭皇后) / 273
손청(孫淸) / 111
손화무(孫花茂) / 149
송기(宋祁) / 333
송일성(宋日成) / 147
쇼무(聖武) / 65
쇼카이(性海) / 306~7
수달(修達) / 46

수선사(修禪寺) / 192
수혜(修惠) / 137, 326
수희(隨喜) / 183, 238, 240, 248
순종(順宗) / 59, 176
순타로(春太郎) / 312
숭복사(崇福寺) / 214, 237
슈에이(宗叡) / 16
스가와라노 요시누시(菅原善主) / 52, 89
스미요시 오카미(住吉大神) / 89, 91, 103, 105, 109, 116, 318
스이코(推古) 천황 / 51
승융(僧融) / 49
승조(僧肇) / 49
시라토리(白鳥) / 82, 83
시로 우시가이(白牛養) / 155
시만(始滿) / 43, 85
시모이리 료토(鹽入良道) / 323
신농사(神農寺) / 262
신라(新羅) / 93~6, 103, 105~8, 113, 12~4, 130~3, 141, 217, 258, 306, 310, 314
신라관(新羅館) / 150, 325
신라묘카미(新羅明神) / 13
신라방(新羅坊) / 17, 115, 295, 311, 324, 325~7
신라원 / 162
신무왕(神武王) / 93, 106, 118, 338
신문욱(辛文昱) / 288
신선(臣善) / 65
신완화상(神玩和尙) / 51
신이찌로(神一郞) / 312
신혜(信惠) / 137, 326
실론 / 257
심변(沈弁) / 59, 47, 56, 59, 72, 74
심정사(心淨寺) / 99

십이상원(十二上願) / 183
십일면보살(十一面菩薩) / 167

ㅇ

아다치 기로쿠(足立喜六) / 323
아미타불(阿彌陀佛) / 183
아쇼카왕(阿育王) / 191
아와다노 이에쓰구(粟田家繼) / 66, 71, 83, 90, 100, 108, 120
안국사(安國寺) / 291
안도(鴈島) / 316, 324
안사(安史)의 亂 / 56
압발해사(押渤海使) / 157
압신라사(押新羅使) / 157
야마시로 우지마쓰(山代氏益) / 35, 37
야마시로노 요시나가(山代吉永) / 82
야마토노 무사시(大和武藏) / 316
야마토노 이토마로(楊侯糸麻呂) / 46
야마토노 이토마루(矢侯糸丸) / 38
약사불(藥師佛) / 88
약사유리광불(藥師琉璃光佛) / 182
양경(楊卿) / 285
양경지(楊敬之) / 285, 290
양공탁(梁公度) / 147
양귀비(楊貴妃) / 269
양노사(楊魯士) / 286, 289
양제(煬帝) / 37, 58, 196
양현(諒賢) / 124, 137, 326, 330
양화단(揚化團) / 252
양흠의(楊欽義) / 259
에가쿠(惠萼) / 244, 251, 294
엔교(圓行) / 16, 53, 82, 85, 230
엔랴쿠지(延曆寺) / 11, 16
엔사이(圓載) / 30, 34~5, 40, 43, 45,

47, 52, 54, 79, 81, 84~8, 178,
192, 250, 253, 266~7, 293, 294
엔진(圓珍) / 16
엔쪼(圓澄) / 86~7, 158
연광사(延光寺) / 77
연등(燃燈) / 74
열반상(涅槃相) / 185
염관선(鹽官船) / 39
염방금(閻方金) / 305
영각(靈覺) / 179
영거사(靈居寺) / 42
영경사(靈境寺) / 209
영단(令端) / 47
영아(令雅) / 216, 218
영암사(靈巖寺) / 180, 183
영우(靈祐) / 72
영장(靈莊) / 286
영징(令徵) / 46, 55
영현(詠賢) / 137, 140, 326
예선사(禮禪師) / 218
예천사(醴泉寺) / 167, 168
오군(烏君) / 147
오노(小野[恒柯]) / 307, 318
오노노 다카마루(小野篁) / 49, 319
오미와노 무네오(大神宗雄) / 52
오사군(烏使君) / 132
오야케노 도시오(大宅年雄) / 36, 52
오야케노 미야쓰구(大宅宮繼) / 36~7
오자진(吳子陳) / 118, 338
오진(應神) / 319
오치노 사다하라(越智貞原) / 83, 90
온죠지(園城寺) / 13
와케(和氣) / 100, 119
왕 대사 / 46
왕 판관(王判官) / 118, 338

왕가창(王可昌) / 312, 327
왕교언(王教言) / 107
왕량(王良) / 96~7
왕박(王朴) / 309
왕부군(王府君) / 148
왕안(王岸) / 99, 100
왕우진(王友眞) / 44~5, 66, 85~6
왕이무(王李武) / 164
왕자사(王子寺) / 192
왕장문(王長文) / 129, 327
왕장종(王長宗) / 155
왕종(王宗) / 306, 327
왕좌(王佐) / 122, 125, 145, 147
왕청(王請) / 73, 327
왕행칙(王行刑) / 148, 337
왕헌(王憲) / 326
왕혜(王惠) / 240~1
왕화사(王花寺) / 192
왕훈(王訓) / 109, 111, 117, 326, 329
요시미네노 나가마쓰(良岑長松) / 100
요왕묘(堯王廟) / 166
용대사(龍臺寺) / 168
용수보살(龍樹菩薩) / 47, 54
용흥사(龍興寺) / 65, 68, 71, 85, 121, 150, 159
우란분회(盂蘭盆會) / 214~5
우진국(于闐國) / 238
우화사(雨花寺) / 218
운서(雲栖) / 285
운화사(雲花寺) / 236
원간(元簡) / 228, 247
원경법사(圓鏡法師) / 243
원법사(元法寺) / 217
원성왕(元聖王) / 15
원승화상(圓乘和尙) / 67

원십삼랑(阮十三郞) / 286~7
원정(元政) / 228~32, 241
원측(圓測) / 326, 330
원행존(元行存) / 33
월범(軏範) / 137
월식(月蝕) / 129, 253, 264, 303
월운(月雲) /18
위문후(魏文侯) / 219
위상서(韋尙書) / 133
위종경(韋宗卿) / 260~1
위징(魏徵) / 162
유리니사금(儒理尼師今) / 340
유마보살(維摩菩薩) / 49, 194
유면(劉勉) / 36, 39
유신언(劉愼言) / 89, 90, 251, 253, 258, 265, 291~3, 301, 305~7, 311~2, 324, 326~7
유위불(維衛佛) / 199
유자정(劉自政) / 156
유종간(劉從簡) / 265, 274
유주무(劉武周) / 162
유학법사(留學法師) / 30, 35~6, 43, 47, 84, 86
육공(陸公) / 187
육돈(陸惇) / 184
육료(陸僚) / 100
융락(融洛) / 137, 326
응공(應公) / 209
의심(義深) / 174
의원(義圓) / 201, 214, 248
의정(義淨) / 238
의진(義眞) / 85, 228, 241~2
이교(惟曉) / 43, 53~5, 94, 120, 122, 124, 127, 146, 149, 151, 157, 184, 225~6, 244, 248~9, 262~5, 323

이국우(李國遇) / 306, 327
이나마스(稻益) / 91
이덕유(李德裕) / 42, 44, 47, 49, 50~1, 72, 233, 272
이두 / 340
이등(李登) / 100
이명이(李明夷) / 145~6
이세민(李世民) / 59
이쇼(惟正) / 17, 43, 47, 55, 57, 66, 94, 120~4, 127, 138, 146, 149, 151, 157, 163, 184, 225~6, 244, 248~9, 262~3, 299, 323
이순(李順) / 98
이시카와노 아손 미치마스(石川朝臣道益) / 41, 53
이신(李紳) / 254, 265, 271, 292, 307
이신혜(李信惠) / 301
이예개(伊豫介) / 250
이원좌(李元佐) / 264, 28~7, 327
이이보(李夷甫) / 100
이인덕(李隣德) / 294, 305, 327
일만 보살 / 181
임(林) 대사 / 111, 117, 326, 329
임종신(林宗信) / 284, 263
입당팔가(入唐八家) / 16
입동(立冬) / 128, 137
입추(立秋) / 136, 312
입춘(立春) / 74, 235
입하(立夏) / 164

자성사(資聖寺) / 236, 248, 257, 286
자은사(慈恩寺) / 51, 82, 239, 257
장각제(張覺濟) / 73

장경사(章敬寺) / 126, 237, 291, 329
장량(張亮) / 97, 98
장련(張鍊) / 261
장명재(長命齋) / 165
장무(張茂) / 97
장문국(長門國) / 73
장법만(張法滿) / 303
장보고(張保皐) / 12, 15, 17, 93, 106, 115~8, 143, 294, 326~8, 331~3
장실(張實) / 99
장영(張詠) / 117, 138, 141, 144~6, 165, 299, 305, 309~10, 314, 324, 326
장종언(張從彦) / 312
장지신(張支信) / 312
적산법화원(赤山法花院) / 17, 116~7, 120~38, 151, 157, 324~7, 330
전고(全古) / 54
전아(全雅) / 80, 85
전조(全操) / 42
점쟁이 / 112, 114
점파국(占婆國) / 73
정각사(定覺寺) / 213
정객(鄭客) / 327, 333
정례(頂禮) / 54~5
정륜왕유가회(頂輪王瑜伽會) / 203
정소(貞素) / 209
정순(貞順) / 42, 54, 57, 58
정언(庭彦) / 149
정헌왕후(貞獻皇后) / 273
제(帝) / 31
제고법사(齋高法師) / 236
제파(提婆) / 47
조공사(朝貢使) / 39
조교(常曉) / 16, 47, 53, 69

조귀진(趙歸眞) / 274, 277~8
조덕제(趙德濟) / 165
조라쿠지(長樂寺) / 319
조참(趙參) / 127
조카이(長海) / 320
종실(從實) / 54
종예법사(宗叡法師) / 59
주미(塵尾) / 131, 195
주중손(周仲孫) / 127
죽림사(竹林寺) / 178~80, 184, 186, 202
준나(淳和) / 250
준쇼(順昌) / 258
중전(仲詮) / 54
중향사(衆香寺) / 219
지강(志强) / 46
지공 화상(誌公和尙) / 167
지념화상(持念和尙) / 188
지에이(慈叡) / 317
지엔(慈圓) / 11
지원(志遠) / 120~1, 184~91
지응(智應) / 137, 326
지의(智顗) / 49, 54~5, 61, 71, 74, 79, 196
지장보살(地藏菩薩) / 181
지진(智眞) / 137, 326
지현(知玄) / 263
진공(眞空) / 137, 326
진국사(鎭國寺) / 225, 263
진시황(秦始皇) / 120
진언종(眞言宗) / 16
진여(陳如) / 164
진충(陳忠) / 310

ㅊ

처서(處署) / 136
천룡팔부(天龍八部) / 62, 67
천복사(薦福寺) / 48, 54, 235, 237, 248
천태종(天台宗) / 15, 54, 121
청량(淸凉) / 285
청량사(淸凉寺) / 205
청룡사(靑龍寺) / 82, 85, 228, 243, 248, 252, 257, 291
청명(淸明) / 136
청익승(請益僧) / 30, 83~5, 305~6
청해진(淸海鎭) / 143, 294, 326, 332
체허법사(體虛法師) / 236~7
초복(初伏) / 136
초복사(招福寺) / 236
최군원(崔君原) / 100
최인호(崔仁浩) / 13
최훈십이랑(崔暈十二郎) / 118, 142~3, 294, 295, 327, 333, 338
추분(秋分) / 136
축법란(竺法蘭) / 55
춘분(春分) / 136
추석 / 123
충신(忠信) / 137
측천무후(則天武后) / 192~4, 198, 226, 238
치쿠젠 묘카미(筑前名神) / 318
칠암사(七巖寺) / 213
72賢 / 179, 182

ㅋ

카시이 묘카이(香稚名神) / 318
카와루 묘카미(香春名神) / 319
칸논지(觀音寺) / 319
칸엔(寬圓) / 319
감무(桓武) 천황 / 15, 41
켄인(兼胤) / 188, 319, 259
키비조(吉備椽) / 47

ㅌ

탐라도(耽羅島) / 315
태종(太宗) / 162, 191~2, 204
토모노 스가오(伴須賀雄) / 89
토식증(土食症) / 196
티베트[土蕃國] / 170, 224, 238, 277, 302

ㅍ

파진악(破陣樂) / 162
팔공덕지(八功德池) / 195
팔부용신(八部龍神) / 185
팔주사(八柱寺) / 223
팔회사(八會寺) / 174
페르시아[波斯國] / 73
풍덕사(豊德寺) / 217
피휘(避諱) / 59

ㅎ

하공정(何公貞) / 248~9, 252, 259
하네호쇼(羽豊翔) / 155
하다 우미우오(秦海魚) / 155
하다소다쓰(秦育) / 155
하루미치노 스쿠네 나가쿠라(春道宿禰永藏) / 37, 82

하세쓰 카베노 사다나(丈部貞名) / 38, 120
하안거(夏安居) / 214
하지(夏至) / 136
하치망(八幡) / 116, 319
학림사(鶴林寺) / 76
학문승(學問僧) / 34
한간(韓幹) / 71
한로(寒露) / 136
한식(寒食) / 81, 277
해룡왕묘(海龍王廟) / 100~1
핼리(Halley) 살별 / 56
행단(行端) / 48
행만화상(行滿和尙) / 79
행전(行全) / 54
헌종(憲宗) / 59, 127, 258
현량(玄亮) / 190
현법사(玄法寺) / 228, 247, 249
현소(玄素) / 120
현장(玄奘) / 17, 51, 179, 238, 323
현종(玄宗) / 59, 233, 237, 269
현측법사(玄測法師) / 217
현현(眩玄) / 254
혜각(惠覺) / 137, 326
혜견(惠見) / 263
혜관대사(慧灌大師) / 47
혜문대사(慧文禪師) / 62
혜심(惠深) / 54
혜운법사(惠雲法師) / 54, 65
혜원(蘿遠) / 16
혜위(惠威) / 77
혜은선사(慧恩禪師) / 62, 185
혜일(蕙溢) / 96
혜일사(惠日寺) / 237
혜조사(惠照寺) / 50, 77

혜초(慧超) / 233
혜취사(惠聚寺) / 145
혜해사(惠海寺) / 145
호국사(護國寺) / 264
호국천왕사(護國天王寺) / 227
호군직(胡君直) / 122, 125, 145, 147
홍기(洪基) / 190
홍령(弘靈) / 54
홍복사(弘福寺) / 238
화달(花達) / 100
화번공주(和蕃公主) / 258
화속법사(化俗法師) / 63
화엄사 / 192
화엄하사(花嚴下寺) / 214
환군법사(幻羣法師) / 61
환속 / 253~8, 272, 279~86, 301~2
환학승(還學僧) / 43
활쏘기 명절[射的之節] / 51
황룡사(黃龍寺) / 316
황모도(黃茅島) / 315, 324, 334~5
회경(懷慶) / 228, 230
회골(廻鶻) / 248~9, 258, 265, 273
회량(懷亮) / 137
회소곡(會蘇曲) / 340
회안(懷安) / 263
회양(懷亮) / 326
회창(會昌)법란 / 253, 284~8
회창사(會昌寺) / 236
효감사(孝感寺) / 72~3
효문황제(孝文皇帝) / 207, 212, 220
후시미(伏見) / 319
후지와라노 도요나미(藤原豊竝) / 49, 82, 89
후지와라노 사다토시(藤原貞敏) / 41
후지와라노 쓰네쓰구(藤原常嗣) / 30,

52

후지와라노 아손 사다토시(藤原朝臣貞
敏) / 65, 68
훈이십일랑(薫廿一郎) / 49
흑산[도](黑山島) / 314
흠량휘(欽良暉) / 311, 324
흥국사(興國寺) / 99
흥당사(興唐寺) / 239
흥덕왕(興德王) / 143, 332
흥복사(興福寺) / 248
흥선사(興善寺) / 248, 257